タイ土着経済・社会の今日的位相
――通貨危機をめぐる変容プロセス――

久保文克 編著

中央大学企業研究所
研究叢書21

中央大学出版部

はしがき

　1997年4月に本プロジェクト「『重層のアジア』と経済発展」はスタートし，翌98年4月から国際共同研究へと移行した．その背景には，97年のタイ通貨危機に始まるアジアの連鎖的経済危機という，プロジェクトスタート時には予想だにしなかった状況の激変があったことは言うまでもない．

　そもそも「『重層のアジア』と経済発展」なる研究チームを立ち上げたのは，企業研究所にアジアをテーマとする継続的なプロジェクトの存在と，研究分野にとらわれない学際的研究の必要性を主査自らが実感したからに他ならなかった．その最初の研究対象をどこにするか検討していく準備段階において，奇しくもタイの通貨危機が勃発したのである．世界銀行がそのレポートにおいて「アジアの奇跡」と称した国々が，21世紀を目前にひかえたこの段階に，明から暗への転換を余儀なくされたのはなぜか？通貨危機に端を発するアジアの経済危機の現状はいかなるものであるのか？当然のことながら，われわれのプロジェクトの問題関心も，こうした点へと収斂していかざるをえなかったのである．

　以上の問題意識のもと，「『重層のアジア』と経済発展」チームはタイのタマサート大学およびチェンマイ大学との国際共同プロジェクトとして，1998年と99年の2度にわたり，通貨危機後の経済状況および日系企業を中心とする経営環境の激変のありようについて，タイの現地調査を行うチャンスを得ることができた．とりわけ，通貨危機直後の現地調査となった98年夏のヒアリングにおける衝撃は，今も忘れることのできない貴重な体験となった．

　2度にわたるタイの現地調査を踏まえ，通貨危機の影響と対応を中心に本プロジェクトの成果をまとめようとした矢先，タイ経済は急速な回復基調をたどるにいたったのである．結果として，本叢書の内容は前向きに書き改めざるを

えなくなり，通貨危機の影響のみならず，こうした制約条件を克服する方向へと導いた政府の対応や企業のダイナミックスにまで，分析対象を拡大することを余儀なくされた．編者・主査である筆者の怠慢も手伝って，当初の予定を半年以上遅れる形で入稿せざるをえなかったことは遺憾のきわみである．と同時に，あまりに劇的なタイに象徴されるアジア経済の展開に翻弄される形となった本プロジェクトを通して，経営史・経済史を中心とする歴史研究を専門とする筆者には，今日的研究の難しさを思い知らされる貴重な機会ともなった．

先述したように，「『重層のアジア』と経済発展」という研究スタンスは，今後も継続的にとっていきたいと考えており，今回の成果はその第一弾にすぎないことをここに確認しておきたい．したがって，執筆者全員の共通したフレームワークとするまではいたらなかったことも含め，将来的な継続的スタンスとする観点からも，今回の叢書においては「『重層のアジア』と経済発展」というプロジェクト自体のテーマに固執することはせず，あえて今後の課題としたいと思う．

その一方で，チェンマイ大学の3人の論文を中心に，タイ経済・社会の土着サイドからの視点を重視した論稿が目立ったことは，日系企業に象徴される日本側からの分析に終始することは避けようとの，本プロジェクト当初の確認事項の1つを実践できた点において，本叢書のせめてもの意義と言えるのかもしれない．現地調査を含めた「『重層のアジア』と経済発展」チームの4年に及ぶすべての研究成果を本書に盛り込むことはできなかったものの，その一端を公にすることができたのではないかと，多少の安堵感をもってはしがきを執筆している次第である．

あまりに多くの方々のご尽力とご協力に支えられて実現したプロジェクトゆえ，ここにすべての名前を明記することはできないが，タイ現地調査にご協力いただいた諸機関および日系企業に対し，この場を借りて感謝の意を表したい．また，本書の刊行を我慢強く待っていただいた企業研究所の木下典子氏，そしてとりわけお世話になった中央大学出版部の川合直子氏に対し，お詫びとともに心よりお礼を申し上げたい．なお，曽根理沙さん，船引麻衣さんをはじ

めとする久保ゼミ5期の諸君には，編集・校正作業等をお手伝いいただいた．この場を借りてお礼を述べたいと思う．

　最後に，本プロジェクトを当初より支えていただきつつ，本年3月末をもって商学部を退職なさる吉沢四郎研究員に対して，古稀のお祝いをかねて本叢書を献呈したいと思う．

　　プロジェクト最終年度内に入稿できることに安堵しつつ
　　　　2001年3月3日
　　　　　　執筆者を代表して　　　久　保　文　克

目　次

はしがき

序　章　タイ経済の歴史的概観と今日的位相
久　保　文　克

1．「重層のアジア」と経済発展……………………………………………1
2．タイ経済および産業政策の歴史的概観………………………………10
3．ASEAN域内の貿易自由化……………………………………………27

第1章　通貨危機の本質
　　　　　——タイ経済開発と金融——
鹿　児　島　治　利

1．はじめに…………………………………………………………………43
2．為替管理政策……………………………………………………………44
3．経済開発と金融深化……………………………………………………48
4．金融構造の三重性………………………………………………………53
5．経済開発計画と金融制度改革…………………………………………59
6．タイの教訓………………………………………………………………69

第2章　経済開発と社会的共通資本の組織化
　　　　　——開発と環境の優先順位——
緒　方　俊　雄

1．「開発」の経済学的意味………………………………………………81

2．生産，市場，環境の経済価値……………………………………96
　3．タイの「経済社会開発計画」と環境政策………………………107

第3章　タイの環境問題と日本のODA
　　　　　　　　　　　　　　　　　　　　　　吉　沢　四　郎
　1．は じ め に………………………………………………………125
　2．タイの経済発展と日本のODA…………………………………126
　3．タイの環境問題──その複合性と地域性──…………………133
　4．タイの地域環境問題と日本のODA ……………………………139
　5．環境問題とODAの課題…………………………………………149
　6．むすび──21世紀における日本ODAの課題──……………159

第4章　伝統のメタモルフォシス
　　　　　──タイ・ミャンマーの漆器文化──
　　　　　　　　　　　　　　　　　　　　　　馬　場　政　孝
　1．は じ め に………………………………………………………170
　2．東南アジアの漆について…………………………………………171
　3．漆器文化の伝播……………………………………………………174
　4．タイ・ミャンマーの漆器の特徴…………………………………175
　5．タイの漆器文化……………………………………………………179
　6．ミャンマーの漆器文化……………………………………………188
　7．む　す　び…………………………………………………………197

第5章　タイ経済発展と労働移動
　　　—— ASEAN 域内労働力還流と外向型経済発展に
　　　　　関する一考察——

桐　山　　　昇

1．は じ め に……………………………………………………205
2．「外向型」発展の概括…………………………………………206
3．労働力相互還流の実相………………………………………211
4．むすび——経済発展における ASEAN 域内労働移動………221

第6章　Impact of Economic Crisis on Political and
　　　　Social Reforms in Thailand

Kosum Saichan

タイの政治・社会改革におよぼす経済危機の影響
（サマリー：久保文克）

1．Current Economic Situation ……………………………229
2．Path to Development of the Thai Economy ……………230
3．Globalization of the Thai Economy ……………………231
4．Misleading Patterns of Growth …………………………233
5．Social Problems Resulted from Economic Crisis ………234
6．Symptom of Economic Collapse …………………………235
7．Strategies for Sustainable Development ………………237
8．Future Prospects …………………………………………240

第 7 章　Causes of 1997 Economic Crisis and
　　　　 Effects on Labour Force

　　　　　　　　　　　　　　Seksin Srivatananuklkit

　　　1997年通貨危機の諸要因と労働力への影響

　　　　　　　　　　　　　　（サマリー：鮎沢成男）

1．Overview of Economic Situation before Crisis ················246
2．Causes of Economic Meltdown in 1997 ····························249
3．Effects of Economic Crisis on Labour Force ····················255
4．What Thais Learn from the Economic Crisis on
　　Labour Aspect ···259

第 8 章　Working Conditions of Women Workers in
　　　　 Japanese Electronic Factories

　　　　　　　　　　　　　　Benja Jirapatpimol

　　　タイの日系電子工場における女性労働者の現状

　　　　　　　　　　　　　　（サマリー：渡辺博子）

1．Introduction ··264
2．History of the Electronic Industry in Thailand ················265
3．The Status of Women Workers in Industrial Work ··········267
4．Working Conditions in Factories ····································271
5．Conclusion and Discussion ··281

第 9 章　タイにおけるわが国家電メーカーの展開と
　　　　 生産分業構造

　　　　　　　　　　　　　　渡　辺　博　子

1．はじめに……………………………………………………………286
2．わが国の家電産業とタイ進出……………………………………287
3．家電産業のタイとわが国における生産分業構造の実態と課題…296
4．通貨・経済危機後の動向から見たタイにおける
　　モノづくりの今後の展開………………………………………319
5．むすび
　　――タイおよび周辺諸国の動向を見据えた今後の展開――…………327

第10章　タイ自動車産業の歴史的変遷と日系メーカー
　　――通貨危機後の自動車大再編時代を迎えて――

久　保　文　克

1．はじめに……………………………………………………………337
2．タイ自動車産業の生成・発展と変貌……………………………339
3．タイ自動車市場をとりまく経営環境の変化……………………345
4．戦略的提携のグローバル展開とアジア戦略……………………349
5．通貨危機後の日系自動車メーカー………………………………356
6．むすび――大再編時代を迎えた自動車メーカー――……………364

終　章　タイ土着経済・社会の今日的位相

鮎　沢　成　男・久　保　文　克

1．東南アジアの経済発展に対する日系多国籍企業の役割
　　――タイ現地調査を踏まえて――……………………………375
2．通貨危機後のタイ土着経済・社会………………………………380

序　章　タイ経済の歴史的概観と今日的位相

Summary
　First of all, I explain viewpoint of our international project, i. e. 'Stratified Asia' and economic development, the reason why we chose Thailand as the object of our research and industrial structure and labor market in Thailand.
　Secondly, I survey the economy and industrial policy of Thailand in historical perspective. In detail, I divede into four phases such as phase of Newly Agro-Industrializing Country (NAIC), economic boom, economic crisis and recovery from crisis and industrial reorganization.
　Thirdly, I refer to the process to ASEAN Free Trade Area (AFTA) in connection with free trade in ASEAN, which is important business environment from now on.

1．「重層のアジア」と経済発展

(1)　「重層のアジア」という視点

　台湾や韓国といった NIES 諸国の台頭に象徴された「アジアの奇跡」，タイの通貨危機に端を発したアジアの連鎖的な経済不安．21世紀を目前にひかえ，われわれはアジアの明と暗2つの歴史を目の当たりにした．そして，20世紀システムとは何であったのかを問う上で[1]，アジアにおける経済および企業経営の歴史を検証することは，避けて通ることのできない重要な課題である[2]．なおその際，アジアを広義の総体としてのアジアと狭義の「重層のアジア」という2つのレベルで理解したいが[3]，ここで問題としたいのは，アジアを日本，

NIES, ASEAN, 中国, その他後進国といった経済発展の異なるさまざまな段階のアジアの共存ととらえる「重層のアジア」という後者の理解である．

また，「重層のアジア」には，こうした経済発展の異なる国々が併存しているという第1の側面とは別に，工業化を推進する一国の中に，工業化路線に組みできる側面と組みできない伝統的な側面の双方が共存せざるを得ない，土着と近代の併存・相克という一国レベルの重層構造が存在し，これを「重層のアジア」の第2の側面と理解したい．企業研究所プロジェクト「『重層のアジア』と経済発展」チームは，もともとは第1の側面をもって「重層のアジア」とする理解からスタートしたが，タイを具体的対象とする国際プロジェクトチームへと移行するにともない，土着と近代の共存という第2の側面から「重層のアジア」を理解するに至った．その際，土着側からの視点をあわせもつことが，一国レベルでの「重層のアジア」という側面を理解する上で重要であることが確認された．

具体的には，タイ工業化をめぐる諸側面を扱った第1～5章においては，工業化をめぐる諸問題を検討することで，土着から見た近代化にも言及し，工業化をめぐる影の部分も論じようとしている．また，チェンマイ大学からプロジェクトに参加した3人の論文（第6～8章）は，文字通りタイの研究者の目を通して，通貨危機をめぐるタイ社会の変容を論じており，土着サイドの視点をより豊富なものにしてくれている．いっぽう日系企業の進出を軸としたタイの工業化を論じる第9，10章においては，タイ経済にとっての日系企業という視点のみならず，ローカルサプライヤーをはじめとする地場産業との関連を可能な限り検討することにした．

(2) 研究対象としてのタイ

1997年初めからタイのバーツは国際ヘッジファンドの攻撃にさらされ，7月には管理フロート制への移行とともにバーツの対米ドル価値が大幅に下落したことで，アジア通貨危機が始まった．発生源のタイから香港，韓国，マレーシア，インドネシアに危機が伝播したことは，図1において各国の実質GDP成

図1 NIES, ASEAN諸国の実質GDP成長率の推移

①NIEsの実質GDP成長率　　②ASEANの実質GDP成長率

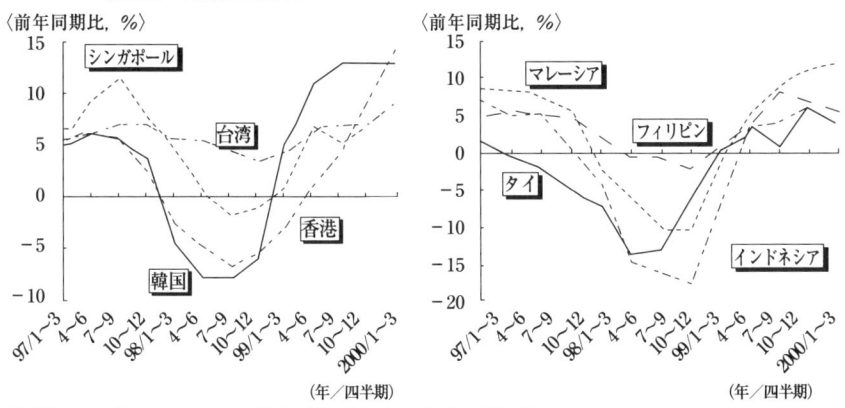

(出所) http://www.epa.go.jp/2000/f/kaigai/0714kaigai15.gif

長率が98年中期に至るまで急激に下落していることに示されている．こうした連鎖的なアジアの経済危機のまさに発端となったタイに危機にいたる経緯と影響を考察するべく，97年スタートした国際プロジェクトも研究対象を絞るにいたった．そうした中，通貨危機の打撃を受けたタイをはじめとした各国は，同じく図1が示すように，98年末から99年にかけて急激な回復過程をたどることになる．そこで，本研究の具体的な検討内容も，通貨危機への経緯・影響に加え回復過程を考察する必要に迫られるが，こうした危機をめぐる打撃と回復のプロセスが明確にあらわれたという点で，タイは依然として研究対象としての意味を失うことはなかったのである．

次に，タイを具体的研究対象として選んだ理由として，日系企業のタイへの進出が歴史的に早い段階から見られたことがあげられる．表1は，日系自動車メーカーのASEAN諸国への進出の歴史を整理したものであるが，1962年にいち早くタイへと日野・日産，トヨタが進出して以来，95年のマツダ進出をもって日系各社が出揃うにいたるまで，日系自動車メーカーが最も積極的に進出した国がタイであった．表2はタイ進出多国籍企業の国籍別分布を88年と97年で比較したものであるが，タイ進出の日系企業の割合は88年の31.1％（38社）

表 1　日系メーカーの ASEAN 進出

1962年	自動車組立事業促進制度を受け，タイに日野，日産，トヨタ進出（いすゞ66年）．
1967年	66年完成車輸入の関税引き上げを受け，マレーシアにマツダ進出（トヨタ68年，日産72年，本田75年，日野89年）．
1971年	69年完成車輸入禁止を受け，インドネシアにトヨタ進出（いすゞ74年，三菱自工75年，本田77年，日野82年，スズキ90年）．
1972年	71年の乗用車国産化計画を受け，フィリピンにトヨタ進出（三菱自工73年，日野75年，日産ディーゼル81年，日産82年）．
1976年	インドネシアで商用車国産化政策を開始（フィリピン77年）．
1978年	タイで国内メーカー保護政策を実施（国産化推進）．
1983年	マレーシア政府が三菱自工と合弁でプロトン社を設立（85年国民車生産開始）．
1987年	輸入関税の引き上げを受け，タイに三菱自工，日産ディーゼル進出．
1989年	フィリピンで84年に撤退したトヨタが事業再開．
1990年	フィリピンで国民車構想を導入．本田進出．
1992年	91年の輸入自由化への移行を受け，タイへ本田進出（マツダ95年）．
1993年	マレーシア政府がダイハツと合弁でプロドゥア社を設立．
1995年	93年の輸入自由化への移行を受け，インドネシアへ日産進出（日産ディーゼル96年）．フィリピンで完成車輸入の全面解禁，いすゞ進出．
1997年	マレーシア政府がいすゞと合弁でトラックメーカーを設立．

(注)　進出とは，組立・生産を行う現地法人の設立，ないしは現地法人への初めての出資をさす．
(出所)　日刊自動車新聞社『自動車産業ハンドブック2000』50-53，138-157ページより作成．

から97年の35.4％（85社）へと増加し，タイに子会社を持つ日系企業の割合も，42.5％（91社）から56.7％（379社）へと増加しており，うち製造業の割合は215社と，日系企業が全体の71.4％を占めていることになる．

　そこで，タイに進出している多国籍企業の業種別分布を表3に見ていくと，資源・石油関連産業こそ見られないものの，国内市場向け・輸出向けともに（消費財産業も含め），日系企業が様々な業種にわたって進出していることがわかる．ここで注目したいのが，通貨危機後，輸出志向を強化していった自動車・電気機器を中心とする耐久消費財部門の動向である．なぜなら，もともと輸出志向にあった電子と並ぶ自動車・電気両部門の輸出の増加が，個人消費の回復とともに経済回復基調（図1参照）の牽引役として重要な意味を有するか

表2 タイ進出多国籍企業の国籍別分布

(単位：社数)

多国籍企業 親会社の国籍	1988年 親会社	1988年 タイ進出	1988年 タイ子会社	1997年 親会社	1997年 タイ進出	1997年 タイ子会社	うち製造業
アメリカ	194	49	62	189	81	112	37
カナダ	14	2	3	8	1	1	1
オーストラリア	10	1	1	7	2	4	2
ニュージーランド	1	0	0	—	—	—	—
アイルランド	1	0	0	1	0	0	0
イギリス	59	5	9	65	19	28	8
英／オランダ	2	2	11	1	2	9	6
英／オーストラリア	—	—	—	2	0	0	0
フランス	18	2	1	37	13	21	7
ドイツ	29	7	11	27	12	21	9
オランダ	7	1	3	8	5	6	3
ベルギー	6	1	1	4	2	3	3
デンマーク	1	1	1	—	—	—	—
ルクセンブルグ	1	0	0	—	—	—	—
オーストリア	2	0	0	1	1	1	0
スイス	11	6	12	12	9	20	7
イタリア	5	1	1	9	0	0	0
スペイン	—	—	—	2	0	0	0
スウェーデン	17	5	6	8	3	5	1
ノルウェイ	2	1	1	3	1	1	0
フィンランド	8	0	0	5	1	1	0
南アフリカ	2	0	0	—	—	—	—
ベネズエラ	1	0	0	—	—	—	—
シンガポール	—	—	—	1	1	1	0
韓国	—	—	—	8	2	3	2
日本	59	38	91	100	85	379	215
合計	450	122	214	500	240	616	301

(注) 1) 1988年の親会社は製造業もしくは鉱業会社の計450社．タイ進出は，この親企業のうちタイに子会社を持つ多国籍企業の数．
2) 1997年の親会社は製造業，鉱業のほか商社，大型小売，通信，建設，サービス業などを含む．
(出所) 末廣昭『キャッチアップ型工業化論』名古屋大学出版会，2000年，178ページ．

らである．事実，2000年に入り増加率が下がるまで，タイの輸出増加率が図1の実質GDP成長率の増加傾向と軌を一にするように増加していったことが，ASEAN各国の輸出増加率の推移を示した図2によって確認できよう．なお，景気回復の牽引役となった自動車および電気機器産業については，第9章および第10章において日系企業との関連で個別に検討される．

表3　タイ進出多国籍企業の業種別分布（1999年現在）

業　種	国	進出多国籍企業
(1) 資源・石油関連産業		
石油精製・販売	欧　米	Exxon, Royal-Dutch Shell, Texaco (Caltex), Mobil
天然ガス	アメリカ	Unocal
スズ精錬・輸出	ヨーロッパ	Royal-Dutch Shell
(2) 耐久消費財，及び重化学産業（国内市場向け：経済危機後，輸出志向を強化）		
化学繊維	日　本	帝人，東レ*，東洋紡*，鐘紡
鉄鋼製品	日　本	神戸製鋼，新日本製鉄，川崎製鉄，日本鋼管
化学製品	アメリカ	Dow Chemical, Du Pont, Eastman Kodak, Union Carbide, Guardian, Owens Corning
	ヨーロッパ	ICI, Henkel, Rhone-Poulenc, Norsk-Hydro
	日　本	旭硝子，旭化成，大日本インキ化学
石油化学	欧　米	ICI, Du Pont, Monsanto, Dow Chemicals, Solvay
	日　本	住友化学，三井化学，三菱化成
自動車組立・同部品	日　本	トヨタ自動車，日産自動車，本田技研，三菱自動車，マツダ，いすゞ自動車*，日本電装，あいしん精機
	アメリカ	Ford, GM
	欧　米	Volvo, Swedish Motor
自動二輪車	日　本	本田技研，川崎重工，鈴木自動車
タイヤ	世　界	ブリヂストン，ミシュラン，グッドイヤー
電気機器	日　本	松下電器産業，三洋電機，東芝，日立，三菱電機，古河電気
	欧　米	Philips, Ericsson, Electroulux
電気通信	欧　米	AT & T, Bell Atlantic
	日　本	NEC, NTT
(3) オフショア型産業（輸出向け）		
電子・半導体	アメリカ	AT & T, National Semiconductor, Seagate Technology
	ヨーロッパ	Phillips
電機電子・同部品	日　本	ミネベア，シャープ，松下電器産業，東芝，日立，TDK
半導体など	日　本	富士通，NEC，ソニー，松下電器産業，三菱電機
その他		Dunlop（ゴム手袋）
(4) ブランド付き消費財産業		
飲料・食品	アメリカ	Coca-Cola, PepsiCo, Castle & Cook, Dole Food, Kellogg
	ヨーロッパ	Nestle, Unilever
	日　本	味の素，明治乳業*，雪印*
洗面関係製品	欧　米	Colgate-Palmolive, Johnson & Johnson, Kimberly-Clark, Warner Lambert, P & G, Unilever
	日　本	花王，ライオン*
医薬品	アメリカ	American Cyanamid, Eli Lilly, Pfizer, P & G, Sandoz
	ヨーロッパ	BASF, Bayer, Hoechst, Ciba-Geigy, Glaxo, Roche, Schering
	日　本	武田薬品

(注)　企業名の＊は，Macmillan Directory of Multinationals に含まれていないが，重要と思われる企業．洗面関連製品には，石鹸，洗剤，シャンプー，生理用品などを含む．
(出所)　末廣，前掲書，183ページ．

序　章　タイ経済の歴史的概観と今日的位相　7

図2　ASEAN 各国の輸出増加率の推移

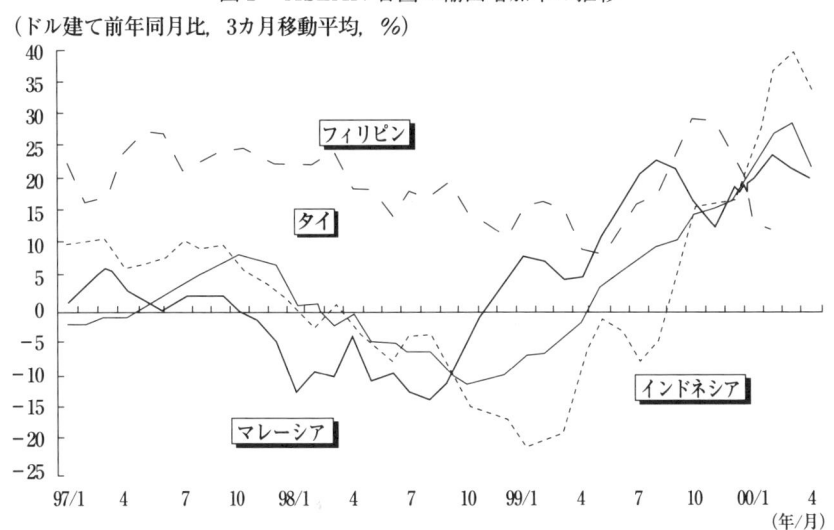

(ドル建て前年同月比, 3カ月移動平均, %)

(注) 図2はドル建ての増加率.
(出所) http://www.epa.go.jp/2000/f/kaigai/0714kaigai23.gif

(3) タイ社会の産業構造と労働市場

表4　タイ，韓国，台湾の産業別人口構成の推移

(%)

国＼産業セクター	年次	第一次産業	第二次産業	(製造業)	第三次産業
韓　　国	1960	66	9		25
	1970	50	14		36
	1980	34	23	(21.6)	43
	1989	20	28	(27.6)	52
	1998	12	28	(19.5)	60
台　　湾	1960	50	21	(14.8)	29
	1970	37	28	(20.9)	35
	1980	20	42	(32.6)	38
	1989	13	42	(33.9)	45
	1998	9	38	(29.1)	53
タ　　イ	1960	82	4	(3.4)	13
	1970	79	6	(4.1)	15
	1980	73	8	(5.6)	20
	1989	57	17	(12.4)	26
	1997	45	22	(14.6)	33

(注) 1) 第一次産業は農林水産業；第二次産業は鉱工業・建設；第三次産業は金融・商業・サービス.
　　 2) 韓国，台湾は就業人口：タイは1960－80年は11歳以上の経済活動人口，89年，98年は就業人口.
(出所) 末廣，前掲書，140ページ.

タイ経済の歴史的変遷と今日的位相を論じるに先立って，タイ社会の現況について概観しておきたい．まず，タイにおける産業別人口構成の推移を韓国・台湾と比較して表4に見てみると，韓国と台湾では工業化の進展にともなって農業人口（第一次産業人口）の割合が低下し，製造業人口を中心とする第二次産業人口の割合が上昇していることがわかる．いっぽう，タイの場合，農業人口の急速な低下が見られるのは88年の「経済ブーム」現象以降のことであり，新興農産物やアグロインダストリーの発展が労働人口を農村で一定程度吸収した結果であった[4]．なお，NIES諸国の輸入代替工業化から輸出志向工業化へ

表5　タイの職種別・地位別就業人口の推移

〈1〉職種別就業人口の推移

職種別分類	1980 1,000人	%	1988 1,000人	%	1995 1,000人	%	1998 1,000人	%
専門職・技術職	559	2.5	982	3.3	1,539	5.0	1,874	6.2
行政職・管理職	294	1.3	399	1.4	775	2.5	895	3.0
事務職	391	1.7	836	2.8	1,231	4.0	1,254	4.1
販売従事	1,877	8.3	2,725	9.2	3,737	12.1	4,226	14.0
農林漁業	15,959	70.9	19,578	66.4	14,446	46.9	13,489	44.6
採鉱・運輸通信	490	2.2	720	2.4	1,308	4.2	1,235	4.1
技能工・生産労働	2,350	10.4	3,203	10.9	6,328	20.5	5,744	19.0
サービス労働	599	2.7	1,011	3.4	1,443	4.7	1,529	5.1
分類不明	0	0.0	0	0.0	8	0.0	14	0.0
合計	22,524	100.0	29,464	100.0	30,815	100.0	30,260	100.0

〈2〉地位別就業人口の推移

地位別分類	1980 1,000人	%	1988 1,000人	%	1995 1,000人	%	1998 1,000人	%
雇用主	282	1.3	376	1.4	813	2.6	772	2.6
政府関係被雇用者	1,190	5.3	1,993	7.4	2,421	7.9	2,697	8.9
民間企業被雇用者	3,727	16.5	6,269	23.3	9,961	32.3	9,771	32.3
自営業者	6,787	30.1	9,023	33.6	9,659	31.3	9,737	32.2
家計補充従業者	10,537	46.8	9,225	34.3	7,962	25.8	7,283	24.1
合計	22,524	100.0	26,886	100.0	30,815	100.0	30,260	100.0

(出所) 末廣，前掲書，258ページ．

の移行とは異なったプロセスを経た，タイのこうした「輸出代替」型＝NAIC (Newly Agro-Industrializing Country) 型工業化[5]については，次頁において詳しく述べたい．

つづいて，タイの労働市場の特徴について，産業構造との関連で考えてみたい．表4で確認された，1988年の「経済ブーム」を契機とした労働人口構成の変化をより詳細に検討するために，職種別・地位別に推移を示したのが表5である．注目したい箇所が2点ある．まずは，職種別就業人口における農林漁業と技能工・生産労働の推移であり，ブームの起きる88年と95年を比較すると，表4の傾向はより明らかとなる．すなわち，農林漁業が66.4％から46.9％へと513.2万人減少するいっぽうで，技能工・生産労働が10.9％から20.5％へと312.5万人増加していることがわかる．農業から工業への人口移動を裏づける形となっている．今1つ表5から読み取れる点として，地位別就業人口を同じく88年と95年で比較してみると，民間企業被雇用者が23.3％から32.3％へと369.2万人増加するいっぽうで，家計補充労働者が34.3％から25.8％へと126.3万人減少していることがわかる．以上2点より，88年以降の工業部門を中心とした民間企業の労働者の急増は，労働力の新規供給のみならず，従来農業や自営業の手伝いを行っていた女性労働力の転化によって支えられていたわけで，世帯レベルで農業維持しながら工業化を進めてきた，「兼業農家型」と呼ばれるタイの特徴を示していると言えよう[6]．

事実，タイの労働市場において女性労働は重要な地位を占めており，このことは表6から明らかである．シンガポールともどもタイの女性労働者が労働人口・製造業人口それぞれにおいて大きな割合を占めており，アジア労働市場の特徴の1つであることがわかる[7]．農村後背地を有さない都市型経済のシンガポールの場合，元来農村労働力として女性労働を必要としないため，工業化の進展にともなって女性労働の割合を急増させているのに対し，タイの場合はすでに1960年代から相対的に高い割合を示している点が注目されよう．農業の家計補充労働力として女性労働が重要な地位を占めていたタイの場合，早い段階から労働人口全体に占める割合が高いことは理解できよう．ここで注目すべき

表6 タイとシンガポールの女性労働者比率の推移

(1000人,％)

国名＼年次	労働人口			製造業人口		
	全体	女子労働者	割合	全体	女子労働者	割合
タイ						
1960	13,772	6,665	48.4	471	177	37.6
1970	16,652	7,867	47.2	682	291	42.7
1980	23,140	11,174	48.3	1,320	615	46.6
1990	31,297	15,019	48.0	2,328	1,133	48.7
シンガポール						
1957	471	84	17.8	66,754	12,298	18.4
1970	651	154	23.7	143,100	48,121	33.6
1980	1,077	371	34.4	324,121	149,973	46.3
1990	1,537	620	40.3	447,436	209,323	46.8

(注) シンガポールの製造業人口のみ単位は人．
(出所) 末廣，前掲書，264ページ．

は，製造業における割合が増加傾向にあるとはいえ，60年の時点ですでに37.6％を女性労働が占めている点であり，後に詳述する輸入代替工業化の段階においてすでに女性労働力が重要な意味を有していたという事実である．共通して女性の労働参加比率が高いアジアの中にあっても，タイ特有の労働市場の特徴として押さえておきたい．なお，女性労働に関しては，通貨危機による影響を中心に，第6章および第7章においてタイ側研究者の手によって考察される．

2．タイ経済および産業政策の歴史的概観

(1) 輸入代替から輸出代替へ：NAIC型工業化

発展途上国のとるべき戦略として，①一次産品を輸出して工業製品を輸入し続ける方法，②輸入していた工業製品を国内で生産する方法（輸入代替工業化），③国内で生産した工業製品を輸出する方法（輸出志向工業化），の以上3つがあるが[8]，タイの工業化を歴史的に概観するとき，②の輸入代替工業化の

局面から③の輸出志向工業化の局面へと移行していくプロセスにおいて，今1つの重要な工業化の局面が存在したことに注意すべきである．この局面が，先述した輸出代替工業化（NAIC型工業化）であり，1980年代にタイがとった新興農産物の植付け拡大やアグロインダストリーの奨励のその典型的な事例を見出すことができるが[9]，この点は表7「タイの主要商品別輸出額の推移」に確認されよう．

表7 タイの主要商品別輸出額の推移

(100万バーツ, %)

商　　品	1970	1980	1985	1990	1995
(1) 農 水 産 物	9,338	64,737	78,728	132,837	231,417
（％）	63.2	48.6	40.7	22.5	16.5
コ　　　　メ	2,516	19,508	22,524	27,770	48,627
天 然 ゴ ム	2,232	12,351	13,567	23,557	61,261
ト ウ モ ロ コ シ	1,969	7,299	7,700	4,144	469
タ ピ オ カ 製 品	1,223	14,887	14,969	24,465	18,253
冷 凍 エ ビ	124	1,965	3,439	20,454	50,302
冷 凍 チ キ ン	－	656	1,467	7,590	9,662
(2) 農水産加工品	94	6,317	24,384	73,521	132,132
（％）	0.6	4.7	12.6	12.5	9.4
砂　　　　糖	94	2,975	6,247	17,694	28,769
水 産 缶 詰	－	1,619	5,204	24,762	36,997
果 実 缶 詰	55	1,723	3,291	5,524	5,754
(3) 工 業 製 品	145	40,910	66,600	358,879	929,798
（％）	1.0	30.7	34.4	60.8	66.1
衣　　　　服	15	4,913	14,732	65,804	102,019
宝 石 宝 飾 類	130	3,240	6,350	34,891	50,864
集 積 回 路	0	6,156	8,248	21,581	58,182
履 き 物	n.a.	358	2,368	20,220	53,931
プラスチック製品	n.a.	610	1,262	7,989	63,580
コンピュータ部品	－	－	n.a.	38,695	131,242
テ レ ビ・ラ ジ オ	－	－	96	7,980	31,589
輸 出 総 計	14,772	133,197	193,366	589,813	1,406,310

（注）農水産加工品はアグロインダストリーを指す．
（出所）末廣，前掲書，141ページ．

すなわち，1980年まではコメ，天然ゴム，タピオカ製品などの農水産物や，砂糖などの農水産加工品が増加し，一次産品の輸出単価が下落した80年代前半以降はブロイラー，エビ，水産缶詰が増加していったこと，そして，工業製品がその割合を大きく伸ばすのは，経済ブーム以降の90年代に入ってからであることが，表7から読み取ることができる．こうしたタイの農水産物や加工品の生産拡大について，末廣昭は次の4点において工業化を助けたと指摘している[10]．

① 「外貨の制約」を克服する主要輸出品であり続けたこと
② 新興農産物の拡大やアグロインダストリーの成長は，農村や地方の承認・上層農民の所得向上を通じて，拡大する国内市場を輸入代替産業に提供したこと
③ 農産物の輸出は，ライスプレミアムやその他輸出税の形で中央財政に貢献したこと
④ 農業関連製品の輸出は，国内に新しい地場資本家，つまりアグリビジネス・グループを生み出したこと，以上4点である．

(2) 経済ブームと自由化政策

経済ブーム以降，タイの経済状況は大きく変化するにいたる．具体的には，1988年から始まる外国からの直接投資ラッシュ，90年から始まる金融の自由化，92-93年から始まる産業投資の自由化政策，そして，97年の通貨危機の勃発である．まずは，経済ブームの検討から始めてみよう．

1985年のプラザ合意により自国通貨の対米ドルの切り上げが進行すると，日本やNIES諸国を中心としたタイ向けの第1次投資ラッシュが始まった．そして，92年からは産業投資の自由化を引き金とする第2次投資ラッシュが続く[11]．すなわち，経済ブームは2つの局面に分けて考える必要がある．生産的投資の増加と消費の拡大に支えられて高成長を遂げた88年から92年までの第1の局面と，経済のクレジット化，バブル化が急速に進行し，後の金融不安を準備した93年から96年までの第2の局面である[12]．

表8「タイ非金属系民間企業売上高の上位100社の分布」を見てわかるように，89年を機に出資が40％を超える外国人企業の占めるシェアが，製造業を中心に企業数・売上高ともに増加傾向に転じており，経済ブームの中で増加傾向に転じていったことがうかがえる．とりわけ，製造業においてその傾向は顕著で，97年には多国籍企業が過半の地位を占めるにいたっている．末廣が指摘す

表8　タイ非金属系民間企業売上高の上位100社の分布

(社数，100万バーツ，％)

〈1〉売上高上位100社の分布

年　次	企業数 タイ系企業	企業数 外国人企業	売上高 合計	売上高 タイ系企業	売上高 外国人企業
1979	70	30	187,864	110,080	77,784
(％)	(70.0)	(30.0)	(100.0)	(58.6)	(41.4)
1983	63	37	290,131	152,171	137,960
(％)	(63.0)	(37.0)	(100.0)	(52.4)	(47.6)
1989	65	35	581,426	361,398	220,028
(％)	(65.0)	(35.0)	(100.0)	(62.2)	(37.8)
1994	63	37	1,287,299	782,360	504,939
(％)	(63.0)	(37.0)	(100.0)	(60.8)	(39.2)
1997	58	42	1,857,033	1,023,414	833,619
(％)	(58.0)	(42.0)	(100.0)	(55.1)	(44.9)

〈2〉上位100社のうち製造業のみの分布

年　次	企業数 タイ系企業	企業数 外国人企業	売上高 合計	売上高 タイ系企業	売上高 外国人企業
1979	34	12	92,989	64,553	28,436
(％)	(73.9)	(26.1)	(100.0)	(70.9)	(29.1)
1983	37	16	154,235	100,502	53,733
(％)	(69.8)	(30.2)	(100.0)	(65.2)	(34.8)
1989	38	17	321,094	214,982	106,112
(％)	(69.1)	(30.9)	(100.0)	(67.0)	(33.0)
1994	33	18	724,032	447,739	276,293
(％)	(64.7)	(35.3)	(100.0)	(61.8)	(38.2)
1997	29	36	1,308,323	545,641	762,682
(％)	(44.6)	(55.4)	(100.0)	(41.7)	(58.3)

(注)　外国人企業は，合計の所有が40％を超える企業．
(出所)　末廣，前掲書，196ページ．

るように，この産業投資の自由化期と経済ブーム期には，多国籍企業は政府やタイ系財閥と真っ向から「対抗」するのではなく，むしろ成長するアジア市場での事業機会の拡大という共通の目標のもとで，相互に「協調」していったと言えよう[13]．

表9　タイにおける地場系財閥の事業多角化

順位	グループ名	家族名	企業数*	上場数	1980年代半ばまで	1980年代末以降
1	Siam Cement Group	王室財産管理局	230	15	セメント，建築資材，パルプ	石油化学，自動車関連
2	Bangkok Bank Group	ソーポンパニット家（陳姓）	46	10	金融コングロマリット	石油化学，通信
3	CP Group	チアラワーノン家（謝姓）	75	7	アグリビジネス	石油化学，通信，流通業
4	Thai Farmers Bank/Loxley	ラムサム（伍姓）	43	8	金融コングロマリット	通信
5	TCC Group	シリワッタナパクディ家（蘇姓）	60	1	酒製造販売，不動産	ビール
6	Boon Rawd Brewery	ピロムパクディ家（タイ）	14	1	ビール，ソーダ水	飲料多様化
7	Ayutthaya Group	ラッタナラック家（李姓）	25	4	金融コングロマリット	セメント関連
8	TPI/Hong Yiah Seng	リアオパイラット家（廖姓）	22	2	農産物輸出，繊維	石油化学，セメント
9	Srifuengfung	シーフエンフン家（鄭姓）	111	3	プラスチック，板ガラス	石油化学，化学製品
10	MMC Sittipol	リーイッサラーヌグン家（李姓）	7	1	自動車組立	自動車輸出
11	Italthai	ガンナスート家（陳姓）	37	2	建築請負，ホテル，不動産	工業団地造成
12	Metro Group	ラオハタイ家（劉姓）	46	4	農産物，倉庫，鉄鋼	石油化学，データ処理
13	Saha Group	チョークワッタナー家（李姓）	194	10	日用品	工業団地造成ほか
14	BMB Group	テーチャパイブン家（鄭姓）	81	1	金融コングロマリット	不動産
15	Siam Group	ポーンプラパー家（陳姓）	63	0	自動車組立	ディーゼルエンジン
16	Osoth Sapha/Premier	オーサタヌクロ家（林姓）	97	5	製薬，不動産	電機電子，アグロ，金融
17	Shinawatra (SHIN)	チナワット家（丘姓）	26	4	コンピュータ	通信，携帯電話，簡易電話
18	Soon Hua Seng	ダムヌンチャーンワニット家（張姓）	23	1	農産物輸出	パルプ，海外投資
19	Central Department Store	チラーティワット家（鄭姓）	69	3	百貨店，不動産	スーパーストア，コンビニ
20	Saha-Union Group	ダラカーノン家（陳姓）	78	6	繊維，衣類	電子，発電
21	Sahaviriya Group	ウィリヤープラパイキット家（呉姓）	58	3	鉄鋼二次製品，不動産	コンピュータ，鉄鋼一貫
22	Asia/TPC Group	ウアチューキアット家（余姓）	44	1	金融，化学，不動産	石油化学

(注) 傘下企業数は末廣の1996年時点での調査．
(出所) 末廣，前掲書，220ページ．

以上見てきたように，多国籍企業の比重が増大するいっぽうで，地場系財閥が経営改革を行いつつ[14]，積極的な事業多角化戦略を展開していったことも，経済ブームにおいて見られた特徴として見落とすわけにはいかない．表9は1980年代以降のタイの地場系財閥がどのように事業多角化を行っていったのかを示したものであるが，経済ブームが進むとりわけ80年代末以降において，タイの重化学工業化，電気通信の普及，および流通の近代化が，地場系の財閥の事業拡大によって推進されていったことが端的に示されている．こうした事業拡大の背景には，金融の自由化によって海外資金の調達が容易になったことと，産業投資の自由化によって既存財閥の新規事業進出にはずみがついたことがあり（表11参照），多国籍企業のアジア進出戦略と既存財閥の事業多角化戦略の利害がまさに一致した結果が，88年以降の経済ブームであったと言えよう[15]．

　次に，経済ブームをいっそう加速化させた自由化政策について検討してみよう．輸入代替と工業製品輸出の高度化が平行して進行するためには，ある種の「飛躍」が必要であり，こうした「準工業化局面」＝「輸入代替の局面転換」が政府による産業政策を登場させるに至った理由に他ならない[16]．表10の「産業政策の推移」が示すように，1960年代から70年代にかけての輸入代替工業化の段階においては，政府が特定産業を指定し，国内産業を保護し重化学工業化を推進する政策をとった[17]．産業を特定しない輸出の奨励や生産性向上を目指す政府機関の設置を行いながら，そのいっぽうで，自動車，セメント，鉄鋼，石油化学などについては新規参入企業を政策的に制限したタイ政府の産業政策は，政府による特定産業への直接介入を実施した韓国と，輸出産業の基盤整備，研究開発の支援に重点を置いた香港・台湾との中間に位置するものであったと言えよう[18]．

　特定産業保護政策の最たる事例であったのが，69年の自動車開発委員会を工業省が設置し，早くも71年には車種・モデル制限と国産部品の使用を決定した自動車産業であった．詳細については表10を参照されたいが，ここで重要なのは，こうした産業保護政策が地場のサポーティング・インダストリーの育成を

表10　タイ政府の特定産業保護政策

〈タイ〉

*1969	工業省，自動車開発委員会を設置
*1969-77	飼料ほかアグロ産業を投資奨励
*1971	紡績，織布工場の新設，設備拡張を禁止（その後輸出企業への緩和をへて91年に自由化）
*1971	乗用車のモデル数制限と国産部品使用を決定
*1977	新投資奨励法公布．輸出産業を奨励
*1978	乗用車の輸入禁止，国産部品調達率の強化
*1978	タイ石油公団（PTT）設立
*1981	経済問題解決のための官民合同連絡調整委員会（コーローオー）を設置
*1982	東部臨海開発委員会設置，石油化学事業の計画
*1982-83	世界銀行，構造調整融資を実施（2回）
*1983	輸出開発委員会を新設　自動車国産部品調達率を45％で凍結．強制調達部品方式をとる
*1984	国家石油化学公社（NPC）設立
*1986	カラーテレビブラウン管製造の新設拡張を禁止
*1986	ディーゼルエンジン国産化計画を発表

（出所）末廣，前掲書，148ページより作成．

可能にしたのかという点であろう．結論を言えば，政府が自動車産業全体の保護政策ではなく自由化に転じた1990年代前半から，地場の部品メーカーは急速な発展を示したのであって，多国籍企業を含む民間企業の旺盛な投資活動が重化学工業を可能にしたのであった[19]．

そこで，表11に金融と産業の自由化を検討してみよう．タイの中央銀行および大蔵省が金融の自由化に本格的に乗り出したのは，IMF 8 条国に移行し，「第一次金融開発3カ年計画」を公表した1990年5月のことであった．そして，93年には「第二次金融開発3カ年計画」を公表し，国内・対外両面における規制措置の撤廃＝自由化を実施する．金融の国内面での自由化としては，金利の上限撤廃（92年6月），商業銀行の支店開設条件としての政府証券保有義務の

撤廃（93年5月），金融会社の業務規制の大幅緩和（92年12月）があり，対外面の自由化としては，外国為替管理の緩和や対外資本取引の自由化であり，とりわけ非居住者バーツ建て預金による輸出業者の決済（91年4月）とオフショア

表11 タイにおける金融と産業の自由化

年 月	金融の自由化	年 月	産業の自由化（産業投資規制の撤廃）
*1989/ 6	1年以上の定期預金の金利規制撤廃	*1989/ 6	乗用車組立について，既存工場の拡張を許可ただし，45％以上の国内部品を調達すること
		*1989/ 7	セメント需要の増加に伴い，工場の新設拡張を条件付きで認める
*1990/ 3	商業銀行の支店開設条件（政府証券の保有義務緩和（16％⇒9.5％））	*1989/11	熱延，冷延鋼板，表面処理鋼板工場の新設拡張は現投資奨励企業を除き10年間禁止．
*1990/ 5	IMF第8条国への移行決定「第一次金融開発3カ年計画」公表外国為替取引の自由化開始	*1990/ 5	石油精製の第5番目の会社としてカルテックス社の新規参入を認める
		*1990/ 7	2300cc以上の乗用車完成車の輸入自由化
		*1990/ 8	乗用車の車種制限（42種）を撤廃
*1991/ 4	外国為替取引の自由化第2段階実施（非居住者バーツ建て預金による輸出業者の決済など主要5項目）	*1991/ 4	電炉を有する場合，丸棒，異形棒鋼の製造工場の新設拡張を認める
		*1991/ 4	セメントの製造を完全自由化民間資本の新規参入を促す
*1991/12	金融会社にリース業許可	*1991/ 6	繊維産業関連の工場新設拡張のすべての規制を完全自由化（1971年10月以降，規制）
*1992/ 3	商業銀行の業務拡大を許可		
*1992/ 5	外国為替取引の自由化第3段階実施	*1991/ 7	丸棒，異形棒鋼の製造を完全自由化
*1992/ 6	貸出金利の上限撤廃措置		
*1992/ 9	インドシナとの取引の規制の緩和		
*1992/12	金融会社の業務規制の大幅緩和	*1992/ 8	石油化学（PE，PP，PVC，VCM）の製造を自由化し，かつ投資奨励を行なう
*1993	「第二次金融開発3カ年計画」		
*1993/ 1	中銀，BIS基準の導入（自己資本比率7％），以後，比率を高めていく	*1993/11	乗用車組立工場の新設禁止措置を撤廃自動車産業の完全自由化方針（1998年7月以降，国内部品調達義務も撤廃する）
*1993/ 3	バンコクオフショア市場（BIBF）のライセンスを47行に供与		
*1993/ 5	商業銀行の支店開設条件としての政府証券の保有義務の撤廃	*1994/ 5	自動二輪車の国内部品調達70％以上の規定を撤廃．150cc以下の自動二輪車の製造の完全自由化を公表
*1994/ 6	オフショア市場の地方開設（PIPF）を認可，地方での融資競争が開始される	*1994/ 6	アロマティックを除き，石油化学のプラントの新設拡張を自由化
*1994/ 8	金融会社の海外駐在員事務所開設許可	*1994/ 6	カラーテレビブラウン管の製造工場の新設拡張を8年間禁止した措置（86年）の期限切れ
		*1994/11	禁止した熱延，冷延鋼板の投資奨励を再開
*1995	金融会社の為替手形の発行許可	*1995/ 5	石油化学産業すべての原則自由化措置を決定
*1995/ 3	中銀，「金融制度開発計画5カ年改革」（1995年3月～2000年2月）		
*1995/ 5	新規商業銀行5行にフルブランチの許可		
*1996	金融会社の1年未満のオフショア市場での借入規制		

（出所）末廣昭「タイの経済危機と金融・産業の自由化」（一橋大学経済研究所『経済研究』Vol.50，No.2，1999年4月）125ページ．

市場の開設 (93年3月) が, 金融当局の意図するところとは反して, 次に検討する通貨危機の要因の1つとなったという点で重要な意味を持った[20]. ただし, ここで注意を要するのは, 88年以降の経済ブームがすべてバブル経済であったわけではなく, 少なくとも88年から91年の第一次建設ブームは, 工場・ビル・分譲住宅などの建設急増といった「実需」に起因したという事実であり, 建設ブームが「実需」から転売目的の投機へと転回したのは92, 93年頃のことであった[21].

表11の産業の自由化に見るように, タイ政府は自動車や石油化学を中心とした主要産業への投資規制の撤廃＝自由化を矢継ぎ早に実施するが, その背景には, 経済ブーム下の需給インバランス, 地場系財閥の事業多角化戦略と結びついた政党政治家の新たな利権獲得競争とともに[22], 先に検討した多国籍企業の対外戦略と企業間競争が存在した. 中でも注目すべき自動車メーカーの動向と自由化政策の変遷については第10章で検討することとし, ここでは, 産業の自由化に呼応する形で93年以降始まった第2次直接投資ラッシュを, 資金面で可能にしたのが金融の自由化とバーツのドル・リンク制の維持に他ならなかった点を指摘しておきたい[23].

(3) 通貨危機へのプロセス

次に, 通貨危機へのプロセスを振り返ることにしよう[24]. 経済ブームを支えた金融の自由化は, ①資本取引の自由化, ②国内外の金利格差, ③ドルにペッグした準固定的な為替制度, という3つの要因が結びついた結果, 1995年を境に大量の外貨建て資金を新興市場であるアジアへと流入させたが, 2つの点で問題を内包していた. 1つが, 非貿易財でかつ非生産部門, つまり株式や不動産・土地に向かい, 株式投機や不動産投機といった「経済のバブル化」を引き起こした点であり, 今1つが, 国際資金が流入することで各国の対外債務が膨らみ, 資金調達の海外依存率を急速に上昇させた点である[25]. この点については, タイの対外債務と債務返済比率を示した表12に端的にあらわれており, 90年あたりからの対外債務残高の上昇が, 民間債務・短期債務双方の比率の急増

表12　タイの対外債務と債務返済比率

(%)

年　次	対外債務合計 (100万ドル)	対外債務 対GDP比	債務返済比率 (DSR)	債務比率 政府	債務比率 民間	債務比率 長期	債務比率 短期
1976	n.a.	9.5	12.8	51.4	48.6	n.a.	n.a.
1978	3,049	12.6	17.4	65.7	34.3	89.2	10.8
1980	6,811	21.1	14.5	58.7	28.4	83.7	16.3
1982	10,129	28.3	16.7	59.4	32.1	82.1	17.9
1984	12,839	31.0	19.9	59.5	40.5	84.1	15.9
1986	18,321	42.5	24.8	66.0	34.0	84.2	15.8
1988	21,064	34.2	14.9	63.1	36.9	77.5	22.5
1990	29,308	34.3	10.8	39.3	60.7	64.5	35.5
1992	43,621	39.1	11.2	30.0	70.0	56.6	43.4
1994	64,866	44.9	11.6	24.2	75.8	55.0	45.0
1996	90,536	49.8	12.3	18.6	81.4	58.5	41.5
1997	93,416	62.0	15.6	26.0	74.0	62.7	37.3

(注)　1986年以降は新分類による数字．政府債務にはIMF他からの借入を含む．93年以降はオフショア市場からの借入を含む．短期債務は1年未満の債務．
(出所)　末廣，前掲書，88ページ．

によってもたらされたものであることが理解できよう．

　こうした対外債務の増大は，いわゆる「過剰流動性」を引き起こし，同時に金融の不安定性を高めた[26]．タイ中央銀行が商業銀行の不動産向け投資や非居住者によるバーツ建て預金の規制を開始し，ノンバンク融資への制限を加えた1995年以降，不動産価格と株式価格の下落が始まり，金融機関の不良債権問題が噴出した．バブル経済の崩壊である．そして，経営が悪化した金融機関への営業停止措置に政府が踏み切ると，ただちに金融不安が発生し，国際投資家によるタイへの「国の信認」低下を引き起こし，さらには通貨不安へと発展していったのである．結果として，投資家や投機家によるバーツ売り・ドル買いが始まり，為替相場の利ざやを狙ったソロスら国際ヘッジファンドによる3度にわたる大規模な通貨攻撃を受け，タイ中央銀行は120億ドルもの巨額の外貨準備を使い，97年7月のドル・リンク制からの離脱，管理フロート制への移行発表を余儀なくされたわけである．1カ月で30％を超える為替相場の大幅下落は，「危機の伝染病的現象」を引き起こし，IMFによる為替安定，財政緊縮，

金融引き締めを実施させたが，この経済安定化政策は国内消費の大幅減退，高金利による信用収縮，大量の失業を生み出し，各国を深刻な国内不況へと突入させたのである[27]．

(4) 通貨危機からの回復と産業構造改革

図1で確認した通貨危機からの回復基調について，以下検討を加えていきたいと思う．まずは，いかなる需要項目がGDP成長率の増加に貢献したのかを表13に見てみると，1999年第3期以降の個人消費の伸びがGDP成長率に大きく貢献していることがわかる．また，2000年に入ってからは，純固定資本形成も個人消費が減退した分を補うべく成長率へと貢献するにいたっている．

表13 需要項目別のGDP成長率貢献度

(%)

国名	需要項目	1999年 Q1	Q2	Q3	Q4	2000年 Q1	Q2
韓国	個人消費	3.4	4.8	5.6	5.1	5.4	4.2
	総固定資本形成	▲1.1	1.3	1.8	1.9	5.1	3.4
	純輸出	▲3.1	▲1.0	0.3	0.8	1.5	4.0
	GDP成長率	5.4	10.8	12.8	13.0	12.8	9.6
タイ	個人消費	▲1.6	▲0.2	3.2	3.7	2.7	2.7
	総固定資本形成	▲6.4	0.2	1.2	1.3	3.1	0.3
	純輸出	0.6	▲6.2	▲0.3	1.0	▲4.2	1.1
	GDP成長率	0.2	2.5	7.8	6.5	5.3	6.6
マレーシア	個人消費	▲1.0	1.2	2.2	3.2	6.7	5.9
	総固定資本形成	▲8.7	▲3.2	3.0	1.7	3.8	6.9
	純輸出	9.3	5.3	4.4	▲2.5	1.7	▲5.0
	GDP成長率	▲1.5	5.0	8.6	11.0	11.9	8.8
インドネシア	個人消費	▲2.3	▲1.9	3.8	1.6	1.3	1.9
	総固定資本形成	▲6.9	▲5.1	▲5.0	0.6	2.3	3.9
	純輸出	2.9	3.1	0.5	6.0	1.3	4.6
	GDP成長率	▲7.7	3.7	1.2	5.0	3.2	4.1
フィリピン	個人消費	1.9	2.1	2.0	2.4	2.5	2.6
	総固定資本形成	▲1.9	2.5	1.6	▲0.5	▲0.3	▲0.9
	純輸出	6.6	1.3	4.2	0.4	3.7	7.3
	GDP成長率	0.7	3.6	3.8	4.9	3.2	4.5

(出所) 富士総合研究所「『本物』とは言い難いアジア経済の回復」(No. A-0013) 2000年10月，2ページ．

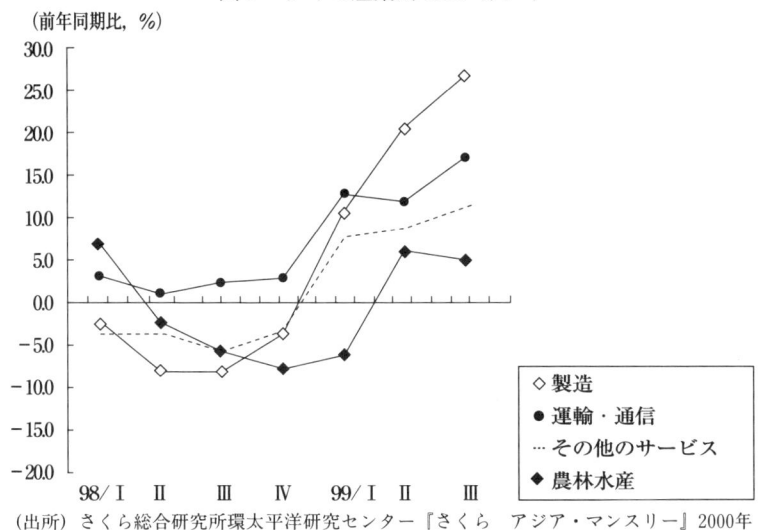

図3 タイの産業別GDP伸び率

(出所) さくら総合研究所環太平洋研究センター『さくら アジア・マンスリー』2000年5月号, 5ページより作成.

　次に, 個人消費の回復と並んで, ASEAN各国の景気回復を牽引した産業は何であったのかを, 図3の産業別GDP伸び率に確認しておこう. 図3によれば, 製造業, 運輸・通信業およびその他サービス業が産業別で大きな伸びを示しているが, とりわけ製造業と建設業の回復がGDP全体の成長に大きく貢献したことがうかがわれる. 中でも牽引役としての製造業の果たした役割は大きく, 自動車や電気・電子を中心とした輸出増加が消費の回復に先行する形で景気回復へと寄与した (第9章・第10章参照).

　そこで, タイ経済の回復基調の具体的な中身を, 主な経済指標の前年同期比の推移を示した表14に検討していこう. まず, 製造業生産指数の推移を見ると, 1998年前期を中心に大きく減少を余儀なくされていたが, 99年に入りプラスに転じ, 同年Ⅱ〜Ⅳ期の2ケタ成長がGDP成長率に貢献したことは間違いなく, ここでも製造業が景気回復に果たした役割の大きさが確認される形となった[28]. では, こうした製造業生産指数の回復基調がいかなる製品分野によってもたらされたのかを, 図4の製品別貢献度の推移に見てみると, 輸送機器の

表14　タイの主な経済指標の前年同期比の推移（％）

	1997 II	1997 III	1997 IV	1998 I	1998 II	1998 III	1998 IV	1999 I	1999 II	1999 III	1999 IV	2000 I	2000 II
製造業生産	5.8	▲2.7	▲1.5	▲16.9	▲15.3	▲9.5	▲3.6	4.8	10.6	19.0	20.4	9.6	3.4
消費者物価	n.a.	6.1	7.5	9.0	10.3	8.1	5.0	2.7	▲0.4	▲0.9	0.1	0.8	1.9
輸　　出	n.a.	6.0	6.7	▲2.9	▲5.3	▲8.7	▲9.9	▲4.0	5.7	9.4	17.2	29.3	n.a.
輸　　入	n.a.	▲11.6	▲27.5	▲39.8	▲38.2	▲34.2	▲18.9	▲1.0	11.7	18.1	35.4	42.4	n.a.

（出所）経済企画庁のホームページ（http://www.epa.go.jp）の海外経済報告平成10年1月四半期報～12年7月四半期報，およびhttp://www.epa.go.jp/2000/f/kaigai/1017kaigai22.gif より作成．

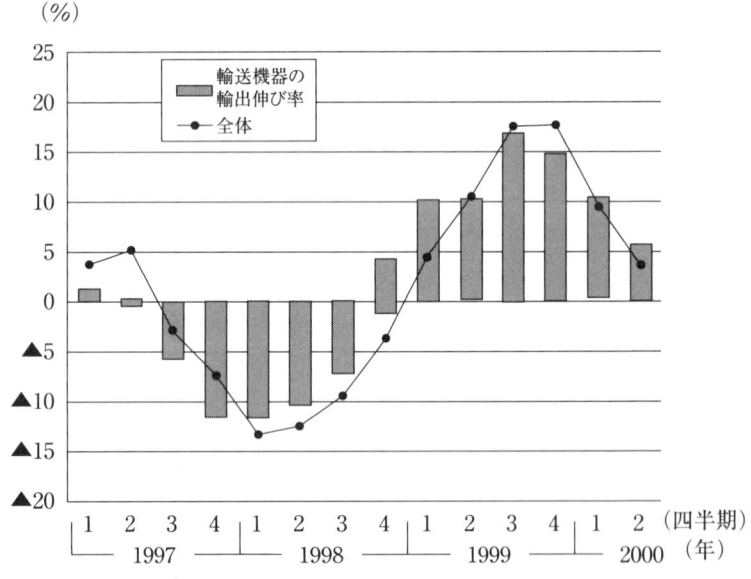

図4　タイの製造業生産指数と輸送機器の輸出伸び率

（注）輸出伸び率は前年同期比．
（出所）富士総合研究所，前掲論文，7ページより作成．

　輸出伸び率の増減が製造業生産指数全体の増減を左右していることがわかり，自動車産業のタイ経済に及ぼす影響の大きさを確認することができる．また，景気回復にともない，消費者物価も安定を取り戻している．
　最後に，輸出・輸入の動きを再び表14に見てみると[29]，1999年II期以降の輸

出の回復基調は顕著なものがあり，輸出の伸びに牽引される形で，大幅な減少を強いられていた輸入もまた大きな伸びを記録していることがわかる．こうしたタイ経済の予想を上回る急速な回復の要因について，経済企画庁調査局は，①電気・電子機器を中心とした輸出の増加，②在庫調整の終了，③個人消費の増加を東アジア全体の共通要因として指摘しているが[30]，タイについても自動車を牽引役とする点を付け加えれば，ほぼ同様の要因を見出すことができることを，先の表13・14, 図3・4の結果は示していると言えよう．

こうしたタイ経済の回復基調も順調な側面ばかりではなく，この点をタイの設備稼働率の推移を示した図5に見てみよう．景気回復基調とともに増加傾向にあった設備稼働率も，1999年末に60％を割り込んで以降は98年当時と同じ55％前後の水準にあり，2000年3月以降は6カ月連続して前年同月の水準を下回っている．需要面で見ても[31]，99年以降の経済回復を牽引してきた民間消費と総固定資本形成は鈍化傾向を強め，再び輸出と政府支出が景気を支えるという

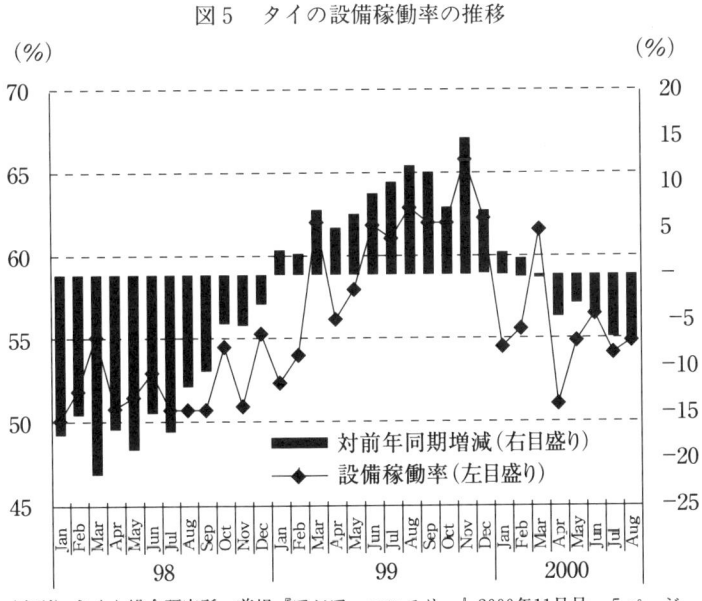

図5 タイの設備稼働率の推移

(出所) さくら総合研究所，前掲『アジア・マンスリー』2000年11月号，5ページ．

表15　通貨危機国の不良債権比率の推移

(%)

	ピーク時	1999年 3月	6月	9月	12月	2000年 3月	直近時点
韓　　国	21.8 (98年6月)	(11.4)	(11.3)	(10.1)	11.3 (8.7)	n.a.	11.3 (99年12月)
マレーシア	14.9 (98年11月)	13.0	12.4	12.0	11.1	10.9	10.5 (2000年5月)
タ　　イ	47.7 (99年5月)	47	47.4	44.7	38.9	38.1	31.1 (2000年7月)
インドネシア	58.7 (99年3月)	58.7	n.a.	n.a.	n.a.	n.a.	32.0 (2000年6月)
フィリピン	21.8 (99年11月)	13.2	13.1	13.4	12.3	14.1	14.4 (2000年5月)

(注) 1) 不良債権は3カ月の延滞債権．なお，インドネシアは延滞債権すべてを不良債権とみなしている．
　　 2) ( ) 内は旧基準（3カ月延滞債権を不良債権とみなす基準）の不良債権比率（なお新基準は，旧基準にプラスして，債務者の債務償還能力を考慮して算出している）．
(出所) 富士総合所，前掲論文，8ページ．

不安定なものになるなど，今後については楽観を許さない状況となっている．

　通貨危機からの回復基調にあるとはいえ，より堅調な経済成長に向けて，金融構造改革が重要な意味を有していることは間違いあるまい（図6参照）．そこで，通貨危機国の不良債権比率の推移と金融構造改革の進捗状況を表15および表16に確認しておこう．

　まず不良債権比率だが，タイの比率は減少傾向にあるとはいえ，他の通貨危機国に比べてインドネシアと並んで依然として高い比率にあることがわかる．そして，金融構造改革の進捗状況を示した表16によれば，不良債権処理や資金注入に自主再建行が難航するいっぽう，企業財務リストラについても再不良債権化率が高いなど，タイの不良債権比率がスムーズに低下しない要因はこうした状況に見出すことができよう．

　最後に，こうした不良債権処理を含む通貨危機後の産業構造改革について検討しよう[32]．図6は，タイの経済社会再構築について，IMFの金融制度改革，

表16　金融構造改革の進捗状況

	商業銀行の再編	不良債権（NPL）処理	資金注入	企業債務リストラ
韓国	政府主導でほぼ終了．ただし，ソウル銀行の売却は依然難航．	KAMCOによるNPL買取り（時価ベース）はほぼ終了（56兆ウォン投入）．	NPL買取りと合算で約130兆ウォン程度．	4大財閥の結合ベース負債比率に改善の余地あり．大宇・現代の処理はこれから．
マレーシア	2000年末をめどに，54の金融機関を10グループに再編．	ダナハルタによるNPL買取り（時価ベース）はほぼ終了（455億リンギ投入）．	ダナモダルが10行に62億リンギ注入し終了．	CDRC，ダナハルタを中心に順調に進展．
タイ	外資との提携を視野にいれた，自主的な再建が進展（しかし，外資は進出に消極的）．	NPL買取りは国有銀行のみ．自主再建行のNPL処理が難航（公的資金を利用した資産管理会社（AMC）が提案されるも実現せず）．	3000億バーツを用意されるも，自主再建行は受入れに難色．	CDRACの仲介により進展するも，再不良債権化率が高く，NPLの実質的な低下につながっていない．
インドネシア	政府主導による銀行再編は一応目処が立ったが，依然としてオーバーバンキング．	国営・国有銀行からIBRAへのNPL移管が進んでいるが，NPL比率は依然高水準．	320兆ルピアを注入済み．総額426兆ルピアを予定．	IBRAが強制力を行使してリストラを行うも，ほとんど進展せず．

（注）網掛け部分は，十分な進展がみられていない部分．
（出所）富士総合研究所，前掲論文，8ページ．

世界銀行の構造改革と関連させて整理したものである．具体的には，①金融制度再構築事業，②産業構造整備事業，③社会投資計画，④中小企業支援事業の四本柱からタイの「経済社会再構築計画」は構成されているが，世界銀行の基本方針と大きく異なるのは②と④である．②の産業構造整備事業は，輸出競争力の改善・強化，産業構造の高度化を目的に日本の通産省とJICAが担当し，いっぽう④の中小企業育成事業は，中小企業・ベンチャー企業の支援と育成を目的に通産省と中小企業金融公庫が担当している．そして，この2つの政策に共通しているのは，円借款のような金銭的支援にとどまることなく，過去の産業政策の経験を踏まえながら，政策的支援とりわけ知的支援をアジアに対して積極的に行おうとしている点である．そして，こうした構造改革が，単に成長軌道への回帰のためだけでなく，タイ経済の持続的な成長[33]に対して日本がいかなる貢献をなしえるのか，という観点から関与しようとしている点が重要であろう．

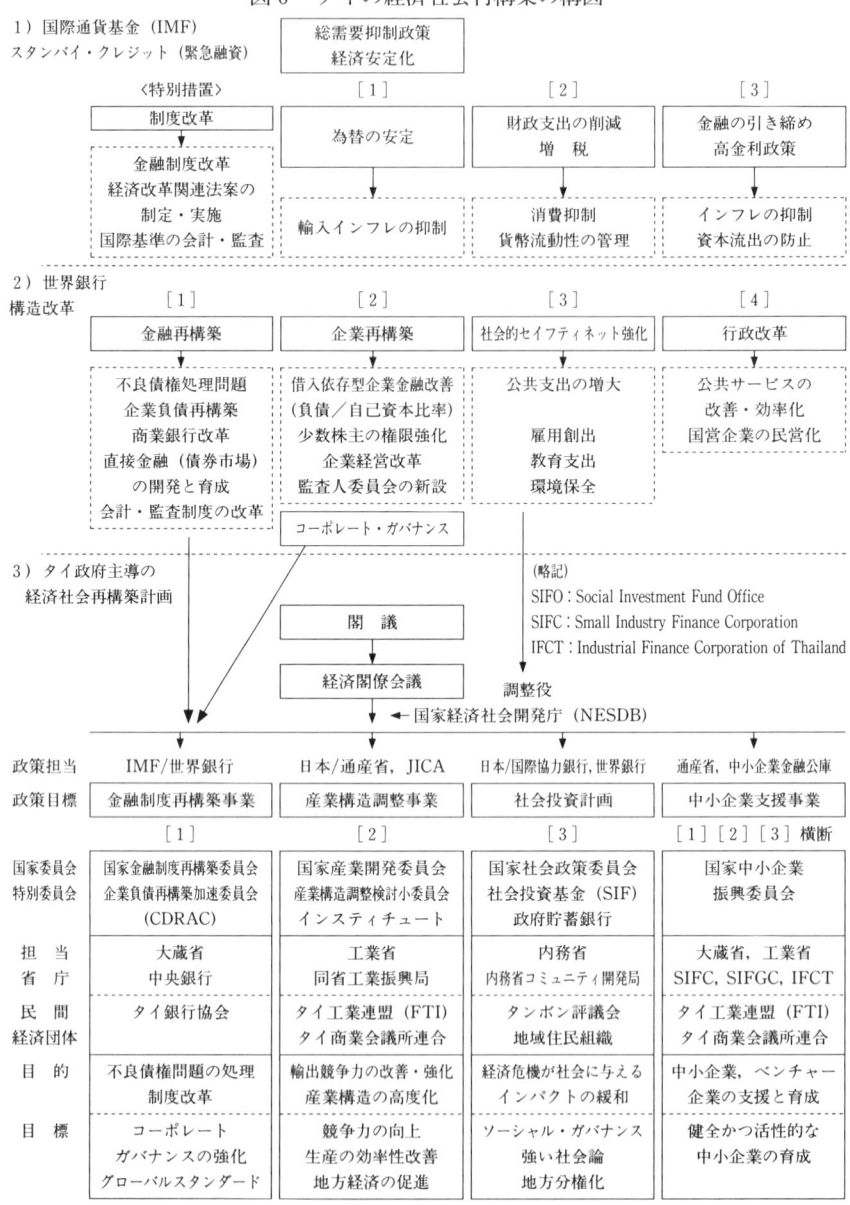

図6　タイの経済社会再構築の構図

1) 国際通貨基金 (IMF) スタンバイ・クレジット (緊急融資)	総需要抑制政策 経済安定化			
〈特別措置〉	[1]	[2]	[3]	
制度改革	為替の安定	財政支出の削減 増　税	金融の引き締め 高金利政策	
金融制度改革 経済改革関連法案の 制定・実施 国際基準の会計・監査	輸入インフレの抑制	消費抑制 貨幣流動性の管理	インフレの抑制 資本流出の防止	

2) 世界銀行
構造改革

[1]	[2]	[3]	[4]
金融再構築	企業再構築	社会的セイフティネット強化	行政改革
不良債権処理問題 企業負債再構築 商業銀行改革 直接金融 (債券市場) の開発と育成 会計・監査制度の改革	借入依存型企業金融改善 (負債／自己資本比率) 少数株主の権利強化 企業経営改革 監査人委員会の新設	公共支出の増大 雇用創出 教育支出 環境保全	公共サービスの 改善・効率化 国営企業の民営化
	コーポレート・ガバナンス		

3) タイ政府主導の
経済社会再構築計画

(略記)
SIFO : Social Investment Fund Office
SIFC : Small Industry Finance Corporation
IFCT : Industrial Finance Corporation of Thailand

閣　議

経済閣僚会議　　　調整役
　　　　　　←　国家経済社会開発庁 (NESDB)

政策担当	IMF/世界銀行	日本/通産省, JICA	日本/国際協力銀行, 世界銀行	通産省, 中小企業金融公庫
政策目標	金融制度再構築事業	産業構造調整事業	社会投資計画	中小企業支援事業
	[1]	[2]	[3]	[1] [2] [3] 横断
国家委員会 特別委員会	国家金融制度再構築委員会 企業負債再構築加速委員会 (CDRAC)	国家産業開発委員会 産業構造調整検討小委員会 インスティチュート	国家社会政策委員会 社会投資基金 (SIF) 政府貯蓄銀行	国家中小企業 振興委員会
担　当 省　庁	大蔵省 中央銀行	工業省 同省工業振興局	内務省 内務省コミュニティ開発局	大蔵省, 工業省 SIFC, SIFGC, IFCT
民　間 経済団体	タイ銀行協会	タイ工業連盟 (FTI) タイ商業会議所連合	タンボン評議会 地域住民組織	タイ工業連盟 (FTI) タイ商業会議所連合
目　的	不良債権問題の処理 制度改革	輸出競争力の改善・強化 産業構造の高度化	経済危機が社会に与える インパクトの緩和	中小企業, ベンチャー 企業の支援と育成
目　標	コーポレート ガバナンスの強化 グローバルスタンダード	競争力の向上 生産の効率性改善 地方経済の促進	ソーシャル・ガバナンス 強い社会論 地方分権化	健全かつ活性的な 中小企業の育成

(出所) 末廣, 前掲書, 97ページ.

3．ASEAN 域内の貿易自由化

(1) 貿易自由化と産業協力：AFTA への道のり

　ASEAN における貿易自由化の歴史的変遷について[34]，まずは概観しておこう（第10章表2年表参照）．1976年の「ASEAN 協調に関する宣言」を受けて，77年に域内経済協力が本格的にスタートしたが，貿易自由化策として，第10回 ASEAN 外相会議において「ASEAN 特恵関税とりきめに関する協定」（PTA：ASEAN Preferential Trading Arrangements）の締結，産業協力策として，第5回 ASEAN 経済閣僚会議において ASEAN 産業プロジェクト（AIP：ASEAN Industrial Projects）が発案された．80年には同基本協定が締結されるとともに，81年には ASEAN 産業補完プロジェクト（AIC：ASEAN Industrial Complementation Project）基本協定が締結された．また，83年には ASEAN 産業合弁事業計画（AIJV：ASEAN Industrial Joint Venture）が立案されるが，90年代に入り以上のスキームを見直し，新たな戦略として掲げられたのが ASEAN 自由貿易地域（AFTA：ASEAN Free Trade Area）であった．

　図7に整理されているように，1976年に本格始動した ASEAN の経済協力は，PTA に代表される貿易自由化の流れと，AIP, AIC, AIJV といった産業協力の流れの大きく2つに分かれ，93年 AFTA 設立に向けた関税引き下げの開始へと集約されていくが，この AFTA 形成に向けての具体的プロセスを規定したのが，CEPT（ASEAN Free Trade Area Common Effective Preferential Tariff）協定であった．そして，88年に導入された自動車産業の同一ブランド内補完（BBC：ASEAN Brand to Brand Complementation）スキームともども，96年には ASEAN 産業協力（AICO：ASEAN Industrial Cooperation）スキームへと統合されるにいたったのである．

(2) 各種スキームの歴史的変遷

　AFTA への道のりにおいて重要な地位を占めるのが，AICO スキームへと

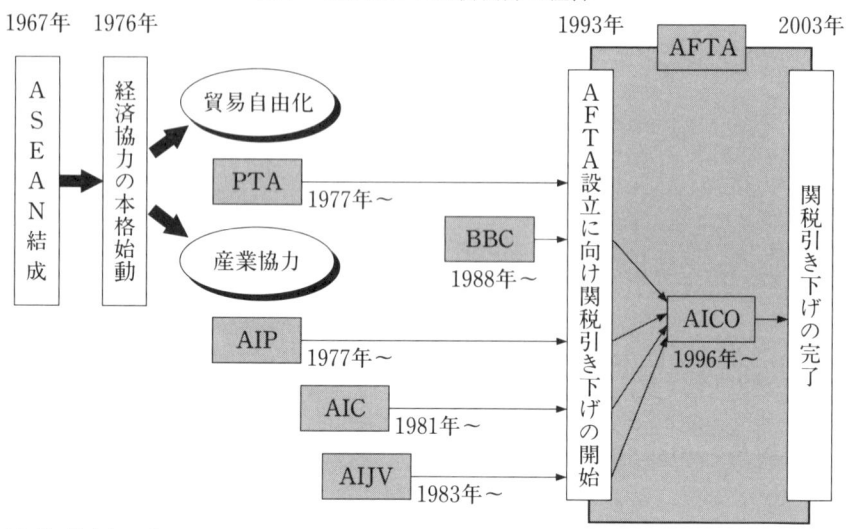

図7 ASEANの経済協力の経緯

(出所) 箭内彰子「ASEANにおける域内貿易自由化」(富士総合研究所『研究レポート』1998年) 2ページ．

統合されるにいたる産業協力の流れであろう[35]．中でも重要なのが，BBCスキームからAICOスキームへの流れだが，逆の見方をするならば，AIP, AIC, AIJVといった他の域内経済協力スキームがなぜ成功しなかったのかが問題となる．その失敗要因を，箭内彰子は以下の5点に整理している[36]．

①各国の経済発展段階や経済構造が類似しており，工業化に向けた産業政策や外資導入政策など，様々な面でASEAN各国が競合関係にあった．

②ASEAN各国の主要輸出品目が共通していることも，域内貿易において強調より競合関係を生み出しやすい．

③80年代までは各国の市場が未成熟であった．

④大規模なプロジェクトが多く，資金面での負担が大きかった．

⑤ASEANでは多くの製造業が「幼稚産業」とされ長い間保護されてきたために，国際競争力がついていない．このため，保護政策を簡単に放棄できない．

産業協力をめぐって試行錯誤を繰り返してきたASEANであったが，1980

年代以降の域内経済協力は，BBC スキームから AICO スキームへの移行を軸として展開されたと言ってよく，その中心となる産業は言うまでもなく自動車産業であった[37]．同一産業内における相互補完体制の構築を目指し81年にスタートしたものの，70年代後半からの各国の国産車生産の動きを背景に失敗に終わった AIC の失敗を受けて88年に導入されたのが，同じメーカーにおける自動車部品の相互供給のみを対象とする BBC スキームであった．82年に三菱自工が提唱したことに端を発する BBC スキームは，日系を中心とした完成車メーカーだけが，50%を差し引いた特恵関税率と ASEAN 域内輸入部品の国産化率への参入という恩典適用の申請ができるユニークな内容であった[38]．しかし，日系自動車メーカー主導の BBC スキームも事実上頓挫してしまう．

　1993年の AFTA 形成に向けての段階的域内関税引き下げを受け，AFTA の限定的な前倒し実施となる AICO スキームが BBC を吸収する形で96年11月スタートしたわけだが，これら2つのスキームの違いを表17に検討していこう[39]．AICO は，ASEAN 内に立地する現地資本比率30%以上の企業が，原材料，部品および完成品（一次産品を除く）を他の ASEAN 諸国から輸入する際に，0～5%の特恵関税が適用されるというスキームであり，関税率や認可条件の違いとともに，対象範囲を自動車に限定していないのが BBC との大きな違いである．また，恩典適用の申請・認可の裁量権が ASEAN 各国に委ねられている点で，各国に裁量権はなく自動的に適用される AFTA とも内容を異にする．

　以上のように，ASEAN 自動車産業をめぐる域内経済協力スキームは BBC から AICO へと移行したわけだが，先に指摘した域内経済協力をめぐる問題点は基本的には変わっていないように思われる[40]．とりわけ，比較優位な産業を育成し，相互補完的な分業体制を実現するための構造調整には痛みがともなうため，各国の政治的判断が必要となるが自国産業保護政策から脱却できないでいるのが現状である．また，ローカル企業が国際競争力をつけてない以上，ASEAN の牽引役はやはり外資企業とならざるをえず，外資依存体質からの脱却を目指した AFTA が再び依存しなければならないという自己矛盾を，

ASEAN 各国が抱えていることも事実であろう.

表17　BBC・AICO スキームの対比

	BBC	AICO
内容	(1)量産効果の拡大 (2)自国部品産業保護のために設立していた高関税を緩和し,自動車生産コストの引き下げを図ることで,民間ベースの事業計画の障害の解消を図り,域内参加国で特定ブランドの特定モデルの特定部品の流通を支援.(一般的な関税引き下げではなく,ブランド毎の規定であり,いわば民間のコストダウンの努力を国家の政策に取り込む工夫である.)	ASEAN 域内の経済成長促進を目的に各国相互利益の拡大・競争力強化のため,貿易・投資の拡大を通じ,WTO の貿易自由化に向けた基盤整備を進めるもの. CEPT 導入が2003年に前倒しされたため,暫定的対応として1996年に AICO スキームを導入し,2003年に向けて ASEAN 各国の調整を行うもの. また,ASEAN 自動車産業は所得,技術水準の向上とともに長期的には成長が期待されるが,各国とも現地化,相互補完の推進により低コストを達成することが必要との認識も要因となった.
経緯	1981年第14回 ASEAN 外相会議にて承認された AIC が起源.1982年に三菱自工が「各国がコストで比較優位にある部品を相互融通する場合, (1)輸入関税部品を半減するとともに (2)輸入部品を国産化部品とみなして国産化率算定に含める」ことを提唱,1987年 ASEAN 第3回首脳会議のマニラ宣言により BBC スキームとして推進することを合意,1988年 ASEAN 経済首脳閣僚会議で承認,調印された.	
対象品目	自動車部品	最終製品／中間製品／原材料
適用期間	1988年10月～AICO 発効	CEPT 発効（2003年）まで
申請者	本国の自動車メーカー（ブランドオーナー）	各国の生産者
許可者	ASEAN 事務局	各国の工業省
適用条件	・自動車部品に限定 ・BBC 製品が PTA（ASEAN 特恵取り決め）による原産地規則を満たしている a. single ASEAN content が50%超 b. Cumulative ASEAN content が60%超 ・国際品質保証基準に従って製造されていること ・一般市場価格に対して競争力のある価格	・ASEAN メンバー各国で設立され,事業を営む企業 ・最低30%の当該国持ち分 ・資源の共有,または企業協力を行う企業 ・AICO 製品の製造に協力する複数の参加国で設立され事業を営む企業 ・対象部品の国産化率が40%以上 ・原材料輸入 CIF 金額が輸出 FOB 金額の60%以下であれば AICO 製品として認定
恩典	・国産化認定あり ・CKD 関税の50%免除	・国産化率算入あり ・0～5%の特恵関税率適用 (参加会社間で取引される AICO 承認部品のみに適用)
問題点	・各国が自動車国産化プログラムをもっていることで各国政府の利害が交錯. ・各国とも付加価値の高い部品（エンジン,ミッション）の生産分担を主張,対立. ・BBC は巨大自動車メーカーのための特別プログラムであるため,CEPT に早く移行すべき.また,各国の地場産業を振興させるプログラムを作るべきとの意見拡大. ・ASEAN 事務局に申請書を提出した後,各国の MITI に意見を聞く必要があり,ASEAN 加盟国すべてが承認しないと認められないため複雑.	・各国の足並みがそろわない. ・政府（輸出国・輸入国）の承認を同時に行い,輸出国と輸入国の政府間交渉が必要となるため,承認まで両政府の利害が反映され,基幹産業である自動車関連産業では,許可の遅延が予想される. ・貿易バランスの問題から,各国の自動車会社が傘下の部品メーカーの部品を集めて輸出する CKD パッケージが認められない可能性が高い.この場合,部品メーカーが個別に AICO を申請,承認を受ける必要がある.

(出所) 中小企業金融公庫調査部『ASEAN における自動車産業の動向とわが国中小部品メーカーへの影響について』(中小公庫レポート No. 98-1) 1998年4月,26ページ.

1) 20世紀システムにおいて，植民地経営とアジアの台頭がどのように位置づけられるのかという問題関心は，アジア経営史研究のスタート地点においても共有すべき重要な問題であろう．なお，20世紀システムに関しては，東京大学社会科学研究所（橋本寿朗編）による『20世紀システム』全6巻の研究成果を参照されたいが，東京大学社会科学研究所『20世紀システム4　開発主義』東京大学出版会，1998年が末廣昭の章を中心に興味深い．また，同章の内容も収められた，末廣昭『キャッチアップ型工業化論－アジア経済の軌跡と展望－』名古屋大学出版会，2000年は，本章を作成する上で大いに示唆に富むものであった．なお，20世紀システムとの関連でアジアを問題とする場合，多くのアジア諸国がかつて植民地であったという歴史的事実を無視することはできまい．すなわち，こうした植民地企業経営史という考え方が，アジア経営史の出発点として重要性を帯びてくるが，この点に関しては，久保文克『植民地企業経営史論－「準国策会社」の実証的研究』日本経済評論社，1997年，および同「『準国策会社』と植民地台湾－植民地企業経営史論」（中村勝己編著『歴史のなかの現代－西洋・アジア・日本－』ミネルヴァ書房，1999年）を参照されたい．

　マクロの植民地全体の性格を論じる植民地経営史とミクロの植民地企業の性格を論じる植民地企業経営史が連関していたのではないかという問題意識のもと，政治的（高度ないしは軍事的）植民地か経済的植民地（政治的には副次的性格）かという植民地全体の性格が，植民地経営の試金石となる植民地企業の性格を規定すると考え，植民地において経営活動を行う企業を国策会社・「準国策会社」・民間会社の3つに類型化した．具体的に，植民地企業経営史という視点を植民地に進出した企業側の視点と進出先の植民地側の視点に分けて考えてみた場合，まず前者の進出企業側の視点として，先述した植民地企業の性格をめぐる3類型が重要な意味を有する．その際，新しい概念として提示した「準国策会社」を幅のあるものとしてとらえる必要があるのではないか，言い換えるならば，「準国策会社」の類型化が今後植民地企業経営史を掘り下げていく上で可能になるのではないかと考えている．なぜなら，さまざまな植民地の性格と関連して植民地企業経営の性格も多岐に広がっていく可能性があること，1つの植民地企業の性格自体が植民地全体の性格の変化にともなって歴史的に変容していくこと，「準国策会社」という概念が今後植民地以外へも適用可能であること等がその理由として考えられるからである．

　いっぽう，進出先の植民地側の視点としては，植民地という特殊な経営環境を念頭に置かねばならない．すなわち，植民地という宗主国の地域的延長という位置づけとともに，植民地となる以前からの土着の存在という二重の側面が考慮されなければならないという植民地特有の特殊事情を抜きにして，植民地企業経営史は論じることができないと思われる．「土着（植民地）側の要素 vs.

進出（内地）側の要素」という構図は，今日の日本企業のアジア進出においても同様に存在するわけだが，植民地企業のアジア進出が今日のそれと異なるのは，植民地土着の要素に「適応」しようとするのではなく，宗主国側の要素を「適用」させようとする点であり，いわゆる「侵略」を企業経営の観点から見ると以上のようにとらえられるのではなかろうか．

　こうした植民地企業経営史という研究にいたった問題意識として，今日のあまりに対照的な台湾と朝鮮の植民地時代への評価の相違がある．植民地企業経営史をアジア経営史研究の出発点に位置づけたのは，その理由も実はこの点にあったのである．すなわち，戦前の植民地時代と戦後の経済発展との間にはいかなる関係が存在するのか．これが最大の問題関心であり，植民地企業経営史の延長線上にアジア経営史を位置づけた理由に他ならなかったのである．そこで，戦前と戦後の連続・非連続問題と関連して，今日の台湾と韓国の著しい経済発展をもたらした要因のうち，共通した要因について考えてみたいと思う．

　まず第1に，初期条件としてのインフラ面および Big Push として，日本植民地時代の遺産が戦後のアメリカの援助とともに少なからぬ意味を有したのではないかと思われる．第2に，ガーシュンクロンも「制度的手段」(Gershenkron, Alexander, *Economic Backwardness in Historical Perspective*, The Belknap Press of Harvard University Press, 1962, p. 7) として重要性を指摘する政府の経済発展に果たした指導的役割の大きさである．第3に，勤勉な労働力とその国民的な結集があげられよう．第4に，それと関連して，非合理的ナショナリズムないしは「成長イデオロギーの国民的共有」（末廣，前掲書，第5章を参照）が，急速な経済発展へと国民レベルの勤勉な労働力を向かわせたモチベーションとして重要である．最後に，経済体制の異なる隣国の存在が経済発展に向けた国民的コンセンサスを形成していく上で大きな意味を有していたのではないか．具体的には，台湾にとっての中国，韓国にとっての北朝鮮という同一民族国家でありながら社会主義経済路線を歩む隣国の存在が，いわば反面教師として少なからず機能したように思われる．そして，以上のような共通要因に関する考察を深めていくことは，後発性のメリットを活かして急速な工業化を達成する「後発効果」について論じたガーシュンクロン・モデルの脆弱性を補完する上でも不可欠である．とりわけ，政府レベルの工業化路線と国民レベルの経済発展への志向を成長イデオロギーという形で結びつけるメカニズムの解明が必要であるが，これは発展途上国の経済発展にとって政府，企業，技術形成の革新的新結合がいかなる機能を果たしたのかという重要な問題を扱うという点で，経営史と経済史との間のブラック・ボックス解明にも少なからぬ貢献を果たすのではないかと期待される．

2)　従来までの日本経営史および欧米経営史という研究領域に加え，アジア経営

史という新たなる研究分野の開拓が経営史研究において求められている．
　では，なぜアジア経営史なのか．言い換えるならば，アジア経営史のレゾンデートルとは何か．それは，錯綜したアジアを解く上で経営史における学際的研究の歴史は有効であろうし，何よりも意思決定を中心に企業発展の主体的条件に着目する経営史研究の方法は　アジアにおける企業経営の分析にも重要な意味を有していると言えよう．とりわけ，企業家精神を軸に政府との関係や技術形成を扱い，こうした革新的な新結合を論じてきた経営史固有のアプローチは，前述したガーシュンクロン・モデルにおけるブラック・ボックスを解明する上でも大いに期待されるところである．
　アジアを研究対象とする場合の最大の問題関心は，1970年代以降持続的な成長と工業化を達成することができたのはなぜかという点であるが，その際ポイントとなるのが後発性のメリットを現実化させたものとは何であったのかという点である．具体的には，まず，いかなる主体的条件が有効に機能したのかという意味で，政府，企業家精神，技術形成の革新的な新結合といった「工業化の社会的能力」（末廣，前掲書，第3章を参照）が問題となる．ここで注目されるべきは，政府の果たした積極的な役割とともに，いかなる主体的条件が有効に機能したのかという点である．すなわち，アジア諸国において「工業化の社会的能力」が発揮できた条件として，政府，企業，生産現場の各レベルで革新的な結合が発生したことに注目すべきであり，政府や経済テクノクラート，経営組織の発達旺盛な企業家精神，技術形成といった工業化を推進するための主体的条件である「工業化の社会的能力」がいかに形成されていったのかを，こうした人的側面を育成した諸制度とともに包括的かつ実証的に検討する必要がある．
　「工業化の社会的能力」とともに，アジアにおいて後発性のメリットが発揮された条件として，経済成長を国家と国民がともに第一義の目標に設定し，成長の果実を共有しようとした「成長イデオロギーの国民的共有」と開発主義の存在を指摘しておきたい．開発主義は，①工業化における国家の優越性・主体性と工業化を鼓舞するイデオロギーの結合と②政治危機を克服するための国家による上からの経済社会管理を特徴とするが，開発主義を社会主義と区別する重要な指標である「成長第一主義」のイデオロギーの国民的共有は，開発主義と経済パフォーマンスの因果連関においても重要な意味を有している．そして，20世紀システムと途上国の開発主義との相互連関を考える上で，成長イデオロギーの形成と波及（脱植民地化・経済自立化から成長・開発路線へとシフトしていく経緯）を問うことは不可欠の課題となろう．
　そこで，アジア経営史によって解明が期待される可能性について触れておくと，まず第1に，日本経営史をうつし出す「鏡」としてアジア経営史を利用す

ることができるのではないか．すなわち，経済危機の結果露呈したアジア経済の脆弱性の中に，日本経済の同じく脆弱性を見出すことはできないのかという，マイナス面の共通要因という視点から日本経営史を再検討してみようとする可能性である．

第2に，国際関係経営史としてアジア経営史をとらえた場合，アジアをめぐって日本や欧米の企業が展開した企業者活動の解明のみならず，アジア経営史を介した日本経営史と欧米経営史の相対化をはかることが可能になり，国際関係経営史の新たなる展開が期待される．

第3に，先述した広義の意味でのアジア，すなわち相対としてのアジアという理解にもとづき，日本経営史研究をアジア的共通要素という観点から整理し直す作業とともに，「重層のアジア」という狭義の理解にもとづいて，日本経営史を日本特有ないしは欧米的要素といった非アジア的要素という観点から整理し直そうとする作業が可能となる．いわば日本経営史をアジア経営史の中に位置づけることによって，今日までの日本をめぐる経営史研究の蓄積に新たなる光をあて，21世紀に向けての経営史学の発展と継承を試みようとする可能性である．

第4に，「革新」的企業者活動と「後発企業効果」というテーマからもアジア経営史は格好の事例を提供してくれよう．すなわち，後発性のメリットを活かすことのできた企業者活動の主体的条件とは何か，後発性のメリットとリスクを分けたその分水嶺とは何であったのかという問いに対し，アジア経営史はさまざまな事例研究を通して少なからず貢献することであろう．

そして最後に，錯綜したアジアを解明するために不可欠な学際的研究の必要性についてだが，学際的融合としてのアジア経営史研究の進展は，先に言及した後発効果をめぐるブラック・ボックスの解明といった経営史研究と経済史研究の新結合を可能にしてくれることが期待されよう．

3) 2つのレベルで考えようとしたアジアとは，そもそもアジア経営史を問題とする場合のアジアであり，1つは，日本をも含めた総体としてアジアをとらえようとする広義のアジア経営史である．総体としてのアジアにおいては，日本経営史をアジア経営史の一部ととらえ，アジア経営史を欧米経営史と対比させる．したがって，ここでは日本経営史のアジア的共通性が導き出されることになろう．今1つは，アジアを日本，NIES，ASEAN，後進国といった重層構造からなるアジアととらえる狭義のアジア経営史という理解である．この「重層のアジア」においては，経済発展の異なるさまざまな段階のアジアの共存と理解し，アジア経営史と日本経営史を別個のものととらえる．したがって，ここでは日本経営史の非アジア的特性（日本固有の特性，欧米的特性，および両要素のハイブリッド的特性）が問題となろう．

序　章　タイ経済の歴史的概観と今日的位相　35

4) タイの付加価値額構成比で見ると，農業の割合は1970年代から急速に低下し，81年には製造業に抜かれるものの，就業人口に占める比率は緩やかにしか低下しなかった（末廣昭『キャッチアップ型工業化論』名古屋大学出版会，2000年，140ページ）．
5) 「輸出代替」型工業化とは，現在輸出している一次産品を原料にして，その加工度や付加価値を高めて輸出する戦略であり（ミント〔小島清監訳〕『アジア開銀・ミント報告　70年代の東南アジア経済：緑の革命から経済発展へ』日本経済新聞社，1970年，54-55ページ），詳しくは同書および末廣昭・安田靖編『タイの工業化：NAICへの挑戦』アジア経済研究所，1987年を参照されたい．
6) 末廣，前掲書，257，259ページ．
7) 末廣は，アジア労働市場の特質として，①生産労働者・技能者の急速な増大と労働人口に占める比率の上昇，②大企業中心の雇用構造，③女性の労働参加率の高さと労働人口に占める女性の比率の高さ，④正規労働者とは別の臨時労働者，人材派遣企業による短期契約労働者や外国人労働者の，日本以上の広範かつ大規模な存在，の以上4点をあげ，③の女性労働参加の高さについて，労働集約型の輸出産業を中心とする工業化の発展パターンと密接に関係していると述べている（末廣，上掲書，257-264ページ）．
8) 3つの工業化の詳細については，以下の図表を参照されたい（末廣，上掲書，131ページ）．

参考表　工業化戦略の問題点および論点

戦　　略	議　　論	問題点・論点
一次産品輸出	＊余剰はけ口論 ＊ステープル理論 ＊二重経済論	＊余剰があれば輸出拡大は経済発展につながる ＊輸出産業の技術的性格と国内のリンケージ ＊伝統（農業，農村）部門と近代（工業，都市）との間のリンケージの欠如と生産性格差の存在
	＊従属理論＝低開発理論	＊中心国が支配する開発は周辺国の低開発を招く
	＊交易条件悪化説 ＊輸出ペシミズム論	＊農産物と工業製品の交易条件の傾向的悪化 ＊先進国の構造変化が一次産品輸出を停滞させる
輸入代替工業化	＊幼稚産業保護論 ＊資源配分の歪み説	＊国内産業を保護育成する経済的根拠 ＊関税や輸入規制の導入によるコスト負担 ＊輸出品，輸出産業に不利な関税，為替体系
	＊国内市場狭隘説 ＊技術成熟説	＊市場規模の限界による「規模の経済」の限界 ＊成熟産業の技術は導入するが，技術高度化が進まない
	＊輸入代替の罠説	＊輸入代替産業の発展が資本財，機械・設備の輸

		入を増大させ，貿易収支の赤字が拡大する
外向きの工業化 （輸出指向） （輸出振興）	＊複線型工業化論	＊工業製品の輸出と第二次輸入代替（機械工業，重化学工業化）の並行的推進
	＊資源配分の歪み説	＊関税，金利抑制その他が価格体系を歪める
	＊国内消費抑制説	＊輸出産業の育成・優遇による国内消費の抑制
	＊飛び地的発展論	＊外国資本による輸出加工基地（enclave）は国内とのリンケージがない
	＊産業基盤脆弱説	＊輸出産業の発展が資本財，機械・設備の輸入を増大させ，貿易収支の赤字が拡大する

（出所）Chenery & Srinivasan (1989), Chapters, 29, 30, 31 他より作成．

9) 竹内順子によれば，タイの工業化は下図のような4つの局面に分けられるが，この分類では輸出代替工業化は第2局面に位置づけられている（竹内順子「変容するタイの工業化」，さくら総合研究所『環太平洋ビジネス情報　RIM』1996年 Vol. 1，No. 32，64ページ）．

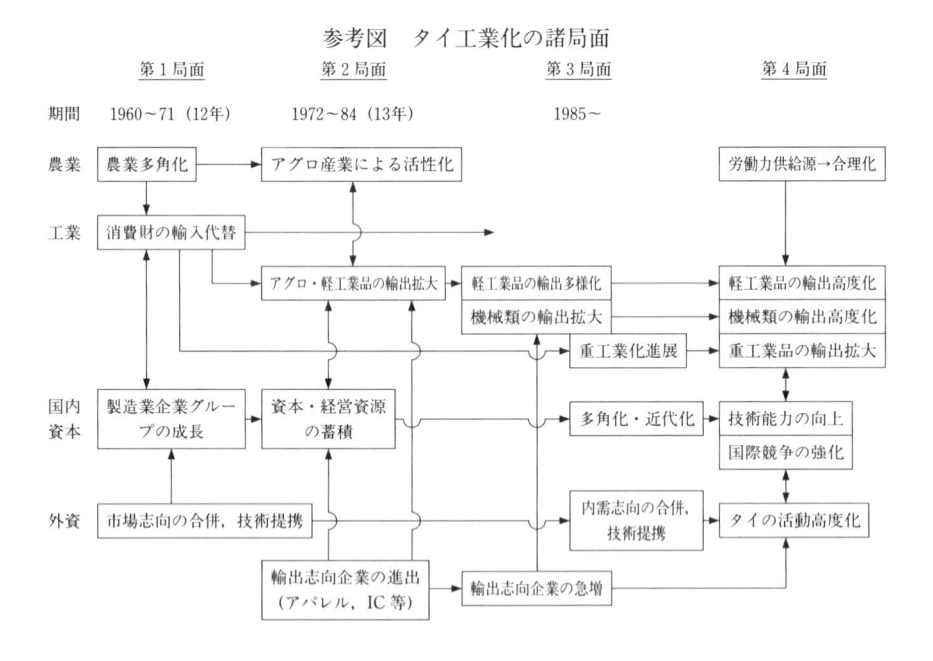

参考図　タイ工業化の諸局面

	第1局面	第2局面	第3局面	第4局面
期間	1960～71（12年）	1972～84（13年）	1985～	
農業	農業多角化 →	アグロ産業による活性化		労働力供給源→合理化
工業	消費財の輸入代替	アグロ・軽工業品の輸出拡大	軽工業品の輸出多様化 機械類の輸出拡大 重工業化進展	軽工業品の輸出高度化 機械類の輸出高度化 重工業品の輸出拡大
国内資本	製造業企業グループの成長	資本・経営資源の蓄積	多角化・近代化	技術能力の向上 国際競争の強化
外資	市場志向の合併，技術提携	輸出志向企業の進出（アパレル，IC等）	内需志向の合併，技術提携 輸出志向企業の急増	タイの活動高度化

10) 末廣，前掲書，140-141ページ．そのいっぽうで，輸出代替型工業化の問題点として，①自然環境に与えるマイナス効果，②高い技術形成を前提としないた

め，容易に後々発国のキャッチアップを誘引する，③産業構造の高度化が進まない，という3点を指摘している（末廣，上掲書，142-143ページ）．なお，③の問題，すなわち輸入代替と工業製品輸出の高度化が並行して進むためには，「準工業化局面」ないしは「輸入代替の局面転換」とも言うべきある種の「転換」が必要となるが，その機能を果たすのが，政府による産業政策である．
11) 末廣，上掲書，194ページ．
12) 末廣昭編著『タイ国情報（別冊）タイ－経済ブーム・経済危機・構造調整－』財団法人日本タイ協会，1998年，44ページ．
13) 末廣，前掲書，195ページ．
14) 中川敬一郎が，後進国の家族的経営の優位性として，意思決定の機動性と資金調達の確保という2つの点を指摘したのを踏まえ（中川敬一郎「経済発展と家族的経営」，同『比較経営史序説』東京大学出版会，1981年，第8章所収），アジア諸国でファミリービジネスが存続し，さらに巨大化していった背景として，①政府の支援政策，②外国資本との提携，③ファミリービジネス自らの「経営改革」の推進，という3点をあげている（末廣，前掲書，207ページ）．
15) 末廣，上掲書，219-221ページ．
16) 末廣，上掲書，143ページ．アジアの産業政策の目的は，以下の5点に整理することができよう（末廣，上掲書，146-147ページ）．
　① 産業を特定しないで，税制上の恩典や輸入税払い戻し制度，融資優遇措置を通じて輸出振興を図る政策
　② 重化学工業化や産業構造の高度化のために，産業を特定して保護・育成する政策
　③ 輸出競争力強化のためにサポーティング産業（金型や機械産業）の育成を図る政策
　④ 技術開発や生産性向上を支援する政策や機構の整備
　⑤ 中小企業や地場企業の保護・育成を図る政策
　末廣は，1950年代末以降の日本の産業政策が，「来るべき資本の自由化」時代に備えたものであるのに対して，今日のアジアの産業構造調整事業は経済自由化，グローバル化が所与の環境になっている点において決定的な違いがあると述べ，政策手段が限られている「政府の役割は何か．そして，いかに外国人企業を受け入れつつ『国の競争優位』を維持するのか．つまり，『途上国はどうすれば経済発展を実現することができるのか』という基本的課題を，アジア諸国は経済のグローバル化と自由化のもとで改めて突きつけられているのだ」との重要な問題提起を行っている（末廣，上掲書，153ページ）．
17) 輸入代替期の特定産業政策に関しては，繊維産業・自動車産業・石油化学産業について詳細に考察された，末廣昭・東茂樹編『タイの経済政策－制度・組

織・アクター―』アジア経済研究所，2000年所収の第3章「産業政策―経済構造の変化と政府・企業間関係―」125-152ページを参照されたい．特に，自動車産業の自由化政策への移行については，東茂樹「タイの自動車産業―保護政策から自由化へ―」(アジア経済研究所『ワールド・トレンド』第4号，1995年)が詳しい．

18) 末廣，前掲書，151ページ．
19) 末廣，上掲書，152-153ページ．
20) 金融当局の為替リスクの軽視と，借り換えを前提とした「短期資金の長期運用」こそが，タイの重化学工業化を一方で支えつつも，資金調達の不安定性を増大させた．とりわけ，金利の高い短期資金に有利であった非居住者バーツ建て預金を通じて流入した資金は，株式市場や転売を目的とする不動産向け投資にも向かい，「経済のバブル化」の要因の1つになった(末廣昭「タイの経済危機と金融・産業の自由化」，一橋大学経済研究所『経済研究』Vol.50, No.2, 1999年4月，126-127ページ)．
21) 末廣，上掲論文，127ページ．
22) 末廣，上掲論文，128ページ．
23) 政府のドル・リンク制の堅持と国内需要の急速な伸びという2つの楽観的な予測が，活発な重化学工業向け投資を引き起こし，逆に大幅なバーツ切り下げ以降は，重化学工業・通信産業分野での巨額の為替差損を発生させ，国内不況をいっそう深刻化させる要因となったが，ここで問題とすべきは，金融・産業の自由化政策とドル・リンク制の維持という為替政策間のミスマッチを生じさせた政策遂行上の組織的能力であろう，と末廣は指摘する(末廣，上掲論文，129ページ)．
24) タイの高度経済成長から通貨危機，そして経済再建の道のりについては，津野正朗『タイ経済再建の動向と投資関連事情』ハロータイランド・ビジネス(&サバイバル)レポート，第4号，1999年4-20ページ所収の年表に詳しい．
25) 末廣，前掲書，85-88ページ．
26) 対外債務の増大は，中央銀行の為替政策にも大きな影響を与えた．ドル建て債務である以上，為替を切り下げれば返済金額が膨れるため，国内企業の返済能力を考えると，通貨当局としてはドル・ペッグ制を堅持せざるをえないが，いっぽうで為替リスクへの考慮が遠のくためにますます貸し付けやすくなり，「過剰流動性」がさらに高まるという悪循環が生まれることになった(末廣，上掲書，89ページ)．
27) 末廣，上掲書，89-91ページ．
　なお，通貨危機の説明は大きく分けて以下の3つに整理されるが，①の要因が直接の引き金，②の要因がより基本的な背景と考えられる(末廣，上掲書，

91-96ページ).通貨危機については,第1章において詳細に検討される.
① 金融の自由化以後の急速な国際資金の流入,とりわけ国際短期資金の流入を原因とする,国際短期資金説もしくは流動性危機説.そして,国際短期資金の無秩序な動きとこれを規制する国際的フレームワークの欠如を強調するグループと,国内の金融制度の脆弱性と金融市場の未発達を強調するグループに分かれる.
② 輸出主導型の工業化に内在する要因に原因を求め,経常収支の赤字幅の増大は貿易収支の赤字,つまり輸出成長率の停滞と輸入誘発的な輸出構造が生み出したとするもの.
③ 危機の原因をアジア的制度や価値観に求める.アジアにおける制度的後進性は,金融制度の未発達と地場民間企業に見られるコーポレート・ガバナンスの脆弱性に収斂される.
28) 同様の指標として,1998年以降の月別工業生産指数の推移についても,参考図として下記に掲げておく(さくら総合研究所環太平洋研究センター『さくらアジア・マンスリー』2000年11月号,5ページ).

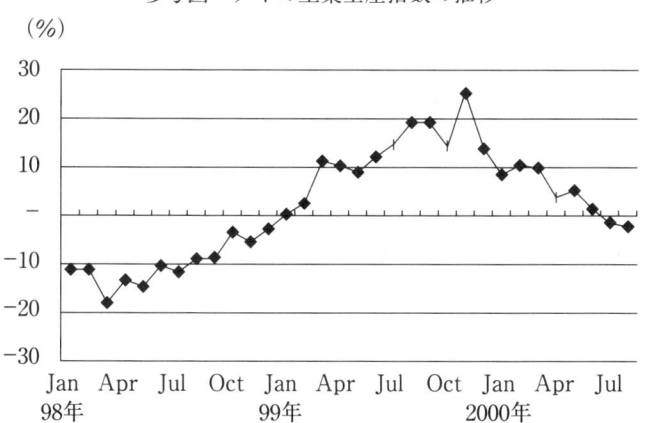

参考図 タイの工業生産指数の推移

29) 2000年度4月以降については,1998年以降の月別推移を示した下記の図を参照されたい(さくら総合研究所,上掲『アジア・マンスリー』2000年8月号,5ページ).

参考図　タイの輸出入増加率の推移

(%)

[グラフ：1998/1～2000/1のタイの輸出入増加率の推移。輸出（◆）と輸入（▲）]

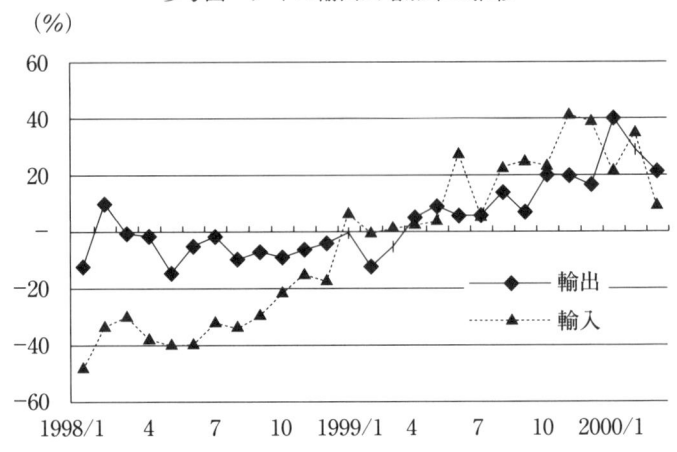

30) 経済企画庁調査局『アジア経済2000』2-13ページ．電気・電子機器を中心に輸出を拡大させたのは，マレーシア，フィリピン，韓国であり，インドネシアとタイは自動車が牽引役であったことは次の参考図が示している（富士総合研究所「『本物』とは言い難いアジア経済の回復」5ページ）．

参考図　通貨危機国の主要輸出品シェア（1999年）

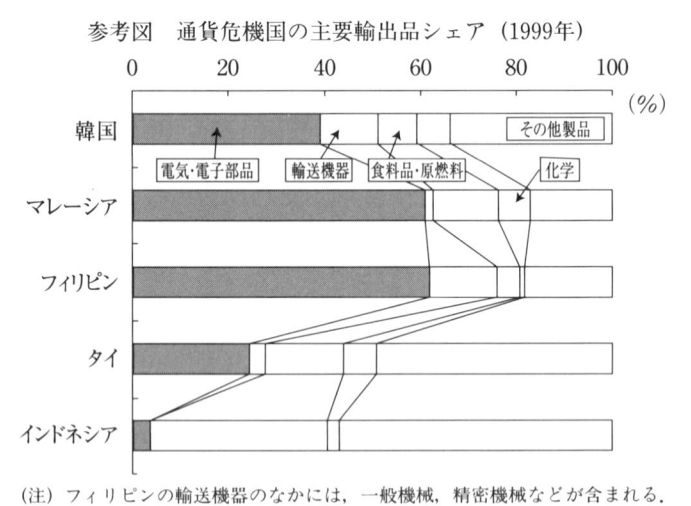

[グラフ：韓国，マレーシア，フィリピン，タイ，インドネシアの主要輸出品シェア。電気・電子部品，輸送機器，食料品・原燃料，化学，その他製品]

（注）フィリピンの輸送機器のなかには，一般機械，精密機械などが含まれる．

31) さくら総合研究所，前掲『アジア・マンスリー』2000年12月号，11ページ．
32) タイのみならず，韓国，マレーシア，インドネシアの不良債権問題について

は，「アジア経済再生の鍵を握る不良債権問題」（さくら総合研究所『環太平洋ビジネス情報 RIM』1999年 Vol. 2, No. 45）に詳しく，不良債権処理自体にかなりの時間を要するものの，かりにそのための経済制度が整備されたとしても，信認の回復がない限り，金融仲介機能は改善しないであろうと指摘されている．また，金融改革については，「タイの金融システム改革」（上掲『RIM』1998年 Vol. 2, No. 41）を，回復基調以降の改革については，さくら総合研究所環太平洋研究センター「長期化の様相を呈するタイの金融システム再建」（調査レポート，環太-2, 1999年）を，それぞれ参照されたい．特に後者には，詳細なタイ金融機関の不良債権比率の推移が掲げられている．

33) タイ経済の持続的な成長条件を論じたものとして，大泉啓一郎「タイにおける資金循環構造の変化と持続的経済成長の条件」（さくら総合研究所『環太平洋ビジネス情報 RIM』2000年 Vol. 3, No. 50）があり，その条件として以下の3点を指摘している．
① 投資面で資金の効率的な配分を図るとともに，技術・ノウハウなどを含む生産性向上策を進めて投資効率を引き上げること
② 直接投資誘引策や証券市場の整備を通じて，短期資金借り入れに代わる海外からの資金の誘引を促進すること
③ 今後予想される政府部門の貯蓄減少を補うべく，金融システムの再建や資本市場の整備・育成を通じて，家計貯蓄の増強を講じること

34) 箭内彰子「ASEAN における域内貿易自由化」（富士総合研究所『研究レポート』1998年）1-19ページ．

35) AIJV, BBC, AICO, AFTA の各種スキームを比較した下記の表を参照されたい（箭内，上掲論文，19ページ）．なお，BBC と AICO についてのより詳細な比較については，表17において検討される．

参考表　各スキームの概要

	スキームの名称	AIJV	BBC	AICO	AFTA
	スキームの目的	合弁事業促進	部品相互補給	OEPT の前倒し BBC の拡大	AFTA 形成
特典	輸入関税	既存の関税の90%減免	既存関税の50%減免	0〜5%	0〜5%
	輸入国での国産化認定	なし	あり	あり	国産化規制の撤廃
	非関税優遇措置	なし	なし	あり	非関税措置の撤廃
条件	対象企業	全製造企業	自動車メーカー	全製造業	条件なし
	申請企業	2社以上	2社以上	2社以上	1社
	国産化率（ASEAN コンテンツ）	40%	50%	40%	40%
	地場資本比率	ASEAN 資本40%以上	条件なし	ASEAN 資本30%以上	条件なし
	参加国間の貿易バランス[1]	—	必要	必要なし	必要なし

適用時期	83年〜 96年10月[2]	88年10月〜 96年10月[3]	96年11月〜 2002年12月	2003年以降 (2003年までに 順次実施)
対象品目	全製造品目	自動車用部品[4]	全製造品目	全 品 目
参 加 国	ASEAN 6	ASEAN 4	ASEAN 7	ASEAN 7

(注)（1）例えば，BBC を利用することによって生じる参加国間の貿易取引において，いずれの国にとってもそのスキームの範囲内での貿易収支が均衡することが必要とされている．AICO ではこの貿易バランスは認可条件として必要なしとされているが，実質的には参加国間での貿易収支が均衡しないようなスキームは認可され難いようである．
（2）承認されている既存の AIJV は2003年1月1日まで90％の減免措置が適用されるが，それらは総て2003年1月1日に失効し，その後は，AFTA の最終税率が適用される．
（3）96年11月以降は，新規の BBC スキームは申請を受理しない．但し，BBC から AICO への移行措置として，既に承認されている BBC スキームについては，当該モデルが廃止されるまで効力を有するとされている．
（4）BBC の場合は最終製品に投入される中間部品には特恵関税が適用されないが，AICO は中間品，原材料も特恵関税の適用対象となる．

36) 箭内，上掲論文，8ページ．
37) 詳細については，第10章III(1)を参照されたい．
38) 箭内，前掲論文，4-7ページ．
39) 貿易・投資の自由化スキームとして，ASEAN 域内の投資の自由化を促進する目的で1998年10月スタートした AIA（The ASEAN Investment Area，ASEAN 投資地域）があり，ASEAN 域外の投資家にも，ASEAN 加盟国と同様に域内投資が開かれているのが特徴であるが，詳しくは，向山英彦・川手潔・大八木智子「新世紀に向かうアジア経済と日系企業のアジア戦略」（さくら総合研究所『環太平洋ビジネス情報　RIM』1999年 Vol. 4，No. 47）7，9ページを参照されたい．
　　また，同論文は，中国の WTO 加盟の現地日系企業に及ぼす影響として，以下の4点を指摘している（さくら総合研究所，上掲論文，8ページ）．
① 知的所有権問題に関して，WTO という共通の枠組みでの話し合いが可能に
② 「貿易権」の取得により，自由なモノの貿易が可能に
③ 「内国民待遇」の付与による国内販売の増加
④ 投資認可分野の拡大による，対中投資の多様化と投資
40) 加えて，AICO の問題点として，①認可基準の不透明性，② ASEAN 諸国における意見の不一致，③申請手続きの煩雑性，④品目によるコスト削減効果の低さ，⑤ AICO 申請の自動認可制，以上5点が指摘されている．詳しくは，箭内，上掲論文，33-35ページを参照されたい．

第1章 通貨危機の本質
——タイ経済開発と金融——

Summary
In July 1997 Thailand is faced with the decline in her own currency by market speculators and the currency crisis reversed the policy of pegging the Baht to basket of currencies for the changing rate system.

The decline of Baht synchronizes with other Asian countries such as Philippine, Indonesia, Malaysia and Korea.

Purpose of this article is to investigate the factors of currency crisis in Southeast Asia. Especially Thailand government was concerned with development policy, financial system reform and changing of structure of international financial system.

The first factor is currency crisis at Southeast Asia caused by failure of "Washington Consensus" and "short-term market principle" applied to Asian countries.

The second one is financial failure of development policy in Thailand that financial system reform set the center of planning except industrial sector, seeing illusion of money center of Indochina Peninsula rivalry in Singapore and Hong kong.

Currency crisis in Asia suggests examining appropriate intervention policy of market failure in developing countries.

1. はじめに

(1) タイバーツの暴落とアジア通貨

1997年7月2日，タイは，ヘッジ・ファンドのバーツ売りによる通貨価値の下落に直面して管理変動相場制を放棄，変動相場制に移行せざるをえなかっ

た．その直後，この為替相場の下落は，フィリピン，インドネシア，マレーシアに波及し，さらに，韓国を巻き込みアジア通貨は一斉に急落した．とくに，インドネシアの下落幅は，一時80％を超える大幅な落ち込みとなり，タイバーツは98年1月には50％以上の暴落となった．

(2) 問題意識

この論文は，この東アジアに発生した通貨危機をもたらした要因を追求することにある．とくに，タイ経済運営における開発と金融制度改革上のかかわりを，国際金融構造変化を視野に据えて解析する．これによってアジア通貨危機の本質とは何かを問うこととしたい．

2．為替管理政策

(1) ドルペッグ制（Dollar-Pegging System）の採用

この段階で，バーツの為替相場は1ドル＝23.0バーツに固定されていた．これは，1973年第一次石油危機と1979年第二次石油危機を起因とするインフレと慢性的財政赤字に対応し固定相場制を採用した結果である．

その後，米国経済は，レーガノミックスが高金利とドル高をもたらし，ドルペック制を採用するタイにとっては，バーツの切上げによる貿易収支の悪化を招くことなる．このため，タイは，財政赤字と累積債務の解消を狙い，1986年以降，デフレ政策を採用せざるをえなくなり，緊縮財政と並行して為替政策の変更を余儀なくされる．

(2) 通貨バスケット制 (System of Pegging the Baht to a Busket of Currencies) の採用

この制度の採用によって，対ドルレートは，23.0バーツから27.0バーツに切下げが実現し，さらに固定相場制から「通貨バスケット方式」の管理変動相場制への転換を遂げる．

これは，ドルに代わり，バスケット上通貨ウエイトによって為替相場を決定する方式である．

しかし，この方式には，①現実の為替相場に近い主要貿易決済を基準にする貿易バスケット方式（Trade Weight Basis）と②通貨基準（Currency Weight Basis）がある．タイが採用した方式は，当初，貿易決済を基準とするウエイト方式をとる．

しかし，その後，1985年プラザ合意が成立し，ドル安が急速に進行する事態に直面するに及んで，タイバーツが実質的に切上げられ，そのため，輸出競争力が低下する結果を生む．このため，急遽，②の通貨基準に変更する．

ただし，この通貨基準方式は，91％をドル建で計算される実態上「実質ドル連動型」に等しいものであった．

このため，バーツは限りなく切下げられたドルと同水準となる．この形式上採用した変動相場制は，実態が政府の為替介入によって管理される「管理変動相場制」であった．

この通貨基準の管理変動相場制によるバーツ相場は，現実の姿に近い貿易決済基準のバーツ相場に比して過少評価される傾向を持つ．試算では，1984年以降1994年の10年間には23.8％実勢から上方に乖離幅が生じるようなる．この結果，この過少評価された通貨基準の変動相場制は，輸出に有効に働き1986年以降，タイ主要産品は，急速に国際競争力を復元する．

図1は主要国通貨とバーツの変動幅を示したものであるが，この管理変動相場制のもとで円，ポンド，マルクには実態上30％以上の切下げに等しい状態にかかわらず，米ドルとの関係は安定的で現実には，ドルペッグ制の固定相場制に近いものであった．

(3) 為替管理の自由化政策

1990年，タイはIMF 8条国に移行する．このため「為替管理自由化」を急速に進めざるをえない状況となる．

本来，為替管理政策とは，自国通貨相場の安定を目標とし，外貨準備の確

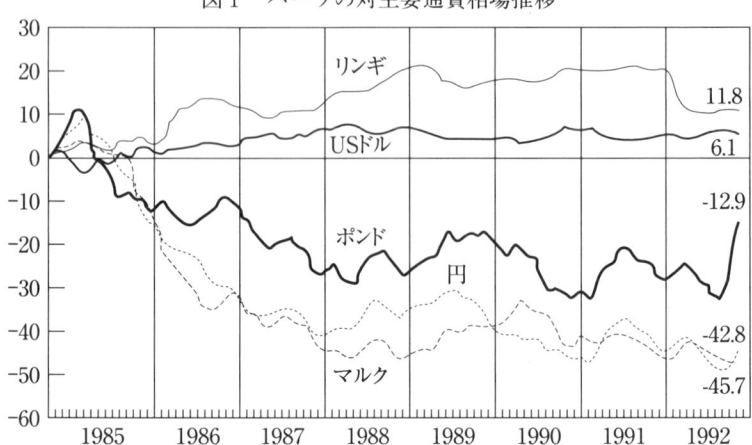

図1 バーツの対主要通貨相場推移

```
              リンギ                    11.8
              USドル                    6.1
                                        -12.9
              ポンド
                円
                                        -42.8
              マルク
                                        -45.7
  1985  1986  1987  1988  1989  1990  1991  1992
```

(出所) C. Wibulswasdi, O. Tanvenich, "Liberalization of the Foreign Exchange Market: Thailand's Experience" in Papers on Policy Analysis and Assessment, Bank of Thailand, 1993, Fig. 1.

保,資本逃避の防止,そして,国際収支の均衡維持を目標に,政府が外国為替取引の管理を行うことである.

また通常,為替管理政策を前提としての「為替の自由化」は,①貿易など経常取引への制限の撤廃をへて②外資導入など外国資本の証券取引など資本取引の自由化③さらに外国銀行の進出を許容する非居住者取引の自由化④最後に居住者の資本取引自由化などの段階を経る.この段階が進捗するにつれて,外国為替管理規制の緩和は,海外資金のボラテリティを高め,その流入が盛んとなるが,その一方で,自由度を増した流入資金が,絶えず,バーツ相場を変動に晒すこととなる.

加えて,バンコク・オフショア市場の創設は,海外資金流出入の経路を増大させ,バーツ相場の変動を相乗させる.

タイ通貨危機の遠因は,このような急激な為替管理政策の数度に及ぶ変更に加え,さらに,オフショア市場の創設が国際的市場資金流入流出を加速させたことによる.

一方,この貿易・資本の自由化は,タイ経済のマクロレベルの急速な変化ば

かりではなく，ミクロレベル，国内企業にとっても競争条件の激化を意味し，それは国内市場は勿論，国際市場での競争の渦中に突入することとなる．また，とくに資本自由化は，外資系企業のタイ国内への直接投資を加速し，競合する国内企業を苦境に陥らせることとなる．すなわち，一定のセフテイネットがないまま国内企業の競争力劣化を招来する．

このため，タイ企業の営業利益率は，伸び悩み，巨大化した借入金利息負担は，財務状況を急速に悪化させ，商業銀行に不良債権を発生させる．

さらに，1994年中国が行った30％に及ぶ元切下げは，中国の「近隣窮乏化政策」として甚大な被害をタイ経済にもたらす．すなわち，タイ輸出企業の国際競争力への打撃となり，国際市場で中国製品との競争関係を強めていたタイ企業の輸出競争力は，急速に減退し，貿易赤字が拡大する．その結果，その後のバーツ相場に引下げへの影響を与える．

(4) ヘッジ・ファンドの計算

「管理変動相場制」の下では，絶えず輸出競争力を持続させるため，バーツの過少評価を維持する必要がある．一方「為替自由化と資本自由化」の許容は，金融引き締めと金利上昇による抑制的な政策によって維持されることを余儀なくされる．この結果，実態以上のバーツ相場維持と自由化の進捗のため，政府の絶えざる為替介入が，バーツ買い支えを恒常化させていた．

このような状況は，ヘッジ・ファンドなど投機資金にとって有利な機会として捉えるが，この投機筋の読みは概ね以下の通りであろう．

第一に，タイの企業にとって，大量の外国資金流入は，ミクロレベルでは，ドル建て借入金利負担が増大となる．バーツは実質ドルペッグ制管理通貨制度を採用している限り，実態上，バーツは過大評価されている．このため，バーツの下落を仕掛けられれば，タイの対外債務支払いと，タイ企業のレベルでは，ドル建て負債が加重な負担となり，マクロミクロ両面で危機が容易に発生する．

第二に，この状況下，さらにバーツ売り・ドル買いの投機を市場に圧力をか

ければ，変動相場制と言え，実態上は，タイの管理相場制にあるので，タイ政府は豊富な外貨準備でバーツ買いの徹底防戦を行わざるをえない．

第三に，この通貨防衛によって，資金流出を防ぐため，タイ中央銀行は，金融引き締め策と高金利政策を採用せざるをえない．これは，さらに，企業の資金繰りを悪化させ，株価の下落，不良債権の多発を招くだろう．

この結果，金融システムは危機に陥り，為替市場上で，さらにバーツ売りに拍車をかけることができる．

第四に，最終局面では，外貨準備を使いはたし，バーツはさらに下落する．

このような計算によってヘッジ・ファンドが行った投機は成功し，タイ通貨バーツの暴落が現実化したものと考えられる．

また，このバーツ暴落がトリガーとなりタイ国経済そのものの信用不安に転化する．

この結果，リスクを感じた短期外国資金は一斉引上げを誘発する．その影響はタイ金融システムの崩壊をもたらす事態に発展した．

3．経済開発と金融深化

この様な，タイの通貨管理政策が行われた背景とタイの経済成長と金融構造とその特色を整理して問題を追求する必要がある．

(1) タイ経済と東アジア

経済発展は，その貯蓄を投資に金融仲介機能によって資産転換され実物経済の拡大を実現する．一般的には，経済発展が，一人当たりの国民所得が2000ドル以上に到達する中進国段階で国内貯蓄による金融資産蓄積が成熟に向かうと言われる．すなわち，実物経済の成長に並行して「金融経済」が拡大する．さらに一人当たりの国民所得が10000ドル水準の「先進国」段階に到達すると「金融資産蓄積」は「資本輸出国」として余剰貯蓄が海外投資に転化される．この「先進国」段階では，実物経済を上回る金融部門の成長が実現する．いわ

ゆる「金融深化」の発展段階である．

　また，現代の世界経済は，金融が現物経済から乖離し，経済活動と直結しない「金融取引」を活発にさせ「モノの経済」から「カネの経済」へ転換する時代に直面していると言われている．確かに，金融部門が実物部門よりも速い速度で成長する現象がある．これは，歴史的に戦前の米国が辿った金融と実物が分離（Ducaping）され「資本市場」が実物経済以上に肥大化する実例や，現代のわが国，英国のパックス・ブリタニカ当時の「金融部門」と現代のシテイが英国の基幹産業としての位置づけられている現実がそれであろう．

　しかし，東アジア諸国の場合「金融立国」を志向しマネーセンターを人為的に構築した「都市国家」にシンガポール，旧香港の先例があるが，これは例外的な発展形態と言える．すなわち，通常は，途上国段階で，すでに「金融取引」が「実物経済」と乖離することや，まして資本輸出国にまで到達したケースは皆無である．

　東アジア諸国の金融と実物経済との関係「金融深化」とその関連指標を一覧を表1は示している．経済発展段階，すなわち，一人当たりのGDP水準に比例し，金融深化を示すGDP比の金融資産蓄積度が高まることが認められる．

　また，この金融資産の蓄積水準がGDP以下であり，投資が旺盛な場合は，経常収支はマイナスで，その経済成長に不足する投資部分は海外からの資本流入によって埋められる．金融深化は，近代銀行組織が機能し，国内貯蓄の吸収を行う銀行店舗網が充実し社会からの信任を確保しているか，依然として国内貯蓄が，近代銀行組織以外の「未組織金融」に漏洩するか，さらに，古くからの華僑資金が，海外への「資本逃避現象」によって漏洩があるかによって決定すると考えられる．

　当然，経済発展が成熟するにつれて未組織金融や国際金融に海外逃避の規模が縮小し近代的組織金融が主流となる．

　国内貯蓄が，高い経済発展のスピードより低い段階では，経済成長を維持するために，高い投資への充当部分は海外借款や民間銀行の融資，さらに工場進出など直接投資など「海外貯蓄」によって補填されなければならない．

表1　東アジア NIES ASEAN 経済金融の構造比較

	人口	GDP	M/GDP	ED/GDP	BP	自己	未組	店舗数
韓　　国	42.38	7,508	0.42%	0.55	-21	NA	37.8	2,296
台　　湾	20.00	10,681	1.43	—	12	38.8	30.4	768
香　　港	5.76	19,375	2.01	—	-34	NA	大	1,452
シンガポール	2.69	19,199	0.93	—	-112	NA	小	330
マレーシア	16.94	3,380	0.76	0.21	14	NA	大	1,362
タ　　イ	55.49	2,112	0.72	0.31	-91	43.7	58.1	2,142
フィリピン	57.36	824	0.31	0.53	-63	22.8	大	1,727
インドネシア	179.14	661	0.27	0.65	85	52.1	不	1,577
ベトナム	70.80	178	0.52	0.50	-4	10.0	70.0	2,304
ラ オ ス	5.04	363						
カンボジア	10.27	304						
中　　国	1,178.44	462	1.01	0.01	-121	10.0	大	
日　　本	123.12	29,516	1.20	—	1,171	18.0	—	15,429
米　　国	243.92	22,441	0.59	—	-960	45.0	—	62,914

(注)　GDP＝一人当たり，ED＝海外借款，BP＝貿易収支，自己＝企業の自己資本比率（日本，大企業＝25％．中小企業＝14％），未組＝未組織金融の比率，店舗数＝金融機関店舗数．
(出所)　日本銀行調査統計局『外国経済統計年報』ほかから筆者作成．

　後述の通り，タイの経済発展の1994年時点で現段階に対応する「金融深化」の状況は，0.72の深化度を示し，経済成長のスピードに対応する国内貯蓄が依然として不足していることが明らかである．

　しかし，1997年時点でその状況は一変する．1994年の金融深化の浅さは，海外借款を含み直接投資など海外貯蓄に依存するタイの基本的な体質を浮き彫りにしている．とくに，貯蓄漏洩の受け皿である「未組織金融」の規模が全体の58％と推計されるなど，近代的組織金融を象徴する金融機関店舗網は人口比が低く，国内貯蓄の吸収度合は低い．

　また，一方でこの表1からは，インドシナ半島におけるタイ経済の相対的地位に着目する必要がある．すなわち，戦火が終焉したこの半島でベトナム，カンボジア，ラオス，さらにミャンマーとの比較ではタイの「金融深化」の優位性は相対的に高い．

表2 金融深化と外国銀行融資

(億バーツ，％)

	GDP	M	M/GDP	ED	ED/GNP	B/GDP	FBank	IB	企業	I/GDP
1991	1,943	1,329	0.68	-757	-0.38	84.0				41.6
1992	2,111	1,832	0.86	-627	-0.29	92.3				39.3
1993	2,282	2,118	0.92	-610	-0.26	104.0	284	89	179	39.5
1994	2,473	2,507	1.01	-809	-0.32	119.4	524	141	219	40.0
1995	2,695	2,829	1.04	-1,320	-0.48	129.8	744	258	307	41,1
1996	2,935	3,311	1.12	-1,435	-0.48	135.6	816	259	392	41.1
1997	3,109	4,339	1.39	-311	-0.10	144.5	673	178	413	35.6
1998	2,738	4,753	1.73	-1,429	-0.52		530	122	326	28.8

(注) M；マネーサプライ ED；経常収支 B；銀行融資残高 FB；外国銀行融資残高 IB；インターバンク融資残高 企業；企業向融資残高 I/GDP；投資比率.
(出所) National Income of Thailand. 各年版.

さらに，人口構成上も，半島の45％をタイが占めるなど圧倒的な「人口圧」をタイが獲得している．この優位性がタイを主軸とする「バーツ経済圏」を構想する背景となっている．

(2) 1997年危機と金融深化の変化

表2は，1990年代のGDP，金融資産，さらに銀行資産とGDP比率，タイ外国銀行資産規模，インターバンク融資，企業融資残の推移を示したものである．

経常収支のマイナスが持続する国内貯蓄不足の状態のまま，1997年には，金融資産総額は，GDPの1.39倍に達する．さらに，1998年には，1.73倍とタイの「金融深化」は1994年以降劇的に急上昇した結果である．この水準は，わが国のそれを短期間ではるかに凌駕したこととなる．

この国内貯蓄は不足したまま，銀行資産のみがGDP比1997年度末144％の驚異的な段階に到達したのは，外国銀行資産の急増によるもので，かつその主役は超短期資金のインターバンク貸出によるものである．

さらに，この状況をマクロレベルの国内貯蓄と経常収支との関係から検証し

表3 国内総資本形成の源泉

(%)

	貯蓄			資本減耗引当	国民余剰マイナス	統計上不突合
	企業	家計	政府			
1950	9.3	88.6	-9.1	12.8	33.3	31.7
1960	5.0	72.2	21.6	19.2	-0.8	-18.9
1965	7.5	56.4	18.0	25.0	-1.9	-8.7
1970	8.4	34.3	6.8	27.0	-13.8	9.8
1975	10.0	32.2	9.8	25.0	-15.2	7.9
1980	7.4	39.0	5.5	24.2	-21.8	2.1
1985	10.1	41.8	-1.1	31,2	-13.6	4.5
1990	15.4	21.6	20.1	21.3	-20.7	0.7

(出所) 1950年；W. ワタナシリタン『社会・経済開発計画の概要と政策選択』ワリン・ウ・オンハンチャオ，池本幸生『タイの経済政策』1988年．第13表．67ページ．1960-1990. NESDB. National Income of Thailand. 各年版．

ても，表3の通り，1950年の国民経常余剰はプラス33％で，89％が国内貯蓄によって賄われたことを示し，しかもその後も国内資本形成の源泉の主役は，国内貯蓄のなかで，家計貯蓄の相対的ウエイトが，1970年以降低下する趨勢を示している．

この家計貯蓄の低下を埋めたのは，貿易収支の赤字を補填した外国資本の流入である．通説として，タイは，85年以降，外国資本の流入によって経済成長が実現したと言われている状況はマクロ指標からも確認できる．

すなわち，本来，経済発展に対応して不足する国内貯蓄を補うべき長期資金が流入したのではなく，1995年以降，タイの金融資産増加の殆どが，在タイ外国銀行の短期資金がインターバンク取引で積み上げられ，しかも浮動性の高い短期資金によってもたらされたものである．すなわち，経済発展と無縁に人為的「金融深化」が実現したのである．

4. 金融構造の三重性

タイの「金融深化」の要因解析によって明らかな通り，なぜタイが，実物経済の発展のテンポを越えてかつ，一般家計の貯蓄を伴わず外国銀行の金融資産急増したのか．タイの金融構造の特色と金融自由化進展の状況から検証する必要がある．

(1) 銀行組織の特徴

タイの金融組織の特徴は，図1の通りである．東アジア諸国の金融組織は，大別して，第一に，韓国に見られる「開発金融型」すなわち，政府系特殊銀行と開発機関が並立し，戦略産業への金融資源を重点的に分配する産業政策を主

図1　タイ金融機関組織図

```
中央銀行 ──────────────── タイ中央銀行
                ┌─ 預金取扱機関 ──┬─ 地場商業銀行
                │                 └─ 外国銀行支店
金融仲介機関 ──┤                     (BIBF)
                │                  ┌─ クレジット・オフショア会社
                └─ 非預金取扱機関 ─┼─ 保険会社
                                   ├─ ミニチュアル・ファンド会社
                                   ├─ ファイナンス・カンパニー
                                   └─ 証券会社
                                   ┌─ 農業・協同組合銀行
                                   ├─ 政府貯蓄銀行
政府特殊金融機関 ──────────────┼─ 厚生住宅銀行
                                   ├─ タイ輸出入銀行
                                   ├─ タイ産業金融公社
                                   └─ 小規模産業金融公社
```

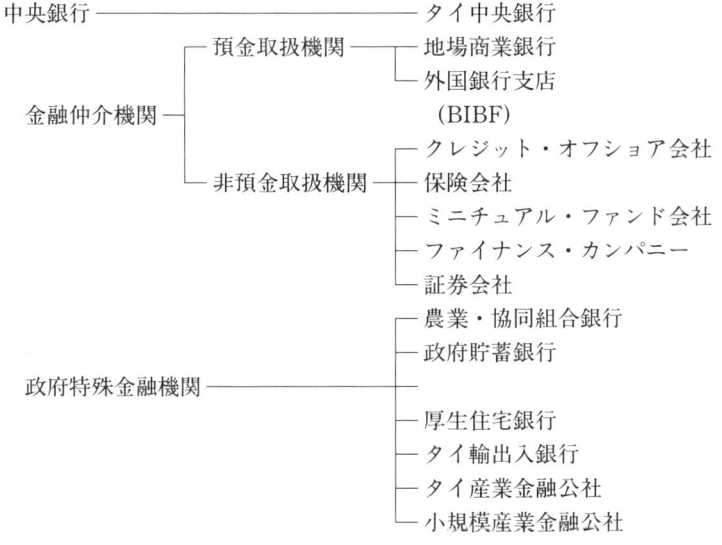

(出所) *The MFC Investment Handbook; Thailand (1995)* The Mutual Fund Public Co. LTD.

表4 タイ金融機関の基礎データ

(億バーツ, %)

	機関数	支店数	資産規模	%
商業銀行	29	2,837	4,024,785	67.0
ファイナンス・カンパニー	91	59	1,200,875	20.0
クレジット・フォンシア	14	—	7,058	0.0
農業協同組合	2,474	—	26,800	0.0
貯蓄組合	1,045	—	126,800	0.2
生命保険	7	827	104,516	0.1
政府貯蓄銀行	1	537	165,481	0.2
農業・協同組合銀行	1	362	122,685	0.2
厚生住宅銀行	1	32	111,806	0.2
タイ輸出入銀行	1	1	16,401	0.0
産業金融公社	1	8	90,188	0.0
小規模産業金融公社	1	—	683	0.0
	3,666	4,663	5,992,000	100.0

(出所) Bank of Thailand. *Quarterly Bulletin* Vol. 35 No. 1. March 1995.

導する「開発独裁型」が存在している．

第二に，社会主義国または旧社会主義国から市場経済への「移行経済下」にあるタイプである．中国，ベトナムなど，国有銀行が，金融資源を計画経済の下で分配する機能から，市場経済化によって，金融規律に従う転換を行っている金融組織である．

この金融組織は，通常，社会主義体制下，モノバンク形態をとっていたが，市場経済に移行する中で中央銀行と商業銀行の分離が実現し，金融市場による金融資源の分配と政府分配機能とが併存している現実がある．

第三のケースは，タイに代表される「商業銀行主導型」組織である．同じくマレーシア，インドネシアと共通するシステムである．

この「商業銀行主導型」の形態をとる東アジア諸国では，多くの場合，商業銀行が，華僑資本の支配下にあることもその特色である．タイの商業銀行の金融に占めるウエイトは，全金融資産の67%に達し，さらに，債券発行によって資金吸収を行う系列の融資専業機関である「金融会社」（ファイナンス・カンパ

表5 華僑資本の存在

	総人口 百万人	人口 うち華僑率	華僑所有の 上場企業	上場企業に 占める比
台　　湾	21	100%	172社	72%
香　　港	5.7	98	272	54
シンガポール	2	76	289	81
マレーシア	4.5	26	211	61
タ　　イ	4.4	8	137	89
インドネシア	4.8	3	40	73

（出所）『アジ研ニュース No 74』1986年11月号25ページなどから筆者作成.

ニー）を含め，金融資産の87％にのぼる規模が「間接金融主導型」の商業銀行によって占められている．（表4）

また，商業銀行の上位4行の市場占有率は71％に達し，上位寡占状況が著しいことも特徴の一つである．

(2) 華僑金融コングロマリットの特徴

タイ商業銀行の特色は，華僑による一族支配関係が金融コングロマリットを形成していることにある．タイにおける華僑資本の存在は大きく，全人口の僅か8％の華僑が上場企業137社中89％（調査時点1985年）を占める状況で，その比率は，他の東アジア諸国の水準を超えている．（表5）

表6，図2はタイ最大の商業銀行バンコク銀行を支配するソーボンパニット一族の持ち株比率を示したものである．これによれば，家族の保有する投資会社，持株会社が同族会社への投資による企業群と銀行を中心として金融グループを形成しながら関連会社として融資関係を軸とする企業群が存在する．とくに金融関係会社のウエイトが高いことに特色がある．

また，華僑資本の特徴は，その投資先がリスク回避のため「短期投資，短期回収」を中心とする商業・サービス業が中心であるが，最近は，製造業など「長期投資」にも徐々に拡大していることが指摘されている．

このタイ華僑資本のコングロマリットは，図3の通りその集団に「内部化し

表6　Bangkok Bank ソーポンパニット一族同族企業（1979年）
(持株比率%　資産額100万)

企　業　名	%	資産額	企　業　名	%
Bangkok Bank	38	104,925	Robinchan Invest'	100
Asia Credit	51	3,567	Wathana Sophon'	100
Union Asia Finance	78	1,326	Chat Wat'	100
Bangkok First Investment & Trust	50	1,196	Wathana Chort	100
Lila Finance & Securities	40	151	Wathana Choetchu'	100
Thaksin Finance	33	120	Wathana Chotchoy'	100
Bangkok Nomura International	30	1,189	CR Investment	100
Asia Securities	30	520	Sophon Investment	72
Commercial Trust Finance	35	1,192	Asia Union Invest	93
Bangkok Home Credit Foncier	49	391	Asia Investment	70
Asia Credit Foncier	40	258	Asia Ruammit	66
Bangkok Insurance	36	404	Bangkok Saha	60
Krung Sian Life Insurance	71	55	Asia Warehouse	45
Witsan Insurance	46	23	Bangkok Warehouse	54
			以下13社省略	

(注)　傘下金融業上位10社は家族投資会社と持ち株会社．
(出所)　Krockkiat Phiphatseritham, *Wiwatthanakan Khong Robob Thankhanphanit Thai*, Thammasat University, November, 1993 Table 5-16.

図2　Bangkok Bank 金融コングロマリットと海外金融機関との提携関係

(傘下ファイナンス・カンパニー)　　　(海外提携先)

```
                           ┌─── Banque Societe Generale (F)
              ┌─ sia Credit ────┴─── Crosby Securities (USA)
              ├─ Union Asia Finance ──── 日興証券 (日)
              ├─ Bangkok First Investment & Trust
Bangkok Bank ─┼─ Capital Nomura Securities ──── 野村証券 (日)
              ├─ Asia Securities Trading ──── Hoare Govett Securitie
              ├─ Nithipat Capital                    (Singapore)
              └─ International Trust & Finance ── Overseas Trust Bank (HK)
```

(出所)　Krock Phiphatseritham, *Wiwatthanakan khong Rabob Thanakhanphant Thai*, Thammasat University, December 1993, Table 5-16.
上記資料のほか，邦銀バンコク支店ヒアリングによる補正．

図3 華僑コングロマリット「内部資本市場」の形成

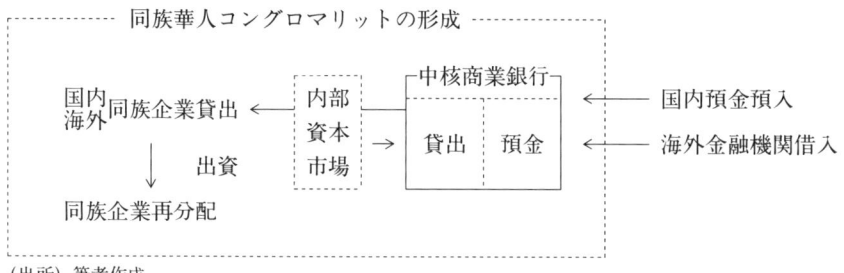

```
┌────── 同族華人コングロマリットの形成 ──────┐
│                        ┌中核商業銀行┐        │
│ 国内 同族企業貸出 ← 内部              ← 国内預金預入
│ 海外              資本                          │
│      ↓          市場  → 貸出 預金 ← 海外金融機関借入
│      出資                                      │
│ 同族企業再分配                                  │
└────────────────────────────────────────────────┘
```

(出所) 筆者作成.

表7 資本市場規模 未だ未成熟な段階

(百万ドル，％)

	上場会社数	売買代金	株式時価	GNP 比
韓　　国	669	75,526	110,301	46.1
台　　湾	199	706,556	98,858	53.0
香　　港	284	34,633	83,397	119.0
シンガポール	172	20,279	47,890	146.8
マレーシア	282	10,831	48,611	119.0
タ　イ	214	22,860	24,101	42.3
フィリピン	153	1,228	6,638	13.8
インドネシア	123	3,995	7,066	8.5
日　　本	2,019		4,392,597	155.0
米　　国	6,727		3,505,686	67.4

(出所) IPC, "Emarging Stock Market Factbook" 1996.

た疑似資本市場」が存在する．すなわち，タイ商業銀行は，その信用力で市場から個人預金を吸収すると，その資金分配は，恣意的に銀行を中心とするコングロマリッドに委ねられる．さらに，この資金の流れには海外からインターバンク市場から吸収した資金も参画する．この低コストで吸収した資金は，自身や家族の関連企業を含む「組織原理」が働く「内部資本市場」を通じて「資金分配」が行われる仕組みである．これは，家族の投資会社や持ち株会社，さらに金融グループがプライオリティを高めて分配される．

この「内部資本市場」は通常の「外部資本市場」と競合する．表7は東アジ

ア諸国の資本市場規模比較であるがタイは，GNP比42%の規模にあり，上場企業数は214社に止まりタイの資本市場は，東アジア諸国と同様に外部市場としては未成熟段階にある．

(3) 底辺の未組織金融の存在

タイ金融構造上のもう一つの特徴は，未組織金融の巨大な存在である．

一部の推計によれば，チュー（頼母子講）やローン・トウン（質屋）など未組織金融が全金融規模の58%に達すると言われている．

東アジアの金融は，この未組織金融の存在を考慮せずに近代金融組織の政策立案はその効果は薄いものと考えられる．同じインドシナ半島のベトナムの場合，明らかにされた未組織金融の規模はUNDPの調査によって48%と推計されている．地縁的に近いラオス，カンボジア，さらに，タイでも同様の金融行動様式を持つアジアモンスーン地域特有の相互扶助制としての未組織金融の存在が容易に推測される．

とくに，戦火の中インフレ傾向が強かったこの地域では，庶民は近代銀行組織や政府機関への不信感や，実物経済への信奉が依然根強いものと考えられ，相互扶助形態による金融は厳然と存在している．

ちなみに1994年バンコクで庶民金融の利用者は，延べ1000万人（バンコクの人口は670万人）総額435億バーツ（最大の商業銀行バンコク銀行資金規模7828億バーツでありその5%）この他，未組織金融は，企業間信用にも「仲間金融」の規模が大きいことが推測されている．

わが国における未組織金融は「頼母子講」などが相互扶助組織金融として存在していた．その近代銀行への転換が行われたのは「相互銀行法」の制定，さらに，その廃止は，現代に入って僅か数年前の1991年であり，近代的金融組織への組み入れには100年の歳月が費やされている．また，わが国の国営銀行である「郵便貯金制度」が，古くから国内貯蓄に機能した状況などを勘案すると，東アジアにおける金融構造の特性を理解するため，この土着の未組織金融の存在を無視出来ない．

このように，タイの金融構造は三層構造を持っている．第一に農村地域にある土地の生産性の高さを背景とする経済的な豊かさは，現物経済を温存させている．これらを背景に，仏教風土を基盤とした古くからの「相互扶助」による「伝統的未組織金融」が存在している．

第二に，タイの経済社会の影響力を持つ華僑社会には古くから「国際金融」が存在し，このチャンネルを通じて資本逃避が行われている．また，この国際金融には，新たな「オフショア市場」開設によって外国金融機関が主体である「新国際市場」の併存する二重構造を形成する．

第三が「近代銀行組織」を中心とする組織金融の構造である．しかし，この階層も，華人コングロマリッドのシェアが圧倒的規模であり，かつ「疑似資本市場」を内包している．

5．経済開発計画と金融制度改革

では，この様な金融構造へ金融自由化がどの様なインパクトを与えたのだろうか．タイの金融制度改革は，わが国の金融自由化の動きとはやや異なったものであった．

(1) 金利自由化

タイ経済は，1980年制定された「仏歴2523年金融機関貸出金利法」による普通預金7.25％定期預金9.5％と貸出金利15％の上限規制のシーリングを維持する金利が適用されていた．その後，インフレの終焉と，国際化の進展によって金融機関の競争力強化を目標とする「第一次金融開発3カ年計画（1990－1992）」を策定し金利自由化に着手する．

この金利自由化措置は，預金金利の上昇が，貯蓄を奨励し，未組織金融や海外逃避に漏洩する金融資産を近代的銀行組織に還流させ，国内貯蓄水準の向上による金融資源動員を行い，インフレ傾向にあった経済の鎮静を狙いとするものであった．（表8）

表8　金利自由化の経過

1989年6月1日	1年超定期預金金利上限撤廃
1990年3月16日	1年未満定期預金金利自由化
1992年1月8日	普通預金金利自由化
〃　6月1日	貸出金利自由化

(出所)　筆者作成.

　この結果，1989年1月商業銀行の預金伸び率は18.8%の高率に達し，さらにピーク時の1990年7月には，31.6%の驚異的な伸びを実現し，預金残高は，90年12月には1兆4260億バーツと2年間に1.6倍に膨れ上がった．また，貸出残高も急騰し，同年12月には，1兆4791億バーツにも及んだ．

　しかし，進出した日系企業や，国営企業の資金需要の急進を呼び，さらに，1990年8月湾岸戦争による海外資金の漏洩などから銀行の流動性不足が顕著となり，金融市場は一変してタイトとなる．

　このタイ市場の自由化のもとでの金融逼迫への対処策としての外資導入，オフショア市場開設の動機が生まれる．

　その後，湾岸危機がもたらした景気後退と1991年2月軍部クーデターによる政情不安がさらに，信用収縮を生み経済のスローダウンに直面する．

　また，加えて1994年の中国元の30%に及ぶ平価切下げは，タイの輸出競争力を劣化させる．

　この結果，内外金利差は拡大し，海外への資金の流出が，バーツは下落を加速する．また，1994年以降，一斉に起きたアジア株ブームは，証券投資の流入を加速し商業銀行は，国内貯蓄の調達コスト以下で行われる海外借入へと傾斜を深める．

　また，金融会社（ファイナンスカンパニー）の創設によって行われた資本市場からの調達，1994年のオフショア市場の開設が，商業銀行の金融仲介機能を低下させた結果，証券市場へのディスインターメディエーションが発生する．このため1994年以降，商業銀行の資金調達はさらに，海外金融機関からの短期借入に傾倒するようになる．

すなわち，金利自由化は「金融抑制」を排除し，金融資源の有効な活用を促進する当初の目的から外れ，銀行の海外貯蓄，とくに，短期証券投資資金を呼び込む条件を形成するのである．

(2) 業務自由化

　一方，金融の自由化を構成する「業務の自由化」すなわち，金融機関の業務規制，銀行と証券業の分離規制，国際業務への規制措置などが自由化されることが，金融自由化にとっての最終目標となる．

　タイは，金融自由化の中で，この「業務の自由化」が，国際化の潮流の中で生まれ，1990年の「第1次金融開発計画」には，金利自由化と為替管理の緩和とこの「業務の自由化」を目標としている．

　この業務自由化志向は，世界的な傾向である全ての総合金融サービスを提供しうる「ユニバーサル・バンク」化にある．

　まず，1992年3月銀行に国債と政府保証債のディーリング業務や投資顧問業務が認可され，さらに6月には，社債のアンダーライティング，ディーリングなど証券業務が認可された．また，金融会社にも，3月国債，政府保証債の引き受け，ディーリングなど広範な業務が認められるなど，銀行が子会社である金融会社を通じて証券の投資銀行業務への乗り入れが可能となる．

　1995年3月現在，各金融機関の業務分野は概ね以下の表9の通りである．

　すなわち，1995年3月「第3次金融改革計画」を策定し，第Ⅰ期（1995年3月－1997年2月）を短期施策にあて，第Ⅱ期（1997年3月－2000年2月）に実現する施策は，中長期目標として「タイ金融機関の国際競争力」強化を目的とする改革である．

　この改革は，証券分野に，銀行とその傘下にある金融会社が進出を認め，かつ，金融仲介機能の中心であった銀行業務への参入も，預金取扱機関ではない金融会社に信用創造を認める内容となっている．

　この結果，決済機能を通じて融資企業をモニタリングすることなく，従来，銀行が融資条件を厳しく査定された信用力の低い対象業種，不動産業などに金

表9 タイ金融機関別業務分野：○は認可　×は参入不可

業務分野	銀行	金融会社	証券	クレジット
（銀行業務）				
預金業務	○	×	×	×
貸付業務	○	○	×	○
外国為替業務	○	×	×	×
（証券業務）				
アンダーライター業務	○	○	○	×
ブローカー業務	×	×	○	×
ディーリング業務	○	○	○	×
（その他）				
リース業務	×	○	×	×
投資顧問業務	×	○	○	○

（出所）ヒアリングにより作成．

融会社が融資出来るようになり，その後の信用リスク発生を増す事態を招来する．この失政は，1997年以降，金融システムに多大な損害をもたらすこととなる．

　タイの金融改革の基本方針は「金融機関の競争促進による金融機関の合理化を実現し，金融システム全体の国際的標準化を達成する」ことにあった．このため「業務自由化」には，市場の自由化政策である①海外金融機関への門戸開放と②国内金融機関への門戸開放などオフショア市場の創設が加えられる．

(3) オフショア市場の創設

　この市場創設の背景には，1990年に批准されたIMF 8条国への移行と1986年から開始されたガットのウルグアイラウンド合意，それを継承するWTOによる国際ルールの適用があり，1995年7月金融サービス自由化の暫定合意に加え，米国の市場開放圧力による1997年まで，海外金融機関への門戸開放の要請に答えることがある．BIBF (Bangkok International Banking Facilities) の開設は，この政策の一環として生まれた．

　また，タイがオフショア市場を創設した狙いは「インドシナ半島」における「バーツ経済圏」構想を現実化の第一歩としても必要な措置であった．自国の

投資に不足する資金調達を目的とするほか，このインドシナ半島の局地で発生するであろう膨大な資金需要に対応するマネーセンターとしてバンコクの金融機能を強化する意図によるものであった．しかし，現実には，金融業務への専門性を持つ金融センターとして東京，ロンドン，ニューヨークに匹敵するためのファシリティ構築には障害が山積している．タイの経済的実力や法社会制度などの国際化と，さらに，バーツ自体の国際的信任などがそれである．

とくに，国際通貨とするためにはバーツが，貿易取引や資本取引に，インドシナ半島諸国で広く使用されねばならない．

1992年9月9日に創設されたバンコクオフショア市場は，非居住者が自由に資金調達と運用が出来る国際金融ファシリティであり，その利点は，規制当局が原則的に存在しない市場である．

オフショア市場は，内外一体型のロンドン市場と内外分離型のニューヨーク市場とさらにタックスヘイブン型がある．

バンコク市場は，このロンドン型とニューヨーク型との折衷型である．すなわち，基本的には，ニューヨーク型の分離型であり，ただし，一部，50万ドル以上（95年5月に200万ドルに引上げ）一部海外からの調達資金をタイ国内に運用を認め，海外資金導入意図が歴然としている制度である．

また，表10の通り，課税措置も緩やかなもので，明らかにシンガポール，香

表10　バンコクオフショア市場税制上／特典／規制比較

特　典	国内市場	オフショア市場	規制対象	地場銀行		外銀規制適用
預金準備率	10 %	0%	最低資本	－		1億バーツ
法人税			自己資本	8%		自国規制
純利益	30 %	10%	流動資産	7%		〃
源泉課税	10-15 %	0%	大口融資	25%		〃
利益送金課税	10 %	10%	外貨持高	売	20%	〃
事業税市民税	3.3%	0%		買	25%	〃
印紙税	徴収%	0%				

(出所) ヒアリングにより作成．

港からの資金還元を狙いとするものである．

しかし，この措置は，金融政策上のマネーサプライ管理に重要な欠陥を残し，為替管理上にも影響をもたらすこととなる．すなわち，中央銀行が行う通貨管理の例外的な部分を拡大する．とくに，海外から調達した資金を国内で運用する「外－内」型を許容したこの措置は，1997年通貨危機を引き起こす「抜け穴」として利用されることとなる．

表11　バンコクオフショア市場参加銀行

参加地場銀行	92年9月新規参加銀行
Bangkok Bank Bangkok Bank of Commerce Krung Thai Bank Bank of Ayudhya Thai Farmer Bank Thai Military Bank Thai Danu Bank Siam Commercial Bank Nakornthon Bank Siam City Bank Bangkok Metropolitan Bank First Bangkok City Bank Union Bank of Bangkok Laem Thong Bank Bank of Asia	興銀（日本） 長銀（日本） 住友銀行（日本） 三和銀行（日本） 第一勧業銀行（日本） Bankers Trust Company（米） American Express Bank（米） Bank of New York（米） Credit Lyonnais（仏） Banque Nationale de Paris（仏） Societe Generale（仏） Internationale Nederlanden Bank 　　　　　　　　　　（オランダ） ABN-AMRO Bank（オランダ） Skandnaviska Enkida Banken 　　　　　　　　　　（スエーデン） Dresdener Bank（独） Korea Exchange Bank（韓） Bank of China（中） Development Bank of Singapore 　　　　　　　　　　（シンガポール）
既存参加外国銀行	
さくら銀行（日） 東京三菱銀行（日） Chase Manhattan Bank（米） Citybank（米） Bank of America（米） Standard Chatered Bank（英） Hong Kong & Shanghai Banking（英） Security Pacific Asian Bank（香港） Deutsche Bank（独） Four Seas Bank（シンガポール） Bharat Overseas Bank（インド） Banque Indosuez（仏）	

(出所) 富士銀行バンコク支店資料による．

この市場に参加する銀行は，日本6行，米国6行が中心で，とくに，米国は参加に熱心であり，その認可のため，ベンツエン財務長官を訪問させるなど圧力をかけた．(表11)

この結果，この市場の調達規模は急速に拡大し，調達総額は，1993年12月末2003億バーツから95年末には6000億バーツと3倍の規模に成長する．とくに，海外調達には，税制上や準備率規制免除など優遇措置が有効に機能し，国内貸付規模（いわゆる外－内）は，1994年第二次の参入が認められた外銀を中心に急増する．ちなみに，国内銀行の総貸出残高3兆4633億バーツの内，この市場を経由する貸付額は13.2%の巨額にも達する．

この結果，タイ商業銀行は，基本的使命である国内貯蓄動員が高金利によるコスト負担が加重されるのを回避し，安易な海外調達や金融市場からの調達へと転換する．

一方，バンコク市場における外国銀行のプレゼンスは飛躍的に上昇するが，海外資金の大量流入は，マネーサプライ管理の困難性をさらに増大し，中央銀行の為替平衡基金による持ち高規制からの市場へのM_2は，2兆5265億バーツに達し前年同月比14.0%の上昇となり，インフレ傾向を強める．このため，バーツ相場は軟調化傾向の基調を強め，固定相場レートは絶えず切下げの脅威に晒され始める．

(4) 経済開発計画と金融制度改革

タイ経済の置かれている状況を把握するには，やや長期的観点から開発計画の推移を観察する必要がある．表12の通り，タイが辿ってきた開発計画の推移は，政府の国家社会経済開発庁（National Economic and Social Development Board; NESDB）が1960年以降7次に及び策定した「経済開発政策」で示されている．

1) 第7次開発計画における金融部門

タイにおける開発計画の特徴は「金融改革」が第7次開発計画以降中心的な

表12　タイ開発計画の推移

開発計画		成長率	主要政策・制度改正	各エポックと政策
			54；産業奨励法	（輸入代替政策期）
			59；投資委員会設立　60；産業投資法	
1	61-67	6.0/ 8.1	62；産業投資法改正	
2	67-72	8.5/ 7.8	67；投資促進法改正　68/70；輸入関税引上	（輸出代替政策期）
3	72-77	7.0/ 7.1	72；輸出促進法　74；原材料関税引上　73；石油危機	
4	77-82	7.0/ 7.1	77；投資促進法改定　78；輸入関税引上　79；石油危機	
5	82-87	6.6/ 4.4	84；パーツ切下　86；法人税率配当切下　85；円高開始	（テクノ集約期）
6	87-92	5.0/10.5	87；投資ブーム　90；一次金融開発計画90-92	
7	92-97	8.2/ 9.8	90；輸出不振　93；二次金融開発計画93-95　94；元切下げ	
8	97-02	5.0/ --	97；通貨危機　95；金融制度開発計画95-00	

(出所)　*The MFC Investment Handbook; Thailand (1995)* The Mutual Fund Public Co. LTD.

役割を示すことにある．すなわち「金融改革」の必要性を「工業化」と同義語のレベルで強調されている．タイにおける金融制度の改革も，1992年6月には，すでに「金利自由化」の最終局面である「貸出金利自由化」段階が完了し，さらに資本市場の整備，育成を狙う「新証券取引法」が制定されるなど開発計画にリンケージされた．

さらに，上記同年9月には，オフショア市場（BIBF；Bangkok International Banking Facilities）が開設される．

このように，なぜタイ経済開発計画のなかで金融部門が中心的な位置を確保せざるをえなかったのであろうか．その要因は，幾つか指摘されよう．

① 第一に指摘されるのは，外的要因の「グローバリゼーション」に象徴される内外資本移動の動きの活発化と米国の金融市場開放の要請の強まりによるものである．

すなわち，ガットの工業製品の貿易自由化の高まりは，1986年以降ウルグアイラウンドにおける農産物・サービス分野の範囲拡大に連なり農産品輸出国であるタイ経済への影響は大きかった．さらにガットが1993年12月以降WTO

体制に移行し，モノの貿易ルールばかりではなくサービスや知的所有権分野にも国際ルールが確立し，かつ発展途上国にも先進国と同じルールが適用されることとなった．

　加えて，米国が，東アジア諸国の金融市場開放を二国間交渉により強く迫る戦略を実行したことが大きな外的要因として加重される．

　② 第二に指摘されるのは，地域統合化の動きが加速し始めたことによる．1990年代は欧州でのEU統合や米国におけるNAFTA結成など地域ブロック化が急速に実現する機運が高まったことにある．

　このため，戦火が終焉したインドシナ半島の諸国タイ，ベトナム，ラオス，カンボジア，さらにミャンマーなどを統合する古くからの「インドシナ連邦構想」が再燃する素地を「バーツ経済圏」構想としてタイが描くことは自然の成り行きであった．

　とくに，経済的実力を獲得し始めていた中国，香港返還後，国際金融市場への橋頭堡を獲得した脅威を受けていた状況から「金融立地」によってタイの地勢学的優位を確保する狙いがあっても当然であろう．

　しかし，この様な啓蒙主義がもたらした自由化への順応が，タイにとって政策的に正しい選択であるか，しかも金融を中心とした改革が中心に据えられたことは，経済開発自体に自国の現状認識を正しく行ったかと言う批判を免れないだろう．

　③ 第三に，他東アジア諸国との開発計画上の競合関係にもその動機が存在している．この様な，開発計画に，金融改革がその主題となっている事例は，東アジア諸国の開発計画の中で散見される．

　とくに，東アジア諸国の経済開発は，最終段階で，マレーシア，ベトナム，台湾などが先端技術産業による差別化，すなわちハイテク企業立地を指向する「技術特化型」か，シンガポールなどに見受けられる「業務集中を基盤とする金融センター化」の両者の選択肢が残されていたことにある．

　タイの選択は，工業技術立地への現地生産基地化を選択するが，その物的，人的インフラ条件など制約条件の中から，必ずしも「先端技術特化」を志向す

るものではなかった．また，古くからタイの政策決定は，近隣諸国の動向や，旧宗主国の動向を観察しつつ「風見鶏政策」がその本領であると言われ，その政策決定が主体性に欠けていることが指摘されてきた．これらを考慮するとこの要因は，内的要因以上に重要な役割を果しているものと考えられる．

2）「バーツ経済圏」構想による局地統合

タイには「バーツ経済圏」における金融センターに自らを位置づけメコン流域における「局地経済圏」構想が，タイ開発体制の底流として存在している．

この結果，第7次開発計画が「金融セクター」を前面に据えた計画として登場し，自らをインドシナにおける金融の側面からの主導権を確保することに狙いがあった．

肥沃なメコン流域の農業生産力と外資，とくにわが国から移転した工業力を背景に情報集積力を補強しながら，ベトナム，ラオス，カンボジアさらにミャンマーをも視野に入れ，自らの経済優位性を保持しつつ将来の「資本輸出国」構想を描くことは「バーツ経済圏」の具体化として自然なことである．

しかし，この構想は，タイが発展段階で，国内の余剰貯蓄が海外投資に流出する現実が存在していたか，加えてオフショア市場によってそれが補強される構想に無理がなかったかを問いなおす必要があろう．

また，マンデルが言う「最適通貨圏」としての「バーツ経済圏」が，その成立の前提条件である資本，労働，など生産要素の移動自由な関係が保証されていたか，ベトナム，カンボジア，ラオスなどインドシナ半島に適用するには，非現実的でなかったか，など幾つかの疑義が生じる．

3）サリット政治体制とテクノクラート

タイの開発体制の特徴は，1932年ピブーン政権以降の立憲革命体制の負の遺産を負ったサリット体制が「市場経済」志向に傾倒し，その「タイ型開発独裁」が，世銀，米国を後ろ楯にしながら執行されたことにある．

とくに，サリット政権を支えたテクノクラート層は，世界銀行，IMF出身

者に占められ国際機関との連携によって自律性を確保している構図に注目する必要がある．

事実，1962年6月「財政経済事務局」「国家経済開発庁」の設置など，この計画の立案に係わり，1958年「産業投資奨励法」の保護主義原則ですら米国帰りのブレーンによって123業種が政策決定されている．

このテクノクラート層が，これら開発計画に描くタイ経済の将来像は，当時の米国に見られた「高度大衆消費社会」であり「都市的生活者」をイメージしたものである．

また，タイの経済開発には，当初から外国資本の導入が不可欠であることを想定しているふしがある．

このため，タイ産業の基盤を支えた「地方農民層」や，かれらが信仰する仏教の「宿命観」や「欲望抑制」など土着風土を，西欧文化からの基準から「野蛮性」として自己嫌悪する対立軸からこの開発目標を掲げている．

この「無邪気で危険なエリートたち」(竹内啓著岩波書店，1984) と目されるテクノクラートは，アングロサクソン寄りの発想や，外資導入依存傾向を，タイの伝統的風土との調和を図る視点で計画を構築する姿勢が欠落したことが，今般の通貨危機の最大の遠因として問いなおされるべきである．

6．タイの教訓

(1) ワシントン・コンセンサス

タイの通貨危機は，金融改革を経済計画の中心に据えてまでも，金融自由化を強行し，海外資本を呼び込む政策を視野に入れる必要があろう．

なぜならば，今回のタイの通貨危機は，金融自由化により，先進国と途上国の金融市場が統合され，国境を越えて資金が，それも，証券投資など短期資金が大量に移動し，東アジアもエマージング・マーケット（辺境市場）として先進国から投機資金を引きつけた最中に発生しているからである．

1989年マルタ島で米ソの冷戦の終結が確認され，経済自由化の動きが開始さ

れる．米国財務省，IMF，WTOは，世界市場統合のため途上国に金融自由化を要求するようになる．東アジアへの世界銀行，IMFアプローチは，金融自由化によって「金融抑圧」下にある金融システムが開放されれば，途上国には，投資の拡大と，通貨安定が達成されるという「ワシントン・コンセンサス」がMckinnon（1973年）によって提唱され，対アジア戦略の共通認識として認知された．1991年バンコクで開催された世界銀行，IMF総会が転機となり「市場至上主義」的な考え方による東アジア諸国の政策当事者に対して啓蒙が加速したのである．

これ以降，アジア諸国政府，中央銀行は開発に関する「保護主義的」姿勢を転換する．前章で指摘したテクノクラートの殆どが国際機関出身であったためこの啓蒙が容易に受け入れられ，この時期を転機として金融自由化の流れを加速させ，1991年第1次以降第3次に及ぶ金融改革が実施されたのである．

このようにタイは，この「ワシントン・コンセンサス」の啓蒙に最も従順に金融制度改革を進めた国である．また，わが国企業の直接投資を中核に工業化の初期段階も実現し，財政も均衡を保持しその経済パフォーマンスは良好であった．

しかし，なぜ通貨危機に見舞われたのか．

この問題には，krugman（1998年）が，タイの金融システムには，制度的にまたは政府が暗黙のうちに保証しているモラル・ハザードが存在し，その結果，安易な融資がバブルをもたらし，そのバブルの崩壊が，資産価格を大幅に下落させた．この不完全で非対照的情報に基づく意思決定を行ってきた投資家が，資本流出を始める．群れをなす「ハーデング現象」こそが通貨・金融危機をもたらしたと主張している．

タイの通貨危機は，不動産バブルの崩壊が原因であるとの見解が一般的に流布されている．この論拠は，金融会社の融資が不動産に集中したこと，金融会社が，その経営悪化から1997年6月16社が営業停止措置を受け，さらに，IMFの要求によって42社が営業停止命令を受けた事実にバイアスをかけた解釈である．

むしろ，タイの不動産価格は1991年をピークに終息し，まして株価は1993年にピークアウトしている事実からもこの見解は妥当性を欠いている．

　この見解には，モラル・ハザードがアジア特有のクローニン資本主義「馴れ合い関係」や「縁故主義」などを素地として存在するため，アジア的風土や経済運営に問題があったという主張に連なる．

　しかし，1930年における独と英国に投機資金がフロートした「メリーゴーランド現象」や1994年の「メキシコ危機」をモラルハザードで説明出来る訳がない．

　また，人縁を尊重するアジア型資本主義をアングロ型資本主義に転換することによって通貨危機を回避するだろうか．さらに，アングロ型資本主義システムのなかにも厳然としたワスプ（WASP）によるインナーサークルが存在することをどう解釈するのか．「リレーションシップ・バンキング」を依然遵守する独，仏など「大陸ライン型システム」を説明できない限りこのkrugman（1998年）の見解に代表される「モラルハザード」起因説は場当たりの俗論である．むしろこの様な主張は，アジア通貨危機の本質を見失う危険性がある．この問題は，タイが「ワシントン・コンセンサス」の啓蒙主義のもとで進めてきた諸改革自体に大きな疑問を提示することこそ必要であろう．

　すなわち，新古典派マッキノンが主張する「金融抑制」とは，超短期に成立する均衡理論から「均衡の連続性」を「仮想現実」とし，歴史的背景をもつ「リアルな現実」を，自己論理の展開から乖離した「誤り」として認識して，その上で行う政策提言にこそ最大の誤謬がある．

　現実への客観性を捨て，人間や企業を単純化した合理主義の下で切り捨てる「愚かな合理主義者」が「経済学を売り歩く人達」の自己宣伝の場として途上国対象に選択していることを露呈しているのではなかろうか？

(2)　危機の本質
　1）タイの経済開発の錯誤
　タイの開発計画の中心に据えられた「金融改革」には，タイが長年構想した

インドシナ半島に「バーツ経済圏」の幻影が存在している．

この構想に通貨危機の根源が秘められている．すなわち，金融自由化のテンポを早め，金融立国として「バーツ覇権」を確立するため，バンコクをマネーセンターとして具体化する妥当性を問いなおす必要がある．

一般的に，マネーセンターとして存立するために，幾つかの条件がある．第一に，その地域における優位する工業力が存在していることにある．

歴史上，マネーセンターであるロンドン，ニューヨーク，それに東京も共に差別優位が確立した工業力が存在している．

また，第二にその国の経済が，貯蓄余剰を持つ資本輸出国に到達していることである．さらに，第三に，ポンド，ドルそれに円などは，すでに国際的評価を獲得し貿易上の決済通貨として使用されるなど，その国の通貨が国際的決済に使用される信任があることである．

最後に，最大のマネーセンターとしての存立条件は，情報集積力が存在していることである．すなわち，ロンドン市場は，欧州，中東，アフリカを網羅する情報網を英連邦時代から吸収することによって金融上の優位性を保持している．

また，ニューヨーク市場は，同じ時差圏の「米国の裏庭」である中南米，カナダ，メキシコなどNAFTA地域の情報が集中する．

さらに，東京市場には，東アジア諸国の情報が集積されている．このようにその同じ時差圏の情報はその地域にある3市場によって集中される構造を持ち，加えてそれぞれの市場を支えるサブ市場が，ロンドンには，チューリッヒ・フランクフルトなど，また，ニューヨーク市場はシカゴ，サンフランシスコなど，東京市場も，シンガポール，香港などサブ市場が補完する関係にある．

このタイのマネーセンター構想が持つ致命的欠陥は，バンコクの情報集積力の評価への誤算にある．特に，東アジア地域では，まず工業化が情報集積に先行し，その上で金融基盤が形成される構図が一般的である．

特に，香港返還以降，東アジア諸国の工業化情報，特に華僑資本の動きが，

従来の香港集中のパターンからシンガポールへと代位されている．この中で，情報の優位性がバンコクに確保されているとは言いがたい．

　また，もう一つの重要な観点は，金融立地を支援するタイの工業力に優位性が確立されているとは言いがたいことであり，さらに，タイの「金融深化」は国内貯蓄が水準以下に止まり資本輸出国段階に至ったとは考えられないことである．

　加えて，タイバーツの国際的信任は，局地的にインドシナ半島諸国で一部に認知されるが，依然国際的な貿易決済に通用する通貨ではない．

　また，マネーセンターとしてのインフラに関する評価も重要である．マネーセンターとしての必要条件は，長年のその地域における金融の歴史によって集積されているのが一般的である．

　まず，マネーセンターの生成は，企業化情報が集積され背景にある工業力によって「企業化」が具体的に実現することによって始まる．すなわち，その工業力は，企業が行うプロジェクトに必要なファイナンスによって具体化されるのである．

　この企業化に必要な金融，「プロジェクト・ファイナンス」の反復こそが金融に必要なインフラストラクチャーや金融ノウハウ自体を蓄積し続け「金融の企業化」が始まるのである．勿論，このファイナンスが成立するためには，膨大な資金需要に答え，金融市場の環境整備や金融技術経験を持つ多国籍銀行などが参集し，共にリスク分散を図るシンジケートが組成されるのも条件の一つである．

　また，この投資機会が地場に集積されると，多様な取引の反復が，契約慣行を生んで，次第に，取引慣行がルール化され法制，会計処理上の制度が完成する．

　さらに，この法制上のインフラは，熟練した会計士や，金融取引専門の弁護士の集合を呼び，さらに，プロジェクトを開発するシンクタンクや大学など知的集成を生む．

　この集積は，金融のリスク回避のためのインフラとして「損害保険業」「生

命保険業」さらに「リース産業」など支援産業や金融周辺産業の集積を生むようになる．

　マネーセンターは，この様な金融に係わるノウハウが特定地域に蓄積され，それ自体が金融のインフラとして総合的に機能する場である．

　このような集積されたマネーセンターは，東アジアでは，東京のほか，シンガポール，旧香港を数えるのみであり，バンコクは殆どの条件が遙に及ばない．特にバンコクは，依然として多国籍銀行の進出はオフショア市場に限定され，かつ「直接金融」主導型構想であるため，本来，銀行活動によって集積されるべき金融ノウハウが不十分で，シンガポール，旧香港に比して金融産業の集積と周辺を支える支援産業や，知的集成に見劣りするものと言わなければならない．

　したがって，タイ通貨危機の遠因の一つに，タイ経済開発における金融改革構想には，果して自国とバンコクの現状認識に妥当性があったか，むしろ現実の国内政策課題を直視することなく多くの錯誤の上に積み上げられていることを指摘せざるをえない．

　2）「資本市場型金融」の選択は，正しかったか

　タイの資本市場は，上場企業数，株式時価総額などからも成熟段階に至っていないことは前項で触れた通りである．

　また，債券市場は，1992年に「新証券取引法」が発効して以来，幾つかの育成措置がとられたが，1994年時点では807億バーツで，起債企業は，政府保証を縮小する方針の国営企業債と金融会社が発行する劣後債が中心であるが，依然として債券市場の規模は，GDPの10%の規模に過ぎない．この資本市場が未成熟である原因は，幾つか存在している．

　第一に，すでに指摘した通り，タイの近代金融部門で，商業銀行への集中が著しい「間接金融」主導型の金融であるためである．

　第二に，証券市場の宿命である流通市場によるマーケットメイクしうる資本市場のインフラの欠落にある．

この流通市場の未熟さは，自国の機関投資家の少なさや，コングロマリッド内部に装置された「疑似資本市場」や圧倒的優位を持つ商業銀行の人脈によるモニタリング能力に匹敵する情報インフラが外部資本市場に装置されていないことによる．

　第三に，前節で指摘した金融市場のインフラである人材，金融産業の周辺業務，または支援機関である国内に弁護士，公認会計士，保険機能の不在が，勢い海外投資家に依存を強めることなど，直接金融を機能させるべきインフラ不足にあり，この整備に莫大な社会コスト負担を逡巡する傾向があることによる．

　このため，自由化によって推進された「資本市場」は国内資金需要に即応する金融資源の有効分配するという「市場原理」機能を発揮するにはほど遠いものである．

　現実的な選択として，人縁を中心とする情報集積力が高く，既存のモニタリング機能が低コストで活用出来る銀行機能を地道に改善する「マイルド療法」が次善の政策ではないかという疑問が残されている．

　すなわち，タイが起用した「ショック療法」は社会主義国の市場経済への移行段階で採用し，失敗した短期市場原理を大胆に起用した療法である．社会的コスト集積を前提とする直接金融，すなわち，このような市場にフリクションを伴う資本市場形成を優先する政策がタイ金融市場の改革のため，高いプライオリティを得ていることには，強い疑義を持つ．

　米国の金融事情を背景とした市場原理からは「資本市場」創成する合理性が認められるが，タイの状況からは，既存のインフラを生かした銀行主導型のシステムの成熟こそが最適解でなかったか？

　今回の通貨危機は，この資本市場育成策が，この国の銀行主導型金融に歪みをもたらし，本来長期資金調達と長期資金運用のマッチングによって機能するべき金融が，浮動性の高く危険な超短期資金への依存を強め，金融資源の最適配分を行うべき金融仲介機能に多大なリスクを付加したことは否定できない．したがって，資本市場の優位化政策は，今回の通貨危機を相乗させた大きな要

因として指摘される．

3）本質は，国際金融の変質；アジア国際通貨制度の構築こそ

タイの通貨危機は，すでに示した通り，タイ当局の金融制度改革の失敗が指摘される．しかし，この危機の要因の一つには，IMFの財政緊縮策や高金利政策など「IMFショック」がある．このことは，1994年のメキシコ危機との決定的な差異である．すなわち，メキシコ危機では，IMFが，金融支援合意後，市場信任が急速に回復した．

しかし，1997年タイの通貨危機には，IMFは，タイの財政が健全であるにもかかわらずIMFは財政規模の大幅な削減と高金利政策を求めた．

この結果，タイへの信任に不安が広がり，商業銀行が，海外短期資金に依存を強めていた状況から，通貨の下落は，外国銀行の資金の引上げへと波及する．加えて，ヘッジファンドの仕掛けは，バーツ下落が実現すると，さらに外国銀行の資金引上げが加速する悪循環を呼ぶ．1997年7月タイ政府は，止めどないバーツ切下げによって為替平衡基金がそこをつくと，変動相場制に移行せざるをえない状況に追い詰められる．

しかし，周辺国，フィリピン，インドネシア，マレーシアの通貨切下げは，資金引上げが原因ではなく，単に投機による各国の通貨下落が原因である．

このIMFの無謀な提案による実体経済の収縮は，インドネシアで政治的対立まで呼ぶ極限に達する．

Feldstein (1998年) は，IMF提案がマクロ安定政策に限定するべきであるという批判や，Sachs (1997年) のIMF高金利政策批判がこれらこの意見を代表している．

この様に，タイの通貨危機は，1994年メキシコや1997年の他のアジア諸国とも異質のものであり，それは途上国への資金還流の新しい動向に起因することが明らかである．また，これこそが東アジアの通貨危機の本質である．

この事実は，今後も国際金融上の重大な事態を招来する危険性を絶えず孕み続ける脅威が依然として存在し続けるものと言えよう．

それは国際金融，特に，発展途上国むけの金融の流れが，1990年代に大きくその流れを大きく変えていることにある．

国際金融，特に，近年，発展途上国への資金還流の規模拡大は急速である．すなわち，1970年代比16倍にも及び，また，1994年以降，僅か5カ年で更に2.5倍の規模拡大が実現している．

しかも，表13／14は1960年代から1980年代の途上国向け国際金融の主役であったIMFやODAなど公的金融はその力を急速に減退し，民間金融機関に交代するなど構造変化が著しいことを示している．

表13　発展途上国の借入先構成の変化

(億ドル，％)

上；金額下；%	1970	1985	1990	1991	1992	1993	1994	1995	1996
民間銀行貸出	3.0	15.2	15.0	11.0	31.0	9.1	21.0	60.0	70.0
内短期金融	NA	12.0	7.0	12.0	25.0	6.9	15.0	55.0	60.0
債券発行	0.3	4.2	0.5	6.3	13.6	36.6	17.8	30.0	86.0
輸出信用	3.9	4.0	1.4	2.0	1.4	5.0	3.2	4.8	3.5
直接投資	3.9	11.0	23.5	23.4	25.1	35.0	47.0	54.9	60.0
公的部門	8.4	43.7	59.6	81.3	81.8	81.7	95.0	88.9	74.5
コンセル	0.5	10.8	6.8	11.7	22.3	13.2	24.8	16.0	8.9
ODA	7.9	32.9	52.8	69.6	59.5	68.5	70.2	72.1	65.6
IMF	0.0	0.5	-2.0	1.0	-0.3	1.1	-0.5	NA	NA
合　計	18.9	78.2	1230	1240	1529	1674	1838	2378	3031
民間銀行貸出	15.9	19.4	12.2	8.9	20.9	5.4	11.4	25.2	23.1
内短期金融	—	15.3	5.7	9.6	16.4	4.1	8.2	23.1	19.8
債券発行	1.6	5.4	0.4	5.1	8.9	21.9	9.7	12.6	28.4
輸出信用	20.6	5.1	1.1	1.6	0.9	2.9	1.7	2.0	1.2
直接投資	20.6	14.3	19.1	18.9	16.4	20.9	25.6	23.1	19.8
公的部門	44.3	45.9	48.4	66.3	53.5	48.8	51.7	37.0	24.5
コンセル	2.6	13.8	5.5	9.4	14.6	7.9	13.5	6.7	2.9
ODA	41.7	42.1	42.9	56.1	38.9	40.9	38.2	30.3	21.6
IMF	0	0.6	-1.6	0/8	-0.2	0.7	-0.2	—	—
合　計	1000	1000	1000	1000	1000	1000	1000	1000	1000

(出所)　OECD, "Development Co-operation" 1979-1997. *Table Total net flow to development countries from DAC countries.*

表14　限界市場における資金移動推移

(億ドル)

(限界市場)	1991	1992	1993	1994	1995	1996	1997	1998
純民間資本	1238	1193	1819	1526	1933	2121	1491	643
直接投資	313	355	568	827	970	1159	1427	1310
ポートフォリオ	369	511	1136	1056	412	808	668	367
他投資	556	327	115	-358	550	154	-604	-1034
純公的資金	365	223	201	18	261	-08	244	417
準備金転換	-615	-519	-759	-667	-1202	-1091	-612	-347
総流入額	-851	-756	-1160	-720	-910	-918	-871	-591
(危機国)								
純民間資本	268	266	319	332	625	624	-197	-453
直接投資	61	63	67	65	87	95	121	49
ポートフォリオ	34	53	165	83	170	200	126	-65
他投資	173	150	87	184	369	329	-445	-436
純公的資金	44	20	06	03	07	48	250	227
準備金転換	-83	-181	-200	-61	-183	-136	377	-391
総流入額	-252	-161	-135	-232	-405	-534	-270	666

(注) 危機国 (Asia Crisis Countries ; Korea, Malaysia, Philippine, Thailand, Indonesia)
(出所) IMF 年報 (1999年)

　特に，途上国に金融自由化を促進する成果が実現し，超短期の市場原理が国際金融市場に浸透した結果，途上国が経済発展のために必要とする長期資金はそのリスクから回避され，商業銀行，投資銀行などの浮動性が強い短期資金に主役を移していることにある．この事実は，途上国が必要とする「開発金融」が本来安定的な資金に裏打ちされるべきインフラ整備など基幹産業への資金需要ですらこの国際金融の「超短期市場原理」下に置かれることを意味している．

　タイの通貨危機は，まず，タイ自らがその素地を，金融自由化，オフショア市場創設，為替管理の緩和などによって自ら造り上げてきたことにある．

　一方，さらに，重要な要素は国際金融の構造変化をもたらした覇権国米国の国際戦略に起因する．その戦略が過剰ドルを巨大な浮動資金として世界的資金循環に徘徊し，タイを始めとする東アジア諸国の経済危機をもたらし，現代の

国際金融が「市場の失敗」を許容するフロートマネーを中心に，機関投資家の暴走を国際金融制度自体が抱え込んでしまったことにある．

また，これを抑止する国際通貨制度が不在である現実と，巨大な経常収支赤字を抱えた基軸通貨ドル不安が持続していることを着意するべきだろう．タイが経験した通貨危機は，東アジアでさらに発生する公算が大きい．この危機再発を防止するには，アジアの金融の現実を直視した国際通貨制度「第三の道」を国際金融の中に構築することにある．

参考文献

(Financial deepening) Edward Shaw. *Financial Deepening in Economic Development,* New York. Oxford University Press, 1973.

Feldstein, Martin. "Refocusing the IMF" *Foreign Affairs,* March/April 1998. (日本経済新聞1998年5月7日抄訳)

Sachs Jeffery. "The Wrong Medicine for Asia" *The New York Times,* November 3, 1997.

Mckinnon, Ronald I. *Money and Capital in Economic Development* 1973.

Asia Development Bank. *Emerging Asia* ; Change and Challengers 1997.

Krugman, P., "What Happened to Asia" 1998.

Government of Thailand. *The Seventh National Economic and Social Development Plan (1992-1996)* National Economic and Social Development Board. 1992.

Edward Sebastian, E. "The Maxican Peso Crisis ; How Much We Know ? When Did We Know It ?". NBER Working Paper, No. 6334, 1998.

The MFC Investment Handbook ; Thailand (1995) The Mutual Fund Public Co. LTD.

Kreckkiant Phiphatseritham, *Wimanhanatian Khong Rabob ThanckHanphanti Thai,* Thammasat University, November 1993.

Duangmance Vongpradhip, "Urban Unorganized Money Market in Thailand" Quarterly Bulletin Bank of Thailand, June 1986.

柳沢正典『世界経済と開発金融』ミネルヴァ書房，1994年．

さくら総合研究所環太平洋研究センター「特集；構造変化の進むアジア金融・資本市場の現状」『環太平洋ビジネス情報 RIM』Vol. 2 No. 25, 1994年．

末廣昭『タイの財閥』同文舘，1991年．

田坂敏雄『バーツ経済と金融自由化』御茶の水書房，1996年．
新谷正彦『タイの経済発展に関する数量的研究；1950－1990年』西南学院大学学術研究所，紀要 No. 27，1993年．
花輪俊哉編『金融システムの構造変化と日本経済』所収鹿児嶋治利著「開発金融の構造変化とシステム」中央大学出版部，1999年．
平塚大佑「二十一世紀型のアジア通貨危機－危機から何を学ぶべきか－」『アジア研究』第45巻第2号1999年8月号所収．

第2章　経済開発と社会的共通資本の組織化
―― 開発と環境の優先順位 ――

Summary
Traditional development theory has focused mainly on the volume of growth. This means higher per capita income, but it involves much more. As some development-economists analyzed, the process of growth or development is not well balanced in quality. Furthermore, the key words of economics such as 'production' are investigated. Market economy is not enough without Social Overhead Capital, like social capital, institutional capital, and natural capital, as Uzawa analyzed. Based upon the theory, Economic and Social Development Plan in Thailand are surveyed, and the process of economic development, social development, and environment development are pointed out. The notion of Sustainable Development interpreted as three-tier development : a balance of Economic, Social and Environmental Development through people's participation.

1.「開発」の経済学的意味

(1) 経済開発の均衡論と不均衡論

「開発」が成長や進化と同義でないのと同様,「経済開発」は経済成長や経済進化と同義ではない．したがって，後進国あるいは途上国の「経済開発」を単に先進国の経済成長の諸理論を経済開発として適応しても現実的ではないことはしばしば指摘されてきた．伝統的には，ハロッド゠ドーマーのマクロ経済成長モデルや新古典派成長モデルに依拠した議論に対する批判である．

初期の開発経済学では，しばしばヌルクセ（Nurkse, 1953）とハーシュマン

(Hirschman, 1958) の論理体系を比較しながら，経済開発の経済理論が展開されてきた．その論旨は，いわゆる「低開発地域」が「貧困の悪循環」に陥っているというものである．ヌルクセは，この悪循環から這い出すには，「均衡のとれた成長（balanced growth）」が必要だという均衡成長理論を主張するのが特徴である．ヌルクセは，低開発地域では先進地域に比較して，人口と自然資源に比して資本装備が過少であると位置づける．したがって，工業化に向けた資本設備への投資が経済開発の必要条件であるとして，後進諸国の資本形成の理論を提供しているのである．

「貧困の悪循環」は，「供給側では，実質所得水準が低い結果として貯蓄能力が低い．低い実質所得は低い生産力の反映であり，低い生産力はまた資本不足に起因するところが大きい．資本不足は低い貯蓄能力の結果であり，このようにして循環は完結する．需要側では，投資誘因は人々の購買力が少ないため低くなる．そして，購買力の少ないことは実質所得の低さに基づき，それはもとに戻って生産力に起因しているのである．ところが生産力の低い水準は，生産に使用される資本量の少ない結果であり，それはまた，少なくとも一部は，低い投資誘因によって引き起こされる．」(Nurkse, 1953, pp. 7-8)

さらに「資本［の不足という］問題を悩ます循環関係に加えて，一国を貧困に止めておく一方的原因となるような諸事情が存在する．例えば，鉱物資源の不足，水力の欠乏，あるいは不毛な土壌がそれである．」(Nurkse, 1953, pp. 7-8)

ヌルクセの意味での「貧困の悪循環」をもたらす経済過程では，低い生産力を反映した低い実質所得水準が資本の不足に由来するものとして捉えられ，他方，自然の生態系では自然資本が「一方的原因」と位置づけられ，経済系との双方向的な過程とは見なされていないというのが，その特徴として指摘することができる論点である．

また市場経済を支え，経済成長を支える要因と見なされる「社会的共通資本 (Social Overhead Capital)」概念は，次のように位置づけられている．

「もし投資面において政府活動の余地があるならば，それは道路や鉄道から

通信・電話組織，発電所，水道，そして——順序は最後でも重要性では最小ではない——学校や病院に至る重要な公共土木事業および公益事業の分野にあることは，ほとんど一般に認められている．先進諸国では当然のこととされているこれらの基本的施設が存在しないと，民間資本の投入から得られる収益は張り合いのないほど小さいものとなる．…社会的共通資本の機構が最小限にせよ存在すると，どんな民間企業も，自己に対してだけではなく社会に対しても，わずかな費用であるいは費用を加えなくとも，それを利用できる．」(Nurkse, 1953, pp. 250-1)

「社会的共通資本は社会的一般費用を意味すること，すなわち社会的共通資本はそれ自体では引き合わないという点を忘れてはならない．社会的共通資本が役に立つことになる一層特殊化された活動が生まれるのでなければ，それは経済的にうまくはゆかない．社会的共通資本は骨組みを提供する．経済成長はその中で，より揃った，しかも一層広く分散された資本投資によって，とりわけ個人の努力と企業心によって，促進されなければならない．」(Nurkse, 1953, pp. 254-5)

そこでヌルクセは，政府が社会的共通資本を整備し，自然資本を有効に利用できるならば，民間部門で同時的に多面的な投資を実施することによって「均衡のとれた成長 (balanced growth)」が達成できると提唱するのである．

他方，ハーシュマンは，伝統的な経済成長理論では開発途上国の後進性を脱却する契機を説明することができないとして，新たに途上国の「投資の実行力 (ability to invest)」と「投資の補完性効果」に注目する．投資の実行力とは，直接的には，現存の貯蓄資金，もしくは潜在的な貯蓄資金を有効に投資機会に結びつける能力であり，より一般的には，投資機会の営利的な感知能力を含む発展諸決意の形成・実行能力を意味している．他方，投資の補完性効果とは，発展過程において「投資が投資を呼ぶ」という，いわば投資の加速度的な伝播効果を指し，投資が所得増加を通じて誘発投資を引き起こすという「加速度原理」以上に直接的な波及効果をもつものと見なしている．

均衡成長理論に対するハーシュマンの批判には二つの論点が含まれている．

その一つは,「均衡成長理論を現実に適用するには,膨大な量の企業者能力,経営能力が必要である」(Hirschman, 1958, p. 93) にもかかわらず,そのような投資の実行能力の成長,つまり人材育成がそこでは明示されていないと問題にしている．第二の批判は,多数の企業が同時に設立される時には,各企業の生み出すいわゆる「外部経済」を各企業が相互に内部化することができるので,企業コストが引き下げられ,それが投資を促進するという楽観的な見解に向けられる．実際には,多くの経済開発の事例で見られるように,経済開発は古い経済から新しい経済への転換を含み,伝統的な生産方法,生活様式,自然環境等を打ち壊すので,そこでは社会的摩擦や損失が発生する．したがって,そこでは外部経済のみならず,さらに「外部不経済」も同時に発生し,それらを内部化しようとすると,経済開発をかえって疎外する傾向があることを考慮しなければならないと主張する．

そこで,ハーシュマンは,経済開発過程の本質を「不均衡発展の連続」として把握する．一般にマクロ経済内部の各産業は異質的であって,経済成長過程において各企業は不均衡に成長するものもあれば衰退するものもある．かつてマーシャル (Marshall, 1919) が生物学の視点に依拠したライフサイクル仮説で指摘していたように,経済発展に応じて産業構造・産業組織・企業組織・生産物は再編成されつつ進化・成長すると見なすことができる[1]．このことは,これまでの産業史・企業史の分析でも明らかである．そこに一種のシーソー的な発展連鎖が生起している．

ハーシュマンは,そのような発展連鎖過程を通じて,低開発経済に最も希少な資源である投資の実行力が一連の経済活動の再編成を通じた「学習効果」を通じて培養されると見なしている．このような発展の連鎖を引き起こす契機としては,外部経済論,技術的補完性,需要的補完性,デモンストレーション効果などを考慮している．それらは市場要因のみならず,法制度,教育制度等のいわゆる「制度資本」,水道や道路等の「社会資本」,さらに地球や自然環境等の「自然資本」など非市場要因にも依存している．この点については後述する．

経済開発のための投資基準は，一般に，限られた資源を多数の投資計画にどのように配分するのが経済的に最適かという問題である．伝統的な新古典派経済学では，それらの投資計画を平面的にならべて，限界生産力均等法則に基づいた「代替選択の基準」が分析されてきた．そのような論理を低開発経済に適応することは，市場機能が作用する採算の合う分野だけに恩恵が与えられ，そうでない分野は相変わらず貧困にあえぐという，社会的に不平等な「誤った資源配分」をもたらす．したがって，ハーシュマンは，大きな非市場部門をもつ途上国の市場経済の最適開発戦略のために，「有効継起 (effective sequences)」という概念を提示して，投資計画に「歴史的時間」[2]を考慮して優先順位をつけ，特定地域の先行投資計画が他の地域の後続投資計画を引き出す波及力が全体として極大になるようにするという「延期選択の基準」を問題にしている．
　さらにハーシュマンは，一般の生産活動を「直接的生産活動」と呼び，それと「社会的共通資本」を区別しながら，両者の関係を次のように述べている．直接的生産活動は，字句通り生産現場において行われる直接的な生産活動を意味しているが，他方，「社会的共通資本」はそれを取り巻く環境，すなわち間接的に生産活動に関与する生産基盤部分であり，「通常，それなくしては第一次，第二次および第三次生産活動が働き得ない基礎的サービスから構成される」と定義される．広義の社会的共通資本では，「潅漑施設，排水システムなどの農業用の間接資本のみならず，法と秩序から始まり，教育，衛生を経て，運輸，通信，動力，水道にいたる，一切の公共事業が包含される」(145ページ) という包括的な概念で把握している．
　したがって，ある経済活動がこの「社会的共通資本」の狭義の範疇に入る条件は，(1)その経済活動の提供するサービスが多岐多様にわたる経済活動の実行を促進するものであること，(2)そのサービスが，事実上，すべての国で公的機関もしくは国家統制を受ける私的機関によって提供されていること，(3)そのサービスが輸入できないこと，である．さらに，以上の条件に加えて，(4)そのサービスを提供するためになされる投資は，資本・産出高比率が高いばかりでなく，技術的不可分性（一括性）によって特徴づけられているという条件を加え

ることによって，広義の定義になるという．

　歴史的に見て，米国の経済発展の初期には，運輸や通信施設，送電施設，電力や輸送手段などの敷設，都市づくりには英国の技術移転とともに各種社会資本の優先的な導入が見られたが，それはハーシュマンの「有効継起」の原理が現実的に適用されていた事例である．つまり，ここでも投資基準の同様の議論は，社会的共通資本に対する投資の合理性の判断にも応用が可能である．

　一般に，社会的共通資本が経済開発に不可欠であることは疑問の余地がないものの，そのあり方については，もう一歩進んだ議論が必要である．ハーシュマンは，ここで「社会的共通資本不足型開発」と「社会的共通資本超過能力型開発」とを区別している．前者の不足型開発はいわば直接的生産活動を優先的に先行させるために，社会的共通資本が不足する経済であり，後者の過剰型開発は社会的共通資本を優先的に先行投資させたために，そこでは社会的共通資本に超過能力が存在する経済である．

　社会的共通資本は，ある程度，直接的生産活動の分野への投資の前提条件として必要である．例えば，経済立地を考慮すると，道路や水路，鉄道もしくは空路がなければ，経済活動を起こしても空間的・外延的に拡張することができないことは自明である．しかし，社会的共通資本と直接的生産活動の関係についてはかなり広い範囲で技術的に決定することはできないような限界が存在する．この限界内では，当該経済の社会的共通資本が不足すればするほど，直接的生産活動による生産物の一定量を生産するのに必要とするコスト（費用）は高くなる．

　こうした議論は，各産業間の有効継起の選択にも適用される．それらは，工業対農業，輸出産業対輸入産業，重工業対軽工業などである．そしてより大きな後続投資，より強力な発展力を引き出すような産業を先行させることによって，経済が不均衡の継続として発展する不均衡成長理論を展開する．そしてさらにハーシュマンはこのような継起を「関連効果」と呼び，さらに「前方関連効果」と「後方関連効果」を区別する．「前方関連」とは，ある産業が新設（あるいは拡張）される場合，生産過程から見てその産業の産出物を原料として

使用する別の需要産業の発展がどの程度促進されるかを示す効果を意味しており，「後方関連」とは，その新産業に原料を提供する別の供給産業の発展がどの程度促進されるかを示す効果である．これらの関連効果の規模は，産業連関分析でもある程度測定ができ，特定分野の産業発展計画の貢献度を示す指標の一つと見なすことができる．

一般に関連効果は，前方関連よりも後方関連のほうが強い効果を持っているといわれる．それは，工業化計画の実施に当たって，基礎（原料）産業の開発から始めるよりも，最終需要に近い産業（消費財産業）から始めるほうが容易であるということを意味している．例えば，前方関連効果に注目して，A産業の開発がB産業にとっての原料入手を容易にするからといって，B産業に対する需要が増大しないかぎり，B産業の拡大を大きく期待することはできない．他方，後方関連効果では，A産業の開発がB産業に対する需要増加を引き起こし，B産業の成長が大いに期待できる．

ハーシュマンが，社会的共通資本先行型（超過能力型）発展形態が必ずしも賢明でないと主張し，経済発展計画において優先されなければならない産業が前方関連効果と後方関連効果の合計値の最大の産業でなければならないと主張するのは，この論理からである．

(2) 貧困と環境破壊の悪循環

「貧困（poverty）」問題は歴史的には数世紀にわたって取り上げられてきたが，未だに解決困難な問題の一つである．貧困の悪循環の論理は貧困であるが故に貧困の枠組みから抜け出せないということであった．前述したように，ヌルクセは，貧困の枠組みを打破できないのは資本形成の過程に悪循環があるからだとして，均衡成長理論を提起した．つまり，資本の供給面で見ると，まず資本が不足しているが故に低い生産性から抜け出すことができない．それゆえ，低い所得分配に甘んじなければならず，その結果，貯蓄能力は低い．低貯蓄は低投資につながり，資本がたえず不足している．他方，資本需要の側面では，先行き明るい期待がもてないので企業家の投資誘因が低く，乗数効果，所

得の増加速度も低い．その結果，有効需要（購買力）が低迷しているので，企業家としては楽観的な投資期待がもてない．ヌルクセは，このような資本形成の論理，したがって人為的な経済要因に「貧困の悪循環」の原因を見出そうとする．

他方，ミュルダールは市場機構の役割に注目する．伝統的な経済理論では，市場の諸力は均衡をもたらすと教えている．そこでは，均衡は経済的「最適」状態をもたらす理想であり，望ましいものと認識される．しかし，現実はこのような規範的状態をもたらすものではない．むしろミュルダールは「正常な場合においては，社会体系における自動的自己安定化に向かう傾向はない」(Myrdal, 1957, p. 14)，「市場諸力の働きは不平等に向かって作用する」(p. 31) と認識する．このような不均衡は理想であるとも望ましいともいえるものではない．「経済的不平等」，その結果としての「社会的不平等」の存在，それが現実の動きだと認識している．「累積過程は，もしそれを規制しなければ，ますます不平等を創り出すであろう．」(p. 13) こうして諸地域間，諸国家間の不平等が増大してきたというのである．このことは，経済学に地理的広がり，異質的空間を考慮していることを意味し，そこに地域間格差，国家間格差として表れる．地域間・国家間は相互に平等に成長することはない．むしろ，一方の繁栄は他方の沈滞となって表れる．

このような論理は「累積的な因果関係の仮説」と呼ばれる．最近の議論に従えば，プリゴジンの「自己組織化過程」(Prigogine, 1980, 1997)[3] あるいは B. アーサーの「経路依存性」(Arthur, 1994) の論理である．

「具体的に言えば，労働，資本，財貨ならびに労務の移動は，それ自身としては地域間の不平等への自然的傾向を相殺するものではない．移民，資本移動および貿易は，それ自身では，むしろそれを通じて，累積過程が――幸運な地域では上方に，不運な地域では下方に――進展する媒介である．一般に，もしもそれらのものが前者に対してプラスの結果をもたらすならば，この後者に対する効果はマイナスである．」(Myrdal, 1957, p. 32)

これをミュルダールは「逆流効果 (backwash effects)」と呼んでいる．伝統

的経済学はこの効果を無視している．いま，資本移動の効果を見てみよう．経済開発が行われた中心地（都会あるいは先進国）では，需要増加が投資を刺激し，それがさらに所得や需要を増加させる加速度原理が作用する．所得の増加の結果として貯蓄が増加する．しかし，貯蓄は，投資の増加後に増加するので，事前には存在していない．他方，他の地域（地方とか後進国）では，新しい自主的な開発が行われず停滞しているので，所得水準は低く貯蓄も低い．いま，当該経済に「銀行制度」が存在し，市場経済機能を作用させると，資本に対する収益があがらない地域（地方）から零細資金を集めて，資本に対して高い収益をもたらす地域（都会）へ融資が集中することになる．その結果，地域間格差，それゆえに経済的不平等化がますます促進されるのである．

さらにマーシャルを例外として，伝統的市場経済学では「市場の失敗」として理論体系から無視してきた要因が「外部経済」である．中心地（都会）では地方よりも社会資本が整備される．例えば，道路や鉄道のようなネットワークがもたらす外部経済を有効に利用することができると，「収穫逓増」をもたらし，成長が相対的に加速される．

他方，経済開発が進んだ中心地（都会）から他の地域（地方）に対する「波及効果」も考慮しなければならない．中心地の拡大が地方の生産物に対する需要を増加させる場合である．マーシャルは収穫逓増をもたらす産業組織では「特定化された産業の特定地域への集積」が発生することを指摘していた．製造業には，一方では原料生産地から離れてこのような製造中心地の拡大傾向が見られるが，他方では，交通・通信手段の発達とともに，地方への分散化傾向も見られるという2つの傾向を区別することができる．現代でも，例えば，ハイテク技術の集積地（シリコンバレー）は，短期的には集中化をもたらすが，ネットワーク技術を利用することによって時間とともに分散化し，世界各地に拠点（ハブ）が形成されている．

かつて，リストは，後進国は現代の先進国の行動から学ぶのではなく，先進国がまだ開発途上にあった時代の行動から学ばなければならないと指摘していた．それは，一種の「後発者の利益」を考える一つの視点を提供している．も

しそのような「波及効果」が交通・通信手段の発達によって広範囲に可能となれば，「異なった国々の発展を同時化する傾向を持っている」(Marshall, 1961, p. 753) ということになろう．マーシャルは，長期的には地域集中化効果よりも分散化効果のほうが強く作用すると見なしていたのは，交通・通信手段の発達のようなネットワーク産業の発達を重視したからと思われる．

　ミュルダールは，ここに「経済外的要因」も考慮して，累積的因果関係は一般に「逆流効果」のほうが「波及効果」より強く作用すると見なしている．その逆の場合には，中心地が新しい地域に移動することになる．その場合には，旧中心地は停滞するであろう．それはジェコブスが『アメリカ大都市の生と死』(Jacobs, 1961) で描いた都市の姿を連想することができる．これまでの歴史が示しているように，自然の進化あるいは市場経済の地域的な発展はすべてが平行して進行するものではなく，栄枯盛衰，自己組織化の過程を経て形成されているのである．

　この論点を地球規模で検討すると，その含意が明らかになる．地球資源は，太陽光を除いて，閉じた地球体系の内部で循環している．それゆえ，地下資源（とりわけ枯渇性化石燃料）を開発して利用することは，地下に何億年も掛けて閉じこめてきた物質を熱変換過程を経て空中に開放し散逸させている不可逆過程（エントロピー法則）であることを意味している．地球システムは，太陽光が水循環を可能にし，水循環が生命循環を可能にしているシステムである．その地球の循環型システム内部に，「産業革命」を通じて非循環型経済システムが導入され，その規模が拡大しつつある．

　実は，そこに物理法則，プリゴジンが主張する熱力学法則が作用している．しかし，そうした認識なしに経済学を閉じた孤立体系として展開してゆくと，市場経済の繁栄は地球環境の破壊というディレンマを産み出してしまうことに気付くことができない．事実，「産業革命」以降，経済の歴史的発展過程の中で自然環境の生態系を急速に破壊し，その結果が，現代のような地球規模での温暖化，化石燃料の枯渇化を引き起こしているにもかかわらず，依然として，市場均衡が経済的「最適」状態であり，市場経済が効率的であると見なされて

いる．

　この点に注目して経済過程を物理法則（エントロピー法則）に依拠して再定式化しているのが，ジョージェスク・レーゲン（Georgescu-Roegen, 1971, 1976）である．

　「傑出した経済学者のうちでもアルフレッド・マーシャルだけが，力学ではなく生物学が経済学者にとって真のメッカであることを直感していた．そして，たとえマーシャルの反力学的傾向が，主として，かの有名な生物学的類推のうちに反映されているとしても，長期供給曲線の不可逆性という彼のすばらしい発見は，その功績をこの傾向に帰せしめなければならない．」(Georgescu-Roegen, 1971, pp. 11, 13-4)

　この論点は，J. ロビンソン（Robinson, 1956）によっても認識され，英国のケムブリッジ大学と米国ボストン市のケムブリッジにある MIT 大学の経済学者間で引き起こされた「ケムブリッジ資本論争」（Harcourt, 1972）の源泉であった．伝統的な経済学の中核的な概念である「資本」は，あるときは固定資本を指し，またあるときは金融資産を指したりし，粘土のように自由に変形できる「可塑的な (maleable)」概念と見なされてきた．その結果，限界生産力と伸縮的な価格によって最適な生産方法が見出される．ロビンソンは，資本の価値を測定する尺度としての価格（利潤率）は資本価値を前提としているという論理矛盾を学説史的・理論的に認識し，新古典派経済学的に対して問題提起したのであった．資本を含む生産過程には，熱力学の「エントロピー法則」が含意されており，「時間の矢」が過去から未来に不可逆的に進行している．ロビンソンはそれを「歴史的時間」と呼んでいる．ジョージェスク・レーゲンはそこから出発して，熱エネルギーのみならず，さらに物質も自然的・人工的に磨耗し，分子となって環境の中に散逸し，有限時間のなかでは再利用が不可能であり不可逆であるとして「熱力学の第 4 法則」を提唱している．

　これは自然と人間（経済）を対置させたときの「自然環境の悪循環」の側面である．人間社会，さらに具体的にその経済的側面を捉えると，自然（環境）対　経済（開発）の関連が問題になる．地球空間の中で経済開発を進行させる

には，経済地理の論理次元を基礎としなければならない．経済的な効率のよい地域に生産活動が集積するというのは，クルーグマン（Krugman, 1995）が指摘するとおり，自己組織化の原理あるいは経路依存的な累積過程が作用する世界が存在することを意味している．

上記のように，新古典派均衡理論を批判する J. ロビンソンは，開発と低開発の問題を次のように位置づける．

「多くの国で，相対的に豊かな都市社会を支える世界貿易や工業と結びついた部門が存在する．この部門が，農村生活で貧窮化した人々を惹きつける．彼らは，豊かな人間たちの食卓からのおこぼれで生活手段を見出そうとする．この現象は，人口増加により加速される．第三世界の多くの国で，人口増加率の急速な上昇が始まった．ところが，ほとんどの国で最近20年間，雇用は人口を下回ってしか増えていない．農業は将来の耕作者世代に対して最低水準の生存維持食糧を供給するのに失敗しているし，他方で商工業での定職数は緩慢にしか拡大していない．すべてを失った多くの家族が都市の仮住いやスラム地区，または街路に流入している．彼らは，人間の忍耐の限界を越えるような肉体的・社会的生存水準での生活を余儀なくされている．」(Robinson, 1979, p. 8)

「労働力の土地に対する全体的な比率がまったく一定であったにせよ，ある農民共同体内部で不平等は絶えず発生する．これを押しとどめるやり方は，周期的に土地を諸家族間に再配分するメカニズムだけである．幸運や勤勉さの相違，家族の生活における突発事などが，さまざまな個人間で消費の生産に対する比率の差異をもたらす．商業的貨幣的関係が支配的なところでは，生産するより多くを消費せざるをえない家計は，債務を背負うか，土地を他人に賃貸するか，どちらかの破目にあう．消費を上回るマージンを手中にする家計は利子や地代からの所得に追加することができる．商業化された農民共同体内部での階層化をすすめる内在的傾向が，人口圧力の増大と結びつくとき，この傾向の作用が加速化する．」(Robinson, 1979, pp. 71-2)

ここには，経済開発に伴って短期間のうちに貨幣経済・市場経済が介在すると，市場参加者がすべて「経済的至福の状態」(均衡) になるというのではな

く，ある人々が裕福になるとき，他の人々が貧窮化するという階層分化のディレンマが存在していることを意味している．

このような文脈で，ウィルキンソン（Wilkinson, 1973）は，地球システムが持っている「生態系」の循環機構（エコ・システム）と人為的な開発，つまり「経済発展」を融合する「生態学的な経済発展モデル」を展開している．彼は，経済発展を人口増加と資源の枯渇の対立から生じる「生態系の不均衡」から人間社会が逃避しようとする努力によってもたらされると見なす．

「人間の生活様式は，特定の文化体系の産物である．彼の行動を規定するのは，主として学習と知能であって遺伝ではない．各世代は，それ以前の世代によって蓄積されてきた知識・伝統・制度・物質文化をひとまとめにしたものを受け取る．これらは，若干の変更が加えられるが，人間の生存様式——社会組織・社会的交わりの基礎である環境から生活の糧を獲得する方法——を構成する．行動が遺伝によって支配される度合が弱まるにつれて，文化的変異がますます重要になっていった．人間は，生活様式が世界の各地域において，また歴史上の各時期においておのおの異なるという意味で，人間は文化に支配されるようになった．ひとたび人間の行動・生存様式が主として文化によって規定されるに至ると，環境の状態に適合するように文化を変えてゆくことによって，適応的変化が可能となる．」(Wilkinson, 1973, p. 9)

これをウィルキンソンは「文化の進化」と呼ぶ．そして，これが「人間と環境との間に生じた問題を解決する」と見なしている．さらに経済発展を文化の進化過程と見なすと，次に進化の方向が問題になる．

「進化の過程は，あらゆる種類の人類中心的・目的論的な進歩の観念で解決されてきた．人間は，進歩の樹の頂点に生命の最高形態として置かれ，進歩の基準として知性のような人間の特質が強調されてきた．同様に，産業社会の人々も，彼らの社会のさまざまな特徴を文化の進歩のあらわれとして強調している．しかし，進化においては，適応を除いて他に基準は存在しない．知性は，それ自身決して目標ではない．それは，適応上の利点があるから発達するものである．」(Wilkinson, 1973, pp. 11-12)

したがって，この適応過程が進化の方向を理解する手がかりとなる．この適応には次の二つの側面が存在する．第1は，一定の生態系（自然環境）という枠の中でより良く適応（選択を通じて変化）することであり，第2は，生態系の変化に対応するための適応（適者生存）である．自然環境は，人間社会の適応過程の問題のもう一つの側面である．自然環境条件は，経済学では，これまでどの資源が生産組織にとって利用可能かを決定する所与の外的制約条件を課してきた．他方，生産過程・消費過程を通じて経済系から排泄される不要物 (bads) は，生態系自体の循環機能を変化させる．地球システムは，一定の「収容能力 (carrying capacity)」に限定されており，その中で太陽光を通じての水循環，そして生態系自身の自然的諸力を通じて自己組織化しながら，生命を育んできた．

人間を含むすべての動物は有機物の原料に依存している．有機物の資源は自然界では絶えず循環しており，再生産可能である．これらは太陽エネルギーを引き出す「生命作用」という環境サイクルに依存している．有機物の資源は，物理的には有限ではあるが繰り返し継続的に循環可能であれば，フローとして再利用可能である．しかし，産業革命以降の大量の化石燃料の使用の例のように，生態学的に見ると有限の時間の範囲の中ではむしろ再生不能な有限の資源（ストック）と見なされる．さらに非有機物の資源は，地球システムの中での自然作用の過程では再生のきかない有限の存在量（ストック）である．

地球の生態系は，人間の行為によっても変化を被る存在である．

「人間も，他の動物種のように，その数を非常な勢いで増加させる生物的な潜在能力をもっている．環境によって流行病や食糧不足という積極的な制限が加えられるか，あるいは文化体系が，避妊・堕胎・晩婚への圧力等々といった制限をしないかぎり，人口数は増加するであろう．」(Wilkinson, 1973, p. 16)

とりわけ，急激な人口増加は，地球生態系への強力な圧力となり，生態系の均衡を破壊し，不均衡を調整するために発展への刺激を生み出す．

ウィルキンソンは，生態的な問題の発生に伴って人間社会が導入してきた「適応過程」を次のような図式で要約している．

図1 生態的問題への適応過程

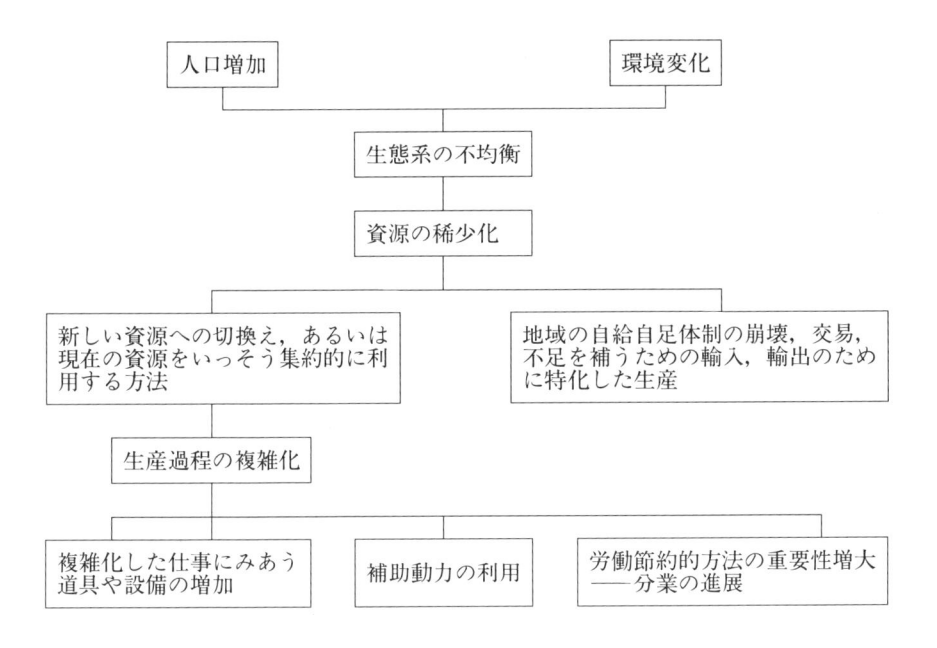

```
     ┌─────────┐           ┌─────────┐
     │ 人口増加 │           │ 環境変化 │
     └────┬────┘           └────┬────┘
          └──────────┬──────────┘
                ┌────┴─────────┐
                │ 生態系の不均衡 │
                └────┬─────────┘
                ┌────┴────────┐
                │ 資源の稀少化 │
                └────┬────────┘
        ┌────────────┴────────────┐
┌───────┴──────────────┐   ┌──────┴─────────────────┐
│新しい資源への切換え，あるいは│   │地域の自給自足体制の崩壊，交易，│
│現在の資源をいっそう集約的に利│   │不足を補うための輸入，輸出のため│
│用する方法                  │   │に特化した生産                │
└───────┬──────────────┘   └────────────────────────┘
┌───────┴──────────┐
│ 生産過程の複雑化 │
└───────┬──────────┘
  ┌─────┼────────────────┐
┌─┴────────────┐ ┌───┴────┐ ┌───┴──────────────┐
│複雑化した仕事にみあう│ │補助動力の│ │労働節約的方法の重要性増大│
│道具や設備の増加    │ │利用    │ │──分業の進展          │
└──────────────┘ └────────┘ └──────────────────┘
```

「資源の稀少化を生ぜしめる生態系の不均衡は，二つの異なった方法で，あるいは両者の組み合わせによって，取り扱われる．資源が稀少化する結果，地域の自給自足体制が崩壊し，輸入原材料によってそのギャップを埋めようとすることになるかもしれない．この場合には，一般に輸出品生産を特化させることによって補われなければならない．もう一つの対応の形態は，新たな代替的資源の導入，ないしは稀少となった資源をいっそう集約的に利用する方法の開発である．その結果は，いずれの場合でも，おそらく生産過程がいっそう複雑で難しいものになるということであろう．もしそうでなければ，その新しい資源や方法は，先祖の選好にしたがって，以前の時代に既に使用されていたであろう．人間のますます増大する非食糧需要に応じるために，野生の動植物資源から農業資源へ，さらに鉱物資源へと歴史的に移り変わってきたが，それは明らかに生産組織への要求を高めていった．生産組織が果たさなければならない

仕事の複雑さが増大するという問題は，新たな道具や生産設備の急激な発展を引き起こしたが，他方で，増大する労働負担は，ただ単に補助動力源の利用および分業の拡大を含む労働節約的技術の採用によって緩和されてきたにすぎなかった.」(Wilkinson, pp. 105, 136)

これは「貧困と環境破壊の悪循環」の側面を含意している．こうした論調に基づくと，貧困が貧困を再生産する悪循環の枠組みとともに，貧困であるが故に周辺の自然環境を生態系の再生能力以上の速度で収奪的・破壊的に利用するようになるために，自然環境が回復せず，その結果，さらに一層悪い自然環境に移り住まざるをえなくなる結果，環境破壊の悪循環とともに，貧困の悪循環の枠組みを壊すことができなくなる．

2．生産，市場，環境の経済価値

(1)「生産」とは？

経済学において「技術進歩」は取り扱いが困難な概念の一つである．新古典派経済成長論の基礎を築いたR．T．ソロー (Solow, 1957) は，後に「成長会計」と呼ばれる計測方法を提起している．それは，生産関数における資本と労働がその限界生産力に応じて報酬を受け取るという新古典派分配理論の前提に基づいて，資本と労働の成長における貢献度を測定するものである．しかしそれでは説明しきれない残差項が表れるとき，それを「技術進歩」と定義している．そして技術進歩はすべての生産要素の組み合わせによる生産性の上昇の結果であるので「全要素生産性（Total Factor Productivity＝TFP）」と呼ばれる．

そこでここでは，先ず最初に，ここでの基本概念である，生産，生産性（生産力）の概念を再検討してみよう．

経済システムの基本構造は，生産と消費の経済過程として捉えることができる．ここで最初に生態学（エコロジー）での生産と消費の関係と比較してみよう．生態学では，生産は太陽光による光合成過程を指している．植物の生産である．この植物を主食とする動物が第1次消費者として表れ，動物を主食とす

る肉食動物が第2次消費者，等々として表れる．このような関係を「食物連鎖」と呼ぶが，さらに生態系ではこれらの動植物の屍骸を片付ける微生物などの「分解者」が表れる．このようにして物質循環が持続可能性を保持している．

他方，資本主義市場経済を分析する経済学（エコノミー）においては，一般に「生産」とは人間のニーズを満足させる物的手段，すなわち「財（goods）」を産み出すことであると定義されている．こうして産出された生産物は消費される．それゆえ，生産（企業）と消費（家計）の分割を結合する市場経済が基本的循環と見なされている．しかし，生態系に見られる循環型システムと比較すると，経済過程には分解者の役割を担う主体がこれまで存在していない．また経済学では生産過程の内容や消費過程の内容は，これまでブラックボックスにされてきた．生産関数や効用関数をいくら眺めていても生産過程や消費過程の深意は理解できない．そこで改めて経済学の基本概念から再検討してみようというわけである．

「生産」とは何か？　人間は何を生産しているのか？　本当に物財を生産することができるのか？　という素朴な疑問は，近代経済学の歴史においてかつてマーシャルが提起していた．マーシャルによると，実際には，人間は自然物に加工を施して，生活に必要な有用物を作り出したり，人間の満足を充足する効用を増したりしている．したがって，本源的な意味での物的生産は，人間が自然に直面して，それらの自然物を人間生活に有用なものに作り替える物質変換活動を意味しているにすぎない．この点を正しく認識していたマーシャルからの引用文を見てみよう．彼は次のように述べている．

「人間は，物質的な事物を創造できない．精神的な世界や道徳的な世界においては，事実，人間は新しいアイデア（new ideas）を生産するであろう．しかし人間が物質的な事物を生産すると言われるときでも，実際には効用を生産するだけである．換言すれば，人間の要求充足により適するように人間の努力と犠牲によって素材の形あるいは配置を変更するだけのことである．物理的な世界において人間にできることは，せいぜい，木材の断片から机を作るときのよ

うに，素材をより有用にするために変換するとか，または自然の諸力がその生命力を発現させる場所に種子をまくときのように，それに自然がより有用に作用するような機会を与えるとか，いずれかであるにすぎない．」(Marshall, 1961, p. 63)

　ここには二つの世界が存在している．一つは「精神的・道徳的世界」で人間の認識・観念・理性の世界である．つまり，人間の頭脳にかかわる非物的世界であるが，それに対してマーシャルが「道徳的世界」と付け加えている．おそらく，「精神的世界」では人間の無限の欲望によって非人道的な観念も生み出しうる．したがって，人間が新しいアイデア (new ideas) を生産する場合でも，それが人道に反しないかを道徳や倫理に照らして検討する世界であると思われる．

　もう一つは「物理的世界」で自然環境の世界である．人間は無の中から新たに物質を生産することはでない．自然界にある素材や資源を活用し，人間生活に有用なものにするために，物質的に変換（加工）するか，あるいは配置を変更（流通）する．したがって，人間は，自然認識から始まり，人間の欲望充足により適するように目的意識的に試行錯誤して自然を利用してきたわけである．

　実は最近，物理学者のプリゴジン (Prigogine, 1980) が熱力学法則と生命活動の論理を結びつけた議論を展開している．その世界に，意識を持ち，考える生物が誕生し，生態系とともに経済系を形成してきたと見なされる．

　人間は社会を形成し，経済活動を遂行するようになった．経済の発展史を見ると，最初は，採取生活，自給自足経済から始まり，物々交換を経て，生産と消費の分離した市場経済へと発展した．さらに産業循環と貨幣循環を結合した貨幣経済・信用経済を組織し，政府活動も加わって，高度な混合経済組織を構築している．このような市場経済機構を近代経済学はミクロ経済学とマクロ経済学として捉えている．しかし，理論体系としてみると，生態系から独立した閉じた孤立体系として経済学を展開してきたため，市場経済の繁栄は地球環境の破壊というディレンマを産み出してしまうことに気付くことに遅れている．

事実，産業革命以降の歴史を見ると，経済発展は自然環境における生態系を急速に破壊し，その回復力を上回る経済系の肥大化が，現代のような地球規模での温暖化，化石燃料の枯渇化を引き起こしている．しかし，伝統的な経済学の見方では，依然として市場均衡が経済的な最適状態であり，市場経済が効率的であると見なされている．

　地球における生態系は複雑だが巧妙な存在である．地球に人類の先祖が誕生したのはおよそ200万年昔といわれるが，人間は，厳しい自然条件のなかで動植物を採取した生活を経て，森林や洞穴を利用して居住地を定め，畑を切り開いて種子を蒔き，安定した食糧を獲得してきた．人類社会が現在まで持続可能であった重要な理由は，人間は自然を知り，季節を理解し，そうした知識（情報）の伝達方法を改善し，自然環境との情報交換を通じて危機を避け，人類の発展に寄与してきたということである．同時に，狭い視野の個人主義的人間は生存競争や領地の略奪や支配のために戦争を行い，殺戮のための武器をも生産してきた．「ゲームの理論」（von Neumann, 1944）が教えるように，そのような「敵対的競争」は全体として良好な結果をもたらすことはない．マーシャルの「道徳的」な見地から言うと，後者は人類にとって望ましくない「生産」ということになる．生態系から言うと，こうした「生産」は実は「非生産的消費」過程の一部でもある．

　また人間は，生存のために，木材の種類や植林の方法を知り，切断の方法・組み合わせ方などを考案し，夜露をしのぎ生命の安全と快適さを得るために家屋や家具を製作してきた．こうして人間は，家族や生命を護り，身体的な能力の可能性を広げ，諸活動についての膨大な知識（情報）を蓄積し，遺伝情報などとして無意識的に，あるいは言葉や文字を通じて意識的に伝達している．それらは，現在では人類の共通の遺産として保有することができるものである．マーシャルが「精神的・道徳的世界」における知識の生産を指摘したのは，その意味でも卓見であった．それこそが人間社会の生産の本源的形態であり，物的財と異なり磨滅することのない再利用が可能な知識のストックとなるものである．また，人間は，生態系から再び学んで，「分解者」の役割を担う微生物

等の活動を促進したり，代替するシステムを開発することができる存在である．現在では，それをいかにして経済システムと統合させるアイデアを開発しつつある．

　さらに人間は，自然環境のみならず，生活空間に都市・交通機関・通信基盤・学校・病院などを「社会的共通資本 (Social Overhead Capital)」として認識し，その資本価値の保全を意識的に考慮しようとしている．それによって人間生活の空間が広がり，人間社会の安定性と精神的進歩の可能性がより一層広がってきている．しかし同時にそうした人間の物質的生産活動の範囲が地球規模で拡大し，地球の許容量を超えて大規模化してゆくと，それが今度は地球の自然を破壊する傾向も発生するが，そのことも自ら認識できるように知的道徳的に進化するのだと信じたい．したがって，人間は，何を生産してきたのかから，今後は何をどのように生産すべきであるのか，さらに経済開発から「開発協力」，そして生態系の保全のために「環境協力」にも配慮し，地球市民として反省を行う時代を迎えつつある．このように，現代において自然と人間の「共生 (symbiosis)」を認識できるのは，マーシャルが指摘したように，「精神的・道徳的世界」における生産の社会的役割を認識できるからである．このような考え方は，次のように図式化することができる．

```
            〈精神的・道徳的世界〉
       ＊知識の生産・伝達・蓄積・共有化
       ＊生産・消費活動の反省・自然との「共生」化
  自 〈ーーーーーーーーーーーーーーーーー〉 人
  然 〈ーーーーーーーーーーーーーーーーー〉 間
       ＊物財 (goods) の生産・流通
       ＊公害・廃棄物等の負の財 (bads) の生産
            〈 物 理 的 世 界 〉
```

　この図のように「物財の生産（物的形態変化＝加工）」の下には，物財

(goods) として人間生活に有用なもの,「効用の生産」が行われているだけでなく, 生産過程で人間生活に有用でないも, 汚染物質の排出などの公害や廃棄物の排出, 物財の消費にともなうゴミなどの排出, すなわち「負の効用 (disutility) の生産」,「負の財 (bods)」の生産も行っている. 物財の生産・流通には市場が形成され, 経済循環機構を持っているが, 公害・廃棄物等の負の財の分野では経済機構が整備されていない. つまり, 経済系はいまだ循環型にはなっていないのである. したがって,「精神的・道徳的世界」において, 財の価格情報のみならず, 自然と人間の知識などの非価格情報の伝達によって, 地球上の生態系システムと市場系のシステムとを統合し制御しながら, 人間の生存をはかる新しい制度を構築しなければならない.

　この議論の含意を検討してみよう. 人間の本来的な要求は, 果たして方法論的個人主義が主張するような「利己心」の発露であろうか. 生態系と同様に, 人間社会は異質的な組織である. したがって,「利己心」のもとでの自由競争機構は, ケインズも「自由放任の終焉」(Keynes, 1972) において警告したように, 国家間・資本間の弱肉強食を生み, 人間社会そのものを滅ぼすおそれがある機構となる. ケインズが経済学において失業問題に対して「完全雇用」の保持を主張しえたのは, 経済学にも基本的人権 (生存権) を認識でき擁護すべきとと考えたからである[4].

　そこでは生命の持続性 (つまり生命体としての存続可能性, 社会の持続可能性) の保全が第一義的な使命となる. そのために, ケインズは, 人間の要求充足に適するように「社会的共通資本」を組織化しなければならないと説いた. したがって, 短絡的に社会資本としての公共事業を拡大するだけでは, 人間生活を取り巻く自然環境を破壊するという結果を生むだけである. 自然資源の物質的形態や性質, 形態変化の仕方, 有用性などの内容を正しく認識し, 生態系と調和するシステムを開発しなければならない. それらの知識は, 歴史的には, 最初は試行錯誤を通じて, そして次第に科学的研究・教育を通じて, 社会的に認識され, 各種の情報メディアを通じて伝達・蓄積され, 共生と循環の理解を促し, 社会的に広まってゆく.

ここで論じていることは「人間の要求充足」であって「個人の要求充足」ではない．一般に個人（利己心）の経済的要求は多種多様であり，社会的に見て有用なものもあれば不要のものもある．古典派あるいは新古典派が主張していた「経済人」，「自由競争」あるいは「完全競争」は，「利己心」，「方法論的個人主義」を中心とした社会発展を追求するものであったが，しかし，市場競争は，マーシャルが指摘したように，光と影，つまり「創造的」側面と「破壊的」側面という二つの側面を持っている．そのような「市場の失敗」の解決やその結果としての経済的弱者の救済は，人間の社会的要求および社会的共通資本の形成と維持管理を必要とする．それは，個人的な嗜好の結果ではなく，社会的な要求により有用な使用価値の再生産によってもたらされるものである．例えば，フロンガスは一面的に見れば確かに市場経済において有用な財であった．それを利用して現代生活に欠かせない製品が多数生産された．しかしそれが地球の大気圏にあるオゾン層を破壊していることが，人類の科学的研究の成果として認識できるようになった．その結果，地球の生命を護るために，環境保護協力としてフロンガスの生産を禁止するという「知恵」をいかし，個人の要求を抑制し，相互に協力することになった．人間社会にはいまだ個人の自由主義を主張する人もいるが，基本的人権等を護る制度や法律を整備して，人間社会を保護することが優先されなければならない．

歴史的には，米国ボストン市内に「共有地（コモンズ）」を設け，市民の広場として保護してきた例もある．このような人間社会の有用な使用価値（情報）の理解の教訓をいかに活かすかが，地球時代の経済学の基礎と見なすことができる．

こうした社会システムに含意されていることは，人間社会における「社会的分業」である．そして社会的分業を支えているのが，人間関係における「情報の相互交換」である．市場経済の特徴は「生産と消費の分離」に表現されているが，生産者から切り離された消費者のニーズを生産者が社会的関連において認識することができるのは，それが情報・流通基盤に依拠した経済システムが存在するからである．さらに，人間が自然を物的生産に一方的に利用できたの

は，その自然システムの循環系・生態系の許容範囲内に収まっていた時代であった．しかし，現代では，地球の温暖化，地球資源の枯渇化，廃棄物などの環境情報をフィードバックした経済システムの構築が求められるようになってきている．自然システムの循環系・生態系から学んで，生産と消費の経済循環機構に「分解者」の役割を担う機構を整備し，情報システムと環境会計に依拠した循環型生産システムやリサイクル・システムが形成される必要がある．

(2) 成長会計と環境会計

伝統的な経済分析（Jones, 1998）では，生産過程は生産関数によって把握されている．いま，コブ＝ダグラス型のマクロ生産関数を仮定すると，

$$Y = AK^{\alpha}L^{1-\alpha}$$

それゆえ，この生産関数の対数をとって微分すると，次のような成長会計の公式が得られる．

$$\triangle Y/Y = \alpha(\triangle K/K) + (1-\alpha)(\triangle L/L) + \triangle A/A$$

左辺の $\triangle Y/Y$ は産出高の成長率であるが，右辺第１項の $\triangle K/K$ は資本蓄積率であり，第２項の $\triangle L/L$ は労働力人口の成長率である．α はマクロ生産関数のパラメータであって，資本の産出高への貢献度を示している．経済理論的には，「資本 K」とは何か，資本の価値尺度とはという問題（Harcout, 1972）が存在するが，ここでは取り上げない．

いまここでは完全競争市場を仮定すると，α は「資本分配率」を意味している．そこでいま経済が10％で成長して，資本蓄積率が８％，人口成長率が４％とそれぞれ成長しており，資本分配率 α が0.4であるとすると，資本蓄積の貢献度は3.2％，労働成長の貢献度は2.4％となるから，資本と労働の貢献分の合計は5.6％ということになる．

完全分配の「オイラーの定理」によると，資本と労働の貢献度の合計は産出高成長率と等しくなっているはずである．しかし，経済成長率（10％）から資本と労働の貢献度5.6％を差し引くと残差（4.4％）が表れる．これは，この式の最後の項の $\triangle A/A$ の値を意味している．この残差項は，資本と労働のそれ

ぞれの貢献によっては説明のつかないもので，それらの生産要素（全要素）の結合の仕方の工夫に基づく生産性の成長，つまり「技術進歩」を示すものと解釈されている．その意味は，資本と労働のそれぞれの貢献度以外に，それらを結合する工夫，つまり人間のアイディアの貢献部分を指しているというのである．マーシャルの意味では，「精神的・道徳的世界」における純正の「生産」部分である．人間が自然に働きかけて，生産要素を物的生産物に変換するとき，既存の生産方法（技術情報）を使用しているときには，その成果は単に資本と労働に分配されるが，新規の生産方法（生産要素の新しい組み合わせの技術知識）を考案（生産）しているときには，その成果がこの残差項に表れる．

しかし，この生産関数の背後で物質変換を動かしているエネルギー投入と生産過程で不要になった廃棄物の関係については何も語っていない．この点を補うものが「環境会計」あるいは「外部経済評価」の分野である．

(3) 社会会計と環境会計

会計学はもともと企業会計を意味していた．企業会計は，企業の財務状態や経営業績の把握のために制度化されたものである．伝統的には，米国の企業会計原則の議論が主流となって，損益計算を中心とした会計の思考法が支配的になっている．損益計算書の原則は，「すべての費用および収益は，その支出および収入に基づいて計上し，その発生した期間に正しく割り当てられるように処理しなければならない．ただし，未実現収益は，原則として，当期の損益計算に計上してはならない」として，市場経済における発生主義の損益計算の原理に依拠することを基本としている．そして貸借対照表の資産・負債・資本評価規定と取得原価との対応を求めている．そこでは，個別資本，つまりミクロ経済主体の利潤最大化を指導原理としたものである．

一方，ケインズのマクロ経済学が登場すると，国民所得や社会資本統計の整備のために，社会会計が発達してきた．それは，ミクロの経済主体の指導原理だけでは，ミクロ経済主体の保持が不可能になったためである．つまり，社会的存在としてのミクロ主体の存在としての側面が問題視されたわけである．し

たがって，企業は，ミクロとしての存在とマクロの一員としての存在という二面的側面が重要視されるようになったということができる．

　したがって，市場経済系を基礎とした会計原則では，物的資本価値の保持は可能であっても，生態系によってもたらされる自然資本の保持は不確定である．とりわけ，市場経済の拡大に伴う，オゾン層の破壊，地球温暖化，熱帯雨林の乱伐，酸性雨による森林の死滅，生物種の絶滅等々の，地球規模での自然環境の破壊に直面して，「持続的発展」を基調とした論調が新しい会計原則の確立を求めている．それは，経済系の「経済開発」と地球における生態系の「持続可能性」とをいかにして「共生」させ，会計学的に把握するかという「環境会計」の課題である．また市場経済系と生態系を統合する「環境経済学」の課題でもある．

　この分野への最近の代表的な貢献としては，「ピアス・レポート」の基礎文献として知られる『新しい環境経済学』(Pearce, et al., 1989) をあげることができる．本書は，自由市場と価格機構を活用した政策の導入によって持続可能な発展を達成することができるという立場から，環境がもたらす便益の測定法を提示している．伝統的な国民経済計算に使われた国民総生産 (GNP) を批判しつつ，GNP から環境の悪化と環境対策費用，さらに人工資本と環境資本の減価償却をも控除する「グリーン GNP」概念を提示している．そして環境の貨幣的勘定を設定すべきことが主張されている．

　この提案を受けて，グレー (Gray, 1990) は，資産を「自然資本」と「人工資本」に区別し，さらに前者を「枯渇性自然資本」，「再生不能／代替不能自然資本」，「再生可能／代替可能資本」に分類し，生態系（エコロジー）の持続のために自然資本の維持を包摂した「持続可能性の会計」を提唱している．そして彼の「持続可能原価アプローチ」では，将来世代のための自然資本を維持するために，資本価値維持の会計原則を展開する．そこで使われる「持続可能な組織」とは，生命圏を期首に比べて期末に悪化させることのない組織である．それゆえ，期首における生命圏を維持するために期末において負担する費用（貨幣額）を考慮する．このような接近法を，グレーは「グリーン会計」と呼

んでいる．そして環境に配慮した内部会計・価額情報システムと外部会計・報告システムの可能性を追求している．

(4) 「フェルドーン法則」とカルドアの定式化

「フェルドーン法則」とは，イタリアの経済学者 P. J. フェルドーン (Verdoon, 1949, in Kaldor, 1978, 1985) が「労働生産性の成長を決定する諸要因」と題した論文において伝統的な生産関数の理論に依拠せずに発見した法則を指している．彼は，1870年から1914年，および1914年から1930年の期間のおよそ15カ国の利用可能な統計資料から労働生産性の成長と工業生産高の成長との間にかなり長期的な一定の正の相関関係が存在するという実証結果を導き出した．つまり，産出高成長率が高いほど，労働生産性と雇用量は一層急速に大きくなり，各国の産出高に対する生産性の弾力性はほぼ0.45 (0.41〜0.57) 程度の大きさになっていたというものである．したがって，長期にわたって生産量が，例えば10％変化すると，4.5％の労働生産性の平均的な上昇と結びついているという傾向が存在する．それゆえ，労働の生産性と産出高の相関は，生産量の増加を通じて出現するわけであるから，生産の拡大は機械化と同じ効果をもついっそうの合理化の可能性をもたらすと事前に予測することができる．また労働の生産性と産出高の相互依存性は，産出高に対する生産性の弾力性が一定であることを条件とするものではないが，便宜的に一定の弾力性を仮定して予測を行っている．さらに，全体としての産業のみならず，部門にとっても弾力性が計算できるので，部門間の生産関数の相違，労働供給の弾力性の格差に内在する技術的・経済的条件の違いを考慮することができるという特徴をもっている．

カルドア (Kaldor, 1966) は，ケムブリッジ大学教授就任講演「英国の低成長率の諸原因」において，この「フェルドーン法則」に注目し，それを12ケ国統計データを利用して実証的に再確認している．そして「この法則は，第1次および第3次経済部門に関してよりは，むしろいわゆる「第2次部門」活動に——つまり，製造業はもちろんのこととして，公益事業や建設業を含む工業の

生産に――特に関連する現象である」(Kaldor, 1989, p. 163) と見なしている．そして，産出高の成長が生産性成長率の決定のさいに主要な役割を演じている．つまり，産出高成長率を高めれば，それが原因となって労働の生産性を引き上げる．しかし，そこでは雇用成長率を比例的に上昇させるわけではない．

　カルドアは，経済成長における製造業の役割の重要性を強調して，製造業産出高の成長と国内粗生産 GDP の成長に関する関係を分析し，さらに製造業産出高成長率を変数として非製造業産出高成長率と，非製造業生産成長率に対する製造業生産成長率の超過分を変数として国内粗生産成長率を分析し，統計的に99パーセントの有意性を検証している．またサービス業の国内生産成長率を変数として国内粗生産成長率を検証することによって，サービス業の成長率を決定しているのは国内粗生産成長率であることを明らかにしている．

　さらに，カルドアは，工業部門で労働力が不足している場合には，規模の経済性は十分には作用せず，そのために生産性の成長率を高めることは困難になると主張し，工業部門の生産性の潜在的成長は労働供給の側面からの制約を受けると結論している．この考え方は，今日では「フェルドーン法則」と区別するために，「カルドア法則」と呼ばれている．これらの法則は，伝統的な経済成長理論と異なって，「定型化された事実」から論理を組み立てたうえで導出されたものである．ここではまだ「自然環境」を組み込んでいないが，「労働＝人間」がその中心に位置している．伝統的な経済理論では，生産要素の1要因の中に人間が埋没し，機械や物質と同じ役割しか与えられたいなかった．人間は「人的資本」として学習し成長する存在として，内生的経済成長理論あるいは経済発展理論に組み込んだものと今後の展開に期待することができる．

3．タイの「経済社会開発計画」と環境政策

(1) タイの「経済社会開発計画」の経緯

　インドシナ半島に位置していて，他の諸国とは歴史的に異なるタイ国の独自の経済開発が活発化してきた背景には，アメリカの開発戦略が存在していると

いわれる．それは，末廣昭（1993）によると，1961年に政権についたケネディ大統領が，インドシナ半島の社会主義化・共産主義化を阻止するために，途上国に対する経済援助を拡充したことに起因している．つまり，途上国で経済開発を積極的に推進することで，経済的な豊かさを向上させ，国内の反政府運動や共産主義勢力を未然に防止することであった．ケネディ政権のこの戦略は，マサチューセッツ工科大学（MIT）の国際研究所が米国政府に提案した『アメリカの援助政策と途上国の近代化』が下敷きになっていた．この提案を作成したプロジェクトには，経済学者としては『経済成長の諸段階：一つの非共産主義宣言』等の著書で知られているW．W．ロストウ（Rostow, 1953, 1960）や開発経済学者のローゼンシュタイ＝ロダン等が参加していた．

　一方，タイのサリット政権も，当時のインドシナ半島でタイ周辺国が共産主義勢力によって支配され，自国もその圧力に強い危機感を抱いていた．そこで，対外援助を受け入れる条件として経済開発政策を導入したというわけである．つまりアメリカの対外援助とタイの経済開発の受け入れ戦略が一致したことによる．このように一般的には理解されている．しかし，末廣氏は，「そうした理解は，タイ国の自主的な対応過程を無視しているし，開発を工業化という狭い文脈に閉じ込めてしまう」と批判している．そして「サリット［政権］の開発は，単なる工業化だけでは決してなく「上からの社会変革」を意図していた」と主張する．タイ国の自主的な対応とは「上からの社会改革」であり，王制のもとでタイ民族の繁栄と近代化を目指したというのである．

　タイ国の工業化政策による経済開発は，1958年の『革命団布告33号・産業活動の奨励』で体系化され，外国企業を含む民間企業主導の「輸出代替型工業化」によって推進されてゆく．サリット政権は，世界銀行の勧告を受けて，1959年に経済開発計画を立案する「国家経済開発庁（NEDB）」と，国内外の投資奨励を統轄する投資委員会（BOI）を設置している．

　この節では，主として，末廣昭『タイ：開発と民主主義』(1993)およびワリン・ウオンハンチャオ・池本幸夫編『タイの経済政策：歴史・現状・展望』

(1988) 等に依拠してタイの経済開発計画 (1966年の第1次〜1997第8次) を概観してみよう．

(2) 第1次計画 (1961-1966年)

　国家経済開発庁 (NEDB) は，以上のような経緯を経て1961年に「第1次国家経済開発計画」を発表している．この第1次計画 (1961-1966) は，前期3年，後期3年の計6カ年計画であった．そしてこの計画は次のような5項目の目的をかかげている．

① 農業及び工業面の生産性の向上に力を入れることで，より高い経済成長率が得られるようにすること．それまで政府は農業において生産性を拡大すべき製品を，米とゴムのみと考えていたが，それをさらにいくつかの重要な日常物資，すなわち，トウモロコシ，キャッサバまで拡大している．

② 国内生産を増加させるためには大きな投資を引き出す必要があるので，高水準の投資を準備する．

③ その他の面でも投資や生産をより増加させるため，基礎的な経済インフラを整備すること．

　このインフラストラクチャー関係のプロジェクトは，次のような四つの分野での経済開発計画に重点を置く．

　　㈲電力エネルギー開発

　　㈹新しい高速道路の建設と，古い高速道路や内陸水運施設（すなわち，河川や運河）の修復

　　㈺鉄道や駅の建設

　　㈻郵便，電信，放送，電話設備の改善

④ 教育及び公衆衛生事業，特に職業訓練などを対象とした教育組織の拡充．

⑤ 国際貿易バランス，通貨，物価水準などに代表される経済の安定．

　その後の経過としては，この第1次計画の後半に同計画は修正され，「第2次国家経済社会開発5カ年計画 (1967-1971)」に継承されている．これに伴って，政府組織も「国家経済開発庁 (NEDB)」から「国家経済社会開発庁

(NESDB)」として，名称に「社会」を加え，「経済開発」とともに「社会開発」にまで開発計画の範囲を広げている．

(3) 第2次計画（1967－71年）

第2次計画は，タイ国で最初の包括的な開発計画の内容を持つものである．まず第1に，全体としてのマクロ経済に目標を設定すること．第2に，分野別での計画内容を持つこと．第3に，地方別・県別レベルでの地域開発計画を含むこと，というものである．

そして第2次計画における主要な目的は，次の4つの要素からなっていた．
①国民所得水準及び生活水準を向上させること．
②資源の利用を高度に進め，生産性を上昇させること．
③経済の安定を維持すること．
④第1次計画からの主な開発方針に，次の3点を新たに付け加えた開発方針に従って継続していくこと．(イ)国家安全保障の強化のための農村開発，(ロ)熟練労働者不足の問題を解決するための人的資源の開発，(ハ)開発において民間団体の担う役割の拡大を促進および推進すること．

この時期のタイ国の経済状況は非常に不安定であった．また，経済発展に伴って，農業部門といくつかの主要な非農業部門とに所得格差が現れたという時期でもある．これらの産業分野間の格差は，農産品の輸出価格暴落も起因していた．しかしながら，タイ国では，アメリカがベトナム戦争に突入して以来，外国からの資本流入による大きな恩恵（特需）を受けることができた．そのため，サービス業および建設業の分野では非常に大きな成長を続けることができた．外国投資もまた，輸入代替産業で著しい増加をみせていた．しかし，ベトナム戦争が終結すると，外需依存型による供給能力の成長は，国内需要の急落によって過剰化せざるを得なくなった．なぜなら，農業に従事する大多数の人々の所得収入が低すぎるため，国内の購買力では需要を持続することが不可能となったためである．そして，このことが再び景気後退を招いた．開発計画は修正され，この時期に急速に変化する経済問題を解決するため，国家計画の

枠組みのなかで年次計画が導入されるようになった．

　不安定な経済状態ばかりでなく，国内の安全保障の問題もまた計画の策定過程に影響を与えた．当時の国際的および国内的政治状況のなかで，国家の安全保障は非常に重大な問題であった．これは，経済，政治，社会の問題を解決する上で重要な障害であると考えられた．そして安全保障上の問題は短期および長期の防衛費に影響を与えたのであった．

　(4)　第3次計画（1972－76年）
　第3次計画期の主要な国内経済問題は，経済構造の不均衡と経済の不安定化であった．したがって第3次計画は，総合的な計画作成手法についてのよりアカデミックな知識に基づいて策定された．まず経済全体にわたるマスタープランが策定され，それを達成させるために，分野別の計画が平行して策定された．第3次計画の目的には次のものがあげられた．
①直面する重要な経済問題を解決し，国民所得を国内の経済資源の希少性と両立する水準まで引き上げること．
②経済の安定を維持すること．特に外的な要因によって左右される領域，たとえば，貿易収支，国際収支，そして，低水準にある外貨準備高の回復などについてである．
③構造的な経済不均衡を首尾一貫した適切な方法で是正するために，地方に居住する人々の所得水準および平均的生活水準を向上させること．
④国家安全保障を強化すること．
⑤公共設備の恩恵を国民のより広い範囲に受けられるようにすること，すなわち人口増加率の抑制，雇用機会の増加をはかること．
　実際に国内生産を増大させようとする努力は，二つの経済分野において実行された．すなわち農業と工業である．しかし，目標に従った計画の順調な実施は行われなかった．また1973年，世界中に第1次オイルショックが襲い，生産コストを引き上げてしまった．その結果，産業の発展・成長にとって重大な影響を及ぼした．さらに，国内における政治的，経済的変動もまた第3次計画の

実施に影響を与え目標達成には及ばなかった．

その結果，この第3次計画の問題は次の3点に集約される．
① タイの主要生産物である米やゴムに対する海外からの需要が，量および価格の両面とも減少した．
② 為替相場の不安定のために，アメリカや西ドイツのような主要経済国家の金融政策に大きな変化が起こった．
③ ベトナム，カンボジア，ラオスでの政治体制の変化という緊急の政治問題が，タイの国家安全保障に大きな影響を与えた．そのため，国家経済社会開発計画に，必要な相応の計画を付け加える必要にせまられることになった．

(5) 第4次計画（1977－81年）

1979年の国内外での政治的変化と第3次計画期間中の第1次「オイル・ショック」による世界経済の変動は，不安定で予測しがたい経済状態をもたらした．これらの要因は，次に述べる点で以前の計画よりもやや異なった背景を第4次計画に与えた．
① 第4次計画は，特定の事項において何ら詳細な開発の指針なしに，非常に幅の広い開発政策を示している．そのため，NESDBは，計画を実行する政策を整備することによって，個別の問題を解決する責任を負っていた．したがって第4次計画の戦略は，他の計画よりもより柔軟性に富むものとなっている．
② 以前の経済成長に重点を置いた経済開発の目標から，所得格差を解消するために所得分配に配慮した目標に変化している．
③ 経済において社会開発の基本として，国家主権の保証を強調している．
④ 第4次計画は主に次の二つの政策目標から成り立っている．まず第1の目標として，1977年から1978年の間に経済の回復という緊急課題の解決を成し遂げること．第2の目標として，基本的な開発問題，特に所得不均衡を是正することである．

そしてこの目的を達成するために，次に挙げる五つの要素を提示している．

(i)経済的安定化を計ること．
(ii)国民各層の経済的，社会的格差を縮小させること．
(iii)人口の増加を抑え，雇用機会を増加させるとともに，人的資源の質の向上を目指すこと．
(iv)国内資源の管理体制を回復し改善すること．
(v)国防に関連する経済および社会的能力を増し，緊張した地域での防衛と安全の問題を解決すること．

(6) 第5次計画（1982－86年）

これまでの経済開発および社会開発により，経済システムに大きな変革が起こっていた．ここで検討を必要とする主要な経済問題は，次のとおりである．
①経済の安定と財政状態は，貿易収支の赤字，政府財政の赤字，それと高いインフレ率などの蔓延によって悪化した．
②過去における急速な成経済長は，土地や水，森林や水産資源などのような自然資源を枯渇させ，河川や大気を汚染するという環境問題を起こした．また，特にバンコクなどの主要都市では人口密集による都市問題を引き起こした．
③社会問題は経済問題ほど急速には改善できない．そのため，主に人口過密な都市において発生している各種の問題，つまり，社会に対する態度，人間関係，文化，精神衛生，財産の保証といった問題に直面している．農村における主な社会問題は，文盲，職業訓練，健康，そして栄養などである．
④都市から遠く離れた農村地域における貧困の存在は，前節で指摘したように，経済開発における利益が都市部に集中したことによって生じた不公平の結果であり，「貧困の悪循環」の具体例である．

このような認識から，ほぼ第4次計画と同様の方針に沿った指針が設定された．しかし，それには次に挙げるようないくつかの相違も見られる．
(I)経済開発に役立つ資源配分において地域が中心的役割を果たすべきである．
(II)社会全体に恩恵を与えるような経済進歩を促す開発計画に力を入れるべきで

ある．
(Ⅲ)経済開発計画の実行に際しては，計画の効果的な実施と完全な達成を目標とする．したがって，第5次計画の主要目標は，
(i)経済および財政状態を回復させること．
(ii)世界の経済環境の変化に対応しうる経済能力を再構築すること．
(iii)社会的サービスを発展させ，サービスの提供を改善すること．人口増加を抑制すること．教育および保健サービスを拡大すること．
(iv)遠隔農村地域の貧困問題を解決すること．
(v)経済開発と国家の安全保障の双方を補完的な計画を実施することにより調整させること．
(vi)国家の経済開発管理組織を改革し，国家の予算および設備を計画の効率のよい実施のために，中央と地方の両方のレベルに配分すること．

(7) 第6次計画（1987-91年）

タイ国で以前より継続してきた問題は，外的要因からの拘束の増大により，第6次計画の期間中にさらに複雑化していった．第6次計画での主要問題は，①成長率より雇用重視，②財政赤字と対外債務の蓄積緩和，③経済的に優位にある諸国が保護貿易主義をとるというような重要な外的要因の不確定性への対応などである．

こうした経済環境において第6次計画には次の目的が掲げられた．
①経済的目的としては，(イ)所得を増加させ貧困をなくすこと，(ロ)経済安定性を強化することである．
②社会的目的としては，(イ)人的資源の質を改善すること，(ロ)伝統的価値や固有の文化に根ざした生活を保存すること，(ハ)最低限の必要水準を満たすために，都市および農村での生活の物質的な質を改善することである．

これらを達成するために，政府主導から離れて民間活力を利用する方向が提示されている．そして重化学工業よりアグロ産業，労働集約的産業を奨励し，雇用を確保するようになった．

全体として，第1次から第6次までの計画すべてにあてはまる目的は，国内生産拡大の追求，構造の適正化，経済的安定の保持などである．社会的目的は，人間の質的改善ということに一貫して関わっており，特に遠隔地に居住する人々の生活水準を改善することにあった．

これらの目的を達成するためには，膨大な予算と時間を必要とする．と同時に，開発政策および戦略を決定するためには，効果的な構造調整と一貫した努力が必要である．

(8) 第7次計画（1991-1996）

第6次計画期間は，計画を上回る成長を遂げることができたので，輸出，投資，観光収入が上昇した．さらにまた世界経済も石油価格の低下と金利の低下で恩恵をもたらした．その結果，タイ国の経済構造は工業主導型経済に急速に変化していった．それに伴って，人口構造も変化している．タイ国の人口抑制策は1989年で人口増加率が1.56%まで低下している一方で，依然として都市過密化や「核家族化」現象，環境破壊が深刻化している．

こうした傾向を抑制するために，①社会インフラの整備，特にネットワーク系の電力，電話，道路，港湾，水供給などを整備する必要に迫られている．②所得分配と経済発展の成果の分散化をはかる必要がある．③自然資源の劣化を食い止め，環境汚染を防止しなければならないとしている．

そこで第7次計画の目標として，
①経済，金融面の安定を維持しつつ，適性水準の経済成長率を維持すること，
②地方への所得と経済発展の成果を分散させること，
③人的資源，生活の質，環境および自然資源開発をさらに推進すること，
が掲げられた．

さらにこれらの目標を達成するために，政策ガイドラインを提示している．それによると，1）経済成長率は年平均で9%とし，一人当りの所得は最終年に75,000バーツ，実質で年平均7.6%の伸びとする．2）経済安定をはかるために，インフレ率を年平均5.5%に抑え，貿易の赤字は年平均GDP比7%を

超過しないようにする．3）各階層への所得分配の目標を明確に特定化し，各層の所得増大に配慮する．4）人口増加率を年1.2％までに引き下げ，社会環境の変化に対応できるように各種の教育システムにおける生涯教育の継続的な開発によって，生活の質を高める．5）水，大気，騒音汚染水準を引き下げ，また固形廃棄物と有害廃棄物を減少させ，環境の劣化を防止し，生活の質の向上を図る．

(9) 第8次計画（1997-2001）

第8次計画では，従来以上に社会的側面が重視され，計画策定の手法として「国民参加型のボトムアップ方式」が採用されている．そして第8次計画の主要な目的として，1）国民の総合的能力の向上，2）家庭・地域・人間開発による生活の質の向上，3）国民の経済社会開発への参加と公正な配分，4）自然資源・環境の有効な活用，環境保全，5）国民参加のための行政改革がかかげられている．

マクロ経済のガイドラインとしては，1）成長率は年平均8％，2）インフレ率は前計画より低く年平均4.5％，3）貿易収支の対GDP比は3.9％としている．また4）生活の質の向上という目標にたいして，貧困者比率の大幅な低下（10％）と基礎教育（従来9年間）の全児童への普及と12年への延長，5）国土保全林の国土比率25％の回復とマングローブ地域を40エーカー以上へと拡大を目指している．

しかし，第8次計画期間中，1997年7月の「バーツ危機」に始まる経済危機が深刻化し，第8次計画は大幅な見直しと改定に迫られている．現在進められている改定の基本的枠組みと基本方針は，およそ以下のような論点である．

第8次改革の基本的な開発の方針は，継続し実現を目指す．開発の重点は「人間開発」であり，その機軸は「参画」である．しかしIMFの融資条件，新憲法，貿易と投資の自由化等を考慮して，市場を開放する．そして投資のみならず，労働の質，組織の質の向上，社会参加のネットワークの確立を図るものとしている．

また経済回復・安定措置の方針としては，1）物価の安定，2）厳格な財政規律の実現，3）国内貯蓄の幅の広い促進，4）経常収支赤字の削減，5）国内金融システムの強化があげられる．また経済改革，行政改革を通じて，民営化の過程における民間の参画を促進させるために，NGO等の民間組織の設立と地域開発への企業の参加を促進する税制優遇措置を提供するとしている．

(10) 「経済社会開発計画」の推移と環境政策
　タイ国の経済発展は，前述のように，一連の経済社会開発計画によって導かれたものであった．経済社会開発の推移を見ていると，これらの計画期間には，(A)初期の均衡論的開発経済学に依拠した「経済開発」を重視していた期間，(B)次に経済的な不均衡が見立ち始めると「経済開発」と「社会開発」を融合する期間がつづき，そして最近では(C)開発による深刻な環境破壊の経験を経て「環境保全」を配慮する期間と分類することができる．宇沢弘文氏の「社会的共通資本」（宇沢，1994）のタームで言うと，市場経済の急激な発展にともなって経済基盤のボトルネックが発生し，最初は「社会資本」としての「経済インフラ」を重視する論理が先行し，「人間開発」として「人的資本」や「制度資本」の重要性が認識されると，都市行政や教育制度の整備が行われ，そして最後に「自然資本」としての自然環境の保全が登場するという順位の経路をたどっていることがわかる．
　とりわけ最近の動向（O'Connor, 1994）としては，経済開発それ自体が各種の環境破壊をもたらしたために，政府は行政組織と経済制度を変革しながら「持続可能な開発」を目指すようになっている．その結果，1976年の「国家環境保全推進法」を修正し，新しい包括的な環境法，つまり「国家環境質向上保全法」が1992年に公布されている．
　この1992年環境法の実施過程は，1）1997-2016年の国家環境質向上保全のための政策と将来計画，2）環境質管理計画，3）地方環境質管理行動計画からなっている．第1の計画は，自然資源の管理向上と国家環境質保全を持続可能な経済社会開発とを統合することを目指している．この政策には，再生可能

な資源の回復を促進し，水質汚染，大気汚染，騒音公害，大量廃棄物・下肥による公害，危険物質・危険廃棄物対策が含まれている．そして第2の1997年から2016年にわたる20年間の管理計画にはガイドラインが提案されている．環境質管理のための政策ガイドラインには4つの5ヶ年計画が含まれ，すべての政府代理機関や国営企業のプログラム，役割，機能からなっている．第3の行動計画は，環境計画と一致し，地域の社会状況を考慮する．そして，それはすべての政党とすべての階層からの民衆参加を強調している．

この政策と計画には分散化と公衆参加のための戦略ツールが考慮されている．そこには，短期，中期，長期の計画がたてられ，視察，モニター，評価の資金的取り決めと制度的取り決めを含み，大気汚染，水質汚染，自然環境，文化環境の保全などの管理方針がたてられている．

こうした環境政策の要因を見てみよう．

①自然資源に対する政策

1）自然資源の利用効率の向上：自然資源の利用法を調整し衝突をなくす．そして持続可能な開発のための基礎的な投入要素となる自然資源の悪化を回復促進させる．

2）権力の体系的な分散化による自然資源の管理化，そして中央当局の地方への分散化し，政府代理，民間部門，NGO，地方民衆の間の関係を強化させる．

3）自然資源の有効な管理と社会正義達成のために資源経済学の応用を支援する．

4）自然資源のもっと有効な行政管理の支援を可能にする法的規制的枠組みと，地方民衆が資源の民主的所有制に対して保有する責任を見直す．

5）自然資源の標準化されたデータベース・ネットワークの研究と確立を支援する．

6）自然資源の開発と保全の概念を統合するために，年輩の官吏，すべての階層の政治家，民間部門，一般大衆の環境保護の意識を高める．

②公害対策

1) 社会，農業，工業，輸送，建設から排出される公害を，人間の健康や生活条件に対する衝撃を与えないように，縮小し管理する．
2) 廃棄物・危険物の体系的で有効な管理を提供する．
3) 行政組織を統合し，PPPに従って，公害管理政策，計画，実施方針の定式化する．加えて，民間部門は公害管理投資への参加と，政府，民間部門，地方民衆の共同作業を義務づける．

③自然環境と文化環境の対策

タイ国の自然・文化遺産を保持するために，自然環境と文化環境を保護し，維持し，保存し，回復をはかる．

④社会環境の対策

継続的に生活水準を改善し，社会環境とグリーン地域を管理し，自然のエコシステム，経済学，社会学，文化，技術工学を機能させるために，予算措置をとる．

⑥環境教育推進の対策

あらゆる階層の社会能力を高める．有効な環境管理のための協力を達成する．

⑦環境技術の対策

環境質管理のための技術工学的知識を開発し利用を促進する．

これまで成長推進型経済は経済開発の資源基礎である地球のエコシステムを傷つけてきた．そうした自滅的な開発主義は，途上国の大部分で経験された社会的な不均衡に由来する政治圧力と結びついて否認され，「持続的な開発」と呼ばれる新しいパラダイムに取って代わられた．それは，1972年のストックフォルム環境会議と1992年のリオ環境会議に起因している．国連で決議された「アジェンダ21」は宇宙船地球号を保護し，21世紀の次世代の人間のために「持続可能性」を保持するものである．そのために，従来の開発優先主義から環境の地位を引き上げて，宇沢弘文氏（宇沢，1994,1995）が主張していたように，「自然資本＝環境インフラ」を物的インフラ（交通ネットワーク，高速道路，

エネルギー供給施設等）と同様の地位にあるものと見なされるようになった．このような変化のきっかけは，国際環境会議に多数の NGO が参加するようになったことにも見られる．．世界銀行もこうした傾向を一部受け入れるようになった．そして「持続可能な開発」という概念が支持され，それは１）経済開発，２）社会開発，そして３）環境開発という三つのタイプの開発のバランスが保持されることだと理解されるようになったのである．

　世界銀行のこうした変化は，最近の文献にも見られる．例えば，V. トーマス（Thomas, 2000）は，経済成長の「量」だけでなく「質」を問題にしている．そして開発の３原則と成長過程の質を充実させる一連の措置を展開している．

　トーマスは，成長過程の量的側面と質的側面の両者を視野に入れ，次の原則を確認している．
①物理的資本，人的資本，自然資本という資産をすべて重視する．
②公正な配分（分配）という局面に随時注意を払う．
③適切なガバナンスを踏まえ制度面の枠組みを強調する．

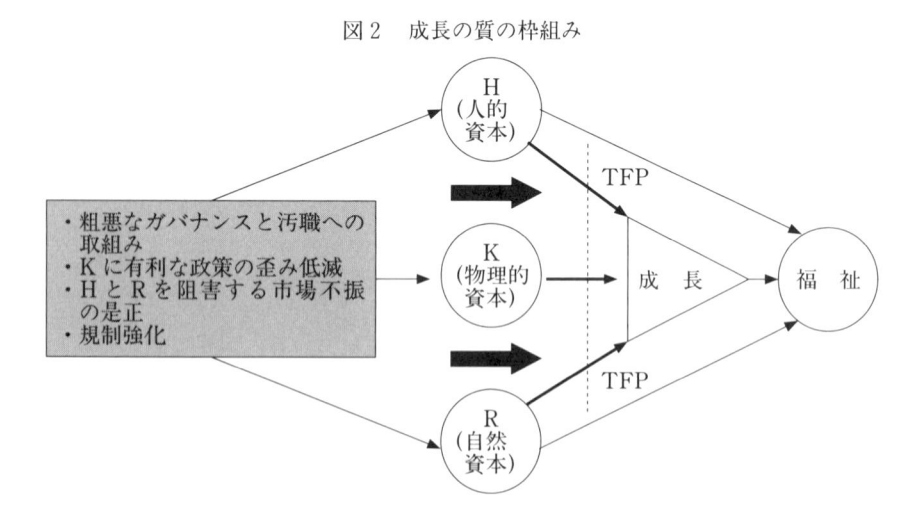

図 2　成長の質の枠組み

- 粗悪なガバナンスと汚職への取組み
- K に有利な政策の歪み低減
- H と R を阻害する市場不振の是正
- 規制強化

H（人的資本）→ TFP → 成長 → 福祉
K（物理的資本）→ 成長
R（自然資本）→ TFP → 成長

そしてこれらを組み込んだ枠組みとして，左のような図式を提起している．

ここでは，人的資本（H），自然資本（R），物理的資本（K）とされ，これらがどのように経済成長と福祉に貢献するかを示している．人的資本と自然資本は，物理的資本の利益率を高め，資本蓄積に寄与する．物理的資本や人的資本，自然資本への投資は，各種の制度改革や民衆の参加（参画）を通じて実施されると，技術進歩や全要素生産性（TFP）を向上させ，経済活動が活性化されるというものである．

タイ国では，1970年代後半，トップダウン計画（ブループリント）が約束どおりに成功するとは限らないということが，開発参加者や計画作成者に明らかになった．計画作製者たちは，開発プロジェクトによって影響されると予想される民衆の声がそのプロジェクトの実施と成功にとって重要であることを認識しはじめた．彼らは，プロジェクトの実施に民衆の参加を求めはじめた．彼らは，民衆の参加が実施過程にだけでなく，計画形成過程にとっても重要であると気づきはじめたのである．重要な推進力は，国内の運動と国際動向である．NGOや他の組織は既存の開発分野に地盤を築きはじめている．

タイ国では，民衆参加型運動とその重要性の認識が次第に当局に影響を与えるようになった．前述のように，1992年に，タイ国は新しい環境法を公布し，また環境基金を設立した．この環境法は，環境管理を地方当局，つまり地方知事と市政機関に委任するものである．それは環境NGOを刺激するものでもあった．それが今後，民衆参加型の「環境民主主義」へと発展するか期待されるところである．

1) マーシャルの産業組織論については，緒方（1999）を参照せよ．
2) 経済学における「歴史的時間（histrical time)」を重視したのはJ．ロビンソン（Robinson, 1956, 1962）である．現在では，その論理を複雑系経済学において「経路依存性」という概念に見ることができる．
3) プリゴジンは，ブラッセル学派の熱力学学者で，1977年に散逸構造の理論への貢献を称えられてノーベル賞が授与されている．熱力学に基づき，物理学の非平衡（経済学では不均衡）システムを解明するのみならず，進化の熱力学や，

生態系の進化の問題にまで言及している．
4) 経済学体系を「市民の基本的権利（生存権）」に基づいて理解する文献として，宇沢（1994,1995）を参照せよ．

参考文献

Arthur W. B., 1994, *Increasing Returns and Path Dependence in the Economy*, U. of Michigan Press.

Georgescu-Roegen, N., 1971, *The Entropy Law and the Economic Process*, Harvard UP. (高橋正立・神里公他訳『エントロピー法則と経済過程』みすず書房，1993年)

Georgescu-Roegen, N., 1976, *Energy and Economic Myths : Institutional and Analytical Economic Essays*, Pergamon. (部分訳『経済学の神話』東洋経済新報社，1981年)

Gray, R. H., 1990, *The Greening of Accountancy : The Profession after Pearce*, ACCA. (菊谷正人訳『グリーン・アカウンティング』白桃書房，1996年)

Harcourt, G. C., 1972, *Some Cambridge Contriversies in the Theory of Capital*, Cambridge UP. (神谷伝造訳『ケムブリッジ資本論争』日本経済評論社，1980年)

Hirschman, A. O., 1958, *The Strategy of Economic Development*, Yale University Press. (ハーシュマン『経済開発の戦略』巌松堂，1961年)

Jacobs, J., 1961, *The Death and Life of Great American Cities*, Random House. (J. ジェイコブス『アメリカ大都市の死と生』黒川紀章訳，鹿島出版会，1977年)

Jones, C. I., 1998, *Introduction to Economic Growth*, W. W. Norton. (香西泰監訳『経済成長理論入門』日本経済新聞社，1999年)

Kaldor, N., 1966, 'Causes of the Slow Rate of Economic Growth of the United Kingdom,' in Kaldor, 1978.

Kaldor, N., 1978, *Further Essays on Economic Theory*. (N. カルドア『経済成長と分配理論』日本経済評論社，1989年)

Kaldor, N., 1985, *Economics without Equilibrium*, (N. カルドア『脱均衡の経済学』日本経済評論社，近刊予定)

Keynes, J. M., 1926, *The End of Laissez-Faire*, London.

Krugman, P. R., 1994, 'The Myth of the Asia's Miracle', *Foreign Affairs*, Nov-Dec. (P. クルーグマン「まぼろしのアジア経済」，竹下興喜監訳『アジア：成功への課題』中央経済社，1995年所収)

Krugman, P. R., 1995, *Development, Geometry, and Economic Theory*, MIT. (P.

クルーグマン『経済発展と産業立地の理論』高中公男訳,文真堂,1999年)
Marshall, A., 1961, *Principles of Economics,* 9th (Variorum) ed., 8th. ed., 1920, Macmillan. (マーシャル『経済学原理』永沢越郎訳, 信山社, 1985年)
Marshall, A., 1919, *Industry and Trade: A Study of Industrial Technique and Business Organization; and of their Influence on the Conditions of Various Classes and Nations,* Macmillan. (マーシャル『産業と商業』永沢越郎訳, 信山社, 1985年)
Myrdal, G., 1957, *Economic Theory and Under-developed Regions,* Duckworth. (ミュルダール『経済理論と低開発地域』東洋経済, 1959年)
Nurkse, R., 1953, *Problems of Capital Formation in Underdeveloped Countries,* Basil Blackwell. (ヌルクセ『後進国の資本形成』巌松堂, 1955年)
O'Connor, D., 1994, *Managing the Environment with Rapid Industrialization : Lessons from the East Asian Experience,* OECD. (D. オコンナー『東アジアの環境問題:「奇跡」の裏側』東洋経済新報社, 1996年)
Pearce, D. et al., 1989, *Blueprint for a Green Economy,* Earthcan. (和田憲昌訳『新しい環境経済学』ダイヤモンド社, 1994年)
Prigogine, I., 1980, *From Being to Becoming : Time and Complexity in the Physical Sciences,* Freeman. (小出昭一郎・我孫子誠也訳『存在から発展へ:物理科学における時間と多様性』みすず書房, 1984年)
Prigogine, I., 1997, *The End of Certainty : Time, Chaos, and New Laws of Nature,* Free Press. (我孫子誠也・谷口佳津宏訳『確実性の終焉:時間と量子論,二つのパラドックスの解決』みすず書房, 1997年)
Robinson, J., 1956, *The Accumulation of Capital,* Macmillan. (杉山清訳『資本蓄積論』みすず書房, 1957年)
Robinson, J., 1962, *Economic Philosophy,* Watts. (J. ロビンソン『経済学の考え方』宮崎義一訳, 岩波書店, 1966年)
Robinson, J., 1979, *Aspects of Development and Underdevelopment,* Cambridge. (ロビンソン『開発と低開発:ポストケインズ派の視角』西川潤訳, 岩波書店, 1986年)
Rostow, w. w., 1953, *The Process of Economic Growth,* Oxford U. P. (ロストウ『経済成長の過程』酒井正三郎・北川一雄訳, 東洋経済新報社, 1965年)
Rostow, w. w., 1960, *The Stages of Economic Growth: A Non-Communist Manifesto,* Cambridge U. P. (ロストウ『経済成長の諸段階:一つの非共産主義宣言』木村健康・久保まち子・村上康亮共訳, ダイヤモンド社, 1961年)
Solow, R. T., 1957, 'Technical Changes and the Aggregate Production Function,' *Review of Economics and Statistics,* in Solow, 1970. (R. T. ソロー『資本・成

長・技術進歩』竹内書店，1970年所収)
Thomas, V., et al., 2000, *The Quarity of Growth,* World Bank, Oxford UP.
vom Neumann, J. & O. Morgenstern, 1944, *Theory of Games and Economic Behavior,* Princeton U. P.
Wilkinson, R. G., 1973, *Poverty and Progress: An Ecological Model of Economic Development,* Methuen. (ウィルキンソン『経済発展の生態学：貧困と進歩』筑摩書房，1975年)
Government of Thailand, *The Seventh National Economic and Social Development Plan,* National Economic and Social Development Board, Office of The Prime Minister, Bangkok, Thailand, 19xx.
Government of Thailand, *The Eight National Economic and Social Development Plan (1997-2001),* National Economic and Social Development Board, Office of The Prime Minister, Bangkok, Thailand, 1997.
National Economic and Social Development Board, *National Income of Thailand 1951-1996 Edition,* Office of The Prime Minister, Bangkok, Thailand, 1999.

宇沢弘文・他編，1994年『社会的共通資本』東京大学出版会．
宇沢弘文・他編，1995年『制度資本の経済学』東京大学出版会．
緒方俊雄，1999年「マーシャルの産業組織論と「収穫逓増法則」」『経済学論纂』第39巻第3-4合併号．
末廣昭，1993年『タイ：開発と民主主義』岩波新書．
ワリン・ウォンハンチャオ・池本幸夫編，1988年『タイの経済政策：歴史・現状・展望』アジア経済研究所．
アーマート・チャサクーン・吉田幹正編，1989年『タイの1980年代経済開発政策』アジア経済研究所．
環境経済・政策学会編，1998年『アジアの環境問題』東洋経済新報社．
日本環境会議・「アジア環境白書」編集委員会編，1997年『アジア環境白書1997/98』東洋経済新報社．

第3章 タイの環境問題と日本のODA

Summary
Japan's ODA has contributed to the industrialization of Thailand through the construction of industrial infrastructure. This has speeded up Thailand's economic growth (which has been described as "compression" industrialization). However this growth has led to various environmental problems.

In this paper, firstly Thailand's environmental problems are briefly outlined. Then seven Japanese ODA projects are examined and environmental problems connected with them are described.

This paper concluded with the proposal that the new Japanese ODA allocated to environmental projects should be used to encourage areas to be as selfsufficient as possible by recycling, and finding new sources of energy etc..

1. はじめに

発展途上国の環境問題と先進国の援助 (ODAなど) との関連を見ようとしたとき, 池田寛二がインドネシアの森林破壊は, インドネシア政府の森林開発政策と「そのような森林開発政策をバックアップしてきた日本をはじめとする先進諸国との経済的・政治的相互依存関係 (貿易, 投資, 援助) とかかわっている.」(池田寛二 [1996] 110頁) と指摘したことは, 示唆的である.

発展途上国の環境問題を先駆的に調査研究してきた平岡義和は, 「グローバリゼーションが引き起こす環境破壊」のなかに, 「援助 (ODAなど) の拡大に関係する問題 (ODAが供与された大規模開発による環境破壊など)」をあげてい

る（平岡［1999］183ページ）．

そして援助による環境破壊を2つあげている．1つはODAや国際機関による援助が，発展途上国の産業化を促進することを目的としているため，道路，港湾の整備，工業団地の造成，ダムの建設といった大規模事業が対象になる場合が多いので，その事業の過程で大規模の環境破壊を生ずること，もう1つは援助の対象となったプロジェクトが，間接的に環境破壊を助長すること，つまり外部からの援助はそれぞれの地域の生活向上に役立つとしても，それぞれの地域がもっている固有の文化，生活様式を変容させ，その結果として，伝統的な環境保全システムが機能しなくなることをあげている（平岡［1999］195頁）．

これまで発展途上国の環境問題の調査研究において，日本の政府開発援助（ODA）が主に取り上げられてきたのは，平岡があげた第1の道路，港湾の整備，工業団地の造成，ダム建設などODA資金による大規模開発事業である（平岡［1993］，日本弁護士連合会［1991］，村井吉敬［1992］）．

「東アジアの奇跡」として注目された，東南アジア諸国の高度経済成長国の1つであり，第5番目のNIEsといわれたタイは，1997年バーツ大幅下落という通貨危機から，内需，輸出の停滞，経済のマイナス成長へと経済危機に陥ったが，IMFとの合意に基づく経済再建を進め，99年に漸く回復軌道に乗ったといわれている．本章ではタイを対象に，日本のODAと地域環境問題との関連を考察しようとするものである．

2．タイの経済発展と日本のODA

(1) タイの経済発展

周知のように，タイの工業化は，サリット（Sarit Thanarat）政権（開発体制）による「新産業投資奨励法」(1960年)，第1次経済開発計画の実施 (1961年以降)，その前後に行われたアメリカ，世界銀行等による外国援助の導入によって遂行された．1960年－70年の国内総生産（GDP）の成長率は，年平均8％の高水準を維持し，円高による日本企業の直接投資が増加した1988年以降

は，10％を超える高度経済成長を実現してきた．タイに対する海外直接投資は，1987年までは100億バーツ以下であったが，1988年に279億バーツに増加し，日本からの直接投資は146億バーツ（52.3％）を占め，1990年には投資総額は646億バーツであり，日本からの直接投資額は279億バーツ（43.2％）に達していた．これらの直接投資ブームがタイ経済の発展をもたらし，国民1人当たりGDPは1988年982ドルから1996年1,994ドルへと10年間に2倍強に伸びている．5番目のNIEsといわれたタイの経済成長は，工業化政策を中心とした開発政策によって実現したものである．

工業化の成果をタイからの輸出品からみても，1970年はコメを中心とした農水産物が59.2％，農水加工品（水産缶詰，砂糖など）1％を占め，1985年でも農水産物40.7％，農水加工品12.6％を占めており，工業製品は34.4％であったので，タイは「新興農業関連工業国」（NAIC＝Newly Agro-Industrializing Country）と呼ばれた（末廣・安田［1987］31-33ページ）．しかしながら10年後の1995年には輸出品の構成は大きく変化し，農水産物はわずかに16.0％，農水加工品8.8％，両者あわせても24.8％であったのに対して，工業製品66.1％と第1位となり，しかも輸出品にはコンピューター部品，テレビ，ラジオ，プリント基板，化学製品，鉄鋼製品，自動車がある．まさにタイは「水中に魚あり，田に稲あり」といわれ，米の輸出を中心としていた農業国から，電子部品，化学製品，自動車を生産し輸出する工業国に変貌したのである．

次に就業構造から変貌したタイの姿をみると，1960年の総人口2,639万人，うち就業人口1,383万人，このうち農林漁業は81.9％と圧倒的比率を占めていた．工業化政策が進められたが依然として農林漁業の比率は高く，1980年総人口は4,686万人，うち就業人口2,252万人，うち農林漁業就業者は70.9％を維持していた．海外直接投資のブームでタイ経済が大きく変化した1988年でも，農林漁業就業者は66.4％を占めていたが，1994年には，就業人口2,976万人，うち農林魚業就業者は48.2％に低下した．専門職・技術職，技能工・生産労働，サービス労働など非農林漁業就業者が51.8％と農林漁業就業者を超えた（末廣［1998］25ページ）．

(2) タイ社会の変化

タイ社会は，工業化の進展とともに都市化が進行し，プライメイト・シティ，バンコクへの一極集中化が進んだ．1970年にバンコク市人口は307万人（全人口の8.9%）であったが，インフラの整備されているバンコクへの企業集積とともに人口も集中し，1994年には，558万人（同9.4%）に増加し，モータリゼーションの進展とあいまって，後述するような深刻な都市問題（交通問題）が発生することになる．いかにバンコクがプライメイト・シテイとして巨大化しているかは，1996年にバンコク人口558万人に対し，第2の都市として人口の増加したノンタブリー48万人，ナコンラーチャシーマ27万人，チョンブリー26万人，南部の中心都市ソンクラー26万人，北部の中心都市チェンマイ17万人ということからも明らかである．

タイの都市化をバンコクへの一極集中という面だけで捉えることはできない．たとえば第2の都市ノンタブリーは1996年に48万人になっているが，1991年には27万人であったし，ソンクラーは1991年23万人が94年には26万人に増加している．こうしたバンコク以外の都市の人口増加を伴った地方人口の増加は，政府の工業化政策の転換が影響している．「経済社会開発計画」が1961年以降策定され，地域開発が進められてきたが，地域格差是正の一環として農村部の貧困撲滅計画が第5次計画（82-86年）で策定されたし，工業化も70年代はバンコクに集中していたが，80年代からバンコク周辺（5県）に拡大され，投資委員会は第3ゾーン（バンコク首都圏以外の地方県）に立地する工場への投資優遇措置を設け，またタイ工業団地公社と民間が造成した工業団地は，タイ全国で56カ所，約1.6万haが造成され，地方の工業化が進められた．これらの工業団地は工場用地とインフラを備え，外国企業を中心に企業誘致を図ってきた．たとえばタイ北部ランプーンに1985年に建設された北部地域工業団地は，総面積1,788ライ（1ライ=0.16ha），1998年現在操業工場は電子関係20工場，機械部品16工場，農産物加工13工場，その他9工場，計62工場であり，従業員総数24,415人に達している（Northern Region Industrial Estate ［1998］）．

たしかに地方の工業化は，地方の工業就業人口を増やし，地方都市人口を増

加させたが，1994年になお就業人口の48.2％を占める農林漁業就業者の所得水準を十分には高めていない．表1に示した地域別の所得は，バンコクがタイ全国平均の3倍強であるのに対し，中部はほぼ等しい92.5％，しかし南部62.4％，北部は約半分（50.6％），東北部はわずかに33％に留まっている．工業化，都市化の進展する中で，経済的不平等，格差構造は農・工格差，あるいは都市・農村の格差として拡大している．

表1　地域別人口と1人当たり所得（us＄）1996年

地　　域	人口千人	構成比％	所得　＄	対全国比
全　　　　　国	60,003	100	3,024	100
バンコク・同周辺	10,429	17.4	8,908	294.5
バ　ン　コ　ク	7,081	11.8	10,047	332.2
東　　　　　部	3,805	6.3	4,806	158.9
中　　央　　部	2,884	4.8	2,905	96.1
南　　　　　部	7,961	13.3	2,038	67.4
北　　　　　部	11,149	18.6	1,495	49.4
東　　北　　部	20,405	34	1,051	34.8

（出所）「タイ国経済概況」（1998／99）70ページより作成

(3) 日本のODA

では，日本のODAはどういう援助をしてきたのだろうか．ここではタイと日本の二国間援助について見よう．最初に援助が行われたのは，1960年に始まった電気通信訓練センターとモンクット王工大への技術協力であった．有償資金協力（借款）は1967年首都圏電話増設，国鉄整備，沿岸諸港航路などインフラ整備を目的に108億円が供与されスタートしている．無償資金協力は，1970年にタイとラオス間の通信施設に2,400万円を供与することから始まっている．その後の経過は表2に示した通りである．1997年度までの累計は有償資金協力1兆5,178億5,000万円（タイに供与した総援助額の83.0％），無償資金協力1,591億6,900万円（8.7％），技術協力1,515億9,600万円（8.3％）である．1996年度の単年度で見ると，有償資金協力1,059億4,700万円（92.0％），無償資金協力2億8,700万円（0.2％），技術協力89億500万円（7.8％）である．この日本のタ

イに対する援助額は，同年のタイに対する二国間援助総額の82.7%を占めている．ちなみに2位のドイツは2.9%である．タイは日本の二国間援助による供与額の上位を占めており，96年度3位，97年度4位である．

表2 タイに対する日本のODAの推移

(億円)

年度	有償援助	無償援助	技術協力
1967	216.00		
1970		0.24	5.88
1971		0.12	10.71
1972	640.00	1.60	8.06
1973		−	7.77
1974		7.90	9.64
1975	168.40	10.13	11.45
1976		10.31	12.96
1977	574.00	19.30	25.19
1978	103.00	37.40	29.40
1979	390.00	73.68	35.09
1980	500.00	114.85	42.57
1981	550.00	123.25	55.67
1982	700.00	132.96	59.68
1983	673.60	137.55	62.30
1984	696.38	132.14	37.27
1985	730.77	125.15	59.88
1986	−	120.68	60.56
1987	818.24	117.21	81.37
1988	758.18	93.26	83.73
1989	811.54	88.82	80.37
1990	−	66.66	76.53
1991	846.87	59.53	75.78
1992	1273.75	32.14	93.41
1993	1044.62	31.45	83.80
1994	823.34	0.99	81.02
1995	616.53	1.87	79.78
1996	1183.81	2.56	95.07
1997	1059.47	2.87	89.05

(注) 技術協力は1954年から行われているが1970年以降を掲載した．
(出所) 有償援助，無償援助は外務省経済協力局編『我が国の政府開発援助』(財)国際協力推進協会，1977年，1998年．技術協力は82〜97年については前掲『我が国の政府開発援助』，74〜81年については国際協力事業団『国際協力事業団年報』(資料編)，70〜73年については海外技術協力事業団『技術協力年報』を用いた．

ところで，この表2からみられることは，まず日本のODAでは有償援助（借款）が総額でもっとも多いことが挙げられる．日本のODAの基本原則を示した「ODA大綱」（1992年閣議決定）のなかに，人道的見地，相互依存関係，環境の保全とともに，「開発途上国の離陸に向けての"自助努力"を支援することを基本とする」が挙げられている．この自助努力への支援の理念を具体化するものが有償援助であるとされている（西垣・下村［1993］168頁）．円借款は商業ベースより有利な条件で行う融資のことで，具体的には低金利と長期間返済ということで，たとえば1991年度の円借款の平均的な条件は，金利2.6%，返済期間28.5年（内返済据置期間9年3ヶ月）であった（西垣・下村［1993］167ページ）．有償援助を担当しているのは1961年に設立された海外経済協力基金（OECF）である（OECFは1999年に日本輸出入銀行と統合し国際協力銀行となっている）．

1967年から97年までの借款のなかで大きな比率を占めているのは経済インフラであり，なかでも道路，鉄道，港湾，空港など運輸インフラで，65件（同一案件でも年次が違って有償資金協力を受けている場合を1件とした），5,976億4,100万円で，全借款額の39.4%を占めており，これにエネルギー（電力・ガス）43件，3,165億9,400万円（20.9%）を加えると60.4%となる．借款はまた東部臨海工業開発，都市上下水道，潅漑・水利施設，あるいはBAACローン（農業金融）のようなツーステップ・ローンの資金として利用されている．

タイに対する無償資金協力は1970年に開始され，1983年には単年度で137億円に達したが，1993年にタイの国民1人当たりGNPが2,000ドルを超え，経済的に発展したので，原則終了となった．しかし草の根無償資金協力と文化無償協力は供与されている．タイへの日本ODAの評価をめぐって大きな論争を呼んだ後述のタイ文化センター（1984～86年），あるいはタマサート大学に設立された日本研究センター（1983年）はこの無償資金協力（文化無償協力）であった．カンボジア難民，タイ被災民に対する災害緊急援助（1979～81年），南部タイの大水害に対する災害緊急援助（1988年）や食糧援助，食料増産援助も無償資金協力である．無償資金協力は国際協力事業団（JICA）が担当している．

技術協力は，JICA が担当する援助活動であり，借款，無償資金協力が経済開発の資金供給であるのに対して，人材育成に直接結びつく援助であり，人の顔が見える援助である．その具体的形態には①研修員受け入れ事業，②専門家派遣事業，③青年海外協力隊派遣事業，④単独機材供与事業，⑤プロジェクト方式技術協力（先に示した研修員受け入れ，専門家派遣，機材供与を組み合わせて，1つの案件として数年間にわたって行われる援助で，日本の ODA で広く行われている．タイでこれまで行われたプロジェクト方式技術協力は80件，97年度には22件が実施されている．この中に後述する東北造林普及計画（1992－98年）も入っている）⑥開発調査，⑦開発協力事業などがある．

(4) タイの経済発展と日本の ODA

タイ経済の発展に果たした日本の ODA の役割について，タイ国別援助研究会（座長鳥居泰彦）は「タイ国のこのようなめざましい経済発展には，過去20数年にわたる日本の積極的経済協力が少なからず貢献したものと評価できる」(JICA［1989］1ページ）と述べている．国際開発論を専攻する斉藤優は「全般的にいって，タイの国家発展において日本の ODA がかなり有効に利用されてきたと結論づけてよいと考える．タイの国家開発計画は，海外からの援助利用の原則を踏まえて日本 ODA を利用してきたしまた日本 ODA はできるだけ要請主義を守って，これに協力してきた．日本 ODA プロジェクトの目的がタイ国家開発目標に協調してきたことは，たとえ若干の不成功部分を含んでいたとしても，大半のプロジェクト目的を達成しているので，タイ国家発展に貢献した部分が大きかったと判断してよいであろう」(斉藤優［1995］182ページ）と評価している．

これに対して，政治学者の高柳先男は，「日本の ODA も，要請主義とあいまってタイ国家開発計画に沿った形で援助されてきているが，東部臨海工業地域に象徴的にみられるように，工業化関連プロジェクトが顕著であった．それだけにタイ経済成長に寄与したといえるのだが，実はその発展がもたらした「陰」の部分から日本 ODA をみるとき，日本経済とそれに結びついたタイ支

配層のための「開発」と「援助」であったと，過剰なまでの批判の対象になる」と述べ，タイ国家が60年代初頭より追求してきた開発過程は，開発至上発展主義，消費主義，軍事主義であり，「安全保障，貿易と投資，援助，技術，文化など，どのレベルにおいても世界中心部への構造的依存であり，それは圧倒的多数を占める民衆の犠牲の上に展開されているといってもいいすぎではない．まさに高度成長にもかかわらず，「不良開発」といわねばならない理由である」（高柳・酒井［1995］95-97ページ）と批判している．

では，タイ経済成長の「陰」の部分である環境問題はどのようなものがあるのだろうか．

3．タイの環境問題——その複合性と地域性——

寺西俊一は，アジアの急進的な経済成長（圧縮型工業化）は「①産業公害と都市公害の複合，②伝統的問題と現代的問題の複合，③国内的要因と国際的要因による問題の複合という今日のアジアが直面している共通の難題としての各種の深刻な環境問題を引き起こしてきた」（寺西［1998］29ページ）と述べている．

タイにおける環境問題は，東北地方の森林破壊にみられる「貧困と環境破壊の悪循環」という発展途上国の環境問題とともに，工業団地，発電所による大気汚染，河川の水質汚濁，あるいはバンコクの自動車による大気汚染，大量消費時代の都市廃棄物問題，リゾート開発にともなう環境破壊など現代的公害が，重層的に存在している．同時にこれらの環境問題はそれぞれ地域環境問題として発現している（スラポン［1993］95-102ページ, Suntaree Komin ［1993］pp. 257-265, Philip Hirsch ［1993］ pp. 10-13）．ここではその実態をまず明らかにしよう．

(1) 森林の破壊

タイにおける森林資源の急激な消滅は，世界の森林資源の破壊，環境問題と

して注目されてきた（村上［1984］333-351ページ，田坂［1991］101-147ページ，岡［1994］146-166ページ）．タイの森林破壊は全土に及んでおり，森林面積の推移は，1961年に国土の56.5％を占めていた森林が，30年後の1991年にはわずかに26.6％にまで激減している．森林減少率が最も高かったのは東北部で，ランドサット衛星による調査が開始された1973年から1991年までに2,887千ha，実に57％も消滅している．

1960年代に入り，激しい森林破壊が生じた背景には，1950年－70年の年率3％を超える人口増加があった．直接的な要因には，トウモロコシ，キャッサバ，サトウキビなど商品生産農業のための耕地拡大があった．タイの戦後農業構造変動の特徴は，コメのモノカルチャー農業から多角的農業，商業的農業への変化であった．辻井博は1960／61年と1987／88年を比較して，この間の作付面積増加率は，コメが1.6倍であるのに対して，トウモロコシ6.1倍，キャッサバ22倍，サトウキビ3.7倍であると指摘している（辻井［1991］127ページ）．これら商品作物の増加の多くは，商業伐採による森林開発や不法な森林伐採の後に，農民が火入れをして焼畑農業を行う形態で拡大した畑地から収穫したものである．国土面積に占める農地率は1960年に19.2％であったものが，1975年36.0％，1980年37.1％，1985年40.1％，1990年41.2％と増加している．森林の農地化をすすめた要因は，焼畑による生産性の低い農業が，地力が低下すると新たに肥沃な農地を求めて森林を伐採するという方式で畑地を開いていったことである．このことを可能にした背景には，タイ社会に慣習的土地制度「チャプ・チョーン」（土地を先占し，開拓したものがその土地の利用に関する権利を取得する制度）（岡［1994］148ページ）があった．

東北部では農地拡大の過程で，森林は消滅し，水源かん養林も喪失し，灌漑用水の不足もおこり，また東北特有のラテライト土壌と地下の塩分が毛細管現象で地表に現出し，農地を放棄せざるを得ない塩害が発生し，農業生産は低迷している．

森林は，農地化だけではなく，商業的森林伐採や不法伐採，さらに道路，ダム建設などインフラ整備のため伐採された．

タイの森林保全の問題をみるとき，エポックを画する事件が1988年に発生した．タイ南部で発生した異常な豪雨が，洪水と地滑りを引き起こし，山腹に放置されていた丸太が，激流とともに村を襲って，死者350人，倒壊家屋5.5万戸，被害を受けた農地387万ライという大災害があった．チャートチャイ内閣は，翌1989年に，保存林における商業伐採の全国的な緊急停止を決め，すべての伐採権を取り消した（吉田 [1992] 153-156ページ）．

森林伐採の禁止は隣接国からの木材輸入の増加と木材価格の高騰をもたらし，不法盗伐による残存天然林の質的低下，土地なし農民の森林への侵入など森林をめぐる状況は悪化した．この事態を解決すべく1992年に森林政策の転換が行われた．保護林はこれまで国土の15%であったものが25%に拡大され，経済林についてはコミュニテイが共有林を造成し，燃料等を採取したり，放牧することや，農民が林業を取り入れた農業（アグロフォレストリー）を行えるようにした．

(2) 工業化・都市化に伴う環境問題

1) 大気汚染

工業化の進展は労働力の集中を生み，都市化を一層すすめ，都市インフラの整備はさらに企業・人口を集中させ都市を肥大化させていく．モータリゼーションの発展がこれに加わり，有名なバンコクの自動車渋滞と公害を発生させた．1980年に60万台といわれた自動車登録台数は，バス以外に公共交通機関のないバンコクでは，勢いマイカーの増加となり，1993年270万台，1996年には355万台に急増している．しかもこれら自動車登録台数の46%はオートバイであり，また自動車規制たとえば排ガス処理装置の設置もようやく1993年以降の1600cc以上車の新車に排ガス処理装置の設置義務づけを行ったばかりで，車検制度も確立していないため，ディーゼル車が黒煙を出しながら走行している．1994年のバンコクにおけるSPM（浮遊粒子状物質）24時間平均値は，すべての沿道測定局で，タイの環境基準値（330μg/m³）を超えている．このSPMの総重量のうち，40%がディーゼル自動車から排出され，40%が道路の埃，20%が

工場等の事業所から排出されている（永井［1997］18ページ）．

交通の渋滞は輸送効率を悪くし，時間のロスだけでなく，大気汚染を深刻化し，交通警官の健康障害や一般市民の呼吸器系患者を発生させており，タイ厚生省は，市内に190万人，市民の4人に1人が患者であり，社会的費用が大きいことを明らかにしている（永井［1997］19ページ）．

タイにおける大気汚染では，タイ北部ランプーン県メーモ褐炭発電所で発生した公害を挙げなければならない．メーモ渓谷に埋蔵されている褐炭を燃料とする発電所は，1992年10月1－2日に排煙と共に二酸化硫黄（SO_2）が大量に排出され，発電所から7km以内の地域住民に呼吸困難の被害をもたらし，数百人が被害を受け，71人が緊急患者として病院に収容されている（吉沢［1996］141ページ）．

硫黄酸化物が，基準値300ppbを超える地域は，いまなおランパン県メーモ郡である（JETRO BANGKOK［1998］99ページ）．

2）水質汚濁

タイは南部・東南部は熱帯雨林気候で年間降雨量は2,000～5,000mmあり，また降雨量の少ない北部・東北部，中部でも1,200～1,500mmあって，決して少ない雨量ではない．ただ雨季（5～10月）と乾季（11～4月）に分かれており，乾季に水量が減少することが，水の安定供給上の問題であり，同時に水質汚濁をひどくしている．工業化と都市化にともない，工業用水，家庭用水とこれまで最大の用水需要であった農業用水の調整も課題となっている．

ところで，バンコクを流れるチャオプラヤー川を上流，中流，下流（河口から62km地点まで）に分けて水質をみると，上流地域では農業・漁業地域を流れているため，さほどの汚染はないが，中流地域では住宅の増加と工業地域が始まるため水質は悪化する．生活排水の無処理放水が主な原因である．下流に入ると下水道の未整備と処理場の不足から，無処理の生活排水と工場排水によって極端に悪化する．DO（溶存酸素濃度）が2ppm以下という水質になっており，DOが0ppmというところもあるほどである．1995年のBOD（生物学的

酸素要求量) 負荷で390トン／日, うち280〜290トンが生活系排水であった. バンコクの下水道普及率が1996年末で2％であることが反映している (吉田 [1998] 243-246ページ).

工場排水によるチャオプラヤー川の重金属汚染についてはすでに飯島伸子・原田正純が明らかにしている (飯島・原田 [1984] 36-38ページ). 工場排水は工場局の検査が行われているが, 94年の検査で操業停止処分を受けた企業に廃水処理施設のない企業5件, 汚水漏れ工場8件, 処理施設の規模, 効率性の不足10件があったことからも, 工場排水が高いBOD負荷をもち, かつ有害な有機・無機化合物を含んでいることから, 危険な汚染源であるといえる (吉田 [1998] 245-246ページ).

地方河川でも工業化の進展とともに水質汚濁の問題が発生している. タイ中部カンチャナブリとラチャブリ県を流れるメクロン川上流地域で, サトウキビのプランテーションの集積地で, 1969年から72年にかけて17の製糖工場が集積し, 操業を開始すると, 排水施設を設置していないこれら工場の有機物を含んだ汚水を直接河川に放流したため, 魚, その他の水生生物が死滅するという公害問題が発生した. 1974年に工業省が砂糖工場に廃水処理施設の建設を義務化し, 政府がその建設資金を補助し, またその補助金によって10年間の操業と維持管理費用に当てることによって, 1994年には水質が正常に戻ったと報告されている (スンニ・マリカマル, 礒野 [1997] 156-157ページ, 船津鶴代 [2000] 312-313ページ).

もう1つの事例は, タイ東北部コーンケーン県ナムポン川で, 1993年に製紙工場の排水のため起こった魚の大量死事件である. 工場に隣接した村の村長は工場と直接交渉し, 立ち枯れ稲の損害補償を獲得した. その後村民200余名が, 「ナムポン川復興委員会」を結成し, その後6年間, 排水・排ガスの被害が出るたびに, 工場との交渉, 公害関連機関への訴え続け, 地元で解決できないときはバンコクへ座り込みに出かけた. 97年3月, 工業省はついにこの工場が行っていたナムポン川への汚水排出を禁止するに至った. 1997年12月, 排水が流され, 養魚場の魚が死に, 村民は巨額の負債を抱えた. 補償を求めて工場や郡

にかけあって無視された村民は，工業省に向けて運動を展開し，工業省の仲介で，農民の投資額の約半分を工場側が支払う妥協案を引き出した．問題はまだ解決していないが，地方河川で起こった環境紛争として注目すべきものである（船津［1998］45ページ）．

3）ゴミ問題

一般廃棄物（生活系廃棄物）は，生活様式の都市化とともに増加しており，1995年に全国1,258万トン，バンコク262万トンに達している．発生ゴミの80～90％は中央および地方行政府によって収集処理されている．バンコクでは収集量の77％が衛生埋め立て，17％が堆肥化，6％がオープンダンピングされているが，多くの自治体ではオープンダンピングか，野焼き処理の方法で処理されている（吉田［1998］246-247ページ）．大量消費時代に入ったタイでは，今後ゴミの減量とリサイクル資源の再利用を図ると共に，焼却場など施設の充実が緊急の課題となっている．

産業廃棄物（有害廃棄物）は，1995年全国で約150万トン，この内訳は製造業110万トン（73％），商業サービス12.2万トン，病院等医療施設12.2万トン，港湾・船舶12.2万トンなどである（吉田［1998］248ページ）．有害廃棄物の問題は，工業省が1988年に各工場に分離保管を義務づけ，無害化処理と工業省指定の埋立地以外への投棄を禁止したにもかかわらず，1994年工場廃棄物の処理率は，55.8％である（JETRO［1998］109ページ）．したがって残り44.2％は処理なしで不法投棄されている．有害廃棄物に関しては，大企業は処理施設を所有し，工業団地の廃棄物管理は工業団地公社が担当することになっているが，中小企業は工業省が1988年バンコク郊外に設置した有害廃棄物処理場（処理能力年間11万トン）で処理し，最終処分場48hに埋め立てることになっている．94年に約450社が利用している（吉田［1998］248ページ）．政府はさらに3個所の有害廃棄物処理場を建設する計画であったが，住民の反対や技術的問題などがあり建設を進められなかった．その打開策としてタイ工業省とアメリカ企業との合弁で GENCO (General Environmental Conservation Co., Ltd.) が設立され，

ようやく1997年より操業を開始した．

4．タイの地域環境問題と日本の ODA

　タイの環境問題は，前節で述べたように，タイの近代化（工業化）政策が，外資導入による急速な工業化をすすめ，その結果として環境負荷の増大をもたらし，森林の破壊，農業や伝統的工業部門の衰退，集積利益を極限に求めるための大都市化による生活環境の悪化，マイカー普及に見られる大量消費生活様式の普及による廃棄物の増大など環境破壊型の経済構造を作り上げたなかで発現したものである．そして日本の ODA は，斎藤優が指摘したように「タイの国家開発目標に協調してプロジェクト目的を達成」（斎藤優［1995］182ページ）してきた．しかしこのことが宮本憲一の「東アジアでは環境問題の責任は多国籍企業とくに日本の資本に責任があり，その多国籍企業の産業基盤としての道路，工場用地，ダムなどをつくる政府の海外援助にある」（宮本［1992］150ページ）という批判を受けることになる．

　村井吉敬は『検証　ニッポンの ODA』の中で，日本の ODA 官僚は「大規模なインフラストラクチャー（道路，ダム，港，橋など社会的基盤施設）を建設することの経済効果は大変大きなものである．日本型の近代化モデルが投影された日本の ODA は，その意味でアジアの経済に大きな貢献をしてきた．韓国を見よ，タイを見よという．」（村井「1992」14ページ）と指摘している．タイは韓国と並んで日本の ODA が成功した事例と捉えられている．だが村井は開発投融資によって ODA プロジェクトの対象地域の住民に，たいした補償もせず追い立てたり，あるいは生活・環境破壊に目をつむる事態がしばしば起きると批判する（村井［1992］17ページ）．

　本節では筆者が参加したタイにおける日本の ODA の調査過程で把握した地域環境問題を取り上げ，ODA との関連を明らかにしたい（図1参照）．

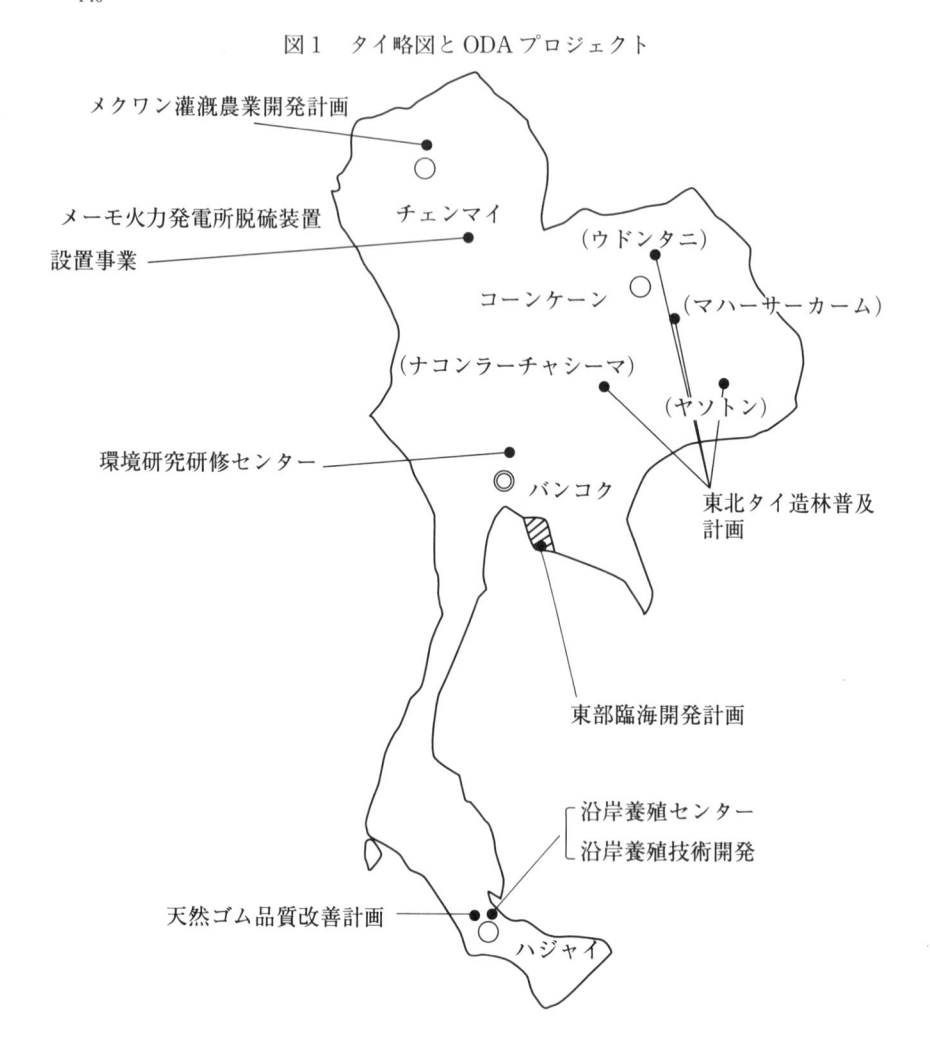

図1 タイ略図とODAプロジェクト

- メクワン灌漑農業開発計画
- メーモ火力発電所脱硫装置設置事業
- チェンマイ
- (ウドンタニ)
- コーンケーン
- (マハーサーカーム)
- (ナコンラーチャシーマ)
- (ヤソトン)
- 環境研究研修センター
- バンコク
- 東北タイ造林普及計画
- 東部臨海開発計画
- 沿岸養殖センター
- 沿岸養殖技術開発
- 天然ゴム品質改善計画
- ハジャイ

(1)「東部臨海開発計画」

　東部臨海開発計画は，シャム湾における天然ガス田の発見（1973年）を契機に，これらガス田より海底パイプラインを敷設し，天然ガスを利用する重化学工業を東部臨海地域に立地させるもので，タイの工業化にとって大規模な開発計画であった．計画の内容は①チョンブリー，ラヨーン両県にまたがる開発地

域の南部マプタプット地区を，天然ガスを利用した重化学工業地帯とし，天然ガスプラント，工業港，工業団地などを建設する，②タイ湾の内湾に面するレムチャバン地区を労働集約型の軽工業，輸出産業基地とし，商業港，工業団地，住宅施設などを建設する，③水資源施設，鉄道，道路など関連するインフラストラクチャーを整備するというものである．

1980年初頭，タイ政府は「東部臨海基礎産業開発委員会」を設置し，開発計画をつくり，82年に閣議決定を見て，開発計画の実施に踏み切ったが，その後財政事情で凍結するなどの経過を経て，1985年に「原則として計画通りに実施する」ことになった．

日本側は1976年からJICAが開発調査を行い，81年には鈴木総理が訪タイし，また経済協力総合調査団が訪タイして，協力を表明し，技術・資金面から全面的に協力してきた．これまでJICAによる開発調査12件，OECFによる円借款供与実績は16事業，26件，総額1,735億4,300万円（91年）に達している．

1990年にマプタプット工業団地を調査した佐竹庸子らは，スズを原料とするハイテク素材タンタルを日本向けに生産するタンタラム・インダストリーは，かつて観光の島プーケット島に工場を建設したが，建設に反対する住民に工場が焼き討ちにあった経験をもち，その他に日本から進出したポリ塩化ビニール，樹脂，苛性ソーダ，ケイ酸など化学工場も林立する．したがって東部臨海地域での公害監視や工場労働者の健康への影響調査は今後の大きな課題であると警告していた（佐竹［1992］186ページ）．

1996年工業省はマプタプット工業団地で発生する工場火災について調査する命令を発しているし（Phu Chat Krn, 16/2/96），石油精製工場が起こした悪臭ガス発生事故を調査のため環境委員会の調査団が工業団地を訪ねている（Khao Sod, 30/7/96/）．また工業団地に隣接した地域に居住する患者の血液を検査し，フェノール酸，硫黄酸の残留を発見した地方病院は，これらの患者が直ちに転居しなければならないし，また患者の一部は長期にわたる神経疾患を患うだろうし，こうした被害は隣接住民だけでなく工場従業員にも発生しているのではないかと指摘している（Phu Chat Karn, 9/9/96）．これらの情報は佐竹らの警告

が杞憂でなかったことを示している．

(2) 「タイ天然ゴム品質改善協力事業」

タイ南部の農産物の主要なものはゴムで，タイのゴム園の90％は南タイに集中し，農地の60％をゴム園が占めている．タイの輸出農産物の中で天然ゴムは輸出金額612億バーツ（1995年）であり，冷凍エビ503億バーツ，コメ486億バーツをおさえて第1位になっている．南部農民にとり，ゴムは"Piggy Bank"（Napuvat and others, [1991] p. 51）とよばれる現金収入作物であり，また突然の現金入用時の担保となる作物である．筆者らが実施した農家調査によると農家1戸当たり栽培面積は，2ライから47ライ，平均では9.5ライであったが，このようにタイ南部のゴム生産は小規模な農家によって担われていることに特色がある．

ところで，タイの天然ゴム品質向上のため，技術管理システムの改善と天然ゴム生産者に対する助言指導体制の強化，技術者の訓練を目的に，ハジャイ市にある農業協同組合省ゴム研究所をパートナーとして，プロジェクト方式技術協力として，1977～1983年まで，専門家派遣長期17人，短期31人，タイ側技術者の日本研修22人，機材供与2億200万円という援助が行われた．

天然ゴム研究所の所長は，このプロジェクトによって天然ゴム品質改善の技術移転が起こり，またゴム生産農民のトレーニングを実施することによって，農民の生産性を高めることに成功したと評価していたし，JICA『アフターケア調査団報告書』(1987年）でも，スタッフの知識改善，数の不足，供与機材のメインテナンスの困難など問題はあっても，「当初の項目はほぼ協力終了した」（同報告書1頁）と評価している．

今日でも天然ゴムは先に示したようにタイの農産物の主要な輸出商品であり，しかも日本にとり天然ゴム輸入量のうちマレーシア，インドネシアがともに10％台であるのに対してタイは70％を占めて（日本貿易振興会[1998] 722-725ページ），最大の天然ゴムの輸出国となっている．

しかしタイ南部の天然ゴム生産が，日本の経済協力による技術移転によっ

て，順調に展開しているのだろうか．われわれのODA調査の際，「村落開発NGO合同委員会」にインタビューした高柳は，彼らが指摘したゴム生産をめぐる問題点を次のように紹介している（高柳・酒井［1995］109ページ）．

第1に，ゴム植林のみを奨励しているので，農民の自給用の果樹やその他有用な樹木が伐採されている．その結果，生態系の破壊も引き起こし，また生活を営む上で重要な果実や木材を外部に依存しなくてはならなくなっている．第2に，ゴム園農民は，仲介人との価格交渉力に欠け，またゴム価格が安く，ゴムの樹液を採取できるのは年に3から5ヶ月でしかないために，生活水準は低い．しかもゴム園は小規模なので，所得は少ない．

こうした問題状況を解決するためNGOは次のような提言をしている．

第1に，ゴム以外の樹木や畑を含む混合林を育成するように，農民を指導する．そのさい政府のゴム園補助金政策を，混合林にも適用するよう変更させる．

第2は，「天然ゴム研究所」は，たんに品質改善のための技術移転だけでなく，むしろ混合林に関する研究と普及に資源を投入すべきである．

第3は，ゴム農園の農民組織を育成し，共同経営が可能なようにする．また政府に対して価格補償政策の導入と農民のための社会保障法の適用をもとめる．

これらNGOの主張の中で，環境問題として重要なことは，天然ゴム品質改善技術協力の結果，天然ゴムの品質改善に成功し，農民が商品化作物としてのゴム農園の拡大に走り，農民の自給用の果樹や有用材を伐採し，生態系の破壊をもたらしているという指摘である．収益性の向上に動機づけられた農業技術だけでなく，生態系を保持しながら農民自立をはかる総合政策が求められている．

(3) 「ソンクラー沿岸養殖技術協力事業」

1979年無償援助で建設された「ソンクラー沿岸養殖センター」（8億円）と1981～87年まで行われたプロジェクト方式技術協力は，とくにアカメ養殖を地

場産業として地域に定着させ，アジア各国の研修生を迎え指導するまでになり，日本の水産技術の協力モデルといわれている．このプロジェクトは，1973年から5ヶ月間プロジェクト方式技術協力で実施された「エビ養殖開発」により，エビ養殖技術がタイ国内に定着するようになった後，沿岸魚類養殖の種苗生産技術，養殖技術の開発を目的に行われた．したがって直接にエビ（ブラックタイガー）養殖にソンクラー沿岸養殖センターがかかわったわけではないが，養殖センターを訪問した後ソンクラーからナコンシタマラート両県の海岸約100キロに展開した大規模なエビ養殖場の視察は強烈な印象であった．

　ブラックタイガーはもともと台湾で開発され，タイに導入されたのは1980年代で，タイの企業集団CPグループと三菱商事と組んでプランクトンの製造を始めたのが発端であるという（末廣［1993］164ページ）．養殖エビの生産工程は，工場で孵化させたプランクトンを，養殖農民が1ヶ月かけて稚エビに育て，この稚エビをエビ養殖場（田を改造した養殖池）に移し，約5ヶ月飼育して出荷する．案内してくれた養殖農民は，エビ生産の収益がいいので取り組んだといい，エビの養殖で一番の心配はエビの病気だといい，薬を大量に用いているという．また養殖の最適地は「汽水域」であるため，エビ養殖池をつくるため，マングローブを伐採した．地元では麻薬，売春に次ぐ儲け仕事がエビ養殖だといわれ，たしかにエビ養殖のために投資した分は，数回の養殖で回収できるという．ところが，エビ養殖はマングローブ林の破壊に加え，養殖に大量に用いた薬や，飼料のヘドロ化したしたものとが，海や河川に流され，海や河川を汚染し，深刻な環境問題となっている．同行したソンクラー大学の1人は，マングローブ林を裸にし，こんな広大なエビ養殖場をつくり，海水・河川の汚染を発生させているのは，日本の膨大なエビ需要があるからで，タイ南部海岸の環境を維持するためには，日本のエビ消費需要を削減して欲しいと要望した．私はタイにおいて，農民の水田から養殖池への転換を制限してはどうか，土地利用の規制が必要であるし，効果的ではないか，と私見を述べたが，日本の需要がタイのエビ生産に決定的に作用していることを認識しなけばならなかった．

(4) ダム建設「メクワン灌漑農業開発計画」
1) タイのダム問題
　ダム建設が水力発電，都市用水，工業用水，農業用水の確保のため，あるいは治水のために，大型建設工事として，ODA の資金協力によって進められてきたが，水没地居住民の移転，森林・耕地の水没による環境への影響が大きいだけに，タイの ODA 案件の中で注目されてきた．
　鷲見一夫は，環境的配慮を援助受け入れ側に任せた悲劇的な事例としてタイのクウェヤイ川に建設されたスリナガリンド・ダムを挙げている．タイ電力公社（EGAT）は環境影響評価の作成をアジア技術研究所（AIT）に委嘱したが，評価書にはサラク・プラ野生生物保護区への影響などが配慮されていないとして，住民，環境保護団体などから，強い批判を浴び，EGAT と AIT は第2次報告書を作成すると約束した．しかし第2次報告書は公表されないまま，EGAT は，日本の OECF 融資130億円をえて，ダム建設を強行してしまった（鷲見 [1989] 33ページ）．
　JICA がタイの EGAT から要請され，クウェヤイ川上流に建設するナム・チョン・ダムの調査を行い，80年に最終調査報告書を作成し，EGAT に提出した．しかしこの報告書ではダム建設予定地がツング・ヤイ・ナレスアン野生生物保護区への影響には触れていなかった．EGAT の計画を，タイ国家経済計画委員会は承認し，世銀も融資を決定した．EGAT はダム建設計画を住民に知らせないまま，ダム道路の建設，森林の伐採を始め，事態を知った住民，環境保護団体の活動が展開され，外国の環境団体の強い支持があり，このような内外での抗議運動の高まりに，ついにタイ政府は1988年ダム建設を中止した事例もあった（鷲見 [1989] 34-36ページ）．このナム・チョン・ダムの計画中止は，タイにおける環境派の勝利であったと評価されている（Patric McCully [1996] 訳346ページ）．

2) メクワン灌漑農業開発プロジェクト
　タイ北部チェンマイ地方を流れるピン川の支流メクワン川に，王室灌漑局

(RID) はメクワン堰を造ったが，しかし雨期の洪水と乾期の干ばつの被害を受ける農民から要望があって，RIDは1978年にレフト・ダムを直轄工事として建設に取りかかった．しかし工事に問題があり，タイ政府は日本政府に技術援助と資金援助を要請した．

1981年JICAの調査が行われ，OECFから第9次ローンとして4.3億円の供与が決定され，これを皮切りに1984年には第11次ローン23億円，85年第12次ローン91.97億円，87年，第13次ローンとして28.05億円，合計147.32億円が有償援助で供与された．

計画は総貯水量2億6,300m³の3基のダムと水路（幹線水路160km），灌漑面積28,000ha，供給用水は灌漑だけではなく，上水道，ランプーンに建設された北部工業団地の工業用水の供給も計画されていた．

ダムおよび本体工事に当てられた円借款は，1期工事（レフト・ダム機材）と3期工事（幹線水路）は三祐コンサルタンツがコンサルタント業務と本体工事を行い，2期工事（メインダムとライトダム建設）はコンサルタントが日本公営で，施工が中国とイタリア系の建設会社の請負となっている．

この「メクワン灌漑農村開発計画」を1990年に調査した佐竹庸子らは，1983年に強制移転された村の用水路に水が流れていない，建設の遅れから農民に10年も待たせることの無理を批判している．その造成地ではかつての村の共同性も解体されていたこと，また計画が前提としたコメの二期作はコメの価格下落によって農民の意欲を喪失させていること，地価が高騰し，不動産登記の対象になり，土地を売却する農民もいて，「開発の目的は，農村住民の生活改善にあるのではなく，農業や環境を犠牲にして企業利益を膨ますためにあるようだ」とし，「山が大きくえぐり取られ，水田が姿を消していくメイクワンダム周辺農村で展開された日本型大型農村開発もその例外ではなかった」と批判している（佐竹［1992］200ページ）．

筆者は1991年，このプロジェクトを調査する機会があった．当時まだダムに貯水はなく，幹線水路に水は流れていない状態で，既存水路で農業を営むルアンナ行政村の4区，5区を調査したが，RIDがダム建設を計画したのが1976

年，JICA が調査したのが1981年，1984年に工事が着工され，RID の計画からすでに15年が経過したのに送水されてこない遅れを異口同音に農民は批判していた．また計画から完成まで長期間を要したことは，佐竹が指摘したように「メクワン灌漑農業開発計画」の前提条件を大きく変化させていた．なんといってもチェンマイ市を中心とした北部タイの工業化・都市化の進展は，農業的土地利用から都市的土地利用への転換をもたらしたし，また交通網の発達は同様に都市的土地利用を増加させた．ルアンナ4区では，宅地化により農業の衰退が起こっていた．村の境界にまたがって作られた別荘地には，すでに瀟洒なモデルハウスが建てられ，一区画200㎡，建坪80㎡が200万バーツで売りに出されていた．4区だけで10人の農民が合計50ライの農地をバンコクの不動産業者に売っていた．1985年当時1ライ当たり2－3万バーツであった地価は1991年にはなんと20－70万バーツに高騰している．こうしたなかで農民の農業離れが起こっている．

　当初の計画では，灌漑面積は28,000haであったが，農地の都市的土地利用への転換や森林，果樹，養魚場への転換もあり，灌漑農地は23,180haに減少している．現在ダムの貯水は，灌漑以外にチェンマイ市へ都市用水として供給しているし，将来は北部工業団地への工業用水の供給が計画されている．現在でも貯水量が少なく灌漑面積を調整しなければならない状況で，工業用水を供給し始めたならば，コンスタントな工業用水の供給が優先され，農業用水の制限が起こらないだろうか．

　そのことと関わるが，灌漑施設の建設，管理はすべて RID の責任で行われ，用水を利用する農民の水利組合は組織されていたが，どんな作物を作るかなどを協議する機関で，用水管理に関わる機関ではなかった．しかし RID の管理，そのもとでの農民の水利用という構図ではなく，RID と農民の水利組合との共同管理システムをつくることが必要であろう．それはまた灌漑施設管理への農民の参加の方式でもある（吉沢［1995］263ページ）．

(5) 「メーモ火力発電所建設」

大気汚染のケースとして，すでにメーモ火力発電所については述べたが，タイ北部ランプーン県メーモ渓谷に褐炭を燃料とする発電所が建設され，OECFは1985年，火力発電所増設8号機（円借款10億円，金利3.5%，償還期間30年うち据置期間10年），1987年に火力発電所増設9号機（9億5400万円）を供与し，1993年メーモ火力発電所脱硫装置設置事業（159億2400万円）を供与している．

1992年10月1～2日に排煙と共に二酸化硫黄が大量に排出され，発電所から7km以内の地域住民に呼吸困難の被害をもたらし，数百人が被害を受け，71人が緊急患者として病院に収容された．

筆者はメーモにあるタイ林業公社（FIO）が，森林破壊を防ぐため，焼畑耕作者を集めて定住させ，林地における農業的土地利用と造林を組み合わせた農林複合方式（Agro-forestry）をとる林業村落（forest village）を調査した．当時このメーモ林業村落は，1968年に設立され，127戸（543人）の村落で，1987年までにチーク造林地3,000ha余を造成し，農民は林業労働賃金と農産物の自給と販売収入で生活していた．当初計画では年間160haの植林，60年伐期として全体で9,600haを造林し，年間160haずつ伐採して循環経営するという構想だった．しかし，1978年に軍が計画地域内に軍用地を設定し，1981年に広大な露天掘りの褐炭利用のメーモ火力発電所が建設され，林業村落の計画面積は3分の1に縮小された．1992年には202.5万kw，11ユニットの発電機が稼動している．1994年再調査のため林業村落を訪ねたとき，深刻な公害問題があることを現地で聞いた．褐炭は豊富にあるが，大気汚染物質（とくに二酸化硫黄）の発生量が多く，林業村落では，1993年発電所から5km離れた造林地約320haが，煙と共に排出された硫化物によって，せっかく植林したチーク材の葉に黄色の斑点が生じ，また葉の周りが黄色に変色するという被害を受けた（吉沢［1996］141ページ）．

資金と労力を投入し造成した森林が，発電所の公害によって破壊されることになったら大きな損失である．森林の破壊は同時に林業集落にようやく生活の拠点を定めた農民の生活破壊に直結するのである．

1992年には先に述べた人身事故が発生した．タイ発電公社（EGAT）は集塵装置の故障を理由（the Nation, 1992, 10, 22）としてあげているが，1992年にこの事件が発生し，1993年に造林地の広範な被害が発生したことは，公害対策の不十分さを示している．1993年に公害対策として円借款によって「発電所脱硫装置」が導入されたことは評価したい．ただ1996年にもメーモの地域住民が発電所の硫黄酸化物による健康障害を懸念し，1992年の入院するような事故が再発するのではないかと恐れている（Sammak Kaow Thai, 9/5/96）．ということは，硫黄酸化物が，基準値300ppbを超える地域はランパン県メーモ郡であるという，依然として改善されていない事実があるからではないだろうか．

　メーモ褐炭発電所は，タイの国営企業「タイ発電公社」（EGAT）により運営されている．したがって責任はタイ発電公社にあることはもちろんだが，褐炭発電所の公害防止に，援助側の日本が脱硫装置の設置を条件付けできなかったのだろうか．1982年から日本輸出入銀行が発電プラント6号機から11号機までプロジェクト借款（648.4億円）を供与しており，また前述のようにOECFのODA借款（188.7億円）が供与されている．少なくとも6号機以降日本の援助が行われてきたのだから，褐炭延焼が石炭の4～5倍の硫黄酸化物，1.5倍の窒素酸化物，2倍の粒子物質を排出すること（氷見康二［1995］44ページ）を踏まえて，借款を決定するとき，脱硫装置の設置を条件付けることができたはずである．

5．環境問題とODAの課題

(1) 環境問題の深刻化と環境ODA

　タイにおける上述のような環境問題の深刻化に対応して，タイ政府は1975年に国家環境保全法を制定し，国家環境委員会を設け，その政策実行機関として「科学・技術・エネルギー省」に環境庁を設置し，環境政策局，環境事業促進局，環境汚染管理局を内局として設置した．しかしその後1980年代の外資導入による高度経済成長にともなう環境問題の噴出，深刻化のなかで，1992年に新

たに国家環境保全法を基本法として制定し，環境庁を昇格させ，「科学技術環境省」とし，環境政策局，汚染管理局，環境質促進局を設け，同時に工場法，公衆衛生法，森林法等の環境関連法の整備を行い，一般にこれまでよりも厳しい環境基準が設定された．

環境保全を実現するため，各県が環境保全に責任を持ち，県ごとに環境保全計画を立案し，政府に提出し，その計画に応じて国から予算が配分されるという制度となった．また環境汚染が進んだ工業地帯，観光地，パタヤ，プーケット，ハジャイ，ソンクラー，サムットプラカン，ノンタブリーなど10カ所が「環境改善特別指定地域」とされ，公害防止計画の策定とその実行が義務づけられた．1992年に環境基金が設けられ，環境保全のため活動する政府機関，地方政府，NGOに助成金を交付し，また地方政府，国営企業および民間企業へ低金利のローンを供与し，環境保全活動を支援している．1995年までに投入された政府資金は62億5,000万バーツに達し，すでにパタヤをはじめとする「環境改善特別地域」の環境改善計画やNGOへの支援に48億バーツが支出されている（バンコク日本人商工会議［1997］142ページ）．また定められた業種の産業が，工場建設，増設の場合は，登録されたコンサルタント会社による環境アセスメントを実施し，その結果を科学技術環境省の環境政策局に提出し，工業省，科学・技術・環境省その他関係省庁代表からなる審査委員会の審議を経て許可が出され，はじめて建設できるという環境アセスメント制度を発足させた．

こうしたタイ政府の環境保全対策の進展に，日本のODAは環境協力という形態で積極的に対応した．日本のODAが環境協力を援助政策の重点項目として登場させた背景があった．さきに日本のODAによるダム建設が環境配慮（自然環境，社会環境）を十分行っていないという批判があったこと，さらに国際的にもストックホルム人間環境会議（1972年）以降環境問題が注目され，1989年アルシュ・サミットで日本政府は1989～91年に3,000億円の環境分野へのODAを行うことを表明し，実績は4,000億円を超えていた．1992年のリオ・デ・ジャネイロで開催された「地球サミット」では，環境汚染問題と自然

資源問題が取り上げられ，日本政府は環境ODAを重視し，1992年以降5年間に9,000億〜1兆円の環境ODAを供与することを明らかにし，実績で1兆4,400億円を達成している．1997年の「国連環境開発特別総会」で日本政府は「環境開発支援構想」(ISD構想　Initiatives for Sustainable Development) を示し，公害対策（ブラウン・イシュー）と生物多様性，森林保全，砂漠化防止など（グリーン・イシュー）の環境協力の充実を図っていくことを明らかにした．

ODA実施機関のJICAは1989年に環境室を設置し，漸く92年からダム建設，農業開発，林業開発，水産開発などに環境配慮のためのガイドラインを設定しているし，93年には環境・女性課に改組し，各事業部に環境配慮担当官を配置している．有償資金援助（円借款）を担当しているOECFは89年に「環境配慮のためのOECFガイドライン」を設定し，95年に改定している．

こうした日本政府の動向の中で，具体的には89年11月に「環境に関する政府対話調査団」（環境ミッション）がタイに派遣され，タイ政府と情報を交換し，92年にはJICA国別環境情報調査団が派遣され，タイ政府と環境協力の在り方を検討している．ではタイへの環境ODAにはどのようなものがあったのだろうか．

(2) タイにおける環境ODA

環境ODAとは何か，実は環境分野の定義は，OECDに設置されたDAC（開発援助委員会）は試案を提示しているが，各国で独自の定義をしており，日本は現在のところ，環境・公害，上・下水道，都市衛生，水資源開発，林業・森林保全，防災他を環境分野の内容とし，大きく居住環境，森林保全，公害対策，防災，その他（自然環境，環境行政，海洋汚染を含む）に区分している．日本のODA全体に占めるこれら環境分野へのODAは，1980年代までは10%未満であったが90年代に10%を超え，95年19.9%，96年27.0%に増加している．1996年の環境ODAを先に示した5区分で示すと居住環境2,803億円 (62.6%)，森林保全372億円 (8.3%)，公害対策609億円 (13.6%)，防災429億円 (9.6%)，その他266億円 (5.9%) となっており，居住環境（上下水道，都市衛生）は環境

表3 タイにおける環境ODA（有償・無償）1988～1997年

(億円)

年度	有償資金協力（借款）		無償資金協力	
1988	ノンプラライダム建設事業	43.57	パンナラ川灌漑配水計画	8.88
	バンコク上水道トンネルリハビ		バンコク市洪水管理センター	
	リテーション事業	29.58	機材整備計画	9.24
	バンコク上水道整備事業	43.80		
1989			環境研究研修センター設立計画	14.52
1990			パンナラ川灌漑配水計画	3.75
			環境研修センター設立計画	8.62
			東北タイ土壌・水保全センター	
			機材整備計画	3.20
1991	バンコク上水道整備事業計画		東北タイ大規模苗畑センター	15.80
			建設計画	
1992	バンコク上水道整備事業計画	88.36	東北タイ大規模苗畑センター	14.00
	バンコク上水道整備事業計画	81.33	設立計画	
	地方3都市上水道拡張事業	47.54		
	環境保護促進計画	30.00		
1993	メーモ火力発電所脱硫措置設置			
	事業	159.24		
	バンコク上水道配水水網改善			
	事業	55.99		
	南部地方3都市上水道拡張事業			
	環境保全基金支援事業	42.28		
		112.00		
1994	バンコク上水道整備事業	113.83		
1997	環境保全促進計画	50.00		

(注) 1.「年度」は有償資金協力は交換公文定結日，無償資金協力は予算年度による．
2.「金額」は有償・無償とも交換公文ベースである．
(出所) 外務省経済協力局編『我が国の政府開発援助』(財)国際協力推進協会，1997，1998年より作成．

ODAの60%を超えて最も多い，次いで公害対策13%となっている（外務省経済協力局［1997］26-27ページ）．

　タイにおける1988年以降の有償資金および無償資金による環境ODAを示したのが表3である．無償資金協力は1993年以降タイ経済の発展により原則として供与は終了しており，草の根（小規模無償），文化無償などだけが供与されている．これらの環境ODAを分野別に示したのが表4である．まず有償資金協力では居住環境632億9,300万円で環境ODAの64.3%を占め最も多く，その大

表4　タイにおえる環境ODAの分野別実績（1988〜97年）　　　（億円）

有償資金 年度	a 居住環境	b 森林保全	c 公害対策	d 防災	e 計	f 有償資金総額	e/f %
1988	117.22				117.22	758.18	15.46
1989						811.54	0.00
1990						−	0.00
1991	86.38				86.38	846.87	10.20
1992	217.23		30.00		247.23	1,273.75	19.41
1993	98.27		271.24		369.51	1,044.62	35.37
1994	113.83				113.83	823.34	13.83
1995						616.53	0.00
1996						1,183.81	0.00
1997			50.00		50.00	1,059.47	4.72
計	632.93		351.24		984.17	8,418.11	11.69
無償資金						無償資金総額	
1988	8.88			9.24	18.12	93.26	19.43
1989		14.52			14.52	88.82	16.35
1990	3.75		8.62	3.20	15.57	66.66	23.36
1991		15.80			15.80	59.53	26.54
1992		14.00			14.00	32.14	43.56
1993						31.45	0.00
計	12.63	29.80	23.14	12.44	78.01	371.86	20.98

(出所)　表3と同じ

部分はバンコク市および地方都市の上水道整備である．公害対策は351億2,400万円（35.7％）であり，この中にはメーモ火力発電所脱硫装置設置事業159億2,400万円（93年）と民間企業の公害防止機器購入促進のためのツーステップ・ローン（環境保護促進計画，92年30億円，97年50億円），および地方公共団体などによる環境保全事業などへの財政支援を目的とした「環境保全基金」を支援するツーステップ・ローン（環境保全基金支援事業，93年112億円）がある．これらの有償資金協力がタイに対する円借款総額に占める比率は，年度によりばらつきがあるが，93年には35％を超えているが，88〜97年の10年間の平均では11.69％である．

　無償資金協力は1988〜92年度までは居住環境（16.19％），森林保全（38.2

％），公害対策（29.66％），防災（15.95％）に供与され，居住環境は水資源開発であり，森林保全はタイ東北大規模苗畑センター建設計画（91年，92年29億8,000万円）で，後述のプロジェクト方式技術協力事業と一体化して，東北タイの環境改善，造林の普及事業として展開される．公害対策には環境研究研修センター設立計画（89年，90年，23億1400万円）があり，プロジェクト方式技術協力と一体化して，タイにおける環境研究スタッフの人材育成に大きく貢献することになる．防災はバンコク市洪水管理センター機材整備計画（88年，9億2,400万円）と東北タイ土壌・水保全センター機材整備計画（90年，3億2,000万円）であった．これらの環境ODAが無償資金協力総額の中に占める比率は年により16％から43％とばらついているが，88～92年の5カ年平均で22.9％である．

　以上の有償資金協力と無償資金協力以外に，技術協力がある．技術協力には有償・無償資金協力を効果的にするため，それらと一体化してプロジェクト方式技術協力として実施される場合がある．90年以降，実施されてきたプロジェクト方式技術協力案件の中で，環境分野の案件として，環境研究研修センター（90.4～97.3），潅漑技術センター計画（フェーズII，90.4～97.3），東北タイ造林普及計画（92.4～98.9），東部タイ農地保全計画（93.6～99.6），水道技術訓練センター（II　94.9～99.8），下水道技術研修センター（95.8～2000.7），環境改善自動車燃料研究（96.3～2000.2），未利用農林植物研究計画（96.8～2001.7）の8案件（全案件18）を挙げることができる．

　技術協力にはこのプロジュクト方式技術協力のほかに案件発掘に連なる開発調査がある．毎年度10～20の案件があり，環境分野の案件はたとえば96年にはバンコク都市環境改善計画，チャオプラヤー川流域総合洪水対策計画，コク・イン・ナン導水計画の3案件を含む全11案件があり，97年には環境評価調査（鉱工業分野），コク・イン・ナン導水計画調査，チャオプラヤ川流域洪水対策総合計画調査（2年次），バンコク汚泥処理・再生水利用計画調査（下水汚泥処理）など6案件（全案件21）がある（JICA［1997］, 127-146ページ，［1998］128-143ページ）．

以上のような環境 ODA の中から無償資金協力とプロジェクト技術協力が結合した案件である環境研究研修センターと東北タイ造林普及計画を取り上げてその成果と問題点を明らかにしたい．

(3) 環境 ODA の事例
1) タイ環境研究研修センター

タイ環境研修センター (The Environmental Research and Training Center Thailand, ERTC) は，タイ環境行政の全面的支援を目的として，1989年度，1990年度の無償資金協力として総額23億1,400万円で，1991年11月バンコク郊外のテクノポリス地区に設立された．1991年以降97年まで，プロジェクト方式技術協力によって専門家派遣，研修員の受け入れ，機材供与が行われ，水，大気，騒音，振動，有害物質の5分野で，研究，研修，モニタリングを通した人材育成が行われてきた．センターはタイにおける環境汚染防止，公害規制能力の強化のための実証的研究および研修拠点として位置づけられている．

日本の環境 ODA のなかで，環境センターは「汚染状況のモニタリングや必要な行政措置の実施等開発途上国における有効な環境対策をとるための対処能力の向上を図る」ため「環境センター・アプローチ」として重要な戦略的役割を担っている（外務省経済協力局［1997］35頁）．92年に開設したタイをはじめに，インドネシア（93年），中国（95年）に開設されている．

ところで，タイ環境研究研修センターの成果について『ODA 白書』は「センターが地方行政官の研修にも積極的に活用されており，その開設 (92年) から5年間で800名の地方行政官をはじめ，政府・民間関係者，累計2,000名が研修を終え任務に就いている．このセンターに対するタイ側の予算措置も91年から97年までに5倍に拡大，職員数（非専任含む）でも3倍以上に増大している．」（外務省経済協力局［1997］35ページ）と述べている．1995年，プロジェクト方式技術協力の JICA 専門家シニアアドバイザーとして，大気汚染モニタリングの指導に当たっていた氷見康二は筆者に「タイの環境問題の解決には，科学的調査→政策化（法律化）→政策の実行（行政）が必要であるが，もっとも

基本的な科学的データーが把握されていない，科学的調査を行うためには資金，技術，人材が必要だが，残念ながらタイではその人材が足りない．したがってセンターは環境問題に取り組む専門家を育成することが課題で，そのためには20年の長期的人材育成が必要であり，環境データーの収集も10年の蓄積が必要である」と語っていた．センターが水質汚濁，大気汚染，騒音振動，廃棄物，有害物質などタイにおける緊急の環境問題の研究に取り組んでおり，その中から環境研究者の育成が行われ，また政府・民間を含めた関係者の環境教育に大きな貢献をしていることは高く評価できる．

　しかし技術移転の検討を行った松岡俊二は，同センターに厳しい批判を行っている．松岡は「ERTCのこうした現状は，高度成長期の日本が蓄積してきた環境技術の移転例として成果が期待された公害防止技術の移転が，社会的・制度的な相違のために予期された以上の困難に直面していることを示しているのではないか」（松岡［1998 a］62ページ）と指摘する．松岡は氷見康二がタイにおける環境モニタリングの困難さの原因としてあげた4点を重視する．それらは①環境行政の不統一（たとえば科学技術環境省の大気汚染の環境基準と工業省の工場法に基づく排出規制の基準が異なっており，基準の緩い工業相の基準が実行力をもつ），②縦割り行政の弊害，③公務員制度と公務員の待遇の悪さ（タイ官僚制はパータナリステック＝家父長的温情主義的な上下関係が支配し，またセクショナリズムが徹底し，官庁内部の意思疎通が図れていない．公務員の給料は民間の2分の1から3分の1であり，副業に専念し，また公務員が一定の技術習得後に民間企業に転出する），④タイ人技術者・研究者の行動様式（技術・知識は個人の財であり公共財ではないというタイ社会の技術観は，技術移転を困難なものにしている）である．つまりこれらのタイ社会の歴史的，社会的，制度的な要素が，技術移転を困難にしているという（松岡［1998 a］61-62ページ）．

　筆者は松岡が，1992年の環境行政機構改革によりERTCが科学技術環境省のなかの環境教育および環境啓蒙を担当する環境質促進局のもとに属し，非ルーティン・モニタリングを担当することになり，環境行政に重要なルーティン・モニタリングを行う公害対策局に属さなかった事実を重視し，「ERTCの

環境行政への貢献は,必然的に低くなっていった」(松岡[1998b]242ページ)と指摘していることに注目したい.筆者は,ERTCがタイにおける環境モニタリングのセンターになり得ず環境行政への貢献が低下するという問題をもちながらも,非ルーティン・モニタリング(酸性雨の測定など)では行政と関連しているし,センターの研究課題としている水質汚濁,大気汚染,騒音・振動,廃棄物,有害物質は,タイの緊急の環境問題であり,これらの研究の深化と研修の充実によって名実ともに環境研究研修センターとして発展して欲しいと願っている.

2) 東北タイ造林普及計画

東北タイ造林普及計画(The Reforestation and Extension Project in The Northeast of Thailand: REX)は,東北地域の森林の減少が著しく,耕地の塩害など農業生産にも深刻な影響がみられるなかで,環境回復と地域住民の生活向上に資するため,社会林業(地域住民のための地域住民の参加による林業のことで,生産と環境の調和を目指すものであり,アグロフォレストリー,村落林業,農家林業などが含まれる)の発展を通じて地域住民自身による造林活動の推進を図ることを目的にプロジェクトが作られた.

この計画は,1991年度,92年度の無償資金協力により総額29億8,000万円で,本部のあるマハーサーカームを中心に,ウドンタニ,ヤソトン,ナコンラーチャシーマの4カ所に大規模苗畑センターが建設された.さらに92年4月から97年3月までプロジェクト方式技術協力,97~98年までフォローアップ協力が行われ,リーダーを含む業務調整,訓練,普及,造林の長期専門家と約30名の短期専門家が派遣され,また各苗畑センターに青年海外協力隊員が各1名配置され,社会林業の啓蒙や普及に従事している.またカウンターパート(技術移転の対象となる相手国の行政官や技術者)約20名を研修員として受け入れている.

協力活動の内容は①ベースライン・サーベイ(基礎調査)の実施,②大規模苗畑管理技術の開発,③普及手法の開発および普及システムの強化,④女性を含む地域住民および,政府職員を対象とした訓練計画の策定および教材の開

発, ⑤造林活動, 技術訓練および普及の強化のための展示林およびモデル村落林の設定の5つであった．

筆者がマハーサーカムの本部で柳原保邦リーダーから説明を受けたのは1993年でプロジェクトの途中であったが，1991年に4つの苗畑センターで農民に配布した苗木は430万本で，その58％はユーカリ，郷土樹種17％，果樹・花木など25％であり，1992年1,200万本，93年同，94年4,000万本を予定しているということであった．植林技術とその仕組みについのモデルの開発改良とそのモデルを通じて農民層へ浸透を図って行くのが次の目標であると語っていた．農民が希望する苗木を農民に無料配布し，農民は庭先，空地，畑の境界，道路端，水路沿えなどに植えるというこのプロジェクトは，農民の意欲，意志に基づいている点で，画期的であると思った．

その後の展開についてはフォローしていないので，自然資源管理技術移転の問題としてREXを調査した松岡俊二によってその後の展開を明らかにしよう（松岡［1998a］62-66ページ，［1998b］8-10ページ，248-251ページ）．苗木生産は順調に推移し，1,600万本を生産し，生産した苗木は，事前調査時に植林を希望した村に無料で配布している．苗木の樹種と本数は，村長がとりまとめてREXに注文する方式を取っている．94年まではユーカリが過半数を占めていたが，95年からユーカリ生産を止め，在来種であるフタバガキ科やチーク，果樹が育苗されている．植林されたユーカリは5年ぐらいでパルプ工場に出荷され，1トン当たり700バーツぐらいで取り引きされている．

普及に関しては，育林技能について1週間のトレーニングコースが40人定員，年間28コースで，村落の指導的立場の農民や教師を対象に実施されている．

技術協力の育苗技術の研究では，東北タイで問題となっている対塩害，対干ばつ，対貧栄養に関する新技術の研究を行っている．

社会林業の発展を意図するREXは，女性の開発への参加や社会経済も視野に入れた取り組みをしている．そのことと関連してフィールド調査，アンケート調査が行われ，たとえば植林活動のアンケートでは，対象は研修農民だけで

なく，小・中学校の教員や農村女性にわたり，項目は樹木や植林に関することから女性の役割にも及んでいる．

　松岡は，こうしたフィールド調査でヒアリングが行われていることにこの計画の特性があると評価している．つまり「広範囲の住民を対象にした非定型的な技術移転事業である REX が，その非定形性のゆえに現地の社会・文化特性を考慮したアプローチをとることで，効果をあげていることは，非常に教訓的である」（松岡［1998 a］65-66ページ）と高く評価している．

3）環境 ODA の課題

　環境問題が世界的な関心事となって，世界最大の ODA 供与国日本が環境分野に重点を置く姿勢を表明し，有償資金協力では他の分野への円借款より有利な条件（97年より金利0.75％，償還期間40年，うち10年据置）を設定している．また GNP が 1 人当たり3,035ドル以上の中進国でも環境分野では円借款（金利2.5％，償還期間25年うち 7 年据置）を供与することを決めている．このことは評価できる．しかし前に述べたように，環境分野について各国で独自に定義しており，日本では，環境・公害，上・下水道，都市衛生，水資源開発，林業・森林保全，防災他を環境分野としているが，たとえば水資源開発がダム建設ということであれば，環境 ODA といっても公正な環境アセスメントが実施されなかったら，自然環境だけでなく社会環境の破壊をもたらすかも知れない．環境 ODA も他の ODA プロジェクトと同様に環境への配慮が十分なされなければならない．

6．むすび――21世紀における日本 ODA の課題

(1) 情報公開の必要性

　日本の ODA をめぐる最近の話題に，ブータンへの無償資金協力事業を担当したコンサルタント会社が，無許可で工事内容を変更し，四輪駆動車16台を購入し，6 億4,000万円を不正支出したという事件があった．資機材の調達を請

け負った商社も一枚かんでいたのではないかといわれている（朝日新聞，1998年6月7日朝刊）．この事件発生の理由を①案件の発掘，工事や単価をめぐる不透明さ，つまり事業は被援助国政府側が外交ルートを通じて日本政府に援助を求めてきたものとされているが，実際にはコンサルタント会社と組んだ商社などが，現地政府に「売り込んだ」案件が多い．しかも無償資金協力は受注業者を日本企業に限定するタイドのため，案件発掘にかかわった日本商社やコンサルタント業者が受注するケースが多くなり，その結果競争原理が働かず事業費が割高になっている．②無償資金を担当する外務省やJICA職員は50名ほどで，海外で実施される事業をひとつひとつ厳密に審査するのは物理的に不可能だ，と指摘している（『朝日新聞』，1998年6月21日付）．

もう1つの記事は大蔵省がODAから支出してアジア開発銀行，米州開発銀行に設けた奨学金制度を利用して，多数の大蔵官僚がアメリカなどの大学院に留学していた．「これを単なるつまみ食いと片づけられないのは，日本のODAに巣くう構造的な問題点が背景にあるからだ．」「不祥事や流用には共通の要因がある．日本の納税者の監視の目が行き届かないところで資金が使われていることだ」と批判している（『朝日新聞』，199年2月22日付社説）．

この2つの記事は，日本のODAがその執行体制に大きな問題があることを示している．前から巨額のODAを，外務省，JICA，OECFの関係スタッフが小人数で処理していて十分な管理ができていないという批判があった（神田浩史［1992］270-271ページ）．また官僚が国際公共財としてのODAを私物化していたことは，情報公開によって国民に開かれたODAとなっていない事実を明らかにしている．JICAによる無償資金協力，技術協力は一般会計予算であり，OECFによる有償資金協力は郵便貯金，厚生年金，国民年金などを原資とする財政投融資であり，国民に情報を公開することは当然であり，また供与を受ける側にも公開し，供与側と受け取り側双方の国民合意のODAとしなければならない．

　(2)　ODAは誰のために

タイにおける日本のODAについて，すでに明らかにしたようにスリナガリンド・ダム（鷲見一夫），東部臨海工業開発（佐竹庸子）などを挙げたが，これまでの案件の中で多くの批判受けたものにタイ文化会館（社会教育文化センター）がある．日タイ修好100周年（1987年）記念事業の一環として，無償資金協力で1984～87年にかけて建設され，87年にオープンした．援助総額は63億8,500万円であった．建設過程でタイ側建築家協会からタイ建築家・業者を排除しているという批判があったが，もっとも焦点となったのは誰のための援助かということであった．佐竹庸子は「70名のスタッフをもち，年間1億円以上の維持費が費やされる．一方，欠食児童の給食プロジェクトや，ホームレス，児童虐待の救援活動を行う，児童関係では最大のNGOである「児童財団」の年間予算が2,000万円という．」「政府のいう人道主義という理念からすれば，援助は，援助をもっとも必要とする人に向けられなければならないはずである」（佐竹［1992］202-203ページ）と批判し，またタマサート大学のプラサート準教授は「タイのように中等教育への進学が50％に達していない国には，このようなプロジェクトは，その世話の責任が非常に重い「白象」のようなものである」（プラサート［1995］152ページ）と批判している．

　またタイ農業協同組合振興プロジェクトの専門家として活動した山本博史は，無償資金協力で供与した食糧増産援助（第2KR援助）について次のように述べている．この援助は1977～89年までに342億5,000万円供与されているが，これは現物（化学肥料，農薬，農業機械）を無償で供与し，タイ側が有償で販売し，代金を積み立てて食料増産対策に使用するものである．タイ側の窓口であった「農民市場公団」は地方に手足がなく「農会」を活用したが，管理がずさんで代金不明が続発し，1881年からBAAC（農業・農協銀行）による「現物貸し付け」に移行した．ここに登場したBAACは有償資金協力としてOECFからツーステップ・ローンという円借款を受け，1975年から92年までに443億円（年利2.7％，10年据置30年償還＝第10次）に達している．このBAACローンについては円借款の大成功例であるという評価（西垣・下村［1993］144ページ）もあるが，山本は全国の農家の88.6％が利用している点は「タイにお

ける農業金融の進展を確認できる」(山本 [1998] 142ページ) と評価しながらも，農協への貸し付け (卸売金融機関としての役割) を軽視して，利子率 8 〜12 ％で未組織個別農家への貸付に重点を置くこと (融資残高92.1％) は，BAAC が経営主義に走ったもので「日本の ODA はいったい誰のためのものかが問われよう」(山本 [1998] 144ページ) と厳しく批判している．

(3) NGO との協力の必要性

では，日本の ODA を改革するためになにが必要なのだろうか．先に挙げた情報の公開は言うまでもなく大事なことだが，これに加え日本の ODA と現地で活躍している NGO との連携が必要である．すでに1989年から「草の根無償資金協力」が設けられ，タイにおいても89年に 4 件のプロジェクトに30〜600万円の援助が供与され，総計800万円だったものが97年には22件，総額 1 億3,500万円が供与されていることは評価できる．チェンマイ調査のとき，チェンマイ市近郊農村で活動している NGO の 1 つタイ・ダラー (DHRRA＝Thai Movement for The Development of Human Resources in Rural Areas) のリーダー，パイブーン氏 (Mr. Paiboon) に会った．タイ・ダラーは社会・文化的アプローチによる農村人材開発を目的にした中規模の NGO であり，フルタイムのスタッフ 9 名，各種ボランティアを含めて400名が働いている．ちょうど日曜日で近在の農家の主婦が集まり，学習会を開いていた．この日はまた「1 日 1 バーツ貯蓄」の集金をやっていた．農民の自助運動を連帯の中で推進している NGO である．日本の宗教団体からの支援を受けているという．パイブーン氏は日本の ODA について「雲の上のこと」と述べた．つまり国家対国家でとりきめられる ODA は，NGO の指導者の 1 人に過ぎない彼の関知できないことである，と指摘した．DARRA を含めてタイ農村で活動している NGO と情報交換，連携を深めるなら，さきにタイ南部における「村落開発 NGO 合同委員会」の提言のように，農村開発は収益向上に動機づけられた開発至上主義でなく，生態系を破壊しない環境保全型農村開発を志向するだろう．

(4) 地域住民の参加

タイにおける森林政策を回顧したとき，タイ政府は1960年代に商業伐採の進展，また商品農業の発展によって，農民の開拓の拡大が，森林を破壊するとして，森林の官民有区分を必要とし，特に1964年の保全林勅令によって，国有の保全林区を設定し，農民の保全林区への進入を禁止した．このことは伝統的慣習的土地利用制度によって，森林を利用し，開墾し，村落を形成してきた農民を排除することになり，農民との間に深刻な土地紛争を生じさせることになった．森林の再生は王室林野局，林産公社など国家機関が進めるという政策であった．

国家の森林造成では森林破壊に追いつかない事実が明白になると，民間活力の利用を図る政策を用意し，国有保全林のうち農民が入植している「衰退林」の緑化を推進する手段として，民間その主力は企業に衰退国有保全林をリースするコンセッションを与え，ユーカリ植林を推進した．しかし企業のユーカリ植林に対し，農民の熾烈な反対運動が起こり，また土地のコンセッションをめぐって，政治家と企業の癒着スキャンダルも発生し，この政策は頓挫した（田坂［1992］96-101ページ）．

そしてようやく政府はこれまで不法侵入者・森林破壊者として敵対していた農民を森林再生のパートナーとして，コミュニティ・フォレストを承認し，村落住民の自主的管理を認め，また農地転用補助造林に政府が助成するなど，農民の造林意欲を刺激し，緑化を推進しようとしている．日本が環境 ODA としてタイ東北部で実施している「東北タイ造林普及計画」による農民への苗木配布，森林造成の模範林の造成など普及活動が，松岡の指摘のように成功裏に進展しているのは，まさにこうした社会的背景があったからである．地域住民の参加こそ環境 ODA の成功の重要な要因であることを確認しておかねばならない（吉沢［1996］146ページ）．

(5) 日本 ODA の新たな目標

最後に，指摘しておかなければならないことがある．日本の環境 ODA はタ

イの森林破壊の再生に向けての対策であり，またメーモ火力発電所の脱硫装置設置事業へのODA供与も公害問題発生後の対策として行われたものであり，また環境研究研修センターは深刻化したタイの環境問題解決のための人材育成を目指したものである．これらの環境ODAがタイの環境問題解決に貢献することを願っている．しかしながら発展途上国の環境問題が日本社会と深く関わっていることを考えなければならない．宮内泰介はマレーシアのサラワク州，サバ州，パプアニューギニア，ソロモン諸島の熱帯林の破壊が日本の熱帯材輸入，エビ養殖によるマングローブ林の破壊と水質汚染，マレーシア，インドネシアにおけるアブラヤシ・プランテーションの開発も日本の輸入が原因となっているとし，「高度経済成長以降の日本の経済システムが，国内外のストックを無視ないし崩壊させ，フローの「豊かさ」を追求してきた結果がこれである」（宮内［1998］180-181ページ）と述べている．

バンコクの交通公害問題は，バンコクを走る自動車の大部分が日本車であることと無関係ではないし，タイ南部のエビ養殖によるマングローブ林の破壊と水質汚染はまさに日本のエビ輸入がその背景にある．したがって，いまこそ大量生産・大量消費・大量ゴミ廃棄の生活スタイルから，資源の地域循環型社会，少資源消費型のライフスタイルへの転換が求められているのである．われわれはこれまでの資本主義市場経済の生活原理を，環境共存型に転換しなければならない現代の課題からみるなら，発展途上国の近代化（産業化）を支援し，その結果として環境問題が起これば環境分野にODAの重点を置く，まさにマッチ・アンド・ポンプのようなODAのあり方が問われているのではないだろうか．

近代社会が原理としてきた経済成長至上主義，自然に対する搾取的利用，環境負荷の外部転化（舩橋晴俊［1998］216ページ）を止揚した，資源の地域循環型社会形成に向けた，新たな環境ODAの展開が21世紀に要請されている．

参 考 文 献

バンコク日本人商工会議所［1995］，『タイ国経済概況』(1994/95) バンコク日本

人商工会議所.
バンコク日本人商工会議所 [1997],『タイ国経済概況』(1996/97) バンコク日本人商工会議所.
バンコク日本人商工会議所 [1999],『タイ国経済概況』(1998/99) バンコク日本人商工会議所.
船津鶴代 [1998],「タイにおける環境紛争の日常化-コンケン県ナムポン川の事例-」『アジ研ワールドトレンド』No. 36.
船津鶴代 [2000],「環境政策-環境の政治と住民参加-」末廣昭・東茂樹編『タイの経済政策-制度・組織・アクター』アジア経済研究所.
舩橋晴俊 [1998],「環境問題の未来と社会変動-社会の自己破壊性と自己組織性-」舩橋晴俊・飯島伸子編『環境』(講座社会学12) 東京大学出版会,所収.
外務省経済協力局編 [1997],『我が国の政府開発援助 (ODA 白書)』(財) 国際協力推進協会.
外務省経済協力局編 [1998],『我が国の政府開発援助 (ODA 白書)』(財) 国際協力推進協会.
外務省経済協力局編 [1999],『我が国の政府開発援助 (ODA 白書)』(財) 国際協力推進協会.
平岡義和 [1993],「開発途上国の環境問題」飯島伸子編『環境社会学』有斐閣,所収.
平岡義和 [1996],「フィリピンの重化学工業化と環境破壊-レイテ工業団地の事例にみる加害構造-」飯島伸子編『アジア地域の環境社会学的研究』(文部省科学研究費助成報告書),所収.
平岡義和 [1999],「環境問題と国際関係」舩橋晴俊・古川彰編著『環境社会学入門-環境問題研究の理論と技法』文化書房博文社,所収.
氷見康二 [1995],『タイ王国の環境』バンコク日本人商工会議所.
飯島伸子・原田正純 [1984],「タイの環境問題 (上)」『公害研究』Vol. 13 No. 4.
池田寛二 [1996],「インドネシアの環境問題とその社会的背景-森林消失問題を中心にして」飯島伸子編『アジア地域の環境社会学的研究』(文部省科学研究費助成報告書),所収.
JETRO BANGKOK [1998],『タイ国環境現況調査報告書』JETRO BANGKOK.
国際協力事業団 [1997],『国際協力事業団年報』(資料編).
国際協力事業団 [1998],『国際協力事業団年報』(資料編).
松岡俊二 [1998 a],「東南アジアの開発と環境」加茂利雄・遠藤尋美『東南アジアサステナブル世界への挑戦』有斐閣,所収.

松岡俊二「1998 b」,「国際環境協力の社会的評価：ERTC と REX を事例として」研究代表者松岡俊二『東南アジアの環境問題と国際協力のあり方に関する研究』(文部省科学研究費補助金（国際学術研究）研究成果報告書，所収．
宮内泰介［1998］,「発展途上国の環境問題－ソロモン諸島の事例から－」舩橋晴俊・飯島伸子編『環境』（講座社会学12），東京大学出版会，所収．
宮本憲一編［1992］,『アジアの環境問題と日本の責任』かもがわ出版．
村井吉敬［1992］,編著『検証ニッポンのODA』学陽書房．
村井吉敬［1998］,「大型ダムのつくられ方－インドネシア西ジャワのサグリン・ダムをめぐって－」環境経済・政策学会『アジアの環境問題』東洋経済新報社，所収．
村上公敏［1984］,「東南アジアの環境問題－タイの事例から」淡路剛久編『開発と環境－第一次産業の公害をめぐって－』日本評論社，所収．
永井進［1997］,「加速するモータリゼーション」日本環境会議・「アジア環境白書」編集委員会『アジア環境白書』（1997／98）東洋経済新報社，所収．
西垣昭・下村恭民［1993］,『開発援助の経済学』有斐閣．
西平重喜他［1997］,『発展途上国の環境意識－中国，タイの事例』アジア経済研究所．
日本貿易振興会［1998］,『アグロトレードハンドブック'98－農林水産物貿易の最近の動き－』日本貿易振興会．
日本弁護士連合会公害対策・環境保全委員会［1991］,『日本の公害輸出と環境破壊－東南アジアにおける企業進出とODA－』日本評論社．
岡裕泰［1994］,「タイにおける経済発展と森林利用」永田 信・井上 真・岡裕泰『森林資源の利用と再生』農山漁村文化協会，所収．
Philip Hirsch [1993], *Political Economy of Environment in Thailand,* Journal of Contemporary Asia Publishers.
Patrick McCully, [1996], *Silenced Rivers : The Ecology and Politics of Large Dams,* Zet Books Ltd. 鷲見一夫訳『沈黙の川－ダムと人権・環境の問題』築地書店．
佐藤寛［1997］,「援助の実施と現地行政」佐藤寛編『援助の実施と現地行政』アジア経済研究所，所収．
末廣昭・安田靖［1987］,『NAIC への挑戦－タイの工業化』アジア経済研究所．
末廣昭［1993］,『タイ開発と民主主義』岩波書店．
末廣昭［1998］,編著『タイ国情報（別冊）－タイ経済ブーム・経済危機・構造調整－』日本タイ協会．
鷲見一夫［1989］,『ODA援助の現実』岩波書店．
スラポン・スダラー［1993］,「タイにおける深刻な汚染問題と社会意識の拡大－

環境問題は解決できるか-」『「アジア社会と環境問題」国際シンポジウム日本語版記録集』「アジア社会と環境問題」国際シンポジウム実行委員会, 所収.

Suntaree Komin [1993], "A Social Analysis of the Environmental Problems in Thailand", Michael C. Howard, ed., *Asian's Environmental Crisis,* Westview Press.

スンニ・マリカマル, 磯野弥生 [1997], 「タイ」日本環境会議・「アジア環境白書」編集委員会『アジアの環境白書』(1997/98) 東洋経済新報社, 所収.

佐竹庸子 [1992], 「ムラと環境の破壊」村井吉敬編著『検証　ニッポンのODA』学陽書房, 所収.

高柳先男・酒井由美子 [1995] 「タイにおける日本ODA, 不良開発, NGO」吉沢四郎・高柳先男編著『日本ODAの総合的研究-タイにおける事例-』中央大学出版部, 所収.

田坂敏雄 [1991], 『熱帯林の破壊と貧困化の経済学-タイ資本主義化の地域問題-』御茶の水書房.

田坂敏雄 [1992], 『ユーカリ・ビジネス-タイ森林破壊と日本』新日本新書.

寺西俊一 [1998], 「アジアの経済危機と環境保全への課題-『アジアの環境白書』創刊に寄せて」『環境と公害』Vol. 27 No. 4.

山本博史 [1998], 『アジアの工業化と農業・食糧・環境の変化-タイの経済発展と農業・農協問題に学ぶ-』筑波書房.

吉沢四郎 [1995], 「タイにおける日本ODAの農業開発の社会学的研究」吉沢四郎・高柳先男編著『日本ODAの総合的研究-タイにおける事例-』中央大学出版部, 所収.

吉沢四郎 [1996], 「タイの環境問題-森林破壊と再生を中心に-」飯島伸子編『アジア地域の環境社会学的研究』(文部省科学研究費助成報告書), 所収.

吉田幹正 [1992], 「タイ　高まる森林保護の声」藤崎成昭編『発展途上国の環境問題』アジア経済研究所, 所収.

吉田幹正 [1998], 「環境問題」田坂敏雄編『アジアの大都市 [1] バンコク』日本評論社, 所収.

第4章 伝統のメタモルフォシス
―― タイ・ミャンマーの漆器文化 ――

Summary

Lacquerware culture has it's origin in old China and had been diffused in Asian monsoon area including Japan.

Lacquer liquid is painted on the surface of basic materials made of wood, bamboo, cloth, etc.. It makes protect layer from water, acid, alkali, and so on. At the same time lacquer has strong effect as glue and gives very beautiful finish to the products.Therefore, lacquer had been adapted widely to manufacture articles of daily use to objects of applied arts since old days.

Because the process to make lacquerware is so complicated and needs long term, special group of artisan was formed and inherent technology was transferred from age to age. There are some common features among the lacquerware culture of Laos, Northern Thailand, and Myanmar. Woven or curled bamboo is used as basic material in these areas. After lacquer liquid is painted on the bamboo, it has to be dried. It takes 4-5 days for the dry. This process is repeated several times. Some figure as flower, leaves of plants, animals is given to the black colored surface of painted lacquer by skilled artisan using stylus. Then colored lacquer as red, yellow and green is added to the gain of figure. This process is known as "Rantai-kinma" technique in Japan since 16 Centuries.

Nowadays, in Myanmar lacquerwares are manufactured in Pagan briskly. But in Chiangmai, which was the center of lacquerware manufacture in Northern Thailand, traditional art of lacquerware has almost disappeared and changed to modern style making souvenir for tourists. We can see some changes in detail of technique, materials, and process even in Pagan. Lacquerware culture is always reforming it's figure facing big and small wave coming from outside. This process is similar to metamorphosis of animate thing that has to adapt to change of environment.

Traditional products as lacquerware has no resistible power against mass-produced industrial products, because they need much time and labor to produce. On the other hand, traditional culture is an indispensable element in modern society, because it makes modern society orderly. Some public policy is necessary to make traditional culture to essential part of our society.

1．はじめに

　漆文化はアジアのモンスーン地域に特有のものである．日本ではすでに縄文時代に使われており，矢尻を矢のはめ口に固定するのに藤・蔓などの皮でしばり，そこに漆を吸い込ませて固着させたものが見つかっている．漆の部分は腐らずに残っていて光沢も失われていないという[1]．縄文土器やくり貫き椀にも使用されている．その後中国から進んだ漆文化が渡ってきて日本の漆器文化は大きな発展を遂げた．

　現在，漆器の生産が行われているのは日本の他，中国，韓国，ヴェトナム，カンボジア，ラオス，タイ，ミャンマー，ブータンなどである．これらの国々にはそれぞれ固有の漆器文化が根づき，人々の生活に密着しながら国民文化の一環を形成してきた．この固有性は地域の入り組んだ歴史，風土，人々の交流，生活習慣の所産であり，文化や技術の基層を反映している．この固有性の変異を見ることで，その地域，社会の変わり様，文化の基層，技術の基層がどのようなものか知見が得られると期待できる．

　これら地域の漆器文化は，西欧的「近代化」の進行の中で生活習慣の変化，大量生産経済，商業主義の浸透と共に大波に見舞われている．社会の中での位置が変化し，ある地域では伝統的なものは事実上消滅し，変種にその姿を変え，また別のところでは新たな意味付けのもとで再生されようとしている．こうしたメタモルフォシス（変態）は漆文化だけでなく，伝統的といわれるものの全局面で，アジアのいたるところで発生しており，その姿はアジアの生々し

い現実を映し出しているものである．

　鶴見良行氏は彼のアジア理解の方法として具体的なモノをとりあげ，自分の足で歩きながらモノを通して見えてくるものを追究した[2]．そのモノはバナナであったり，マングローブ，ナマコ，エビなど人と生活に深く関わるもので，その背後にあるもろもろの関係性を浮かび上がらせアジアの抱える問題を鋭く抉り出すのに成功している．鶴見氏の方法ではどういうモノを選択するかが重要で，背後の関係性が凝縮している典型が取り上げられなければ意味をなさない．漆器は人々の生活に深く関わり，歴史・文化との接点をもつモノであり，社会の変化を敏感に映し出す典型である．漆器は，鶴見氏の方法論的視点から見ても格好の研究素材となりうるものである．それに加えて何よりも漆器は美しい．しかも漆はもっとも強い自然の塗料であり，接着剤でもある．チェンマイで黒赤2色の古いランナ漆器を始めてみた時の驚きと感動は今も忘れがたい．

　タイやミャンマーの漆器生産についての統計資料や有力な文献はアジアの他の物産と同様に無いに等しく，モノそのものが語るのみである．既定概念や価値観から離れてモノが語りかけてくるものに注意を払いながら以下の報告をまとめた．

　タイへは1998年から1999年にかけて4回，ミャンマーへは1999年に2回現地調査を実施した．ミャンマーでの調査では著名な漆芸家の夏目有彦氏，『季刊銀花』(文化出版局)の田原秀子編集長に大変お世話になり，記して謝意を表したい．

2．東南アジアの漆について

　漆器に使う樹液を採取できる漆の木（Rhus tree）はアジアのモンスーン帯特有のもので，分布はほぼ稲作地帯と重なる．
　漆の木は地域により葉の大きさ・形，花，幹など樹相がだいぶ異なる．日本，中国，朝鮮のものは日本国内でウルシノキ（Rhus vernicifera DC）と呼ば

れ，ヴェトナムに分布するインドウルシ (Rhus succedanea L)，ミャンマー，タイ，ラオス地方で見られるカンボジアウルシ (Melanorrhoea laccifera)，ビルマウルシ (Melanorrhoea usitata) などが区別される．

　これらの漆の木は落葉高木であるが，南方のものは樹が大きく，樹高30メートル，直径1メートルに達するものがあり，材は堅牢で高級家具材としても使用される．葉は大きく，花や実も大きくて形も日本のものとずいぶん異なっている．日本の野山に自生している漆の木を見慣れている者にとって，一見したところでは日本のものと南方のものはまったく別の種に属するものと取られるだろう．南方系の液汁の色は真っ黒である．日本のものは採りたては灰褐色で，この生漆に熱を加えて水分を抜く（クロメル）と半透明の飴色の油状物質になる．黒漆（蠟色漆）にするにはこの精製した漆に鉄分や炭素分（油煙など）を加えなければならない．南方系の漆の液汁は最初から真っ黒だから何百年経っても真っ黒のままで変色しないのに対し，日本のものは長年月のうちにようかん色に変色することがよくある．

　漆の主成分は産地によって異なる．日本の漆はウルシオール ($C_{21}H_{32}O_2$) を，ヴェトナム産漆はラッコール ($C_{23}H_{36}O_2$) を，またミャンマー産およびカンボジア産漆はチチオール ($C_{23}H_{36}O_2$) をそれぞれ主成分とする．構造式は異なるが二価フェノール類である点は共通している．各地域の漆は，主成分が異なり，漆の成分組成が異なり，また，主成分に働くラッカーゼの作用も異なるので品質に差違がある．各地域ごとの成分組成の一例を示すと表1のようになる[3]．

表1　産地ごとの漆の成分組成

	主成分	水分	ゴム質	含窒素物	その他
日本産漆	66.20%	23.50%	5.30%	5.00%	——
中国産漆	56.84%	34.74%	6.72%	1.70%	——
台湾産漆	48.46%	30.25%	17.08%	4.21%	——
ヴェトナム産漆	45.23%	37.70%	11.77%	5.30%	——
タイ産漆	34.76%	42.97%	20.43%	2.49%	1.35%

（出所）岡田譲『東洋漆芸史の研究』中央公論美術出版，1978年．

表中の台湾産漆とあるのは台湾のインドウルシから採取されたものである．表からもわかるように，主成分は日本産のものがもっとも多く，タイ産のものが最小である．ゴム質は南方系のものに著しく多く，水分はタイ産で多くなる．漆の優れた特性は主成分の化学的作用によるところが大きいから，主成分の含有率が高い程品質の高い漆とみなされる．そうした意味では日本産のものが品質ではもっとも優れているといえよう．

　漆の優れた特性とは，
　1．塗膜が耐久性をもち，美しい光沢をいつまでも保持する
　2．塗膜の強度・対摩耗度が大きい
　3．強い接着力を有する
　4．顔料との親和性が大きい
　5．塗料としての延びの良さ

などが挙げられよう．要するに塗膜が強靱で美しく，使いやすい塗料ということになる．この塗膜は漆が乾燥することによって生ずる．ところで，乾燥というのは一般に水分が蒸発して少なくなることであるが，漆の場合事情が異なる．漆の乾燥とは，主成分（ウルシオールなど）が含窒素物中の酵素ラッカーゼの作用により空気中から酸素をとってキノン類をつくって固化することをいう．化学的にいえば，二価フェノールであるウルシオールなどがラッカーゼの酵素媒介によって酸化重合しキノン類をつくる，という現象である．このキノン類が固い皮膜となり，漆特有の強靱さを生み出すのである．このようなプロセスが漆における乾燥であって，通常の乾燥とは意味がまったく違い，漆の乾燥プロセスではむしろ適当な湿度が必要となる．75%以上あれば適当とされる．乾燥の速さはラッカーゼの活性度に依存する．活性度を高めるには適度の温度と湿度が必要となる．このために，我が国では漆器を乾燥させるのに特殊な設備である風呂を用い，タイやミャンマーでは地下に室をつくり乾季には床に水をひいて対処している．ミャンマー産の漆は一般に乾燥が遅く6日間以上要するのは，チチオールの二価フェノールの側鎖の不飽和度が日本産の2分の1でラッカーゼ活性が低いことによるとされる．

乾燥して生じた漆塗膜は，沸騰水，アルコール，エーテル，塩酸や硝酸などの強酸，アルカリ，塩溶液等に対して抵抗性をもっている．合成塗料よりも優美で光沢に富み，粘着力が大で木や竹の基胎に沁み込んでこれを強化する．この塗膜の強さは主成分の含有率に大きく依存するから南方系の漆は日本産のものに比べて劣るとはいえ，その強さは日常的な使用には十分に耐えるものである．

3．漆器文化の伝播

漆器文化は中国に起源を持ち，技法やデザインにおいて周の時代にその基礎が出来上がったと見られている．したがって，中国では約2500年の歴史を持つのに対し，記録を残していないタイやミャンマーにおける歴史は不明なことが多い．しかし，古い時代に漆器文化の中心がラオスや北部タイにあったことから，雲南のナン・カオ出自のタイ族の移民がこの技術を中国南部からラオスやタイ北部へもたらしたと考えられる[4]．ミャンマーへはタイを経て11世紀頃モン人によってもたらされたとする説がある．パガン朝の王アノーラタがモン人のミャンマー南部の都市タトンを攻略・占領し，モン人の職人をパガンに連行してパガンへの技術移転が行われたとするものである．ミャンマーの最古の漆器は漆と黄土（オーカー）で彩色された円筒形のチークの箱で，1274年と付されたパガン朝時代の最後のパゴダで見つかっている．また，11世紀の大理石碑文（ポー・ドー・ム寺院近郊にある）にはパガン期（1044～1287年）に使われていた漆製品が列挙されており，上記の説とつながってくるが，モン人の漆器には装飾が無く北部タイやミャンマーのものとはまったく違うものである．したがって，今日のミャンマー漆器につながってくる技法は，16世紀にトウングー朝の王バヤンナンがタイのアユタヤ朝を攻略し，その際，チェンマイから工芸家を連行してもたらされたものであるとする説が有力になってくるが，いずれにせよ，記録に乏しい状態の中で，北部タイとミャンマーの漆器文化がどのように形成されてきたかはっきりしたことを述べるのは不可能である．博物館の

収集品も現在のところこの問題の解明に寄与するほどには研究されていない．タイの漆器生産の中心はアユタヤ朝が18世紀に滅んだ後はランナ王国の首都であったチェンマイであったし，ミャンマーではパガンであった．この両都市がシャン州を挟んで相互に深く影響しあったことは疑う余地が無い．

4．タイ・ミャンマーの漆器の特徴

(1) 籃胎蒟醬（らんたいきんま）技法

　漆器の素地には木，皮革，紙，最近ではプラスチックなどさまざまな素材が使われるが，竹を用いたものを籃胎という．漆を塗った器の表面に先の尖った鉄製の刃物で刻線を入れて模様を描き，これに色をつけて加飾する技法を蒟醬という．籃胎蒟醬技法による漆器作りは我が国では香川県に伝わる程度であまり馴染みが無いが，タイ北部やミャンマーでは普通に行われている．

　タイやミャンマーで用いられる竹は節間が1メートル以上もある特殊なもので，長い竹ひごをつくるのに都合が良い．竹は乾燥後節の下で切られ，刃物で縦に割かれてひごにつくられる．これを巻いたり編んだりして必要とされる器の形をつくる．巻く場合は竹ひごはさらに5ミリ～10ミリほどの幅のひごに割かれる．最初のひと巻きは竹に刻み目を入れそこを木綿糸で縛って固定する．これに次々とひごを足して形をつくり，できたものの内外両側を手動式の旋盤（轆轤）で削って肉を薄くして形を整える．花瓶のように真ん中で膨らんでいる形を持っているものは2ないし3つの部分に分けてつくり，のちに凹凸が出ないようにつなげられる．丸い表面を持つものは竹ひごを編んでつくられる．バスケットをつくる場合は3本編みが普通である．ベテルボックス（後述）の場合は，底面と側面は別々に編まれ後で1つに結び付けられる．

　素地がつくられると下地が塗られ素地の目止めが行われる．下地には漆に草木灰もしくは粘土を混ぜたものが使われる．下地が塗られたものは3日～10日間地下の室で乾燥し，固化したら轆轤で軽石を用いて研ぎ出す．轆轤は至って簡単なもので，木製の心棒に皮ひもを巻き付け，ひもの両端が結び付けられた

弓状の棒を引いて心棒を回転させるものである．この研ぎ出しの後，2回目の下地塗りが行われる．ミャンマーではこの時チークのおがくずを灰にして篩にかけたもの，または牛糞の灰を漆に混ぜて用いる．下地塗りは素地の凹凸が消えるまで数回繰り返され，その後，中塗り，仕上げ塗りが行われる．塗りが行われる毎に乾燥し，その後，塗面を滑らかにするために研ぎ出しが繰り返し行われるが，研磨剤には籾殻，乾燥した葉，チーク炭などを用いる．最後はごま油でこすり，牛の薄皮でつや出しして仕上げる．塗りの回数は製品によって異なるが通常7～10回ほどで，1つの製品が仕上げに至るまでに要する日数は少なくとも60日ぐらいにはなる．しかし，ここでの仕上げは全工程の半分を終えたに過ぎない．

漆を塗られた器は次の蒟醬工程に移される．鋭い鉄製のスタイラスで漆の塗面に絵柄の線が刻み込まれるが，すべてフリーハンドで作業がなされ，型紙などは使われない．ミャンマーでは少女たちが1塊になって時に談笑しながら細かい作業を行っているが，そのスピードは驚くほど速い．ボーダーのような平行な線を刻む時には何本かの釘がついた櫛様の道具が使われる．円筒形の器の側面に絵柄が描かれているのを見た時，どこから描き始まってどこで終わっているのかまったくわからない．実に巧みにつなげられている．描かれた絵柄の刻線に色を入れるのが次の工程である．タイでは黒地に赤色だけであるが，ミャンマーではパガンやレイチャ（シャン州），チャウカ（マンダレー近郊）で多色が使われる．多色を用いる場合，一度に絵柄のすべてを刻み込むのではなく，最初は赤色を埋める線だけが刻まれる．そこに赤色顔料が埋め込まれるのである．赤の顔料としては辰砂が使われる．辰砂粉末に少量の漆を加え，粘度を調整するために桐油を混ぜる．これを器の表面に塗布し，不用のものを後で拭き取る．次の工程にはいるには漆が乾燥するのをまたなければならない．辰砂を漆に溶くのではなく，油に溶いたりただ単に辰砂粉末を手でこすりつけて色づけするのであれば，漆の乾燥の日数を省略できる．今日，ミャンマーでは制作時間短縮のために粉末をこすりつけるのが一般的となっている．漆を使った場合，固化した表面を米ぬかで研ぐ．高級品をつくるにはこの工程が2度繰

り返されて1つの色が与えられる．この色を保護するためにインド栴檀の樹脂がコーティングされる．これで絵柄の赤色部分ができあがるのだが，タイでは色付けはここまでである．次に別の色の部分のカーヴィングを行い，顔料の塗り込み，乾燥・固化，研ぎ，コーティングの作業が繰り返される．黄色顔料は石黄（硫化砒素）の粉末が使われる．精製した後，ダマールなどの透明ゴムと混ぜ合わせ，使用前に少量の漆と桐油を加える．オレンジ顔料は辰砂に石黄を加えてつくる．青色はインディゴを利用するが，漆と混ぜると暗い色に変わるためあまり使われない．インディゴは石黄と混ぜてグリーンをつくるのに使われる．今日，インディゴはドイツ製の合成インディゴを使うのが普通である．グリーンはかつてはトルコ玉から得られた．

最後のカーヴィングがなされ刻み目に最後の顔料が埋め込まれると，出来上がった絵柄全体に対して漆と桐油を混ぜたものを塗って仕上げる．乾燥後，表面をチーク炭で研ぎ，黒の地漆のつや出しを行う．これによって黒の地色が引き立てられ，絵柄がいっそうクリヤーになるのである．器の内側は辰砂からつくられるオレンジもしくはブラウン色の漆を塗って仕上げる．

以上の工程（26工程）をすべて行うと1つの製品を完成させるのに4ヶ月から8ヶ月かかる．実際にはこの工程を少なくし，期間を短縮するためにさまざまな工夫が行われているが，それでもこの技法による漆器制作には途方も無く時間がかかり，あきれるほど手間がかかっていることには変わりない．

以上がタイ・ミャンマーでの籃胎蒟醬技法の概略である．

(2) 漆器の用途

インド，タイやミャンマーなど東南アジアには，檳榔子と石灰を蔓草の葉に包んで嗜好品として噛む習慣があり，噛みタバコと共通するものである．これはベテルと呼ばれ，この材料を入れる容器が漆器で作られた．この容器は竹を編んで作られた円筒形のもので大小さまざまのサイズがある．蓋を取ると2つの浅い懸篭（中にはまるように作った中子）があり，これにベテル・チューイングの材料を入れた．上の懸篭には刻まれた檳榔子（檳榔樹の実，ベテル・ナッ

ツ），乾燥したみかんの皮，クローブ・シナモン・クミン・カルダモン・カンゾウなどのスパイス，それに石灰ペーストとベテル・カッターなどが入れられた．下の懸篭にはたばこの葉を納め，容器の底部は材料を包むハート型の蔓草の葉で満たされた．この容器の蓋，円筒側面，底部に蒟醬技法による装飾が施されるものが多かった．このキンマという耳慣れない日本での呼称は，実はベテルで使われる蔓草の葉に由来している．タイではこの蔓草をキンマークと呼んでおり，ベテルそのものをキンマークと称する場合もある．数百年前，タイから漆器が日本にもたらされた際，ベテル容器を手にした人々がそこに応用されている技法を容器の用途にちなんでキンマと呼び蒟醬の字を当てたとされている[5]．

　ベテル容器は個人用では10センチほどの高さ，5センチほどの直径を持つ小さな愛らしいものである．多人数用のものは20センチほどの高さ，25センチほどの直径を持つ．

　ベテルは，タイやミャンマーの家庭では人をもてなすための伝統的な習慣であった．蔓草の葉を手に取り，石灰ペーストを塗り，ひとつまみの檳榔子を好みのスパイスと共に包んだ．ベテルは気分をそう快にし，少々覚醒作用があった．過度の使用は歯に悪い影響を与え，ゴム感染症の原因となった．

　ベテル用漆器は，タイやミャンマーの上層階級のあいだではステイタスシンボルであった．王宮などではどんな漆器を使うことが許されるかで役人や貴族のステイタスが判断されたという．王宮内のさまざまな行事でもベテルは重要な役割を果たし，そうした環境の中でベテル用漆器はもっとも美しい，もっとも洗練された漆器の地位を確保するものとなったのである．

　日用品としては他に，酢漬け茶を入れる器，葉巻き入れ，家庭内で食べ物を載せる台盆，水や油を溜めておく容器，お椀，蓋付き椀，チェスト，手紙入れ，化粧品入れ，裁縫道具入れ，ランチボックス，楽器など多様なものがある．

　漆器のもう１つの重要な用途は仏教の分野に関するものである．この分野のもっとも優美な漆器は，寺院に食べ物を寄進するための供物容器である．形は

パゴダを写したもので，大きいものは高さ1メートルほどある．ミャンマーでは今日なお実用に供されており，ソンオクという名称を持つ．食べ物ではなく，経典やローソク，僧衣などを寄進するためには別の容器が使われ，カラと呼ばれている．これらの多くは黒漆の上に辰砂の朱漆を塗って作られており，時間の経過と共に「根来効果」が現れて大変美しいものもある．チェンマイにもこのような寄進用供物容器が存在したがミャンマーのコピーといわれている．ミャンマーでは，お坊さんの托鉢用の器にも漆器が使われている．

5．タイの漆器文化

(1) チェンマイの漆器生産

タイでは漆はヤン・ラク (yang rak)，漆器はクルン・クーン (kreung kern) と呼ばれる．

タイの漆器文化の中心はアユタヤ朝が18世紀にミャンマーのアラウンパヤー朝に滅ぼされるまではアユタヤにあり，金箔を用いたものや貝殻（マザー・パール）による螺鈿漆器が作られたが，アユタヤ朝滅亡後はチェンマイに移った[6]．

チェンマイは1296年にパヤ・マングライ（チェンセンの王子）によってその礎が築かれ，その後ランナ王国の首都となったとされる．1556年にミャンマー人のトングー朝に征服されて，1775年にシャム王によって解放されるまでトングー朝の属州となった．1775年からはシャム王国の臣下である地方貴族に最近まで支配された[7]．

ミャンマーの場合，漆器生産は全国的に広く分散してその意匠や素材，形などが多様に分化してそれぞれ独自のものを有しているのとは異なり，近年のタイではチェンマイに集中していて他には見るべきものがない．かつてランナ王国の首都であったチェンマイは，現在のタイ語とは異なる言語と文字，および，独自性の強い文化伝統を持っていた．周辺には山が多く，そこにはリス族，モン族，アカ族などの多様なヒル・トライブ（山岳少数民族）が村落をつ

くり変化に富んだ生活習慣と文化を発展させてきた．漆の産地のシャン高原（ミャンマー）に近く，チェンマイ市内にも漆の木が生育する．タイ南部では漆の木は自然には育たないから漆の樹液へのアクセスは困難になる．漆樹液が得やすく，文化交流の拠点であったという地理的条件がチェンマイを漆器文化の中心地にしたとみてよいであろう．

　現在，チェンマイではサンカンペン地区に3軒の漆器生産・販売の店があるほか，ナンタラーム地区，ラッケン地区などで細々と生産が行われているに過ぎない．サンカンペン地区というのは，数キロメートルにわたって道路沿いに，銀器，家具，タイ・シルク，タイ・コットン，宝石，漆器などの伝統工芸品を製造・展示・販売している店が並んでいるところである．主にドイツ，フランスなどヨーロッパからの外人観光客がこれらの工芸品目当てに訪れる観光名所となっている．ここに，ライ・トン，バン・クエン，ランナ・ラッカーウェアの3つの漆器専門店がある．ライ・トンでは，竹を割るところからそれを巻き込んで器の基胎をつくる過程，蒟醤技法で絵柄を刻み込む過程，卵の殻や金箔や象眼で加飾する過程，刷毛で漆を塗る過程などを実演しており，作業場とつながった店舗の方では大量の漆製品が安い価格で提供されている．卵の殻や金箔を使った加飾法，貝殻の象眼の技法はチェンマイの伝統的な漆器づくりにはなかったものである．卵の殻を使うのはヴェトナムで行われている技法である．他の2店もほぼ同様の内容と仕組みになっている．これらの店は完全に観光化しており，チェンマイの伝統的な漆器生産とは程遠いものになってしまっている．製品の多くは観光客受けを図って，青，黄，白，赤，緑などの化学塗料で絵付けがなされ，しかも筆による手描きである．それはいかにも見た目に訴えるだけの浅薄なものになっている．下地や中塗りがどうなっているか分からないが，施されているとしても手間と乾燥日数を減らすために大分省略されていることだろう．

　チェンマイでつくられてきた漆器は，大別して2種類のものがある．1つは竹を編み漆を2～3回だけかけたうえに簡単な装飾を加えた地方的・土着的なもので，日常雑器がつくられた．今日でもチェンマイ県の周辺部でつくられて

いる．もう1つはこのような土着的な漆器をベースにチャイントン・スタイルを移植して発展したもので，ランナ漆器を代表するものである．竹を巻いたり編んだりして成形した基胎の上に漆の下地を塗り，中塗り，仕上げ塗りをしてできた黒地の漆器の表面にスタイラスで絵柄を刻み込んで，この刻線に辰砂による赤漆をすり込んで製品にする．絵柄は花柄が多く，線で描かれた花柄をチェンマイでは特に「ハーイドーク」と呼び，これによってランナ漆器に特有なイメージが与えられる．この過程は大変な労力と辛抱強さ，高度の熟練を要し，時間がかかる．ランナ漆器に使われる色は赤と黒の2色だが，辰砂が生み出す渋い赤はそのシンプルな色づかいとあいまって見るものに上品な印象と感銘を与える．

　サンカンペンの3つの店でつくられ売られているものには，こうした伝統が生み出した，長い年月の中で職人に蓄積されてきた洗練と熟成を感じさせるものがない．ヨーロッパには漆文化の伝統はなく，近年，漆器に対してエキゾチックな関心を寄せるようになった西欧の人は，それでもこのような漆器をお土産として多く購入してゆく．今日ナンタラームやラッケンでつくられるものもスウェーデンやドイツの業者にまとめて引き取られるという事実を，ラッケンで漆器生産を営むアノン・チャイパー氏から知らされた．

　チェンマイで，伝統的な漆器づくりになお情熱を持つ老婦人がいる．「ヴィチャイクル漆器工房」の経営者であったチャントン・ワンナウィチットさんである．最初にお会いしたのは1998年8月であった．チェンマイ大学社会科学部のエカモン・サイチャン政治学科長の通訳でいろいろ話を伺ったが，この婦人はヴィチャイクル家の末裔とのことだった．ヴィチャイクル家はシャン州（ミャンマー）のチャイントン出自の漆器専門職家系で，古い時期（正確にその時期を特定できない）にチェンマイに移住してナンタラーム地区でシャンの技術をもとに漆器生産を開始した．チェンマイは二重の城郭で囲まれ，内側の壁の内部にはロイヤル・ファミリーの住居や寺院が建ち，外側の壁の内部に職人などが住んでいたが，漆器職人はナンタラーム地区に集中していた．この地区がバン・ケン村（漆村）と呼ばれた所以である．チャイントン出自の漆器職人はチ

ェンマイではタイクーン人と呼ばれた．「外国人」という意味である．20年前までは，ナンタラームの住民はほとんどが何らかの形で漆器生産に関わっていたが，この中心にいたのがヴィチャイクル家やチャイウォン家（Chaiwong）をはじめとする，ミャンマーから移り住んだ10家族であった．特にヴィチャイクル家は漆器をつくるだけでなく，他のファミリーがつくったものを集めて小売りに卸す問屋の役割を担う中核的存在であった．今は別の人の手に渡っているヴィチャイクル家の建物はいかにも立派で，往時の隆盛をしのばせるのに十分なものであった．しかし，それでもチェンマイでの漆器生産が平坦な道を順調に歩んできたものでないことは記録が物語っている．1965年に記されたチャンペン　ヴィチャイクル（ワンナウィチットさんの母親で五等タイ王冠勲章を受勲している）の経歴と業績に関する記録の中に，外国から安物の箔張り漆器が輸入されるようになったことや第2次世界大戦の影響で，チェンマイでの漆器生産が幾度か消滅しかけた経緯が述べられている．この文書はランナ漆器に関する数少ない記録の1つであり，漆器を文化との関連の中で捉えた興味深い内容を持っているので本章の末尾に資料として掲載する．

　ヴィチャイクル家で最後まで漆器生産に携わったのがワンナウィチットさんであった．彼女はヴィチャイクル家がつくり続けた漆器のコレクションを所有しており，それらは正真正銘美しいランナ漆器であった．彼女は再びこのような製品をつくりたいと語っていたが，経営のほうが思わしくなく，近く店と工場を閉鎖する予定であるとのことだった．この老婦人に次にお会いしたのは同じ年の10月であった．この時，すでに経営していた店舗と工場の閉鎖は完了していた．こうして，ランナ漆器の伝統を受け継いできた唯一の場が消滅してしまったのである．

　タイでは漆器は主にベテルの習慣，寺院，それに日常生活上の用具などの需要を背景に生産されてきた．現在，タイではベテルの習慣は存在せず，寺院では銀器は使われるものの漆器を使うことは少なくなっている．加えて，食器などに安価なプラスチック製品が浸透し，漆器に対する需要はほとんどなくなっている．漆器生産を支える実用上の要因が社会的に極度に細ってしまったので

ある．このような傾向は1960年代から顕著になったようで，販路を新たに開拓する必要が生じた．ちょうどこの時期にヨーロッパで漆器に対するブームのようなものが起こり，輸出が盛んに行われた．かつてナンタラームで漆器づくりに携わっていたという老婦人プリヤ・ピヤサクさん（1928年生まれ）にインタビューした時，彼女は，このブームの時に納期が間に合わずに粗悪品を混ぜて輸出し，そのために不評を買って注文が細り結果としてナンタラームの漆器生産は決定的な打撃を受けた，と説明してくれた．製品を仕上げるまでに1ヶ月以上かかるような従来のつくり方ではまとまった注文に応ずることができず，化学塗料を使ったり，下塗りを省略したり，手の込んだカーヴィングの代わりに手早く手描きで絵柄を描くなどしたそうである．1980年代以降，ナンタラームのほとんどの工場は転業を余儀なくされ，わずかに土産物業者のみが残った．伝統的なランナ漆器の生産は「ヴィチャイクル工房」のみが引き継いだということであった．その「ヴィチャイクル工房」はもはや存在していない．

(2) ランナ漆器の意匠

前述したように，ランナ漆器の源泉はミャンマー・シャン州のチャイントンにある．次章で述べるように，チャイントンにランナ様式の漆器を作っていたという痕跡はないが，ランナ様式はシャン様式の影響を深く受けながら独自の意匠を発展させていったと見るのが妥当なところであろう．

ランナ様式の特徴の1つは，帯状のボーダー模様を持たないものが多いことである．逆に，パガンやシャンのものでボーダーを持たないものはあまりない．

ランナ様式の紋様は大きく2つに区別される．1つは幾何学模様で菱形を用いることが多い．もう1つは，植物の花，葉，茎などが繰り返し現れるパターンで，ミャンマーでチンメ（チェンマイ風）と特に呼ばれているものである．ランナ漆器には後者が多用されている．ランナ様式のこの種のデザインがミャンマーのものと違うのは，ミャンマーの場合，紋様が円筒形の円周方向に平行して描かれるのに対し，ランナ様式では紋様の流れが上から下へ，再び上へと

図1

(ランナ漆器の側紋をコピーしたもの)

波打つところにある．このような意匠はミャンマー漆器には見られないものである．円筒側面を平面に直して描くと図1のようになる．

　この意匠の中で，花や葉の形は同じ物の単純な繰り返しではなく，1つ1つの柄が皆違っている．紋様の流れが波形で1本につながっているという点以外では規則性はあまり見られず，キャンバスに絵を描くように自由に描かれているといったほうが適切である．したがって，ミャンマーのものが直線的，かつ規則的であるために整然とした固い印象を与えるのに対し，ランナ様式のものは見るものに躍動感と芸術的なインパクトを与えるのである．手慣れた職人が波打ちの先頭部と最後尾とをぴたりと一致させなければならないという制約を受けながらも，何のためらいもなく絵柄を自由にすばやく描くのであるから，1本1本の線はぴんと張っていて力強く，稚拙さからも解放されている．職人は別に芸術的な作品を意識しながら作業して漆器をつくっているわけではなく，逆に彼の無意識が高い芸術性を生み出しているといえよう．これらは美術工芸品ではなく，いわば日常の雑器としてつくられるから，こだわりや我執とはまるで無縁で結果として優れた美を表現している．

　ヴィチャイクル工房の老婦人は，ランナ漆器はもともとのチェンマイ漆器を基礎にシャン様式が導入されそれがさらに独自に発展したものと語っていたが，前述のプリヤ・ピヤサクさんに描いてもらったランナ漆器の代表的な絵柄を見るとミャンマーの影響の強さを感じざるを得ない．ピヤサクさんが挙げたのは次の3つである．

　ピヤサクさんは，オーキッドはパガン・スタイル，ロータスはパガン・マン

第4章　伝統のメタモルフォシス　185

図2　ランナ漆器の代表的絵柄

(プリヤ・ピヤサクさんの手描きによる)

ダレー・スタイル，蔓草はチャイントン・スタイルであると指摘していた．つまり，主要な絵柄の原型はすべてミャンマーにあるということになる．しかし，ミャンマーではこれらのモチーフをチェンマイ風といっており，話は簡単ではない．両者の間には，長い年月の中で行ったり来たりの歴史があり，それがこのような錯綜を生んだものと思われる．

〈資料〉　　　チャンペン　ヴィチャイクルの経歴と業績
　チャンペン　ヴィチャイクル氏は，タイ伝統工芸の財産といわれる漆器についての知識や文化を身をもって担い維持してきた人である．またチャンペン氏のおかげで，このタイの工芸は海外にまで知られるようになった．したがって，彼女はタイの漆器産業界にとって，なくてはならない重要な人物といえよう．

チャンペン　ヴィチャイクル氏は，1906年にチェンマイ県のアムブゥムアン，タムボンハーイヤー　ナンターラーム通り108番地に生まれた．カムパン　ヴィチャイクルとブンパン　ヴィチャイクルの次女である．彼らは漆器製造を職業にしていた．この職業は，チャイントンから移住してきた祖先の職業である．当時，チャイントンから移住してきた人たちは集団で住んでいた．彼らは漆器製造の技術を生かし職業としてきた．その村は"バーンクーン (Ban Kern)"と名づけられた．ヴィチャイクル家は祖先から続く漆器職人の家系であった．

チャンペン　ヴィチャイクル氏は，幼い時から漆器について興味を持ち始め，時間があれば母の手伝いをしていた．7歳の時から，漆器をつくっている親の仕事を真剣に手伝い始めた．当時，ヴィチャイクル家は漆器をつくって市場で売り収入を得ていたが，これも1920年までだった．父親がこの世を去った上，外国から安い箔張りの製品が入ってきたからである．そのため，ヴィチャイクル家をはじめ，漆器の職人達は漆器生産から撤退することを余儀なくされた．

しかし，その後，漆器が上流階級や高齢者などに愛好されるようになり，ヴィチャイクル家の漆器は復活した．チャンペン氏も，母がこの世を去るまで母の仕事の手伝いをしてきた．その後，チャンペン氏は結婚し夫のところ（アムブゥムアン　タムボンハーイヤー2番地の現在の住所）に住むようになったが，漆器の仕事は続けた．しかし，思ったとおりにはできなかった．資金問題のほかに，夫婦2人だけの作業では労働力の面でも問題があったからである．そこで，製品の一部は自分でつくり，一部は他の職人がつくったものを引き取って市場で販売した．

しかし，第2次世界大戦が起き，タムボンノンホイに避難してからは八百屋を営むようになった．しかし，夫婦は漆器に愛着があり，時間がある時にできるだけたくさんの素地を竹で編んでおいた．ある日，チャンペン氏が店の品物の仕入れのため市場に出かけた時，村人が漆液を販売しているのを見つけて3缶を900バーツで購入した．以前つくっておいた竹編みの素地にその漆を塗り，

製品漆器を市場で販売して5700バーツを得ることができた．

　戦争が終わった後，元の住所に戻ってきて，3缶の漆から得られたお金を資金として再度漆器生産をやり始めた．1947年に，名も知らないアメリカ人6人が漆器をサンプルとして購入してくれた上，販路を探したり，新聞広告を出したりしてくれた．そのおかげで，タイのほかの地域や外国にチェンマイの漆器がひろく知られるようになった．また，チャンペン氏はチェンマイ県のさまざまな展示会で漆器を展示してその普及に努めた．1952年にはルオンガムバナートセンヤーコン大将（王室顧問）の勧めにより，シースバン学校でのバンコク学生美術品展示会に漆器を出展し，受賞することができた．

　1957年から工業促進局の援助を受けることができるようになり，市場を探してくれたり，チェンマイタイ商会から漆器の原料費を年払いで得るという特典が与えられたりされるようになった．それは1回につき2万バーツ以内という条件がついていたが，現在1回目の支払いを受けている．工業促進局が1953年にチェンマイの工業促進のための漆器教育研修講座を開催した時，チャンペン氏は興味を持ってこの講座に参加した．この講座で日本の漆器に関する知識が得られ，その結果，それに基づいて自分の製品をより近代的なものに改善することができた．また，この講座に派遣された促進局の職人から金箔を用いる技法を学んで，作品がいっそう精巧で美しくなった．チャンペン氏の事業は工業促進局の援助で成長した．専用店舗を建て，従業員も増えて現在13人が働いている．その上，漆器製造のため近辺の4家族を雇用し，海外輸出ができるほどその事業が拡大した．

　自分の事業以外に，注文の集配などで近辺の村の人々を援助し，見学にくる顧客やチェンマイ・パークーバーヤップ技術短大の教員などに知識を伝え，漆器製造のアドバイスをしたりしている．インド商人からインドで漆器製造について教えるために来てほしいとスカウトされたが，高い給料であったにもかかわらずチャンペン氏はこれを断っている．外国にタイの芸術を流失させたくなかったからである．チャンペン氏が高い給料に心を奪われなかったのは，国に対する忠誠心が強固なものであったからといえよう．

チャンペン氏は，勤勉で，質素で，正直で，辛抱強く，優しい人であり，それゆえに祖先以来の職業を守り続けることができた．また，チェンマイで腕が立つ職人である彼女のおかげで，消えてしまいそうなこの漆器の伝統を回復でき，海外にまで市場を広げることができた．それは，タイに外貨をもたらしただけでなく，タイの芸術を外国にまで知らしめる結果となったのである．したがって，このような美徳をそなえたチャンペン氏には，それに報いるために五等タイ王冠勲章が賜れるべきである．
(注) 佐藤カニンヌットさんによるタイ語からの翻訳に若干手を加えた
(出所)『工業報』第8巻第11号，1965年6月工業促進局．

6．ミャンマーの漆器文化

(1) パガンの漆器生産
　1999年4月にパガン，ピンダヤ，インレー湖を訪れ，調査を行った．
　ミャンマーではタイと異なり，漆器生産は最近まで全国的に行われていた．主要なところでも，パガン，マンダレー，チャウカ，アラカン，それにシャン州のレイチャ，チャイントン，インレー湖周辺などが挙がる．過去においても，現在でもパガンはミャンマーの漆器生産の中心である．パガン（ミャンマーではバガン）はパガン朝（1044～1287年）の首都で数千の大小のパゴダで知られる．夕方にそのうちの1つの大きなパゴダに上り暮れなずむ周囲の光景を眼のあたりにした時，ゆったりとした時の流れ，悠久の歴史，言い知れぬ宗教的雰囲気を誰もが感ずるであろう．近くにはイラワディ河の鷹揚な流れもある．漆器はパガンのミンカバ村でつくられている．ここではチェンマイのランナ様式と同じ籃胎蒟醬漆器がつくられるが，ランナ様式が2色であるのに対し，黄や赤，緑，橙も入った多色加飾がおこなわれている．
　ミンカバ村で漆器生産の工場を経営しているチャン・タールさんと，彼の弟で少し離れた場所に工場を持つナン・ダさんを訪ね，作業過程の見学とインタビューをおこなった．2人の工場はとても狭い．外から見ると普通の民家にし

第 4 章 伝統のメタモルフォシス　189

か見えず，中に一歩踏み入れると庭の隅に人が集まって露天のもとで作業しているという風情であった．作業者は 3 つのグループに分けられている．1 つのグループ（5 人程）は竹を鉈で割り，さらに細く割いてひごにし，それを編んで基胎をつくっている．2 つ目は 10 歳から 20 歳位までの女子のグループでスタイラス（先の尖った鉄の刃物）を巧みに使って蒟醬作業をしている．10 数人程である．3 つ目は漆を塗り，研ぎ，手動轆轤で削るという作業のグループでこれも 10 数人いる．作業姿勢は全員が座位であった．機械の類は一切存在しない．機械が必要であったとしても，電気が安定的に供給されない状況のもとでは導入することは不可能であろう．機械導入以前の小規模な工場制手工業の「アジア的形態」を見る思いであった．労働過程の合理的配置という思想には程遠く，アジア的カオスの支配する空間のように思われたがレヴィ＝ストロースの唱える「神話的思考」の所産なのかもしれない[8]．かつて，ドイツのアウグスブルクで見学した銀細工工房の，透徹した合理性の世界とはまったく対照的なアジア的ものづくりの「ブリコラージュ」空間である．

　これらの工場で使われている真っ黒の漆液はシャンのものが最良とされ，価格は石油缶に入ったものが 3 万チャット（150 ドル）程である．カチン産は次にランクされている．

　制作過程を見た時，いくつかの気になる点が見受けられた．刻まれた絵柄を色づけするのに，作業者は顔料粉末を直接手のひらで擦り付けていた．こうすれば色漆を使った時の乾燥に要する時間が不要となり，制作時間を著しく短縮できるが，同時に製品の品位が失われてくる．顔料を漆に溶いて色漆として塗付された場合，絵柄はメリハリをもって自己主張するようになり，また，容器全体に独特のしっとり感が現れてこれらが製品漆器に品位を与えるのであるがそれが見られなくなっている．また，日本では漆の仕上げ塗りでは埃を極度に嫌い，輪島では海上に船を浮かべてこの作業をおこなった程だがここでは無頓着である．製品の表面を良く見ると埃の付着が原因と見られる小さな凹凸をいくつも見つけることができる．このことを日本的完璧主義から見るのは無理があり，一面的かもしれないが，気になるところではある．絵柄の刻線を良く見

ると製品によって稚拙さを感じさせるものがある．ランナ漆器の完成度の高さと対比した時，一層それが目立つ．それにもかかわらず，カオスの空間を通して出来上がってくる製品はどれも大変美しく，愛らしい漆器容器なのである．

近くで馬のしっぽの毛を使って基胎をつくっているところがあり，チャン・タールさんの案内でそこを訪れた．1人の若い女性が家の前でその作業をしていた．非常に薄い竹のひごを型に合わせて縦に張り，その間に馬の毛を横糸として通して容器の形に編んで行く．根気の要る作業であり，1日に1ヶつくることができるだけである．こうしてできた基胎に漆を重ね塗りし，蒟醬加工を施して製品に仕上げるのはチャン・タールさんのところである．このように途方もなく手間がかかっているものも今日なお存在できるのは安い手間賃が背景にあるが，それにしても馬毛蒟醬漆器というのは奇跡というほかない．出来上がった馬毛漆器の椀は大変薄くて軽く（厚さは200ミクロン程，重さは数グラムに過ぎない），指で押すと自在に形が変わるほど柔軟にできている．床の上に落としても割れたり傷がつくことはない．

パガンには国立の漆器技能者養成学校があり，博物館が付置されている．この博物館が古いミャンマー漆器をもっとも多く集めているということであったが，これらを対象とした研究は今後の課題であると説明された．

ミンカバ村では現在600人ほどが何らかの形で漆器生産と関わって生活している．美しい籃胎蒟醬漆器を安価に入手できるのは世界でもうこの場所しかないから，多くのツーリストが訪れ，それらを購入して行くことは将来も変わらないであろう．ここでは伝統に新しい意味付けがなされてその保持に努力が払われており，ミンカバ村での漆器生産業には力強さが感じられた．

パガンを離れてピンダヤへ行き，漆の木をいくつか実際に見た．いずれも大木で日本のものとは随分違う．ちょうど紅葉していて種子が楓のそれのようにヒラヒラ舞いながら落下していた．大きさといい姿といい，ちょうど羽子板の羽根のようであった．ここでは，ヤッソウ村で採取されたばかりという，真新しい青竹に入った真っ黒の漆液を初めて見ることができた．漆液は，タイでもミャンマーでもこれまで石油缶に入ったものを見ただけで，これがどこで採取

されてどういうルートで入手したのか尋ねてもあいまいな返事が返ってきただけであった．ピンダヤからジープで7時間の距離にあるヤッソウ村の採取現場を見たかったが，この村に行くには政府の特別なパーミッションが必要とのことで果たせなかった．ピンダヤではこのほか，漆塗りの仏像を修理する老人の仕事部屋を訪ねた．漆の入った小さな缶と修理用の小道具，修理中の仏像以外何もない部屋で，牛糞を漆と混ぜて下地塗り用としているので異様な匂いが立ち込めていた．修理の順番を待つ仏像が幾つか並んでいたところを見ると仕事は絶え間なく来ているようであった．ピンダヤからインレー湖へ車で向かう途中で，孤立して天に伸びる漆の大木（直径60センチ以上）をしばしば目にした．

シャン州のインレー湖では，ナン・パン村で漆器生産を営むファミリーを訪ねた．このファミリーは両親と6人姉妹で，長姉のウィ・シンさんを中心に台盆をつくっている．つくり方は伝統的なものである．竹で編んだ基胎に，チークのおがくずと漆を混ぜた下地を塗り，数日かけて乾燥させた後7回ほど上塗りを行う．それに簡単な模様を描いて仕上げる．月に50ヶ程つくるという．この台盆はこの地域で食べ物を載せる日常の用具として今日実用に供されている．これとそっくり同じ台盆がかつてチェンマイでも作られていた．漆器文化におけるシャンとチェンマイの親近性を感じさせるものは，他にもあった．インレー湖の湖上に浮かぶホテルの売店には骨董の漆器も売られており，この中にシャン様式の黒赤2色の蒟醤漆器を見出すことができた．この漆器の装飾は，チェンマイにはみられない幾何学模様でシャン特有の三角形と渦巻きの縁取りがある．これがシャン州のどこで作られたものであるかは不明である．しかし，これは，チェンマイのランナ漆器がシャン漆器文化の1ヴァリエーションであったとする見方に有力な裏付けとなるものであった．シャン族は元々タイ族に属し，ランナ王国との往来も盛んであったはずで相互に深く影響しあったのは当然である．ミャンマーでは蒟醤漆器をユン（yun）と称しており，これはラオスのビエンチャン近郊出自のユン族から派生しているという．このことは，ラオス，北部タイをへてミャンマーに至る1つのまとまりをもった文化圏を予想させるものである．そこで，ラオスの調査は今後の課題として，さし

あたりシャン州とチェンマイを結びつける確としヒた裏付けを得る目的で次にシャン州のチャイントンの調査を実施することにした.

ところで,ミャンマーではベテルの習慣は現在もあり,また,一部では家庭の中で食器として漆器が使われている.しかし,つくるのに多くの手間と時間がかかる装飾された漆器〈ユン〉はミャンマーでもかなり前から庶民の普段使いの器具ではなくなっており,ミャンマー国内では富裕階層のみが享受しうる状況になっていた.ベテルの容器でも普通の庶民が漆器のものを使用するということはない.ミャンマーで作られる漆器の大半は外国人観光客向けのものである.飛行場の売店やヤンゴンの土産物センターなどでは木工品,宝石・貴石,鉱物類と並んで大量のパガン漆器が売られており,これを主に欧米からの観光客が珍しがって買ってゆく(古いミャンマー漆器を収集しているような,漆器の良さというものをよく知っている人たちは新しいものには目もくれないが).最近はミャンマーの政治状況が比較的安定して外国人観光客も増えており,それを反映して漆器生産も安定している.製品も,ベテル容器などはつくっておらず,外国人が好むようなタバコ入れ,名刺入れ,宝石箱,貯金箱,ワイン・グラスなどの小物類が多くなっている.

(2) チャイントン(シャン州)の漆器生産

1999年夏,ヤンゴンからターボプロップの飛行機でヘーホー,タウンジを経由して3時間ほどでチャイントンの飛行場に着いた.少し前迄は軍事的緊張のために入ることが難しかったところである.チャイントンの土を初めて踏んだ時,ここがヴィチャイクルをはじめとする,チェンマイで漆器生産を中心になって担ってきたファミリー達のふるさとかと思うと感慨深かった.飛行場には,滞在中お世話になる運転手と教会の司祭が出迎えてくれ,チャイントンでは現在漆器生産を行っているのは1つのファミリーだけであることを教えてくれた.さっそくその家を訪ねることにした.当主はウー・ム・ラインダさん(1933年生まれ)である.彼と2人の息子を中心に5〜6人が作業をしていた.ここでは黒漆の上に金箔を張るものを主につくっている.以前,同じ物がチェ

ンマイのヴィチャイクル工房のコレクション中にあった．器の形と加飾法が独特であり，ワンナウィチットさんもチャイントン固有のものだといっていた．いわば，チャイントン様式と表現できるものである．もっとも多くつくられるピータウンというポップ・ライス・コンテナーの制作過程は，先ず竹で基胎を編み，テケ（わら）の灰と漆を混ぜたもので下地塗りを数回行い，その上に14〜15回漆を塗り重ねる．それに，漆とテケ灰を混ぜた粘土様のものでつくった細いひもで線模様をつけたり，同じ材料で小さな人の形をつくって貼り付けたりする．つまり，さびで紋様をつける．この紋様の上に金箔を張って仕上げるのである．乾燥に時間がかかるため，製品ができるまでに6カ月を要するという．現在，ミャンマーでこの種のものをつくっているのはここだけということであった．ひも状の漆を貼り付けて線模様をつくり出す作業は，見ていて気の遠くなるような辛抱強さ，根気を必要とする．この作業を屋根付き土間に敷いた敷き物の上で座位の姿勢で1日中続けるのである．漆液〈テッシ〉はシャン語でハクといい，レイチャ，ヤッソウ，タウンジ等で採取されたものを使っているという．ラインダさんのところでは，このような漆器をファミリー全体で1年間に80ヶ程つくり，製品はヤンゴンのホテルで外国人向けに売られている．

　ラインダさんのところで見たもので，ランナ様式の漆器につながってくるものはなにもなかった．ラインダさんの話では，チャイントンではかつて10ファミリー，60人程が漆器生産に従事していたが得意先の外国人観光客が減少し，1960年頃すべて転業したらしい．パガンだけが安価なものの大量生産を行って生き残ることができたという．ここのファミリーも市場でタバコを売って生活し，観光客が戻ってきたのを見て1992年に漆器生産を再開したということであった．ここでかつて10ファミリーによってつくられていたものはすべて黒漆に金箔で加飾する，いわゆるチャイントン様式の漆器で，チェンマイの黒赤2色の籃胎蒟醬漆器ではなかったという．ラインダさんによれば，イギリスの植民地時代にシャン漆器の1様式に黒赤2色のもの（インワ様式）があったが，イギリス人に好まれなかったため消滅したということであった．

チャイントンには図書館も博物館もなく，結局，チェンマイとチャイントンを直接結び付ける物的証拠や資料らしいものを見つけることはできなかった．おそらく，ずっと古い時代にはチャイントンにも黒赤2色の蒟醬漆器の技術が存在していたはずである．そして，ヴィチャイクル家の祖先達がそれをチェンマイに伝えた後にその技術はチャイントンからは姿を消した，とみなすのが妥当なところであろう．蒟醬技法という共通項でくくれる1つの文化圏が存在していたことは間違いなくいえることであって，それはチェンマイ，シャン州の諸都市，パガンを包含している．

　漆器生産をめぐってはタイでもミャンマーでも複雑な紆余曲折があり，この伝統文化は大波小波が襲ってくるごとに姿を変えたり，仮死状態に陥ったり，また復活したりと変態（メタモルフォシス）を繰り返しながら生き残りを図っているようだ．

(3)　ミャンマー漆器のデザイン

　ミャンマー漆器のデザインはミャンマー固有のものである．パガン産の漆器において最も良く発達している．

　初期のものは，波形の色付きの線で加飾されている．竹を編んで基胎をつくるところから発想されたものと思われる．この単純な波形模様が時間の経過の中で複雑な幾何学的な形状に変化していった．この幾何学的形状はミャンマー

図3　パガン漆器の基本パターン

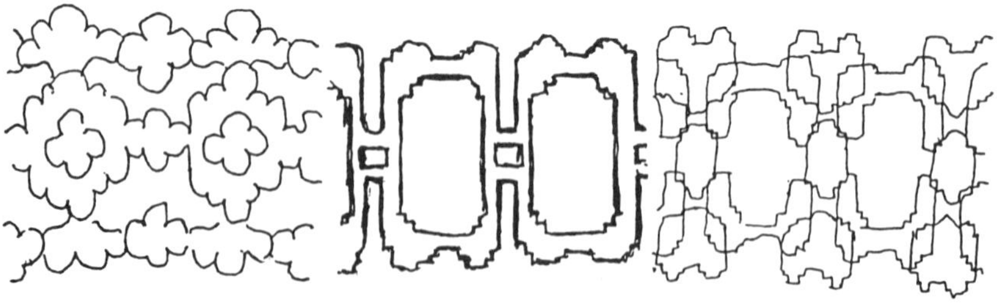

1．クナンカンビャ　　　2．ミンモ　　　3．ギンシェ

の建築や衣服の刺繍に現れるパターンと良く似ている．

　パガン漆器の場合，この幾何学的形状は左の3つのパターンが基本となっている[9]．

　最初のクナンカンビャ（ku-nan kan-byat）はもっともシンプルなもので，四つ葉の草本の帯状飾りである．このパターンの中心には草花が描かれることもある．これはユンナン（yunnan）準円形とも呼ばれており，ユンナンとは中国の雲南を意味するから中国起源であることがうかがえる．

　ミンモ（myin-mo）は地理的な図形でクナンと同じほど古いとされている．この名称は仏教由来である．仏教宇宙界の中心にあるとされる天人の住むメル山（Mt. Meru）にちなんでこの名を与えられた．このデザインは四角形が大きな四角形の中にあり，それらが小さな四角形で互いにつながって鎖をつくっている．

　ギンシェ（gwin-shet）は大変優雅なパターンである．これはパターン化した円が重なり合った線でつながったものである．

　その他，伝説からモチーフを採ったものも良く使われる．ナガレン（naga-lein）は8匹のねじり竜が絡み合ったパターンで，レタイレチャ（let-taik let-kya）はヒンドゥーの「ラーマーヤナ」をモチーフにしている．

　これらのパターンの中心部に収められる絵柄には，8つの惑星がある．これはヒンドゥー教にルーツを持つミャンマーの天文学に由来する．ミャンマーの天文学では7つの惑星に加えて2つの星，ヤフ（ya-hu）とカテ（kate）を認めており，このうちカテは惑星の王とされている．また，1週間の7日と各方角に惑星といろいろな動物を次のように対応させている．

動物	惑星	曜日	方角
ガルダ〈鳳〉	太陽	日曜日	北東
鹿	月	月曜日	東
ライオン	火星	火曜日	南東
牙のある象	水星	水曜日（午前）	南
牙のない象	水星	水曜日（午後）	北西

ねずみ	木星	木曜日	西
天竺ねずみ	金星	金曜日	北
ヘビ	土星	土曜日	南西

　これらの動物はミャンマーの仏教徒にとって安寧と幸福のシンボルであり，漆器にこれらの動物がよく描かれるのは仏の慈愛が広く人々に行き渡るようにという願いが込められているとされている．

　漆器に描かれるものにはこのほかに，12宮をあらわす動物や民話に登場する動物・人物がある．前者は普通の星座をあらわす動物と一致する．後者には多様なものがある．バラモングースはミャンマー人のルーツであるモン族のエンブレムであった．また，孔雀はミャンマーでは太陽の象徴であり，かつ，コンバウン朝の王のエンブレムでもあった．人の顔と胴を持ち，鳥の足を持つキンナラ（kein-naya）や，惑星の王カテの象徴であり，ヘビの胴，鳥の翼，鹿の角と足，象の鼻と牙，魚のしっぽを持った伝説上の動物ピンサ・ユパ（pyin-sa yu-pa）もパガン漆器によく登場する．

　繰り返しのパターンもパガンやシャンのものによく見られる．花と円が単純に繰り返されるもの，カメのべっ甲形の紋様を繰り返すもの，レース模様，この3つはシンプルなデザインとして代表的なものである．これ以外に，花や葉や蔓などが複雑に繰り返すものがあり，実に多くのバラエティーがある．

　ミャンマー漆器に描かれる絵柄はヒンドゥー教，仏教，民間伝承に多く題材を採っており，土着文化を反映している．国民の多くは仏教徒であり，いたるところに仏教寺院，仏教遺跡が存在するにもかかわらず，民衆意識の根深いところでヒンドゥー教やバラモン教がながい歴史の中で浸透しているのである．これに加えて，地方にまつわる伝説があり，これらが混然一体となって民衆意識の基層をつくりあげている．それが漆器という，民衆の普段使いの用具に反映している点が大変興味深い．漆の技術は中国南部から伝わったとされているが，意匠，デザインはその土地固有のものに作り変えられてゆくのがよくみてとれる．

7. むすび

(1) 容器技術論

　タイとミャンマーの漆器を見て面白いことに気づく．本体と蓋との機構的なジョイント部がほとんど見られないということである．蓋はたいてい本体に上からすっぽりかぶせる方式になっており，蓋と本体を機構的に接合するデバイスは使われていない．本体のほうも円筒形のものがほとんどで，側板同士をはめ込んで四角形を作るというように，機構的に接合するようにはなっていない．このような特徴はチェンマイの伝統工芸の１つとして有名な銀器の場合にも当てはまる．タイでは，ベテル容器は主に銀製と漆製であり，銀製の場合，六角形，八角形の本体を持つものもあるがほとんどが円筒形をしており，蓋は単純に上からかぶせる方式になっている．しかし，構造的な単純さとは対照的に，蓋や本体の側面に描かれた装飾は凝っていて美しく，銀製のベテル容器は欧米人によるコレクションの対象になっているほど愛らしいものである．このような事情が漆器についてもそのまま当てはまるのは言うまでもない．

　漆器が通常円筒形に作られているのは素地の材料に関係があると思われる．つまり，竹を編んだり，巻いたりしているからである．竹は漆との相性がとてもよいと言われる．竹の持つしなやかさ，柔軟さと漆の強い接着力とがあいまって漆器に強靱さが生まれる．素地を作る時，竹の細くて薄いひごを継ぎ足して形をつくって行くが，継ぎ目は漆の接着作用で固着するから大変都合がよく，比較的楽に少ない時間で円筒形の素地を作ることが可能である．しかし，こうしてつくられた竹の素地には機構的な接合部はつくりにくい．どうしても円筒形の本体に上から蓋をかぶせるという形になってしまう．しかし，銀器の場合は，素材の面からは説明できない．竹を巻くのと違って，それは円筒形にしなければならない理由がないし，円筒形につくったとしても機構的接合部を持つことはでき，その結果として容器の使い勝手を向上させることは可能である．ということは，アジアのこの地域に見られる容器のこの特徴は，容器の素

材に由来するのではなく，別の要因によるものと考えなければならない．

ヨーロッパでは，銀をはじめ多くの金属が容器の素材に使われ，それぞれの容器には機構的なジョイントを持つものが多い．このようなジョイントの特別なものが錠前で，古い時代から精巧なものがつくられ，時計と並んでヨーロッパにおける金属精密加工技術の発達の基礎をなした．機構的なジョイントを持つ容器では通常装飾性は控えめで，容器の機能性が重視される．容器に美しさを与えるにしても，単なる飾りよりも機能美が強調される．また，容器の各部の合理的な機構的接合は，容器をより堅牢にし，容器の機能性を高めるのに役立つ．

日本では，容器の素材に木を用いることが多く，容器の形は円筒形は少なくて箱型になる．蓋をかぶせるという方式が多用されたとしても，本体や蓋を作る場合，側板を組み合わせて四角形をつくりだす．この際，通常釘は使わず，ノリ（膠）は補助的で，板と板の接合の主役は木組みであり，この細工に高度の技巧が施されていないとよい仕事とは見なされない．職人は腕を磨いて巧みを極限まで追究し，実に多様な巧妙な木組みのパターンが生み出された．ここに，日本の独自技術の発展が見られたのである．

容器における装飾美と機能美の追求において，タイやミャンマーでは装飾美に，ヨーロッパでは機能美に重点が置かれ，日本はその中間的な位置にあるといえよう．ジョイントの問題についていえば，容器においてそれはもっとも左

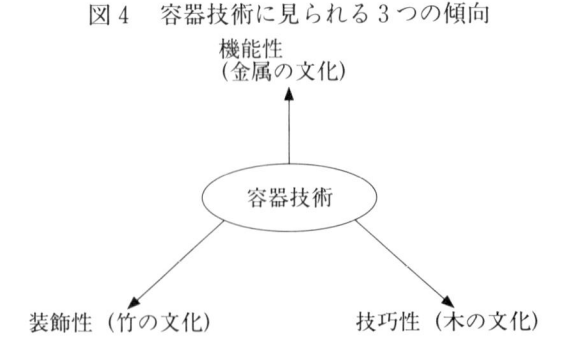

図4　容器技術に見られる3つの傾向

機能性
（金属の文化）

容器技術

装飾性（竹の文化）　　　技巧性（木の文化）

脳的技術であり，装飾性はその対極として右脳的であるといえよう．つまり，機構的接合というのは論理性の反映である．それは，容器の装置への発展の内的契機であった．道具の機械への発展と期を一にして，ヨーロッパでは容器の装置への発展が見られたが，容器においてすでにその萌芽が内包されていたと言えよう．日本では，指物師に見られるように技巧性が極度に重視され，それは機能性，装飾性とは別の方向を持つものであった．こうした傾向の小さな差違が，時間の経過と共に大きな差異の原因となることは，種の発展過程で見られるごとくである．この関係を図示すると図4のようになる．

これは，技術の持っている3つの属性のうち，どれが重視されるかによって異なった技術文化が現出することを示している．ヨーロッパでは機能性を，日本では技巧性を，東南アジア（タイ，ミャンマー）では装飾性をそれぞれ重視し，そのことがその地域・民族の基層技術を形成していったのである．技術は，科学とは異なり，強い土着性を持っている．地域・民族の伝統の中で育まれた固有な技術の態様があり，その上に外から持ち込まれた技術が移植され加えられてある時代の社会的技術として存在するのである（図5）[10]．外からは絶えず新しい技術が入ってくるから，既存の技術は新しいそれとの融合を繰り返し，ゆっくりと，あるいは急激に変化し，その姿を変えてやがて自律的な発展過程に入って行くが，それでもなお固有性を保持しつづける．この固有性は，シンフォニーの通奏低音のごとく，強く，時に弱く，現存の社会的技術に作用するのであって，こういうものとは無縁な，普遍的な技術のようなものは実は存在しないのである．

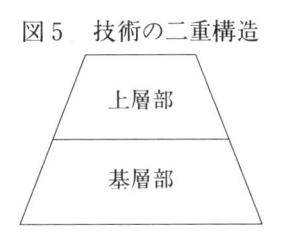

図5　技術の二重構造

1つの国において，1つの民族において技術を発展させて行くには，この技術の基層構造をよく把握し，ここを豊かに強いものにして行くことが重要となる．この基層構造の上にのみ外からの新しい技術は接ぎ木されうる．うまく接ぎ木されたものは成長し（新しい技術の定着過程），やがて，親株と一体となって枝を張って花を咲かせる（融合・テイク・オフ過程）．その種子は一本立ちした新しい株を生み出して行く（新しい技術文化の創造過程）．

(2) 工芸文化論

タイでは，伝統的な漆器生産はヴィチャイクル工房の閉鎖で事実上終わりを告げた．ヴィチャイクル工房の老婦人オーナーのみが，かつて，そのファミリーがランナ漆器づくりの中心にいたという誇りをバネに孤軍奮闘していたが，力尽きたといったところである．老婦人に聞いたところでは，政治的機関も，文化的組織も，個人も，この文化的遺産の灯を消すまいとする老婦人を支援することはなかったという．

チェンマイには，ラチャマンガラ工芸技術学校という工芸技能者を養成する学校がある．宝石加工，陶芸，織物などと並んで漆芸科もあり，立派な展示室も設けられている．しかし，この科の学生は調査時点ではゼロで，担当のプラユーン教授は「かぶれを嫌って漆は若い人に人気がなくなった」と語っていたが，実際には別の社会的理由があるのである．誰が見ても，サンカンペンの3つの漆工場でつくられているものが伝統工芸の作品とはならない．コンビニ的商業主義の浸透のなかで，これに対抗する術を持たない伝統的漆器づくりが社会の中に占めてきた地位を失おうとしている様を，人々は見ているのであろう．チェンマイで，今後，本格的な漆器づくりが復活するとすれば，それは美術漆器以外に考えられない．それはそれで良いものがつくられるだろうし，新らしい文化の創造として期待できるものである．しかし，それは職人が作るものではないし，生活に密着したものでもない．伝統的な漆器づくりの後継とはとてもいえるものではないであろう．

漆器をめぐる状況は，日本でも似たような面がある．日本では，日常の普段

使いで漆器を使うことはまずない．しかし，日本で漆器生産が全国でまだまだ盛んに行われているのは，
  1．日本文化に占める漆器の伝統の特別な重さ，広がり，深さ（Japan＝漆器）
  2．茶道を中心とする漆器を受容する文化装置の存在
  3．漆器を工芸品として享受したいとする成熟した中間市民層の存在
  4．各種の伝統工芸奨励施策

等がその理由として考えられる．タイで，漆器が安物のみやげ物づくりという方向でしか残らなかったのは，これらの条件の全部，もしくは，そのほとんどを欠いていたということと思われる．

タイのランナ漆器の完成度は非常に高く，日本の茶道の道具に使えそうな，しぶくて洗練されたものが多い．これは，チェンマイという，ランナ王国の首都を背景に，都市住民の鑑識眼，批判力に耐えうるものとして発展してきたからに相違ない．この伝統文化は，西欧型「近代化」と共に葬られてよいものでは決してない．

ミャンマーでは事情は少し異なる．ここでも，パガンを除いて漆器生産はほぼ途絶えてしまったが，パガンでは活発に生産を続けている．そこでつくられているものは，外国人ツーリスト向けの安価なものであるが安物ではない．ミャンマーには，絵柄が化学塗料で手描きされた漆器は存在しない．伝統的なパガン様式の手間のかかる籃胎蒟醬漆器を作りつづけている．その技法は基本的に伝統的なものを踏襲しており，前述したように若干の問題はあるものの，品質も水準を保っている．このようなことが可能であるのは，基本的には，ミャンマーは物的財の生産ではいまだ家内工業段階にあり，人々の意識はヴェブレンのいう「手工業時代の思考習慣」にあって手工技能の「真正性（authenticity）」が大体において保たれているからに他ならない[11]．労賃が著しく安く，漆器は，自国の人々には高価であっても，外国人にはかなり安いと見られる価格で提供することができ，こうしてマーケットが確保されている．他方で，政府の積極的な奨励策が行われており，手工技能の保全，大工業による「汚染」

に対する一定の歯止め，新しい技能の獲得など，漆器工業に対してさまざまな支援がなされている．ヤンゴンで政府の要人（日本の中小企業庁長官に当たる）と面会した時，彼は漆器生産についての知識が豊富で，留学生を派遣して日本の漆器づくりを学ぶ計画が進行していることを語っていた．パガンには国立の漆器技能者養成学校があって多くの学生を収容しており，ここにはよく整備された博物館が付置されている．チャイントンで1つのファミリーが，中止していた漆器生産を再開したのは政府の支援によるところが大きい．ミャンマー政府は，ミャンマー型社会主義の旗の下，欧米化とは違う国や経済のあり方を模索する中で，ミャンマーの伝統技術の維持発展に努めているようである．この是非はともかく，政府が積極的に支援していることが，パガン漆器をこんにちなお成立せしめている一要因になっているのは事実である．

　問題は，ミャンマーで今後南北格差が縮まり，タイで起こっているように商品生産が国の奥深くに浸透していった時に，今ある伝統漆器が残れるか，ということである．価格が高くなっても外国人ツーリストに購入してもらったり，日本を含む外国に輸出するということになるためには，多くの課題を解決しなければならないと思われる．それらには，優れた工匠を育てるためのシステム作り，生産者組合による自律的な業務改善の方策，生産方法の改善，工場システムの整備，などが含まれよう．伝統的技法を維持しながら，このような「近代化」を図るというのは大変難しいと思われるが，西欧的「近代化」を拒否するにせよ，逆にその受け入れを余儀なくされるにせよ，伝統的なものを基盤とする以外にミャンマーの将来は考えにくい．

1) 松田権六『うるしの話』岩波書店，1964年，1ページ．
2) 鶴見良行『東南アジアを知る』岩波書店．
3) 岡田譲『東洋漆芸史の研究』中央公論美術出版，1978年．
4) P. A. Reichert, H. P. Philipsen, *Betel and Miang,* White Lotus (Bangkok), 1996, p. 101.
5) 『うるし工芸事典』，光芸出版，1978年，69ページ．
6) Jonathan Bourne, et al., *Lacquerware-An International History and Collec-*

tor's Guide, Bracken Books (London), 1984.
7) Wyatt, et al., *The Chiangmai Chronicle,* Silkworm Books (Chiangmai), 1998.
8) クロード・レヴィ゠ストロース, 大橋保夫訳『野生の思考』みすず書房, 1976年, 23ページ.
9) Sylvia Fraser-Lu, *Burmese Lacquerware,* The Tamarind Press (Bangkok), 1985, p. 38.
10) Masataka Baba, *Skill and Intuition,Culture and Technology in Modern Japan,* I. B. Taulis (London), 2000, pp. 23-31.
11) T. ヴェブレン, 松尾博訳『ヴェブレン 経済的文明論』ミネルヴァ書房, 1997年, 37ページ.

第5章 タイ経済発展と労働移動
―― ASEAN 域内労働力環流と外向型経済発展に
関する一考察 ――

Summary

The economic crisis which hit ASEAN countries after the collapse of the baht in July 1997 has led to a marked increase in undocumented migrants in the region because foreign workers became the first target group for company lay-offs, according to a basic document for the international labour migration symposium on 21-23 April 1999, at the initiative of Thailand. This is reflected in the fact that, for many workers in ASEAN countries, the labour markets within which they routinely search for work, overlap national boundaries both within and beyond the region.

It is obvious that the extension of the labour markets beyond national boundaries is a function of growing economic disparities among the ASEAN nations. Therefore the complexity is in Thailand and Malaysia which have in excess of a million foreign workers from ASEAN neighbours. On the other hand, these two countries, Thailand and Malaysia, are significant suppliers of workers to the neighbours. These flows are defined as the spiral-stairs labour migration between labour surplus and labour shortage countries. This is attached to the recent economic development in the region.

1. はじめに

1998年1月19日付,香港の英字紙『サウス・チャイナ・モーニング・ポスト』は,97年7月のタイ通貨危機に端を発したアジア経済危機の結果生じた東南アジア諸国の失業増大の一断面に関して,「タイでは180万人が失業」としな

がら，タイ政府が，「同日，外国人労働者の大規模国外追放策を決定し，その第一段階として，以後6ヵ月間に30万人の不法外国人労働者（大部分はミャンマー人）の国外排除を計画，更に98万人規模と推定されるタイ闇労働市場の規制を強化，正規滞在外国人労働者の労働許可更新も拒否する方針」と報じていた[1]。

周知のように，97年7月のバーツ危機は，急速にマレーシア，インドネシア，フィリピンに波及した．そしてこの危機は急成長を遂げてきたASEAN及び韓国，香港などの経済に深刻な打撃を与えただけでなく，政治危機に直結し，タイの政府交代はもとより，マレーシア政府の内紛，そして30年余続いてきたインドネシアのスハルト政権崩壊につながった．東南アジア諸国における政治経済状況の激変が，上記したような労働政策を関係諸国政府に採用させる主原因となったのである．

政治経済危機を背景として，東ティモールに始まり，アチェ，イリアンジャヤなどで分離独立運動という国家再編成行動が再燃しているインドネシアが端的に示すように，20世紀末から21世紀への世紀転換の時期，もともと民族関係が錯綜しているASEAN諸国は，経済発展の結果として生じている各国労働市場の多国籍化の深化に対応して，いま改めて国家内外における民族政策の根本的調整を迫られているといえよう．このような観点から，80年代後半以降の東南アジア経済発展の特性について，タイを中心軸とするASEAN域内労働移動の実態分析から，本稿で若干の問題を提示することとしたい．

2．「外向型」発展の概括

(1) 発展の特性

東南アジア諸国の経済発展の傾向，その筋道や特性に関しては，既に多くの研究がある[2]．そこでここでは，それらを踏まえて若干の論点を整理しておく．

まず今日に直結するASEAN諸国の経済発展のコースは，独立実現時の自

立経済コースから輸入代替型を経て,輸出志向型へと転換してきた.そしてこの最後のコース(外向型発展)は,大枠としては60年代後半に定められた.殊に外国資本導入促進のための関係法整備は,例えばタイは,62年に投資奨励法を制定している.これ以後,フィリピンが65年に投資奨励法を制定,67年にインドネシアが投資奨励法,シンガポールが経済拡大奨励法,68年にはマレーシアが投資奨励法,タイが外資導入業種制限法を,それぞれ定めた.

60年代後半期,外国資本導入による経済発展政策の法的整備に並行して,ASEANを結成した東南アジア諸国は,70年代には,輸出加工区法(フィリピン,72年)などを定めて,いっそう積極的に外国企業進出の基盤整備を進め,外資の誘致を図った.しかしこうした政策が,NICs,NIEsという概念を生み,またその経済成長を捉えて世界経済の成長のエンジンと評されるようになったのは,周知のように80年代後半になってであった.いうまでもなくこの基礎にあったのは,世界経済の構造変化であった.

もちろんこの構造変化に関する分析を本稿は主題とするものではない.従ってここでは次の点だけを指摘しておきたい.それは,何よりもまず,こうした東南アジア諸国の経済発展,経済成長は,外部的要因(世界経済構造の変動の結果)によって,すなわち外国企業の参入によってもたらされたということである.例えばタイ経済の構造転換はこの時期に急速に進行したが,殊に製造業部門における転換は主として外国企業によって促進されたものであった[3].そしてこの中核に存したのが,日本経済の急速な成長,及びそれを基礎とする「日米経済摩擦」の深刻化であった.

この傾向を,レギュラシオン学派の国際分業論に依拠して捉えようとした井上泰夫は,第2次世界大戦後の高度成長でアメリカ合衆国の製造業にキャッチアップしたヨーロッパ諸国,日本に共通するのが「フルセット型生産構造の構築」だったとしたうえで,このフルセット型生産の構造転換を意味する,「原材料・燃料を輸入して,工業製品を輸出するという明治期以来の伝統的な加工貿易から東アジアとの水平貿易へ」と,「日本の貿易パターン」が変化を遂げつつあるのは,「1980年代半ば以降」という認識を示した.そしてその背景に

は,「日本国内の企業組織（親企業協力企業）の海外展開」があるが，そこでは「国内生産と海外生産との製品の棲み分け」が進行し，このような水平的分業は,「日本→ NIES → ASEAN →中国の連鎖的関係のなか」で,「地域統合ネットワーク」の形成が始まっている，としている[4]．すなわち，80年代後半以降のASEAN諸国経済の急成長は，先進国製造業の構造転換の随伴者であったということになろう．本稿の課題に則していえば，外資導入型・外向型経済に移行していたASEAN諸国経済は，その国内経済社会構造を，上の変化に当然の如く対応させていったということになるであろうし，急速な成長の実現はその姿を具現化したものといえるであろう．

換言すれば,「先進国製造業の構造転換の随伴者」としてのASEAN諸国経済の急成長は，ASEAN諸国が先進国製造業の生産拠点としての機能を有するようになったということと同義であろう．それは，これら諸国に進出した企業の製造ラインに並ぶ膨大な労働者群が急速に形成されたことを意味している．

(2) 急成長初期の労働問題：タイ

経済成長が急速であればあるほど，いうまでもなく，ASEAN各国労働市場に出現したのは，急激に進行した各種製造業労働と在来の労働部門（多くは農業部門）との，また農村部と都市部との部門間及び空間的な労働移動現象である．

多くの研究が既に示唆しているように，タイにおける外資企業の進出を基礎とする急速な外向型経済成長は，80年代後期からの約10年間に集中している．そこでまずその直前の時期に当たる80年代半ばの労働・雇用状況を概観しておこう[5]．

タイは，その総人口年成長率が，60年代末の時期には3％超を記録していたが，90年には1.5％へと成長率を鈍化させた．このような人口成長率の鈍化傾向は，一般的に，経済成長，工業化の進展とともに見られる経済発展史に共通する傾向である．しかしいうまでもなく80年代前半までのタイ経済は，政府の

工業化政策の採用と外資導入政策の推進にもかかわらず，80年代後半からの10年間に比すると，実態としてその工業化は緒についたばかりであった．従って人口成長率のこうした減少傾向があるとはいえ，就業労働人口構成では，なお次のような特徴を持っていた．87年を例にとると，就業労働人口状況は，まず男女別構成では就業者総計2,800万人中，男性が54％，女性46％であり，都市部農村部別構成では，農村人口比率が高く，就業者構成でも，農業部門就業比率は65％であった（農業部門のGDP構成比は16％）．

　80年代半ばの時期のタイは，就労者構成比全体としてみると，なお農業国と規定するにふさわしい段階にあったといってよいであろう．しかしこうしたタイの農業部門には一つの特徴点があった．すなわちそれは，農業部門内就業者構成，とりわけ失業者比率には地域的特性が顕著であったことである．具体例を挙げると，灌漑施設の整っていたのは中部平原の水田地帯のみであり，従ってこの地域では，農業部門に年間を通じ恒常的に労働需要が存していた．一方，対する北部及び東北部地域は，降雨農業であるために，乾期になると農業就業者のほぼ30−40％が失業状態に陥っていた．季節的失業，もしくは不完全失業の状態である．

　このことから，少なくとも80年代半ばまでのタイ労働市場の特性の一つとして，主に農業労働の需給関係を基礎とした，都市部と農村部間の空間的な季節的国内労働移動形態が確立されていたと推定できる．チャロンホブによれば[6]，この80年代半ばのタイにおいては，労働の季節移動現象は，水田耕作期である雨期（7−9月）には農業労働に関する需要が高いため，農村部からの労働移動は生じず，逆に乾期（1−3月）には，農業労働で雇用が減少するために農村部からの流出が発生するという．この時期の農業部門の雇用動向は，平均すると，乾期には，雨期に比して450−600万人減少していた．失業率という数値で見ると，乾期の季節的失業率は80年代半ばの時期に約20％であり，この数値は北部東北部に限定すると30％超であった．

　すなわち外資企業のタイ進出が，80年代後半期から90年代前半期に比して，なお部分的であった80年代半ばまでの時期において，発生していたタイの労働

市場の空間的な労働移動現象は，上述のように主として国内要因によっていたものであり，その特性は農業労働の季節性に起因した農村と都市間の季節的移動段階と規定できるものであった．このことは，その規模を数量的に調査した労働力調査（世界銀行・タイ国家統計局・タイ国家経済社会開発庁共同実施プロジェクト1984年労働力調査，84年1月実施）によっても確認できる．調査によれば，非都市部居住者総数は約3,000万人，うち98％約2,940万人が調査時点で把握された実農村部居住者数である．調査時点の84年1月に，非都市部に実際に在住していたのは，このうちの81％約2,500万人であった．こうして差し引き約400万人が潜在的な季節移動労働者数と推計されていた[7]．この数値は，いうまでもなくこの時期のタイ雇用事情が，供給過剰段階にあったということを意味するものでもあった．

このような労働市場の動向は，やや繰り返しになるが，これ以後の10年余，多数の外国企業が進出し，タイ経済の工業化が一層進行したことによって，大きく変化することになった．変化はタイ労働市場に，タイ労働力の国外移動と国外労働力の国内導入という，それまでとは全く異なった局面をもたらすこととなった．

タイ国内において労働需要が急増大したことによって，農業生産の季節性から生じる部分的労働需給変動に起因した国内労働移動とは異なる事態が進行していったのである．これらはタイ国外（周辺ASEAN各国）における同様な工業化，外向型経済発展過程の同時進行がもたらした現象である．

若干の事例を挙げておこう．例えば，90年代半ば，タイ北部工業団地（ランプーン，チェンマイ南方に車で30分の距離）に進出していた日系企業の聞き取り調査からは，企業規模，進出時期にかかわらず，労働者不足解消が共通した課題であるという結果が出ていた[8]．90年代に入って進出した企業の中には，ラオス国境やミャンマー国境地域に労働者を求める，という労働力逼迫状況下におかれるものもあった．因みにランプーン県，チェンマイ県などは，タイ政府が外国企業進出を促す目的で法定最低賃金をバンコク地域より低く抑えていた，いわゆる第三地帯に属していた．すなわちタイ政府の政策誘導を超えて，

この時点で明らかに，進出外資企業が求めた未熟練若年労働者（ことに女子労働者）不足が発生していたといえよう．予測を超えた実態が進行していたのである．

タイ労働者の国外移動という点についても，90年代半ばにはかなりの規模に及んでいた．その一端を示しているのが，チュラロンコン大学研究班によるタイ人海外移動労働者実態調査である（調査は95年の時点）．この調査によってその実態を概観してみると，次のようであったという[9]．

まず国別移動先では，台湾：18万人，日本：8万人，シンガポール：5万人，マレーシア：4万人，ブルネイ：2.6万人，香港：2.6万人，中東：1.85万人，イスラエル：1.5万人，その他アジア：1.05万人，アフリカ：0.5万人と推定されている．総数で計45.1万人であった．就労先産業別では建設業が53.1％，工業部門が24.5％だったとされているように，その多くが単純・未熟練業種に就労していたということができる．そしてこの「海外出稼ぎ者」の男女別構成比を見てみると，男性が96.9％，女性が3.1％とされており，圧倒的に男性で占められていた．年齢構成でも40歳以下層が60.2％を占めており，またこれら海外出稼ぎ労働者の学校教育歴は，初中等教育修了者が87.7％（初等：67.3％，中等：20.4％）となっており，これもまた一般的傾向に準じるものであった．

こうした傾向が，タイはもとよりとして，周辺ASEAN各国の経済成長に如何に深く関わっているかということを，97年の経済危機を通じて逆に立証することとなった．

3．労働力相互環流の実相

(1) 失業の増大：97年通貨危機の帰結

既に1．においても触れておいたように，バーツ危機に端を発したアジア経済危機は，ASEAN諸国から東アジア諸国へと急速に波及した．それはまず何よりも，急速な経済成長を前提としたアジア諸国民の消費拡大傾向に深刻な

打撃を与え，かつまた，改めて多くの庶民の生活破綻，そして貧富の格差拡大につながっていった．これらの傾向の一端は，幾つかの現地報道機関の調査報道にも示されていた．そこでは，深刻な所得減少，生活危機が指摘されていた．例えばタイについてみると，同政府当局の調査結果として，「経済危機の勃発で，貧困層の平均所得は25％下落し，他方で生活費は40％上昇した」という推計値が示されている[10]．またタイ国家経済社会開発局調査チームの推計によると，「貧困層は1,100万人を遙かに超えて」おり，「97年に始まった経済不況で，貧困と定義されている階層は300万人増加した」とされる[11]．更にレイオフされた工場労働者の多くは，20-30歳代であり，彼らは帰郷して家族内労働従事者となったが，その規模は，経済危機で失職した労働者の約40％となっているという．彼らは当然ながら労働市場システムの外に置かれることとなった（タイ労働者保護社会福祉局当局者の言）[12]．

こうした状況はタイにとどまらず，周辺ASEAN諸国に共通しており，例えばインドネシアについては，98年の時点で「インドネシアの失業率は10％，98年中に200万人が失業すると予測」されていた[13]．

これらの深刻な経済状況への対策は，まずは経済回復政策課題であった．しかしその後の事態の進展が示すように，つまりスハルト政権崩壊やタイ政府交代に帰結したように，いうまでもなく単なる経済安定化，成長路線への回帰の課題にとどまるものではなかった．まさしく政治の安定化，そして政権基盤の安定化という著しく政治的課題でもあった．ここで最初に採用されうるものは，自国民第一という民族主義的な安定化策であろう．タイ政府はもとよりASEAN諸国政府が共通して採用することとなった，自国労働市場の多国籍化現象を逆手にとった政策，外国人労働者を「追放」し，その職場を自国籍労働者に提供する，そうすることで自国労働者に対し雇用機会の拡大，雇用確保を図っているという各政府の政策姿勢を示すことであった．

(2) 外国人労働者本国送還政策

最初にマレーシアの具体事例から概観しておこう．97，98年の時点で，マレ

ーシアで働く外国人労働者数について，94万人から120万人，そして200万人とまでを推定する数字があった[14]．これらの外国人労働者の処遇について，経済危機が波及する中で，正規就労ビザを有するグループについても，就労許可期限切れとなるものについては延長を認めない，また非合法就労者については逮捕し本国送還するというのが，98年初頭におけるマレーシア政府の基本政策となった．そしてこの政策を実行するにあたって，具体的な執行の期限として同年の1月と8月を設定し，殊に同年8月15日を外国人労働者就労ビザ非延長の絶対的日限としていた．すなわちこのように厳格（外国人労働者に対して）な政策を掲げ実施を約束することで，自国民マレーシア人（マレーシア国籍保有者）の雇用確保を保証しているという政治姿勢を示すことで，政治的安定を確保しようとした政策であった．

各種報道からもう少しその細部についてみると，例えば次のような経過が見られた．①「98年1月8日，マレーシア政府は，サービス，建設部門の7万人の外国人労働者就労ビザを更新しないと表明．これらの労働者は，プランテーション，もしくは製造業への配置転換か，ないしは本国送還される．この配置転換は，インドネシア，フィリピン，パキスタン，バングラデシュ，タイ人は対象外である」．②「マレーシアのジョホール州の合法就労インド人労働者2,000人以上，同じくミャンマー人労働者1,000人以上が，就労許可契約の更新を認められず，かくして就労ビザも98年8月15日に期限切れとなり，同年中に本国送還となる」[15]．またこれらは次のようでもあった．③「正規登録外国人労働者数は97万7,276人であり，そのうち家内労働者数（メード，庭師等）13万7,851人，工場労働者数は28万5,266人，プランテーション労働者数が21万7,200人，建設労働者数21万270人であった．98年8月15日以降，向こう6ヵ月間の就労延長を9万6,000人以上に認める．これはマレーシア人労働者に転換困難な分野に対する特別処置である．主要な内訳は製造業に2万5,000人，プランテーションに1万人，サバ州で雇用するもの2万人である」[16]．またマレーシア政府の政策は，④「マレーシアには，現在，120万人の正規外国人労働者，80万人の不法労働者（大半がインドネシア人）がいるが，同政府はこれらの労

働者をすべて完全に追放しようとは考えておらず，必要な労働力として8万人の外国人労働者を工場及びプランテーション部門へ配置換えを促進しようとしていた」[17]．⑤「98年6月以来，5万913人の不法就労外国人労働者を本国送還した．その内訳の諸国は，インドネシア，バングラデシュ，ミャンマー，タイなどである．94万8,000人の就労外国人労働者中で20万人以上の就労ビザが，98年8月までに延長予定のない不適格ビザであり，彼らの本国送還を予定している」[18]．⑥「マレーシア政府は，主として建設，サービス部門を中心に，20万人の外国人労働者を本国送還し，マレーシア人労働者と置き換えることを目標とした．しかし現在までその転換は進んでおらず，多くのマレーシア企業の雇用者が実施期限の延期を求めていた．マレーシア政府は，転換が特に進んでいない製造業，プランテーション部門について，98年7月に，10万人の外国人労働者雇用を決定した」[19]．

これらの経過は，マレーシア政府が経済危機発生直後から採用していた，就労ビザ期間の延長停止，不法就労外国人労働者摘発強化によって，外国人労働者職場をマレーシア人労働者職場に転換するという政策が，破綻をきたしていることの証であった．すなわち経済危機が発生しているとはいえ，マレーシア労働市場の絶対的労働力不足状態には本質的変化はなく，また外国人労働者職場はもともとマレーシア人労働力が行き渡らないから存在していたのであり，いわばマレーシア版「3K」職場である．産業界からの実態的要請でこの外国人労働者本国送還政策は変更を余儀なくされており，この現象自体が，マレーシア経済の発展の特性を物語っているといえよう．

こうした傾向は，ほぼ同じ政策を採用したタイにも見られるものであった．それ故，タイも外国人労働者処遇政策では，ほぼ同様な傾向と経過を辿ることとなった．そして外国人労働者の就労ビザ期限切れを理由とした本国送還措置が，タイにおいても，かえって幾つかの産業部門に労働力不足を生むことになっている．

次のような事例が見られた．まず①「タイ労働福祉省の推計によれば，97年には，94万3,745人の外国人労働者がいたが，うち正規登録労働者数は27万6,

607人，66万7,138人が未登録の不法就労者数である．この不法就労者の実数は更に多かったと推定されており，地域的にはミャンマー，ラオス，カンボジアの国境地帯に集中していると推定されていた」．従って「タイに流入してきている不法就労外国人労働者を国外追放している現在の措置は，各産業分野で労働者不足状態を作り出している」．として，更に以下のような事実が指摘されている．「タイは既に23万人の外国人労働者を本国送還し，98年11月までに更に8万人を国外追放する．しかし本国送還が始まって，多くの産業分野で，タイ人労働者への就労移管が出来ないでいる．労働社会福祉省によれば，雇用需要は11万人あるのに対して，外国人労働者に代わって積極的に職に就いたタイ人労働者は，僅か64人だったという」．このための対策として，「タイ政府は，雇用者支援のために，8月15日から規制を緩和し，1年間の外国人労働者雇用延長を認めた．外国人労働者雇用延長の総数は21万3,855人であり，その産業分野別内訳は，漁業が4万4,938人，ゴム園が4万4,491人，漁業関連業が3万2,997人，繊維縫製業が1万4,359人に上る」[20]規模となった．更にまた経済危機以前の計画を復活させ，②「タイ政府と民間企業は，ともに，必要な外国人労働力を合法的に導入するための長期計画を準備している．この計画では各部門ごとに規制された外国人労働力を1年を単位に輸入するものである．この計画は，もともと97年に立案されていたが，経済危機のため延期されていた」[21]という．

この他に地域事情も加わった労働力不足への対応には次のような事例も伝えられた．③「タック県工業協議会は，同県のミャンマー人労働者雇用の許可を政府に求めている．先週（99年5月中旬），同州の国境地域のマエソット，マエラマット，タソニャン，ポップラにある縫製6工場で，ミャンマー人不法就労者6,000人以上が逮捕された．これらの縫製工場は輸出用製品を生産しているので，ミャンマー人労働者の逮捕は，同県の経済に悪影響を与えることとなったとされる．このために企業経営者達が外国人労働者雇用規則に関して緩和措置を求めている．同県には，工場数は100以上あり，その70％が縫製工場である．昨年は，67億バーツ以上の生産物を輸出している．従って，ミャンマー人

労働者の逮捕本国送還によって，労働者不足が生じた場合，同県経済に深刻な打撃を与える」[22]．④「北部タック県の三つの郡マエソット，ポップラ，マエラマットでは，工場操業その他現業労働について，外国人労働者依存度が高いため，各企業は外国人労働者規制が実施される8月4日以後も，引き続きミャンマー人を雇用出来るよう規制の緩和を求めている．そしてこうした措置を求める事情は次のようであった．すなわち同県では，外国人労働者雇用禁止措置により，工場が閉鎖に追い込まれる事態となり，1日当たりで2,500万バーツが失われるという．このために，経済特別区宣言が提案されており，産業省，労働省からは同意を取り付けているという．同県は，1998－99会計年度に，64工場が63億3,000万バーツの商品を輸出した．そして2000－01年には，100工場に拡大され，185億2,000万バーツの輸出が期待されている．しかし先週（1999年5月）には，国境4地区で，縫製工場の外国人労働者6,000人が逮捕された．同県労働雇用事務所当局者は，1ヵ月以内に60万バーツの支払いを工場所有者に要求し，不払いの場合は，更に2万人の不法労働者を逮捕すると威していたという．因みにマエソットの移民局事務所は，昨年（1998年），3万9,232人のミャンマー人不法就労者を本国送還し，更に今年（1999）1－4月に9,130人を本国送還している」[23]．

やや長い引用となったが，かくしてタイ政府が実施しようとした外国人労働者排除，本国送還政策は，実際には単に外国人労働力に依存して成立していた産業に労働力不足をもたらすのみであったこと，従って経済危機から生じていた失業問題に対する政府対策は労働市場の実態と齟齬をきたすものであったこと，などを意味しており，修正を余儀なくされた．

これらマレーシア及びタイの実例は，この二国にとどまらず，ASEAN諸国全般の経済発展には，ASEAN域内の労働力環流がしっかりと組み込まれていることを示唆するものであった．この点をもう少し詳しく見よう．

(3) ASEAN域内労働力環流：タイの位置

まず第一の課題は，1990年代における域内労働力移動の実態と特性である．

最初にフィリピンについて次のような実例が挙げられる.「フィリピン人海外出稼ぎ労働者数は,正規書類保持者（国外就労目的の合法的出国者）が470万人,未保持者（非合法就労目的出国者）が530万人」[24].この総計1,000万人という驚異的数字は,もちろんASEAN域内向けだけではない.しかしいずれにしてもフィリピンは,「世界最大の移民労働者の源泉」もしくは「ディアスポラ（国外離散者）」とも,その海外出稼ぎ労働者の規模及び実数が形容されている[25].そしてこの膨大な海外出稼ぎ労働の果実についても,次のように推計されている.すなわち「1975-1994年の期間の海外出稼ぎ者のフィリピン本国送金額は総額で180億ドルに上り,この規模は同期間にフィリピンが受け入れた海外直接投資（FDI）総額の4倍に相当する.また単年度について見ると,例えば1993年の対GNP構成比に占める比重は4.5％であった」という[26].この他,既述したタイ,また長期にわたる悲劇的抗米戦争で生じた難民を含む多数の国外居住者を抱えるベトナムなどもまた,ASEAN域外を含む世界各国への労働者送出国と数えられよう[27].

そしてこれらフィリピン,タイに代表される海外出稼ぎ労働者の流出先が,時間の経過とともに特徴的な変化を示してきたことが知られる.東南アジアの出稼ぎ労働者が注目されるようになった70年代,80年代,その流れの先はほとんどが中東産油諸国を指していた.しかしながらこの流れは,イラクのクェート侵略を契機の一つとして,90年代にはいると,その行き先をアジア地域に変更するようになった.日本,台湾,韓国である.東アジアから東南アジア地域における経済発展とも結合した流出先変動であった.同時に注目すべき動きは,東アジアに向かった流れとASEAN域内移動とが,時期の面でもほぼ重なるものであったということであろう.

ASEAN諸国の経済成長が顕著になってきた90年代に,域内における労働移動もまた規模を拡大しているのである.90年代後半期における域内移動実態に関して次のような数字がある.すなわち1996年のインドネシア総選挙に当たって,インドネシアの駐マレーシア大使館に選挙人登録をしたインドネシア人は総数140万に上ったということ[28].そしてこのマレーシアが受け入れていた

外国人労働者総数は，1997年には230万人で，この数字は同国の実就労人口のほぼ11％に相当する規模であると推定されている[29]．この他，90年代後半期にASEAN諸国がそれぞれに受け入れた外国人労働者総数には，次のような各種の推定数字がある．すなわちシンガポールについては，総人口300万人余の国家が受け入れていた外国人労働者数は30－50万人と推計されており，ここにはマレーシアからの通勤労働者を含む10万人が数え入れられている．ブルネイには約10万人，既述のタイには100万人などである．

　このように見てくると，ASEAN域内労働力移動には，相互依存関係とある種のヒエラルヒーが存在するという，もう一つの課題が生じているといえよう．まず幾つかの事例を見てみよう．マレーシアとフィリピンの関係については，「フィリピン政府の記録によれば，マレーシアのフィリピン人海外契約労働者数は，18万5,000人．うち書類保持者は，8万8,187人，残りは全て非合法就労労働者となっている．西マレーシアの非合法就労のフィリピン人労働者数は数千人規模と見られ，残りの多くがサバ，サラワク両州で，工場，建設，サービス，プランテーションで働き，大半が非合法就労である」．と報じられていた[30]．ここでは既述した如く，マレーシアで就労する「自国民」が国外排除されるのではないかという強い懸念を報道姿勢の底に潜ませるものであった．一方，フィリピン側が懸念するマレーシアは，更に加えて既述の如くにインドネシアから多数の労働者が流入して来ているが，他方ではシンガポールへの多数の労働者を送出する国であり，97年経済危機の折には，例えばシンガポール進出最大手半導体メーカーが，危機対処として多数の労働者をレイオフした際には，その対象となったのは大半がマレーシアからの「流出労働者」だった．労働者送出国としてのマレーシアもまた，在外労働者が出先の国で失業の憂き目にあうという危機感を抱いているのである．

　タイもまた，マレーシアと同様である．次のような事例が見られる．まずはASEAN域外国に関してである．自国労働政策として外国人労働者本国送還を一部実施したタイではあったが，自国民が同じ処遇にあうと，「タイ人労働者にとって，台湾における雇用機会が減少した．台湾行政府は，同国企業が一

度に20名以上の台湾人労働者をレイオフするか，もしくは全体の4分の1をレイオフした場合には，外国人労働者を雇用することを禁止することを，98年12月末に政府方針とした」などとなる[31]. 一方，こうした在外就労タイ人労働者の処遇を厳しいものであると報じるとともに，他方では，これと対照的なものとして，例えば次のようにいう．「ブルネイ政府が外国人漁民受け入れを決めたことは，タイ漁民と労働者に朗報であると受け止められた．タイ漁民は，99年10月にミャンマー政府がその領海内漁場を閉鎖してから困難に直面していたからである．ブルネイ政府の措置に，タイ及び中国の企業に引き続いてフィリピンも関心を示したが，駐ブルネイのタイ大使は，ブルネイ政府が外国人労働者を拡大する方向にあると見ており，かつ厳しい労働に耐え，訓練の行き届いたタイの建設労働者の雇用が見込めると見なしている」などとしている[32]. 更に入り組んだ関係が見られる．97年経済危機発生直前の時期であるが，この95-96年の時期，確かにタイ国内では労働力不足の傾向が顕著であったが，この状況下で外国人労働者の就労に関して，タイ人労働者（労働組合）が反発する気運が生じていた．この傾向は，次のようなものとして窺い知ることが出来た．すなわち「タイ政府当局者の発言（1996年時点で確たる数字という意味合いを持つ言動）として，同国には50万人の非合法就労者がおり，その大部分がミャンマー人である．タイの企業経営では雇用者が深刻な未熟練労働者不足に陥っている．この原因は主として，タイ人労働者が熟練労働部門に移行してしまっているか，もしくは海外出稼ぎの流れに乗って本国を離れるからである．このような条件の下で，法定最低賃金の引き上げを主張する労働組合は，ミャンマー人労働者が，その本国では日給12バーツという状態で雇用されているために，たとえ日給50バーツを雇用者側から提示されても，この賃金額を簡単に受け入れると非難している．因みにこの時点（1996年初頭）で，バンコク周辺の法定最低賃金は，145バーツであった」という[33].

　ASEAN域内の労働力移動（環流）のこのような入り組んだ関係を，全般的に整理してみると，次のような構図になろう．まず労働力送出国（国外出稼ぎ労働者一方的送出国）として挙げられるのは，フィリピン，インドネシア，ミ

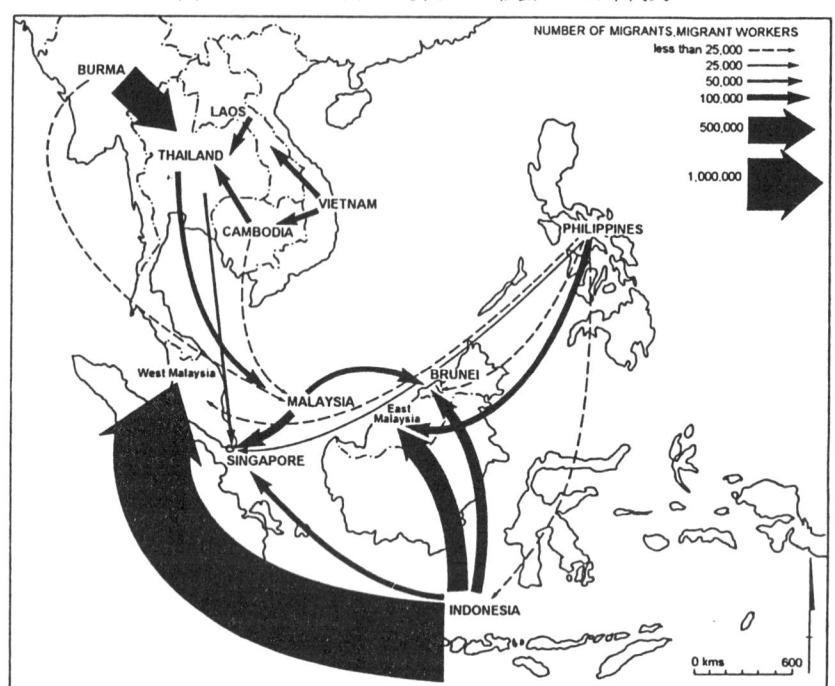

図　ASEAN域内の主要な人口移動　1990年代央

(出所) Graeme Hugo, "Managing Mobilisation and Migration of Southeast Asia's Population", Wong Tai-Chee & Mohan Singh, ed., *Development and Challenge : Southeast Asia in the New Millennium,* Times Academic Press, Singapore, 1999, p. 186.

ャンマー，ラオス，カンボジア，となる．これら諸国は，ASEAN域内労働移動のピラミッド構成要素としては，いわば最底辺を構成している．一方，労働力一方的受け入れ国として，ピラミッド構成上頂点に位するのが，シンガポール，ブルネイであろう．そしてこの二つの構成要素，つまり労働力の受け入れ国であると同時に送出国でもあるというピラミッド構成の中位に位するのが，タイ，マレーシア，という構図である（図参照）．これらは97年に至るまでは基本的には順調に機能してきていたといってよいであろう．しかし97年経済危機以降，この労働力域内環流システムは，全体としても，また殊にヒエラルヒー構図中で中間位にあるマレーシア及びタイの2ヵ国では，これまでも言

及したように自国内就労外国人労働者処遇問題で，深刻な，いわば自己矛盾状態に陥ってしまっているともいえよう．

　このためタイは，こうした状況を国際的な協力で解決しようと，国際労働者移動問題国際シンポジウム開催を呼びかけ，18ヵ国の参加を得た（99年4月21-23日）．この最初の閣僚級国際シンポジウムには，この時点では未加盟だったカンボジアを含む ASEAN 全加盟国，スリランカ，バングラデシュ，韓国，パプアニューギニア，中国，日本，オーストラリア，ニュージーランドが参加したという．しかし即効的効果が得られるものではなかったのはいうまでもないことである[34]．

4．むすび——経済発展における ASEAN 域内労働移動

　ASEAN 諸国経済は，1997年経済危機を経過し，かつて「昇竜」と形容された段階までに，今なお回復しているとはいえないとしても，90年代を通じた急速な成長は，これまでにも既に多様な分析がなされているように，急速にその市場経済化，資本主義化を実現させてきたといえよう．そこでは，これまで述べてきたように，きわめて短期間のうちに，外国直接投資の増大，製造業の発達などに見合うような労働及び雇用の形態が，実現されてきたといえるだろう．従ってそこで大きな域内労働力環流型ヒエラルヒーが成立したのも，これまた必然であったといえよう．

　ここでは最後に二点を付け加えておきたい．第一は，かつて主に1970年代のカリブ諸国からアメリカ合衆国への移民労働者増大の解析に取り組んだ都市社会学及び国際移民労働研究者サスキア・サッセンの問題提起である[35]．サスキア・サッセンは，70年代，当時，失業に悩むアメリカ合衆国に対し，顕著な傾向としてあったカリブ地域からの移民労働者増大を実態分析することを通して，また世界的な「高度成長と対外移民増大の同時併存」傾向について，問題提起して，「対外投資と雇用創出は対外移民の抑止力」，「対外移民の誘因は経済成長の欠如」としてきた従来の学説は事実に反するとした[36]．そして外国直

接投資が輸出製造業に集中し,そこにおける労働力が「女性化」している事実を解析した上で,「輸出産業の雇用の場合,第三世界の女性は,(a)新工業団地の雇用・解雇の形態,(b)伝統的労働構造解体と女性自身の西欧化の結果として,きわめて弱い立場に立たされる.彼女たちは加工区で雇用される前に従事していた労働及び生活に,離職後戻る可能性を失ってゆき,女性移民供給条件が形成される」と結論づけた[37].更に,対外移民促進の道筋は,「(a)人口の新たな部分が賃労働に編入され,関連する伝統的労働構造が解体される.(b)新たに産業労働力が女性化することで,男性の労働機会に影響を及ぼす.(c)投資国である高度工業国と客観的・イデオロギー的結合を強める.これらすべてが移民労働の供給源」[38]となったという.この見解が示唆するものは,いうまでもなく,発展途上国の外資導入型の経済成長戦略は,世界的に国家領域を超えた労働移動を排除するものではないということだっただけでなく,今日に至る途上国経済発展が成立させた特性と,そこにおける「伝統的」労働構造解体が生み出す当該社会の固有性の確立であろう.

こうした見地からすると,本稿において,これまで見てきたASEAN諸国の域内労働環流の傾向は,むしろ必然的傾向でもあったといえよう.

確かにそこには,H. ヒューゴーが指摘するように,外国人労働者を雇用することが容易である,すなわちその存在それ自体が,経済成長にプラスする面があり,そしてまたマイナス面がある,という見地も成立するだろう[39].従ってここから第二点が生じる.サスキア・サッセンの問題提起,及びASEAN諸国内部におけるヒエラルヒー型域内労働環流の存在という実態を踏まえるとき,少なくともASEAN域内労働環流は,この地域の経済成長にしっかりとビルトインされている,すなわち経済成長が形成を促したものであるとともに,形成が成長を促進する源泉となってきたともいえそうである.ASEAN諸国で著しく進行した経済成長は,少なくともASEAN地域に関しては,もはや国家を単位とした経済促進ということではなくなっており,国を尺度とする分析モデルを持ってして,このASEAN地域の経済成長過程を解析することに,大きな疑問符がついていると,改めて指摘できそうである.

1) *South China Morning Post,* January 19, 1998. この政策は，後述するように，外国人労働に依存する経済構造の故に完全遂行されなかった．
2) 例えば，大畑弥七・浦田秀次郎編『アセアン (ASEAN) の経済・日本の役割』，有斐閣，1992年．Kyoko Sheridan, ed., *Emerging Economic Systems in Asia,* Allen & Unwin, Australia, 1998. Lim Hua Sing, *Japan's role in Asia,* 2nd. ed., Times Academic Press, Singapore, 1999. Peter G. War, ed., *The Thai Economy in Transition,* Cambridge University Press, UK, 1993. Radius Prawiro, *Indonesia's Struggle for Economic Development,* Oxford University Press, UK, 1998.
3) 1970年代の繊維アパレル，80年代の食品加工，電子機器等である．Somasak Tambunlertchai and Eric D. Ramstetter, "Foreign Firms in Promoted Industries and Structural Change in Thailand", Eric D. Ramstetter, ed., *Direct Foreign Investment in Asia's Developing Economies and Structural Change in the Asia-Pacific Region,* Westview Press, USA, 1991.
4) 井上泰夫「第3の国際分業と東アジア」，経済理論学会編『アジア工業化と世界資本主義』(経済理論学会年報第34集)，青木書店，1997年，6-20ページ．井上は，日本の多国籍企業がアジア圏で生産ネットワークを形成し，継続的な技術移転を展開するのは，日本内部にフルセット型生産構造からの脱却を要求する要素があるからとも指摘する．
5) この概観に関して，数値など多くの事実について，次の文献に依拠した．Chalongphob Sussangkarn, "Labour Markets" in Peter G. War, ed., *The Thai Economy in Transition,* Cambridge University Press, UK, 1993, pp. 355-400.
6) *ibid.,* p. 356.
7) *ibid.,* pp. 381-382.
8) 筆者の中央大学在外研究員 (1995-1997年，在東南アジア) 中，1996年2月に実施したタイ進出日系企業聞き取り調査結果から．
9) Profile of a Thai migrant worker, *Straits Times,* 1996.
10) Economic slump/Survey : Poor hit hard by crisis, *Bangkok Post,* March 22, 1999.
11) *ibid..* 同記事によると，この数値も過小評価であり，「農業共同銀行から資金融資を受けている農民は2,000-3,000万人を記録し，そのほとんどが負債返済不能状態 (負債額は総額3,000億バーツという) になっており，農民団体の中に，支払猶予を求める動きが生じている」という．因みにここでいう貧困階層は，三つにグループ分けでき，バンコクのスラム居住者，農村部の貧困階層，バンコク郊外の工業団地労働者から成っている．都市貧困層は，スラム居住者の57％が負債をかかえ，工業団地の賃金労働者は，平均月収が2,000バーツから

1,500バーツに下落しており,レイオフ労働者は多くが比較的就労期間の長い未熟練労働者という.

12) EMPLOYMENT : Jobless work from home, *Bangkok Post,* February 23, 2000.

13) One million workers to be expelled, *South China Morning Post*, January 19, 1998.

14) 94万8,000人 (200,000 aliens to be sent back, *The Star,* July 17, 1998.), 97万7,276人 (Stay extended : 96,000 foreign workers can continue to back, *The Star,* July 10, 1998.), 200万人 (正規労働者120万人,非合法労働者80万人, One million workers to be expelled, *South China Morning Post,* January 19, 1998) 等.因みに96年の時点ではアンワル蔵相は,150万人という推定値を示していた (Troubled, low-tech foreign companies told to close shop, *Straits Times,* Sept. 12, 1996.). これらの数値については,後節で再検討するが,マレーシアの総人口1,800万人余という規模から就労可能実労働者数を推計すると,導入されている外国人労働者が巨大な規模のものであることにかわりはないであろう.なお外国人労働者数を200万人とするのは, Graeme Hugo, "Managing Mobilisation and Migration of Southeast Asia's Population", Wong Tai-Chee & Mohan Singh, ed., *Development and Challenge : Asia in New Millennium,* Times Academic Press, Singapore, 1999, p. 172.

15) Over 3,000 Indian, Myanmar face repatriation, *New Straits Times,* January 30, 1998.

16) Stay extended : 96,000 foreign wokers can continue to work in certain sectors, *The Star,* July 10, 1998.

17) One million workers to be expelled, *South China Morning Post,* January 19, 1998.

18) 200,000 aliens to be sent back, *The Star,* July 17, 1998.

19) Foreign workers want out, *Straits Times,* August 15, 1998.

20) Chatrudee Theparat, Move to manage labour inflow : Deportations create shortage, September 29, 1998, *Bangkok Post.*

21) *ibid.*

22) Alien labour : Tak factories want to hire Burmese, *Bangkok Post,* May 26, 1999.

23) Illegal immigration/Special economic zone would ease labour shortage, *Bangkok Post,* May 29, 1999.

24) Government and OFWs (Overseas Filipino Workers) in trouble, *Manila Times,* August 15, 1998.

25) Graeme Hugo, "Managing Mobilisation and Migration of Southeast Asia's Population", Wong Tai-Chee & Mohan Singh, ed., *Development and Challenge : Southeast Asia in the New Millennium,* Times Academic Press, Singapore, 1999, pp. 186-187.
26) Joaquin L. Gonzalez III, *Philippine Labour Migration : Critical Dimentions of Public Policy,* Institute of Southeast Asian Studies, Singapore, 1998, pp. 73-75
27) ベトナム政府の発表数字によると，国外居住者数は，1996年現在で，総数260万人，世界80ヵ国に及ぶという．Graeme Hugo, *op. cit.,* p. 189.
28) *The Star*, May 29, 1997.
29) K. Azizah, "International migration and its impact on Malaysia", Presented at the 11th Asia-Pacific Roundtable, Labour Migration in Southeast Asia : The Impact (Political, Economic, Social, Secure)", Kuala Lumpur, 5-8 June, 1997, quoted in Graeme Hugo, *op. cit.,* p. 192.
30) OCWs face ouster from Malaysia, *Manila Times,* August 15, 1998.
31) Thais in Taiwan face new job rules, *Bangkok Post,* January 20, 1999.
32) Bhanravee Tansubhapol, BRUNEI : Future looks bright for overseas Thais, July 23, 2000, *Bangkok Post.* なお「現時点 (2000年) でブルネイに雇用されている外国人労働者数は，7万人である．タイ人はかつての4万人から1.5万人に減少．フィリピン人労働者数は，8万人から1.8万人に減少した」という．
33) Alien labour issue could turn violent, say workers, *Bangkok Post,* January 8, 1996.
34) Symposium on Migration, *Bangkok Post,* April 21, 1999. このシンポジウムでは，次のような事例も紹介された．97年7月のバーツ危機以降のアジア経済危機で，各企業のレイオフの第一ターゲットとなったのが，外国人労働者であったことから，ASEAN地域では不法滞在労働者数が急増大したとしている．そしてタイも他国と同様に不法外国人労働者問題に悩まされており，同労働福祉省集計の登録外国人労働者数は，99年1月31日現在，9万911人，うち，ビルマ人：7万9,057人，カンボジア人：1万593人，ラオス人：1,261人という数値を提出している．他方で，非公式には，外国人労働者はビルマ人だけでも，100万人と信じられているという．またラノン県の事例として，「5万人のビルマ人のうち4万人が非合法労働者．しかし彼らがいなければ，現業労働者が不足するばかりでなく，販売員も居なくなってしまう」という．また「タイは，国内の特定部門（建設業と漁業）の労働者不足から，ビルマ人がタイで合法的に働けるように94年に規制を緩和した．この緩和の中では，労働許可証に記載する名前をビルマ式でなくタイ風に記載することを認めた．そのために，ビルマ当局

とのトラブル発生．許可期限切れで彼らが帰国するときに，それがタイ人である証拠として帰国を認めない．その結果，ビルマ人はタイで不法滞在者として投獄された」という．
35) サスキア・サッセン著　森田桐郎他訳『労働と資本の国際移動：世界都市と移民労働者』岩波書店，1992年刊．(Saskia Sassen, *The Mobility of Labor and Capital : A Study in international investment and labor flow*, Cambridge University Press, Cambridge, 1988.)
36) 同上書，143ページ (*ibid.,* p. 94)．「アジアやカリブ海地域からの対外移民の水準は，1970年代を通じて上昇し続けたが，この間失業は特にアメリカ合衆国で高い率を示した．…同時期，主要移民送出国のGNP成長率はほぼ5－9％を記録し，製造業の伸び率は更に高かった」と指摘する．
37) 同上書，165ページ (*ibid.,* p. 114)．
38) 同上書，171ページ (*ibid.,* p. 120)．
39) Graeme Hugo, *op. cit.,* pp. 199-200．「特定分野の労働不足の解消，特定分野の技術不足の解消，労働過剰状態の解消と雇用機会増大」「賃金抑制，送出国の技術力不足，受け入れ国の現地労働者の排除機能，送出国の所得格差拡大，所得の国外依存度拡大」等．

第6章 Impact of Economic Crisis on Political and Social Reforms in Thailand

要　旨

タイの政治・社会革命におよぼす経済危機の影響

1．現在の経済状況

アジア経済危機によってパフォーマンスが悪化したタイ経済において，システムを透明化し説明責任を遂行するために，様々な規制を緩和させようとするかどうかに焦点は移りつつある．IMFの最大の過ちは，金融引締め政策によっていっそうの国内景気の低迷をもたらした点であり，景気刺激策へと政策スタンスを変化させるのに少なからぬ時間を要した．IMFと世銀は経済回復に楽観的な見方を崩しておらず，その前提には，いまだ回復の鈍い国内消費を補うだけの日本への輸出増（←日本の景気回復）を想定している．

2．タイ経済発展への道のり

1950年代末の経済危機にともなう世界銀行の支援は，都市部を中心とした巨額なインフラ用支出を通して，急速な工業化の先導的役割を担うに至った．1980年代中期，政府テクノクラート主導の輸入代替工業化から民間主導の輸出志向工業化へと工業化の局面は移行するが，その主たる担い手は日本人をはじめとした外国人資本家であり，国際競争力を低賃金労働に見出すべく，労働集約的管理の対象を日本国内からタイへと移したのであった．その結果，中・上流階層を中心とする所得増加は，外資にとってタイが販売市場として魅力あるものと認識させた．政府の高関税保護も手伝い，日本の自動車組立て企業の現地生産を加速化させたのが，その代表例であった．1990年代初頭，減少した日本からの投資を補って余りあったのが，ポートフォリオ操作によって利鞘を稼ごうとする国際投資家たちによる巨額の資金流入であった．

3．タイ経済のグローバリゼーション

外資誘導策は，民間主導の経済発展という見地から政府による規制は必要最小限に押さえ，貿易・投資・金融自由化の促進によってタイ経済をグローバル経済へと一層組み込もうとする経済運営の結果もたらされたものである．ドルペッグ制のもとでの金融の自由化は，1990年代初頭のポートフォリオ投資の大幅増加をもたらしたが，外資が向かったのは非生産部門である株式市場，不動産，信用創造といった，短期収益志向の強い部門であり，こうして人為的に創出された信用にもとづいて生み出された，実態をともなわない見せかけの購買力は，通貨危機という形で水疱に帰すに至る．このバブル崩壊によってもたらされた教訓とは，輸出志向工業化，信用創造，民間規制の最小化，グローバル経済との直結といった，危機に至る経済発展モデルそのものの見直しであった．

4．成長パターンの誤測

バンコク一極集中の工業化による経済発展路線とは，工業への農業の従属，農業労働者の都市工業労働への供給源，といった農業のいびつな位置づけによって可能となったものであり，2度の工業化の局面において天然資源の輸出，怠慢な環境管理によって，環境破壊をももたらした．ここで注目すべきは，こうした農業・環境両側面の危機をもたらした最大の原因が，バンコク特化・外資優遇のインフラ整備であったという点である．

5．経済危機がもたらす社会問題

最も深刻なのが失業問題であり，1998年半ばの161万人という公表数値には中小企業の失業者200万人は含まれておらず，解雇者は女性により多く見られる．また，財政的な理由による退学者増という教育問題や，事業の失敗や負債累積によるうつ病・自殺の増加といった社会問題をももたらしている．

6．経済崩壊の兆し

公共教育の重視，基本的経済諸制度の普及，混合経済による経済発展構想を内容とした「東洋戦略」(eastern strategy)を主張するセン教授によれば，人間の能力を発展させることこそが社会全体を進歩させる上でも重要であり，そのカギを握るのが「保障された安全」と「透明性の保障」をもたらす民主主義社会である．民主主義の重要性は今回の経済危機においても確認され，民主主義的な自由の限界，政府の非民主主義的性質が見られた社会において，ビジネスの透明性や説明責任の欠如という形で露呈される結果となった．

7．持続的発展のための戦略

経済危機を機にタイが目指そうとする，従来の経済発展路線にとって代わる発展戦略とは，タイ国王が提唱した農業を主体とする自給経済を重視する「ほどほど経済」に象徴される．そうした「ほどほど」の自給経済を支える「強い社会」とは，経済のみならず，社会，文化，教育，環境，公衆衛生をも含む自給自足社会であり，自らの社会の手で諸問題を解決しようとする社会である．そして，こうした社会を目指す方向性は経済危機によって認識させられた経済・政治分野での社会改革をタイ国民自らの手で遂行しようとする方向とベクトルを同じくするものである．

8．今後の見通し

経済危機の産物である失業，農業の衰退，農産物生産の減少，輸出停滞といった困難な問題の多くが，農業主体の自給自足経済への回帰によって緩和されるのではあるまいか．自給自足型の地域社会をいかに構築するか，今後最も重要となる課題であろう．

(久保文克)

1. Current Economic Situation

The economic crisis continued to dominate events in 1998. Thailand showed negative GDP growth of 7% to 8%, production capacity was running under 50%, unemployment was on the rise, and the financial sector's nonperforming loans amounted to 46% of all debt. (Suchitra, 1999 : 80) In the midst of crisis, however, the groundwork has been laid for extensive banking, legal, tax, and institutional reform. Focus has turned on efforts to streamline regulations to create greater transparency and accountability in the system.

The Thai government adhered to the International Monetary Fund's macroeconomic program during the first half of 1998, during which time the economy slid into deeper recession. The IMF has been criticized for prescribing the wrong medicine for Thailand. The biggest error in the IMF program lay in its fiscal tightening measures, coming in the middle of a collapse in the domestic credit and billing system, and the balance of payments crisis. It was not until May that both the IMF and the Thai Finance Minister began to change their stance by allowing fiscal deficit spending to act as an economic stimulus.

Both the IMF and the World Bank issued cautiously optimistic statements regarding Thailand's recovery. The IMF predicted a recovery by the middle of 1999, barring deterioration in global economic prospects and regional developments. An implicit assumption is that Japan, the market for 14% of Thailand's exports, will assist recovery in Asia by ensuring a resumption of solid growth in domestic demand.

2. Path to Development of the Thai Economy

Some analysts including Walden Bellow, Professor of sociology and public administration at the University of the Philippines, would trace the economic crisis to the late 1950s, when, with strong backing from the World Bank, Thailand embarked on a path of development stressing rapid industrialization. Accompanying this thrust, was massive infrastructure spending, particularly for projects supporting urban industry; a strong market orientation; a leading role for the private sector; and a pivotal role for foreign investment. (Bello, 1998 : 6)

The first phase of this development process was import substitution industrialization, but with this strategy running into crisis in the early 1980s the technocrat economic leadership, backed strongly by the private sector, launched the country onto the path of export-oriented growth in the mid-1980s. This phase was accompanied by the tremendous infusion of foreign capital, especially from Japanese foreign investors seeking to relocate the more labour-intensive phase of their manufacturing operation away from Japan in an effort to maintain their edge in global competition.

With the rise in income, particularly among the rich and the middle classes, Thailand became an important market in its own right for foreign investors, and, as in many other sectors, the Japanese automobile companies led the way by setting up assembly operations in the country to take advantage of a market still protected by high tariffs. Japanese investment began to diminish in the early 1990s, but Thailand's technocrats and business elite had by then become addicted to foreign capital. Fortunately for them, an alternative source of capital was available, in large volumes, in the form of the huge sums in the control of portfolio investors and big international banks seeking investment opportunities that were more profitable than those in the North.

3. Globalization of the Thai Economy

The effort to attract foreign investment was led by technocrats and bureaucrats who believed that Thailand's prosperity lay in minimizing state regulation of the private sector to allow it to play the leading role in economic development, and in a closer integration of the Thai economy with the global economy through accelerated trade, investment, and financial liberalization.

Thus, during the Anand administration in the early 1990s, taxes on completely built up cars were brought down radically in the name of consumer welfare. It was, however, not so much in trade —— where opposition to full-scale liberalization remained strong —— but in the financial sector that the greatest effort to erase the separation between the Thai economy and the global economy was made.

Financial liberalization and the elimination of virtually all significant restrictions on foreign exchange transactions, coupled with the maintenance of high interest rates and tying the baht at a stable rate to the dollar, created a macroeconomic framework friendly to foreign capital. But it was the prosperity triggered by Japanese and other direct investment that acted as the biggest magnet for the tidal wave of portfolio investment that swept the country in the early 1990s, and it was the high growth rates of 7-10% that served as the ultimate collateral for international banks that were eager to lend to Thai financial institutions and enterprises. (Bello, 1998 : 7 -8)

Foreign capital went principally not to the productive sectors of the economy but to the highly profitable sectors with a quick turnaround time -which meant the stock market, real estate, and credit creation. The proliferation of buildings, cars, and shopping malls created the aura of widespread prosperity that at the same time masked the fact that purchasing power did not have a basis in real wealth but was being artificially created via credit extended from external sources. Consumption and the contraction of credit became password to the good life.

The Thai economy was perched precariously on this pyramid of credit when, in 1997, the not unexpected conjunction of massive oversupply of real estate, skyrocketing external debt, and zero growth in exports triggered the flight of foreign capital that lay at its base. The collapse, when it came, was sudden, but it was not totally unexpected.

The crisis brought not only shock but profound questioning of a model of development based on massive infusions of capital, fast-track export-oriented industrialization, credit creation, minimal regulation of the private sector, and greater integration into the global economy.

4. Misleading Patterns of Growth

4.1 Subordination of agriculture to industry

Economic development was seen as a process that achieved industrial growth at the expense of agriculture. The secondary status of agriculture, reflected in lower investment relative to industry and lower incomes relative to urban incomes, made the 58 to 60% of the population that lived in the countryside effectively second-class citizens. Over time, with poverty concentrated in the countryside, agriculture became less and less attractive as an occupation and the rural population was converted into a reserve pool of cheap labour for industry. Extreme centralization was a characteristic of this pattern of growth: the subordination of the countryside to industry means the subordination of most of Thailand to Bangkok since most of industry, about 90%, was concentrated in the city. (Bello, 1998: 246)

4.2 The Environmental Collapse

The pattern of development followed in Thailand was also ecologically extremely destabilizing. A strip mine type of development had accompanied the first phase of this process, which emphasized the export of natural resources, like wood, to raise the revenue necessary to finance industrial growth. The second phase —— export-oriented industrialization —— had also caused great damage, this being the result of a deliberately lax enforcement of environmental controls in order to attract foreign investment into the country, leading to massive air and water pollution.

A central factor contributing to both the crisis of agriculture and the crisis of the environment was the infrastructure building that accompanied this process of extractive development to facilitate the flow of resources and goods from the countryside to Bangkok and from Thailand to the outside world. The massive centralized projects, like the hydroelectric dams whose construction was accompanied by the clearcutting of huge tracts of forestland and the displacement of thousands of farmers and forest-dwellers, had paltry gains.

5. Social Problems Resulted from Economic Crisis

The economic crisis compounded existing social problems. Unemployment continued to rise dramatically during 1998. The Department of Labour Protection and Welfare reported that 1,000 private companies closed down. Figures released by the Bank of Thailand showed that 670,000 persons were laid off during the year. Unemployment rose from 2.2% of the labor force in February to 5.0%, or 1.61 million individuals, in mid-year. These statistics, however, do not take account of workers laid off by small businesses. Informed estimates placed the number of adult unemployed as closer to two million. (Suchitra, 1999 : 83)

More female workers have been laid off proportionately to male workers. Nongovernmental organizations (NGOs) working to assist women reported an increase in domestic violence and abuse of women, especially in urban areas. Reduction in incomes and a higher cost of living put a strain on household finances, and many rural women and children have fallen prey to traffickers.

The economic crisis also had a severe impact on education. During 1998, nearly 800,000 school children and college students were forced to drop out of school for financial reasons. The consequences of such a large-scale dropout are likely to affect Thailand negatively in the years to come. The mental health of the population likewise has been affected by the economic crisis. The Ministry of Public Health reported an increase in the incidence of depression and mental disorders. The number of suicides, many of them caused by business failure and indebtedness, also rose to unprecedented numbers.

6. Symptom of Economic Collapse

According to Amartya Sen, Professor of Economics at Cambridge University and the latest Nobel Prize laureat in Economics, forces behind the dynamism that made the economies of East and Southeast Asia progress so fast may be called the "eastern strategy" which included, first of all, an emphasis on public education as a prime mover of change. In this, the state played a major role. Second, it also involved wide dissemination of basic economic entitlements (through education and training, land reform, availability of credit), which broadened access to the opportunities offered by the market economy. Third, the chosen design of development included a deliberate combination of state action and use of the market economy.

Professor Amartya Sen mentioned the importance of developing human capabilities as the root of progress of individual and social living. The social changes that occurred in China in the pre-reform period (expansion of literacy, basic health care and land reform) enhanced human capability to lead worthwhile and less vulnerable lives. This is the case even without their role in the development of a market economy. This was part of the commitment of the Chinese Communist Party as a part of its political ideals. But these capabilities are also associated with improving the productivity and employability of the persons and the possibility of people to interact with each other and with the world. (Sen, 1999 : 6)

If East and Southeast Asia was so successful in its multi-institutional approach to growth and development, why did it have such a huge crisis, with so many people going through such desperate misery? According to Professor Amartya Sen, the answer lies in the neglect of certain types of institutions, including those that provide economic and social security, on the one hand, and financial and business transparency, on the other. Going beyond that –into political arrangements for social living –the absence of democracy in some of these countries has also been a major deficiency.

The instrumental role of democracy, including elections, multi-party politics, free media, etc. in making sure that the government does respond to people's needs and predicament can be of great practical significance. The rulers have the incentive to listen to what people want if they have to face their criticism and seek their support in elections. The recent problems of East and Southeast Asia bring out, among many other things, the penalty of limitations on democratic freedom. This is so in two striking respects, involving the neglect of two important instrumental freedoms, i. e. "protective security" and "transparency guarantee". (Sen, 1999 : 21)

First, when the financial crisis in this region (from 1997 onwards) led to a general economic recession, the protective power of democracy was badly missed in some countries in the region. Those who were newly dispossessed in Indonesia or Korea did not get the hearing they needed. The protective umbrella of democracy is strongly missed exactly when it is most needed. Not surprisingly, democracy became a major issue precisely at a time of crisis, when the economically dispossessed felt strongly the need for a political voice. Thailand has, of course, made major progress in the direction of a fuller practice of democracy through the new constitution of 1997.

The issue of democracy relates also to a further —— a second connection, that between the lack of democracy and the nature of the recent economic crisis.The financial crisis in some of these economies (including Thailand) has been closely linked with the lack of transparency in business, in particular the lack of opportunity of public scrutiny in reviewing financial and business arrangements.

The unchallenged power of governance was easily translated into an unquestioned acceptance of the lack of accountability and openness, often reinforced by strong family links between the government and the financial bosses. In the emergence of the economic crises, the undemocratic nature of the governments played an important part.

7. Strategies for Sustainable Development

7.1 Good Governance and Thammarat

The expression "good governance" was introduced in Thailand via International organizations after the currency crisis. However, the Thai expression of "Thammarat", which is adapted from "good governance" gained more popularity from a speech by Thirayuth Boonmi, a professor of Sociology at Thammasat University, on January 18, 1998.

In that speech, Professor Thirayuth said that Thailand's economic crisis makes it necessary to enact social reformation, not only in the economic field but also in politics, administration and law. In particular, he asserted that it is necessary to reform oneself in the direction of the nation which suits with morally (Thammarat).

Since that time the IMF queried the Thai government continuously about the reform of financial institutions and economic reformation bills. Therefore, the speech by Professor Thirayuth principally aimed to counterbalance with the economic reformation, which is led by the IMF and required social reformation of Thai people by themselves.

Ten practical aspects of Thammarat that he advocated are: (cited by

Suehiro, 1999 : 12)

1. Promotion of cooperation and unity of the people's force in order to overcome the on-going crisis.
2. Investigation of the causes which brought about this crisis.
3. Promotion of public service with transparency and accountability.
4. Creation of the view which integrates economic problems with social and cultural problems.
5. Formulation of a recovery program with both short-term and long-term perspectives.
6. Promotion of participation of the people in decision-making at the various levels.
7. Development of more independent oneself-reformation.
8. Enforcement of self-sufficient economy which is proposed by His Majesty the King.
9. Establishment of the rights of consumers and promotion of information disclosure.
10. Creation of the "strength" among the people and community.

7.2 Creating Self-sufficient Communities as Alternative Development

Apart from this argument on Thammarat, another discussion that aims at the construction of a new society based on more traditional ideas of Thai society as well as a self-sufficient economy as expressed by the King was proposed by Doctor Prawes Wasi, one of the country's leading alternative development thinker. He mentioned a strong society and social governance. The argument of Thammarat was originally rooted in the discussion among intellectuals on Thai democratization and the possibility of civil society in Thailand. On the other hand, his idea is considered as the extension of the "alternative development approach" that was proposed by NGO groups who had a critical view on the destruction of natural environment and the collapse OF stable rural economy during the bubble economic period.What matters most for Doctor Prawes has been how to stop the development of an economic crisis into a social crisis. For that reason, the construction of a "strong society" is an urgent task to be conducted. He requested the starting point be good morality ethics. Good morality ethics is supported by correct wisdom. Correct wisdom is supported by correct economic system, and correct economic system is supported by a correct nation. Finally, a correct nation is essentially supported by a "strong society".

Also, "correct economic system" refers to a decentralized system of communities engaged in largely self-sufficient production that was possible because its members had been weaned away from the multiple needs of consumer society. Change had both external and internal components ; new strategies of productive organization had to be accompanied by a change in spirit. Doctor Prawes had promoted a small-is-beautiful, back-to-agriculture ideal of self-sufficient communities. (Cited in Bello, 1998 : 247)

"A strong community is the one which can solve its problems by itself, be they about their own self-reliant economy or social, cultural, educational, environmental or public health matters.

There are plenty of fundamental businesses that local communities can do. They include integrated or mixed farming handi-crafts, village businesses, cottage industries and many other services..."

7.3 Political and Legal Reforms

A major design feature of the Thai constitution amended and ratified in 1997 is the attempt to control corruption and limit the influence of money in Thai politics together with having "good governance" with more participation from the people. Three key organic laws –governing the Election

Commission of Thailand, political parties, and election of MPs and senators –have been promulgated. Under the 1997 Constitution, there are 25 organic laws that must be promulgated. They include key bills on the National Counter-Corruption Commission, the National Auditor General's Office, the National Human Rights Commission, administrative decentralization, the voters' right to propose laws, the holding of public referenda, and dismissal of members of national and local assemblies. However, there has been concern over the slow pace of legislation. The government had been accused of lacking sincerity and commitment to push for reform.

Chai-anand Samuthavanij, an eminent political science professor, forcasted Thai politics after the year 2000 that more state mechanism will be fully operated such as Administrative Court, Constitution Court, National Counter-Corruption Commission, National Auditor General's Office and ombudsman. Through these institutions the legitimacy of the government will be examined by the people so Thai politicians and bureaucrats will be certainly forced to change their political behavior (no more corruption and decentralization) and will have to pay more attention to social problems of the lower class. If not, representative democracy might be challenged and political crisis would be inevitable. (Chai-anand, 1999 : 11)

8. Future Prospects

To conclude, more hardship lies ahead in the form of increased unemployment, agricultural drought, decline in the production of agricultural products and export growth. Concerning unemployed workers, it is unlikely that agriculture would be able to absorb the hundreds of thousands who were flocking back to the countryside as they lost their jobs in the cities —— resulting in greater stresses on Thailand's remaining forested area, to which many of the displaced were likely to flee to earn a living.

In fact, what appears a certainty is that the social problems that have arisen as a direct outcome of the economic crisis will haunt Thailand for many years to come. If the government still gives priority to market economy as main pattern of economic recovery, what the Thai political leaders should put in their minds is the successes of the market economy are not achieved single-handedly by the market alone. There is a crucial need for supplement action from other institutions —— the government (accountability and transparency), the legislature, the judiciary, the political parties, the media, the academic institution, and the most important one, i. e. self-sufficient communities.

Bibliography

Bello, Walden, Shea Cunningham and Li Kheng Poh (1998), *A Siamese Tragedy : Development and Disintegration in Modern Thailand*. London : Zed Books, Ltd.

Samuthavanij, Chai-anand, "Changes in the World and Their Impact on Thai Politics and Administration in the Next Century", paper presented at annual conference of Prapoklao Institute, Pattaya, Thailand, December 10-11, 1999.

Sen, Amartya, "Democracy and Development in a Globalization World", paper presented at annual conference of Prapoklao Institute, Pattaya, Thailand, December 10-11, 1999.

Suehiro, Akira, "Corporate Governance and Good Governance" in *Japan Letter*, No. 21/22 : March-June, 1999, Bangkok, Japan Foundation.

Punyaratabandhu, Suchitra, "Thailand in 1998 : A False Sense of Recovery" in *Asian Survey*, No. 1 : Jan. -Feb., 1999.

第7章 Causes of 1997 Economic Crisis and Effects on Labour Force

要　旨

1997年経済危機の諸原因と労働力への影響

1．危機以前の経済状況の概観
(1)　経済成長神話（アジアの第5の虎への期待）の誕生：1971～93年のGNP年間平均成長率7.4％の実現，1980年代後半以降の日本からの投資急増による成長の加速（1988年の経済成長13.3％＝アジア最大）に由来
(2)　外資主導の新興農工業経済国としての成長，不安定な世界市場への包摂：1次産品輸出の増大（米，ゴム，キャッサバ，砂糖の輸出→果物，野菜，花，缶詰食品の輸出）→国内志向の生産者経済から輸出志向資本家的経済への転換→国際金融組織の動向に翻弄：商品取引，政府の財政政策に影響
(3)　金融危機の発生と危機後の対応：中国の対外市場開放，輸出収入の停滞・国際収支赤字の拡大・民間部門負債の急増・短期の国際投資資本の移動・不動産・金融市場の過熱（1996年）→タイ通貨への投機的圧力の発生・タイ銀行の外国為替市場介入の失敗→1997年7月2日のバーツ貨の管理フロート制移行，通貨の20％下落→さらに26％の下落（同年9月）
　　IMFへの援助要請（177億米ドル），金融機関救済計画の失敗，多数の金融会社の営業停止・倒産，金融機関従業員の解雇→金融部門への非難集中

2．1997年経済崩壊の諸原因
経済危機には多くの原因，金融不況は政府当局の貧弱な行政の結果にすぎない
(1)　主要機能の一極集中（バンコクの悲劇）
　　行政・民間企業のバンコク集中→政策・意思決定が全国へ波及

(2) 無分別な消費文化（過剰消費の悲劇）：タイ人の消費行動への過大な評価

現代の世代：高い生活水準の享受，収入獲得努力への低い関心→無分別な消費へ

「顕示的消費」の明白な証拠：金融の自由化（1993年3月，バンコク・オフショア市場BIBFの開設）→外国銀行によるタイ金融部門への資金流入，民間部門の海外低利ローンへの接近→大量の奢侈品輸入，セカンドハウス等の購入

外国資本：経済の生産部門でなく，短期高収益の株式市場，不動産，信用創出分野に進出

(3) 漂流する経済（経済発展の悲劇）：経済システムの問題点

農業社会としての発展，西欧企業主導による国際経済関係の拡大：米・スズ・チーク材の輸出，繊維品の輸入

1960年代，輸入代替工業の育成，外資の積極的導入：投資委員会BOIの設立，貨幣・財政政策の展開

1970年代後半，①一次産品輸出，②観光事業拡大，③低賃金労働者の輸出，④海外からの投資増大，ブームの発生→とくに，BOIの外国資本への譲歩，不十分な環境規制による外資の急増→外資主導型工業化→農村労働力の都市部への移動→農業部門の停滞

1993年，金融自由化：タイ経済の失敗の発端，マネー・ゲーム（通貨投機）による攪乱

労働集約的製造業中心の経済構造の脆弱性：中国・ベトナムの開放的経済移行に伴う外国人投資家の生産拠点移動→タイ経済の停滞

政治上の弱点：政治家・銀行家による陰謀・賄賂の存在

以上のタイ経済における諸原因に共通する問題点：西欧発展パターンに追随するタイ人の姿勢の再考の必要性→国王のスピーチ（自立的社会発展パターンへの転換）の示唆

3．経済危機が労働力に与えた影響

タイ経済の繁栄はひとつの幻想

20世紀後半のタイ経済の発展：外国資本の利用と低賃金労働力が基礎→両者の相互作用（金融の行き詰まりと労働の無秩序）

(1) 1997年経済危機後の労働力構成の全般的状況

総人口（6,060万人）中，活動人口（3,245万人，53.55%）は，①政府部門225万人，②農業部門1,661万人，③製造業・サービス業部門1,359万人の就業者から構成

製造業・サービス部門の就業者は，事業所有者620万人，製造業部門の従業員454万人，サービス業部門の従業員279万人，非活動人口（2,698万人，44.52%）は，①13歳未満1,237万人，②学生・生

徒474万人，③修道僧38万人，④高齢者432万人，⑤主婦374万人，⑥障害者110万人，⑦その他33万人から構成

失業者117万人（経済危機後4万人増）：労働人口の3.48％

経済危機1年後の労働力調査（1998年8月）：労働者の9.8％が職場を変更，労働者の18.1％が賃金切り下げを経験，解雇された労働者の大半が他の職場に移動
(2) 1997年12月発表の政府の失業対策は失業予防措置と失業緩和措置の二つの部分から構成

失業予防措置：①残業時間規制，労働時間短縮，賃金切り下げ，早期退職勧奨などによる雇用吸収力の確保，②労使間の相互理解，労働組合との協調関係確立を目的とした労働関係プラン，③労働者の解雇回避に必要な企業への資金供給計画

失業緩和措置：①短期計画→タイ人に対する貯蓄奨励，農業部門への雇用の転換，②中期計画→海外からの不法移民の防止，海外へのタイ人労働者の雇用促進，工業部門での雇用拡大，③長期計画→国王提案の「新農業概念」による雇用設計

首相・地方自治体の首長を責任者とする政策実行組織の編成
(3) 政府決定後の具体的な活動の展開：商務省による各地の廉価商品キャラバンの編成，日本の宮沢プランによる大規模ローンの支援を受けた農村雇用プログラムの実施，外務省によるタイ人労働者の雇用拡大のための外国との交渉，被解雇者に対する国王の新農業による農業部門での雇用促進など

4．タイ人が労働面について経済危機から学ぶこと
(1) 反省：1970年代に発生したシンガポールの経済危機克服の事例と同様に，タイでも過去の失敗から学んだ知恵を生かして，経済危機を経済発展の好機に変えることが必要
(2) 選択肢：低賃金労働力利用の製造業→中国，ベトナム，ラオス，インドなどとの競争に耐えうるか

技術集約的生産に移行した場合→労働者の作業を機械に代替することによって生じうる失業問題をいかにして解決するか，新鋭機械設置のための資本を持たない事業経営者の問題をどうするか
(2) 課題：現在，タイが直面している経済的ジレンマを克服し，将来の職業的需要の動向に合致した値の高い労働力を生み出すための教育面での政府と民間部門の協力，公務員の早期退職制度の導入，公企業の民営化，困難な状況を克服するための労働組合との協力

経済発展には長い道のり：「苦あれば楽あり」という言葉の真の意味を理解する必要

(鮎沢成男)

1. Overview of Economic Situation before Crisis

As one of the fastest growing economy, Thailand had been predicted as the fifth tiger in Asia after Hong Kong, Singapore, Taiwan, and Korea. This prediction sounded correct since Thailand had shown her outstanding economic performance in 1985 onward. If there was no economic collapse occurring in 1997, Thailand was expected to raise up her status as high as other developed countries in Asia. Before awakening and faced with reality most of Thai people owned a wrong perception of themselves. Many thought that their country's development status was far beyond praise and impossible for her neighboring countries like Laos, Malaysia or Vietnam to catch her up. This misunderstanding was due to the fact that from 1971 to 1993 gross national product growth averaged 7.4 per cent per annum. The major acceleration of growth happened as a wave of investment arrived from Japan in the late 1980s and triggered by the appreciation of the yen and the resulting need to relocation production to countries with lower cost of labor force.

Because China and Vietnam then were not ready to open their market for foreign investment, Thailand enjoyed the coming of foreign capital. Before 1988 foreign investment in Thailand was less than US$ 10 billion per annum but in 1988 it reached US$ 27 billion. In 1989 the amount of foreign investment increased to US$ 44 billion and US$ 57 billion in 1990.

Myth of economic development of Thailand was also caused by economic concept of growth rate. It happened that in 1988 the Thai economy grew by 13.3 per cent as the highest rate in Asia that year. The rate of economic growth was recorded as 12.2 per cent in 1989 and 11.6 in 1990. During the first half of the 1990s the growth rate settled down to 7-8 per cent range and most of economists said that this rate was expected to stand still at this range.

Thailand remained a substantial exporter of primary products before economic crisis happening in 1997. For example, in the mid of 1990s Thailand was one of the only two net food exporters in Asia Pacific. Thailand was the largest exporter of rice, rubber, and cassava and the second largest exporter of sugar. In 1970s a huge amount of fruits, vegetables and flowers became a part of exporting goods from Thailand demanded by world market followed by tinned fruits particularly pineapple, frozen boned chickens, and frozen and tinned seafood. In 1994 Thailand was the largest world exporter of tinned tuna fish providing 80 per cent of world export. Owing to this situation, Thailand was then labeled by some optimists as a newly agro-industrializing economic country rather than a newly industrializing country.

By the striking change of Thai economy from domestic producer to export oriented capitalist, Thailand has brought herself to connect with world market and faced with unstable economy monopolized by major rich countries like the United State of America, European countries, and Japan. Not only commodity transaction between the rich and the poor but also fiscal policy of Thailand has to be controlled either directly or indirectly by international financial institutions. Like a small boat sailing to the stormy sea, Thailand's destination was fallen into the hands of few people who dominated world economy.

Due to weak basis of economic understanding and pseudo background of growth rate that deceived Thai people, Thai economy could not stand out against crisis caused by international instability. When China opened her market and welcomed foreign investment, Thailand had to turn her face towards opposite direction of development. Particularly in 1996 the almost zero growth of export earnings, widening balance of payments deficit, the rapid mounting private sector debt, increasing short-term speculative capital movements, and over heating of the property and financial sectors were giving particular cause of concern. During the later part of 1996 speculative pressure on the Thai currency began to mount which resulted in a massive intervention by the Bank of Thailand. The attempt to support Thai currency was doomed to failure and on 2 July the Baht was placed on a managed float. This resulted in an almost immediate 20 per cent depreciation and a further 26 per cent by September. (Dixon, 1999 : 239)

Financial crisis led to the collapse of property and stock market in Thailand in the following year. The situation forced Thai government to invite IMF for substantial assistance in amount of US$ 17.7 billion in July 1997. This unfortunate occurrence was the beginning of the end of Thai economic prosperity and the dream of Thai people to become the fifth tiger in Asia has vanished into thin air.

In order to get someone responsible for the events, the crisis led to considerable criticism of the Thai financial sector and the way it operated before falling down. The Bank of Thailand was victimized for draining of financial resource of the Kingdom in the attempt to support the overvalued currency. The Bank of Thailand was criticized for its failure to produce a viable plan to salvage the finance companies. That is why the first group of white collar workers who were laid off at the beginning of economic crisis was financial employees in those companies. During May and June 1997, 58 out of 91 major financial institutions suspended operations and many small banks had been merged together and many had been depleted over the period. The major bank of Thailand like the Bangkok Bank has been downsizing as their workers became unemployed almost 3.000 people in the first year of crisis.

第7章 Causes of 1997 Economic Crisis and Effects on Labour Force 249

Because the financial institutions were bloodstream of all capitalist oriented economy as the main source of investment, the country's financial collapse in 1997 led to economic chaos. Many business firms particularly in service sector had to close down. By bankruptcy the rich of society became the poor and the poor became poorer.

2. Causes of Economic Meltdown in 1997

When Thai people found themselves sinking in economic misery, most of them started blaming financial sector for the cause of crisis. Actually, be fair to all, it is not one but many factors have to be responsible for the crisis in 1997 and financial slump, in fact, is a consequence of poor administration implemented by the former authority.

2.1 Putting All Eggs in One Basket (Tragedy of Bangkok)

As a matter of fact, it is not deniable that the major cause of economic turmoil in Thailand during 1997-1998 was from financial sector and partly from a misconduct of former government's policy in exchange rate. But the effects of crisis spread out overall the country even though the origin of all troubles happened in Bangkok where most of financial institutions were situated. Not only Bangkok people who suffered from economic collapse but a large number of workers who lived outside metropolitan Thailand also have to stay on sufferance for what they did not concern. Just like domino effect that a situation in which one event causes several other things to happen one after the other. For what happens in Bangkok once it causes many effects in other parts of the country due to the fact that Bangkok has become the center of everything in this country. This is another big blunder of Thai administration.

The administrative tragedy began when Bangkok was established as capital of Thailand more than two hundred years ago. As primate city, Bangkok contained 10.8 per cent of national population and 57.6 per cent of the total urban population in Thailand. As a high administratively centralized country, all ministries and major public and private organizations including most of headquarters of business like banks and financial institutions, commerce agencies, public enterprises, and manufacturing companies are all located in this city. This means that all policies and crucial decisions have been made by a few people who live in Bangkok only, therefore whatsoever happens in Bangkok will have a great impact on other parts of the country like putting all eggs in one basket.

2.2 Culture of Imprudent Consumption (Tragedy of Over-Consumption)

If there is someone to be accused for the cause of economic turbulence after 1997, Thai people themselves are inevitably included in this allegation. They are, more or less, victims of unfortunate situation as well as the root of economic slump through their ignorance. This is to say that they had never been aware of their unwise consumption behavior. The present generation of Thais was brought up to high living standard that sought by their parents and they never learn how to earn money themselves. This led them to the behavior of imprudent consumption.

The most significant evidence of "imprudent consumption" behavior or what is called by Walden Bello as "conspicuous consumption" behavior of Thais was found in the first half of the 1990s when there was an elimination of foreign exchange control and welcomed liberalization of financial sector. Establishment of Bangkok International Banking Facility (BIBF) in March 1993 paved the way for licensing of 32 foreign banks to provide offshore facilities. This was the beginning of foreign investment in financial sector of Thailand. Also, the BIBF gave the private sector access to large amount of cheap foreign capital. The influx of low-interest loans from abroad misled Thai people by appearances that they were as rich as people in the developed countries. In order to lift up their standard of living to the west, a large amount of luxurious goods like modern cars, cosmetics, and foods were imported. Many bought a second house or owned one or two rooms in condominiums those sprang up everywhere in the city. Real-estate business was very popular found in every big cities and towns in this country.

A good example of relationship between foreign loans and unwise consuming behavior of modern Thais was described by Walden Bello in his famous book entitled "A Simese Tragedy : Development and Disintegration in Modern Thailand" as follows :

"This capital went principally not to the productive sectors of the economy but to the highly profitable sectors with a quick turnaround time which meant the stock market, real estate, and credit creation. Via the finance companies, foreign capital found its way into the hands of real estate developers projecting an immense growth in demand for office space and middle- and upper-class housing. It also was channeled as credit to the people who would buy those houses and condominiums. As much of it went into the creation of credit cards and credit financing that would allow the same social groups to purchase cars, household goods, and the service that came with a Western middle-class lifestyle." (Bello, 1998 : 7-8)

In sum, the over-estimation of Thaiself in consuming behavior is another major cause of economic disaster. Many Thai people, particularly those middle class, who once thought they were high flyers in this society had to lay low and realized that their richness was based on soft clay instead of hard concrete.

Therefore, self-realization of Thainess is an essential prerequisite of economic development.

2 . 3   Adrift Economy (Tragedy of Economic Development)

Another cause of economic collapse of Thailand during 1997 was found in her economic system itself. Many decades ago Thailand was an agricultural society. More than half of her population were survived by cultivation and very few people had connection with foreign business. During 1850 Thai economy started to incorporate into western market because of Bowring Treaty which was reinforced by British Imperial in 1855 followed by many similar treaties made with most of major powers. After that Thailand started selling rice, tin, and teak abroad and imported textiles from the west. However, international trade was in the hand of western firms, for example, 90 per cent of export was carried by British and German shipping, and Thai-Chinese shipping (Suehiro, 1989 : 52-57)

Because of enforcement from the west, Thailand had no alternative but to open her economy to welcome foreign trade. Up to 1960s it was very evident that Thai economy was totally based on the expansion of agricultural production and export. As well as the role of government expanded in order to increase number of exporting commodities and attracted foreign investment. Board of Investment (BOI) was established to serve this purpose. To ensure that the coming of foreign capital would not be harmful to Thai economy, Thai government introduced a strong conservation of monetary and fiscal policies to maintain economic stability.

During the late 1970s, Thai economy boomed in four directions, i. e, expansion of primary export, promotion of tourism, export of cheap labor, and high investment from abroad. The main reason of foreign investment attraction was due to special concession offered by BOI and lax of environment control that resulted in relocation of highly polluting manufactures from other more developed countries like Japan, Taiwan, and South Korea. This pattern of development might look good in the beginning but not sustainable in the long-run. Since Thai economic progress from 1970 to present has been totally depended upon foreign capital accumulation. Agricultural sector, a former major source of wealth, was left behind industrial sector. Labor force from rural areas immigrated to the factories in Bangkok and cities around. While enjoying continuous economic growth rates of 7 per cent or pore per annum for decades, it is natural for Thai people to assume that they have achieved highest peak of economic standard and their economic status was as high as other developed countries. Therefore, expected to increase foreign capital and to support stock market, Thailand's liberalization of financial policy was introduced in 1993. This period is regarded as the beginning of economic failure of this country. Naturally, if one economic development is based on financial transaction instead of production, unstable situation is not avoidable. In the arena of financial transaction or better to call it "money game," more players are getting involved including currency speculators like George Soros who caused all troubles to Thai economy in 1997.

Not only money game factor that pushed Thai people into economic upheaval but Thai economic structure itself was also very sensitive due to its labor-intensive manufacturing. Thailand had enjoyed her comparative advantages if China and Vietnam did not open their countries. With cheaper cost of labor and newly opened markets, many foreign investors removed their production bases into China and Vietnam and Thailand lost her attractiveness to her neighboring countries. On the competitiveness front, goods from lower-wage exporters like China and Vietnam posed serious threats to Thailand. When Chinese economy was growing up, Thai economy was declining at the same period.

Along with poor economic structure, political and administrative weakness is another serious problem which causes the crisis. Administrative accountability and transparency in public sector are something that Thai people have to learn more. Behind the economic crisis in 1997 there was a conspiracy committed by politicians and bankers. Big loans went to politicians' pockets without guarantee of pay-back. Among politicians and high ranked officials in this country, money from corruption is regarded as a bonus that they deserve to get. Most Thais know that corruption is a big impediment to development but they feel better to keep quiet because they are safer to stay in silence. It was found that behind financial collapse, some politicians became richer.

For all causes of economic crisis in Thailand during the late of 1990s, it proved one assumption that still in doubt, that is "Can Thais think ?" (see more details in Mahbubani, 1998). This is a profound question of mentality development of Thai society that always follows western pattern of progress. It is a right time for this country to rethink what should be an appropriated model of development they should adopt. At least, the Thais may take a look at a remarkable speech made by the king on his birthday in December 1997 after the crisis happened.

It was not important for Thailand to become tiger…… what mattered was Thais should live a life that would make them have enough to eat and capable of supporting themselves financially. (Bello, 1998 : 8)

It was concluded by that king that self-sufficiency of community is the ideal type of development which is most suitable for Thailand.

3. Effects of Economic Crisis on Labour Force

Before forwarding to a discussion on effects of economic crisis in 1977 on labour force, we have to admit that Thailand's boom is an illusion, a fake as referred by Pasuk Phongpaichit and Chris Baker that "Thai country is not really "developing" or "industrializing" at all. Some simply can not revise their view of Thailand as an exotic blackwater, a residual bit of the myth of changeless Asia. Some see Thailand as no more than a temporary parking place for footloose industries which will soon move on to China, Vietnam, India. Some see Thailand's growth as superficial, based on borrowed cash and technology, with no inner dynamism generated by indigenous technological capacity. (Phongpaichit, 1996 : 234-235)

Moreover, we may have to recognized a fundamental conclusion that Thai economic development in the late twenty century was mainly based on using foreign capital and cheap labour. Therefore there was a tight interaction between these two factors Failure of one factor causes many problems to another, Definitely, financial breakdown in 1997 was by all means accompanied by labour disorder.

3.1 General Situation of Labour Force after the Economic Crisis in 1997

Actually Thai Government had been quite aware of expectedly critical consequence after economic crisis. The sign of economic breakdown was shown in 1996 when economic growth was zero and many business firms closed their operation. Immediately after devaluation of Baht in the mid of 1997, the cabinet meeting was held in December 1997 and made a report summarized by the Ministry of Labour and Social Welfare on "Unemployment Mitigation Measures due to Economic Crisis 1997." According to the report, the general situation of labour force and expected outcome of economic crisis on employment were described below :

Total population of Thailand in 1997 was 60.6 million people. This number can be divided into 3 groups called active labour force, inactive labour force, and unemployed labour force. Each group was characterized as follows :

The first group, namely active labour force, means people who were employed, being owners or operating in different sectors. The group was composed of 32.45 million people or 53.55 per cent of total population and can be classified into 3 types as given below.

Those who were working for government sector, there were 2.25 million people or 6.93 per cent of active labour force group.

Those who were working in agricultural sector, there were 16.61 million people or 51.19 per cent of active labour force group.

Those who were working in manufacturing and service sector, were 13.59 million people or 41.88 per cent of active labour force group. Also, this type of active labour force was comprised of 3 categories, namely, employers or owners, manufacturing employees, and service emplyees. It was estimated that there were 6.26 million employers and business owners or 46.06 per cent of manufacturing and service sector. The number of manufacturing employees was 4.54 million people or 33.41 per cent and there were 2.79 million people or 20.53 per cent working in service category.

The second group called inactive labour force group, including people who were not able to work due to age, culture, and physical constraints. The inactive labour force group was of total 26.98 million people or 44.52 per cent of total poulation. This group composed of 12.37 million people who were below 13 years of ege, 4.74 million students, 0.38 million monastery workers like monks and nuns, 4.32 million aged people, 3.74 million housewives, 1.10 million handicapped people, and 0.33 million people who in jails and unwilling to work.

The third group called unemployed labour force which is referred to those who had been unemployed before the crisis and who were laid off due to crisis. There were totally 1.17 million people in this group including 1.13 million people who were unemployed before the crisis and 0.04 million or 40,000 people who were laid off from their works because of economic collapse in 1997.

It comes to the conclusion that by the end of 1997 there were 1.17 million Thai people unemployed or at the rate of 3.48 per cent of labour force. Although the number of workers who were laid off was not very high but the rate of unemployment as a whole was critical. If the economic situation is not brightening then more laid off workers are expected from time to time.

Not only problem of expected unemployment but the consequence of unemployment itself causes many impacts. According to the Labour Force Survey, August 1998 conducted by National Statistic Office, it revealed that 9.8 per cent of workers had to change their jobs, 18.1 per cent were being reduced wage and benefit, and majority of laidoff workers have to migrate to other places (National Statistic Office, 1999)

Due to estimated number of unemployment reported by the Ministry of Labour and Social Welfare became Thai government aware what would happen if they did not do anything. In order to prevent a worsening situation Thai goverment, then, declared an unemployment prevention and mitigation measure which was approved by the cabinet in December 1997 and various groups of committees at policy level and operation level was set up to respond to the crisis. The measure introduced by the government was comprised of 2 parts. First part was called unemployment prevention measure and followed by the second part which was called unemployment mitigation measure.

Unemployment Prevention Measure was designed to protect employees from being laid off. This measure combined 3 plans together.

First plan called mitigation of redundancy problem was to cover reduction of overtime working, shortening of working hours, reduction of wage, and early retirement.

Second plan called labour relation which aimed at building a mutual understanding between employers and employees and a cooperation with labour unions.

Last plan called promotion of financial flow which was intended to financially support these business firms with an expectation that they would not lay off their workers.

Unemployment Mitigation Measure was separated into 3 ranges namely short-term plan, medium-term plan, and long-term plan. Short-term plan was to encourage saving among Thai people, and to mobilize employment in rural sector. Medium-term plan was purposed to solve illegal immigrants from abroad, to promote Thai workers working abroad, and to promote more employment in industrial sector, Lastly, long-term plan was designed to follow new agricultural concept which has been drafted by the king.

In order to ensure that all these measures would be observed by all officials concerned, the government has set up many committees both at national and provincial levels to implement these policies. For examples, the National Committee of Unemployment Mitigation Policy headed by the prime minister and all ministers were members of this committee. At provincial level, each governor was chairman of such committee as well as district level.

After the decisions were made by goverment, all these measures were transformed into various activities. Minisitry of Commerce has organized cheap goods caravans traveling to many destinations in different provinces. Rural employment program has been supprted by a big loan that came from Japan's Miyazawa Plan. Encouragement of using labour force to replace machines was specified at the top of all rural development plans. Negotiation with foreign countries to increase more Thai workers was a mission of the Ministry of Foreign Affairs. Last but not least, those who were laid off were suggested to go back to work in agricultural sector and to follow the new agricultural concept which was designed by the king (Ministry of Labour and Social Welfare, 1997)

4. What Thais Learn from the Economic Crisis on Labour Aspect

In 1970s there was an economic crisis in Singapore, cost of labour force was increasing high and unrealistic, and ratio of export decreasing. As a small island with non-existing of natural resources, Singapore could not stand this situation for long. Therefore, the prime minister then had to introduce new policy on labour force. The first thing done was to adjust wage system which was based on productivity instead of seniority. Unskilled foreign workers mostly from Indonesia and Thailand were not welcomed because the use of cheap labour force would make employers unwilling to install modern technology. Labour-intensive production was not appropriate for the small coutry.

As same as Singaopore, Thailand has to turn crisis into opportunity and has to learn from our past mistakes. Samuel Smiles said "We learn wisdom from failure much more than from success. We often discover what we will do by finding out what we will not do. And probably he who never made a mistake never made a discovery." (Lim, 1996 : 54)

The first thing to be done is not to blame the present but look deeper into our past what we have done all mistakes. We have realized that labour -intensive manufacrure is no longer desirable and the existing of foreign labour force Myanmar and other neighboring countries is more harmful. Cost reduction by using child labour force is no longer accepted. Therefore, there are two choices to be considered. Firstly, the use of cheap labour will prevent manufacrurers from acquisition of high technology. If there is no change in production technology, Thailand have to meet a competition from low wage countries like China, Vietnam, Laos PDR, and India. Then it is a question how long Thai products can survive in the competitive world while there is rise in wage every year. To compare with neighboring countries, unskilled Thai workers demand more than 100 Bath a day while other workers ask a half price.

Secondly, if Thailand moves into higher technology-intensive production, that is to introduce more sophisticated machinery and automation to replace unskilled labour. Introducing of high technology does not only change the methods of manufacturing but its impacts are very diverstified. Workers will be displaced from his works and find that their capacity has been taken over by machine. How can we solve the problem of unemployment that comes after. What about the owners of factories who lack of sufficient capital to install new technology in their plants, yet have to face the competition of firms whose resources enable them to build high technology in their firms. The growth of high technology production can cause the problems of dislocation. It is cheaper to build new plant from the ground up so that the whole design of the buildings can be functioning in similar system. Moving to new communities is preferable by businessmen who need more profit and old plants will usually be leaving, (Reuther, 1964 : 278-281)

At present, Thailand is in an economic dilemma. On contrary, this is a good opportunity for a big change in all aspects that relate to development of country. Cooperation between government and private sector in the field of education to produce qualified labour force to meet occupational demands of the future. Early retirement for public officers can reduce a big cost of salary paid to unproductive workers. Privatization of public enterprises is an alternative to minimize heavy burden laid down on the shoulders of government. A handful cooperation between labour unions and companies to overcome tough situation is in need.

Probably, occurrence of economic crisis in 1997 gave valuable lesson to Thais that there is a long way to run and there is no shortcut for development. Also Thais have learnt the real meaning of the words "no pain, no gain."

Bibliography

Bello, Walden. (1998) *A Siamese Tragedy : Development & Disintegration in Modern Thailand*, London : Zed Book Limitted.

Dixon, Christ. (1999) *The Thai Economy : Uneven Development and Internationalisation*, New York : Routledge.

Mahbubani, Kishore. (1998) *Can Asians Think ?*, Singapore : Time Books International.

Ministry of Labour and Social Welfare. (1997) *Operational plan for Mitigation of Unemployment problem*, Bangkok : Ministry of Labour and Social Welfare.

National Statistical Office, Office of the Prime Minister. (1999) *The Impact of the Economic Crisis on Employment, Unemployment, and Labour Migration : The Labour Force Survey, August 1998*, Bangkok : National Statistic Office, Office of the Prime Minister.

Phongpaichit, Pasuk. and Baker, Chris. (1996) *Thailand's Boom!*, Chiang Mai : Silkworm Book.

Reuther, Walter P. "Automation : Promise and Problems" in Neil W. Chamberlain. (1964) *Sourcebook on Labor*, New York : McGraw-Hill Book.

Suehiro, Akira (1989) *Capital Accumulation in Thailand : 1855-1985*, Tokyo : Centre for East Asian Cultural Studies.

第8章 Working Conditions of Women Workers in Japanese Electronic Factories

要　旨

タイの日系電子工場における女性労働者の現状

　本稿は，タイ北部のランプーン工業団地 (the Lum Phum industrial estate) の日系電子工場で働いている女性労働者を対象に，彼女らの労働環境を実態調査したものである．まず，タイにおける電子産業の発展過程を振り返りながら，工業部門に従事している女性労働者の地位や特質を明確にした上で，具体的事例としてタイ北部の工業団地内の日系電子工場を取り上げ，そこにおける女性労働者の特徴や雇用形態，労働時間，付加給付，昇進，欠勤，健康問題などの側面から現状を明らかにし，そこから抽出された様々な課題を検討している．
　タイでは，過去30年間，国家政策によって工業化を促進してきた．1960年代には，輸入代替政策によって日米などの外資企業との合弁工場を設立した．また70年代には，タイを本格的な工業国にするため，輸出促進政策をとってきた．こうした中で，電子産業はタイ国内において，外貨獲得や雇用拡大に大きく寄与してきただけでなく，他産業への波及，タイの経済発展や工業国としての自立化過程に重要な役割を果してきた．その結果，98年には，タイにおける電子・電気機器の輸出額が8,000億バーツとなり，総輸出額の38％を占めるに至った．また，この分野の就業者数は約40万人を記録し，全就業者数の8％，工業部門の14％と成長した．
　このようなタイでの電子産業の成長は，典型的な労働集約型産業として，多くの女性を労働市場に参加させてきた．また，女性労働者の雇用は，他の新興諸国と同様，タイの経済発展に大きく貢献してきた．しかし，こうした女性労働者が雇用されている背後には，様々な問題が顕在化していることも事実である．女性労働者のほとんどは，製造ラインの組立工として従事している．概して女性労働者は従順でエネルギッシュでコントロールしやすい性質を持っているが，低い教

育水準のまま職業経験なしに雇用されていくことから賃金も低く設定されている．また，長時間労働で休みがとれない場合も多く，それが様々な病気を引き起こす原因となっている．さらに，ボーナス，危険手当，健康診断を含めての医療手当，休暇手当，娯楽活動費などの付加給付も法的義務で付与されているのではなく，企業戦略との関わりの中で雇い主側によって一方的に決められてしまっている．

こうした諸問題は早急に解決されなければならない．女性労働者の労働環境を整え，労働者自身の質を高めていくことは，タイを工業国として本当の意味で経済発展させてくことになるのである．そのためにも今後のさらなる追跡調査研究が必要となってくる．

(渡辺博子)

1. Introduction

During the last three decades, Thailand has been undergoing a rapid process of industrial development under the National Economic and Social Development Plans. This has led to a large number of factories being set up in northern Thailand. Most of the industries are those engaged in food processing, production of garments and electronic parts. These industries employ mostly women. In one respect, the entry of women labour into the industrial sector should provide a positive contribution to the country's economic development, since it enables the economic utilization of nearly half of the existing labour. However, experiences in the advanced industrial countries have shown that an initial transfer of labour from the agricultural to the industrial sectors would bring about several problems. The purpose of this paper is to present the working conditions of workers in an electronic factory owned by a Japanese enterprise and located in the Lum Phun industrial estate.

2. History of the Electronic Industry in Thailand

The electronic industry started in Thailand around the year 1960 when the government at the time initiated a policy to promote import-substitute industries. As a result, foreign enterprises such as Japanese and American companies began their joint investment with Thai entrepreneurs and set up a number of factories. These factories, together with the first factory solely owned by a Thai entrepreneur such as Tanin Industry Ltd. (which was set up in 1962), succeeded in producing consumer products such as radios, televisions, refrigerators, fans and electronic rice cookers etc. to substitute 70 percent of their import. However, as far as industrial electronic products and electronic parts and components are concerned, the ratio of imported products remained high (Chatree Sripaiphan, 1990). From 1972 onwards, the government set a policy to develop Thailand into an industrial country and to promote export industries. As a result, the electronic industry was among those eligible for investment promotion. This is due to the full realization that the electronic industry required high production technologies and good quality raw materials from abroad and thus it was difficult for Thailand to develop this type of industry on its own. Besides, experiences in other newly industrialized countries of Asia, namely South Korea, Taiwan, Singapore and Hong Kong have indicated that the electronic industry has played a major role in the industrial development of these countries. The reasons are that the electronic industries is an export industry which generates a large amount of foreign exchange and help to encourage the development of other industries, such as the chemical and mechanical industries. Importantly, the electronic industry creates a big demand for employment. For instance, in Taiwan the electronic industry employed as many as 250,000 workers in

1983, accounting for 13.5 per cent of all the labour force in the production industries. Similarly in Hong Kong, the industry employed around 94,631 workers in 1983 or 10.9 per cent of the whole labour force in the production industries. It should be noted, however, that employment opportunity is not confined within the electronic industry only, but also covers other related industries (Prayoon and Waranya, 1987).

The fact that a great deal of highly skilled labour is required at some stages of the production process as well as the need to minimize production costs has led some advanced industrial countries which are leaders in the electronic industry such as the U. S., Japan and some European countries like Germany to seek production bases which can provide skilled and cheap labour. They found these in South Korea, Taiwan, Singapore and Hong Kong, all of which have now become newly industrialized countries. An inevitable result is that labour wages in these countries have gone up in accordance with the stage of their industrial development. This has given rise to a need to look for new sources of cheap labour and Thailand saw an opportunity to develop its electronic industry. It was hoped that this industry would help to generate foreign exchange and lead to the growth of other related industries. Importantly, they would help to reduce unemployment within the country.

It has been forecased that in the year 2001, the world's production value of the electronic industry will be approximately 1,240,000 million $US, a significant increase from 850,000 million $US in 1996. As far as Thailand is concerned, the export value of electronic and consumer products was accounted as 800,000 million baht, or 38 per cent of the country's total export, in 1998. In terms of employment, the industry hired around 400,000 people, accounting for 8 per cent of the country's total employment or 14 per cent of employment in the industrial sector. In addition, if we take into account employment in the supporting industries such as production of metal and plastic parts and other related service industries, all of them together employed no fewer than 500,000 people (Aschara Sunthornkrut, 1999). These employment figures demonstrate how important the electronic industry is for Thai labour. Thus, an interdisciplinary study of labour in the electronic industry should eventually make a positive contribution to the development of labour and the industry as a whole.

3. The Status of Women Workers in Industrial Work

Rising wages have led many women, who did not formerly work because there was sufficient income for their household, to enter the labour market. The fact that women performed only domestic work was viewed by some as an economic loss (Mincer, cited in Juta, 1980). Besides, for some households, the income earned by the husband who was the head of the household was not sufficient to sustain the livelihood of the family (Bromley, 1988). As a result, more and more women have come to work outside their home. More importantly, the number of women who are now the head of their household has increased significantly and most of these women are employed in the industrial sector (Ross and Sanhill, 1975 ; Johnson, cited in Sudsawas, 1982).

Industry is an economic activity with determined patterns of working, managerial methods, resource use, investment and, importantly, highest profits. Since maximum profits are the key to all industrial enterprises, women have come to play a major role in industrial work. Although the introduction of women labour into industry to substitute men was initially due to labour shortage during the world war, women labour has been in demand because women labour is cheaper than that of men. In addition, women are hard-working, submissive and easily controlled. More importantly, some industrial production processes require specifically women labour. These include food-processing and beverage, garment and clothing, toy, electronic and ornamental flower industries. These industries require neatness and patience which are the important qualities of women (Karl, 1983). All these factors have led to the increased importance of women labour in industry.

Some studies relating to the employment of women labour in labour-intensive industries in industrial countries in the past indicate that in these countries, especially those which were newly industrialized, most women who entered the industrial labour market had low education, with the exception of the electronic industry which was a modern branch of industries with high technology and required better educated women labour (Udokang, 1985). In reality, however, women workers are still employed to do work which does not require much skill. What happens in most industrial factories is that women would work at the first or the last stage in the production line. As for the work in the middle stages of the production process which requires higher skill, mostly male labour is employed (Sean, cited in Parker, 1975 ; Karl, 1983 ; Udokang, 1985). Therefore, the skill that most women workers have acquired from their work would not be enough to be adapted for use in other industries in general and this would pose obstacles to their job promotion, transfer of position within a factory and change of work. Besides in some industries such as the food industry, it is found that most factories would provide only seasonal employment and many women workers would only have a status of temporary employees (ILO, 1989). All these problems have made the rate of wages for women workers remain low when compared to that of male labour employed in the same type of work and working for the same length of time (Sawhill, cited in Parker, 1975; Karl, 1983; Matsumoto, cited in Lebra, 1988). These patterns of employment not only put women in a disadvantaged position with respect to lower pay, but also deprive them of all the fringe benefits they deserve, such as the right to holiday and maternity leave, benefits relating to medical expenses, child birth, house rent and bonuses etc..

Working conditions in labour-intensive industries are mostly similar. Workers usually have to work long hours. Studies show that during the initial period of industrial development in Japan, textile factories arranged their working hours into two shifts, each shift lasting 12 hours. In practice, however, most women workers had to work for approximately 12-16 hours (Matsumoto, cited in Lebra, 1988). Similarly, it was found that women workers in South Korea had to work more than 8 hours a day and around 30 per cent of them had to work as long as 15 hours a day (Robert, cited in Udokang, 1985). Workers were given a break, however, but the breaks were normally only for a short period and they had to stay within the employer's sight all the time. These kinds of situation had negative psychological effects on workers. Besides, working in a shifting system caused women to have to adjust their eating and sleeping time and this normally led to symptoms like headache, exhaustion and stomach disorder. They also suffered from back pain problems and beri-beri which are diseases caused by having to sit long hours by the working machine and to lift heavy objects. The fact that most women workers have to focus their eyes on their work all the time in a working place with insufficient light leads to eye diseases and deteriorating eyesight. Some studies have found that after working for one year, 88 per cent of workers suffered from chronic inflammation of the conjunctiva, 44 per cent became short-sighted, 19 per cent had sight problems and some had headache due to overuse of their eyes. Another health problems caused by use of chemicals in the production process are diseases related to the liver and gall-bladder which would lead to cancer eventually. Dust caused by flying cloth fibre in weaving factories is a major factor leading to lung diseases and skin diseases in some because of allergy to dyeing chemicals (UNIDO, 1980 ; Robert, cited in Udokang, 1985).

In Thailand, industrial work as an occupation has played an increasing role especially among women. This can be seen in the declining women labour in the agricultural sector and its continuing increase in the industrial sector. This change has been apparent since 1988 (Office of National Statistics, 1988). The trend has continued because the Thai government has adopted a policy to accelerate industrial development in various provinces throughout the country. More importantly, land rights and sizes of land holding held by agricultural households have been decreasing especially in northern Thailand. As a result, it became inevitable for Thai women to work in the industrial sector. An interesting point in this development is that engagement of women labour in the industrial sector was an occupation which was still relatively new in Thai society which had an agricultural base. The industries which Thai women were engaged in mostly labour-intensive ones, a phenomenon similar to what had happened in other newly industrialized countries of Asia. These industries included electronic, garment and clothing, food and beverage, medicine and leather products industries etc. (Garnsey and Paukert, 1978).

The reasons why these industries employ a large number of women are that women labour is cheap and easily controlled. Low wages among women workers are also partly due to the fact that they have little education and working experience. Even though some of them do have skill, their ability is not recognized by the factories. Some employers gave an explanation of why women were paid less than men as being that the women concerned were single with no family burdens, and although some of them might have family burdens, their earning could be regarded merely as subsidiary income to the family (Grossman, cited in Udokang, 1985). Apart from the lower pay that women workers receive, working in some industries can be insecure for women depending on economic conditions. Whenever there is a market fluctuation which would cause negative impact on production and might lead to a need to suspend production, such as what can be seen during the present economic crisis where many factories have been forced to close down, women workers would be among those most affected. Special characteristics attached to certain industries, such as the garment industry where production pattern has to change in accordance with fashions and seasons and the food industry which has to adjust its production to the various seasons, also mean that women workers have to bear the risk of being unemployed at any time. This problem can be accentuated by fluctuation in the world market which may include a change in the rate of wages as well as a need to move production bases. However, all these problems have been barely studied in Thailand due to little interest in the subject. Therefore this paper will present facts concerning the working conditions of women workers in industrial factories as well as the problems which require solution so that this could lead to the development both in the quality of women labour and industrial production as a whole.

4. Working Conditions in Factories

This study indicates that most women workers have secondary and vocational education. Very few of them have only primary education. Their average age is 21.4 which can be considered very young. The reason why most factories tend to employ young women is because young people have good eyesight, a quality specially required by the industry. Moreover, these young women are fast, energetic, submissive and easily controlled. Most of the women workers reside in Lum Phun, Lam Pang, Chiang Mai and other provinces. Special qualifications required for recruitment of workers pose an obstacle for local labour and inevitably lead to migration of labour. As far as their marital status is concerned, most women workers are single. Only a few are married only not long time ago. The working conditions of these women workers can be considered in detail as follows:

1) Work Characteristics and Employment Pattern

Most women workers work in various production units and they can be divided into two levels, namely those who are operators and sub-leaders. Generally, they are further divided into sub-groups, each having around ten workers. One worker will be selected from each group to act as the chief entrusted with the functions to supervise the working of members in the group and to ensure that the production targets which have been set by the factory will be achieved. Most of the women have worked in another factory before and some have had other general employment. However, when they are recruited to work in this factory, they will have to work for a trial period in order to see whether they are fit for the job and in what type of work they are skilled since working conditions in each factory can vary significantly from one another, especially when this involves the electronic industry which have sophisticated production process and use of modern equipment. The trial work period can be different, depending on their working functions. Since these women are normally recruited right after they have completed their education, most of them have never been engaged in agricultural work.

Table 1 Percentage of Educational Level, Birth Place and Average Age of Women Workers

Education	Percent	
Education		
Primary school	0.7	
Junior high school	21.3	
Senior high school	51.3	
Vocational school	20.0	
Undergraduate	6.7	
Total	100.0	(150)
Birth place		
Lumphun	44.3	
Chiangmai	17.4	
Lumpang	18.8	
Other Provinces	19.5	
Total	100.0	(150)
Average Age (year)		
Mean =	21.4	
S. D. =	2.7	
n =	150	

As regards the employment pattern of labour-intensive industries, most workers are employed on a daily basis and this is also the case with the factory under this study. Part of the reasons is that most employers wish to evade the legal obligations concerned and employing workers in this way would enable them to pay only minimum daily wages in accordance with the labour law, although it should be fairer for employers to pay their workers according to the latter's education qualifications or working experience. In practice, nearly all factories are concurrent in paying their workers minimum daily wages. Besides, in some medium and small-sized factories, employers tend to pay their workers at a rate which is even lower than the minimum wages by claiming either that their factories are situated outside the geographical zone governed by the law concerned, or they are suffering loss which inhibits them from paying the wages as required by law. All these happen despite the fact that minimum wages are a measure to guarantee that unskilled workers receive a certain level of wages, a measure which should not be applicable to labour with education qualifications. The fact that workers feel that they are receiving lower pay than what they deserve often leads to their subsequently leaving the job.

Table 2   Percentage of Job and Waged System of Women Workers

Job/Wage	Percent
Job's duty	
Operator	74.7
Sub-leader	12.0
Q. C.	4.7
Storekeeper	1.3
Office staff	7.3
Total	100.0 (150)
Waged System	
Per day	68.7
Per month	31.3
Total	100.0 (150)

2) Working Hours

Industrial activities normally involve a large number of people working continuously and co-ordinatively from beginning to end. In some factories, conveyor belts and machines may be used and workers are placed at various positions in the line. In addition, some automatic machines need to run 24 hours without stopping. Thus, working hours are important for many workers as a signifying point for starting and stopping work. Working hours are also important for employers in the calculation of production cost, workers' pay, meeting the dates due for delivering goods and concluding purchasing or sale contracts etc.. All these factors demonstrate how working hours play a significant part in all industrial enterprises. As a result,

第 8 章 Working Conditions of Women Workers in Japanese Electronic Factories

employers need to be strict with workers' working hours and some take an advantage over their employees by trying to make them work as long hours as possible. Naturally, working long hours can be detrimental to workers' health and some governmental regulations are required to limit the number of working hours per week for industrial workers. To deal with this problem, shifting systems are used and working hours are normally divided into two or three shifts as may be agreed. The most usual pattern is to have a three-shift system, each lasting for eight hours. Factories are also required by law to give workers holidays apart from their weekly day off. In Thailand, these are set to include mainly public and festive holidays, the total number of which must not be fewer than thirteen days a year. Besides, the law stipulates that the weekly working hours for workers must not exceed 48 hours (The Labour Protection Act 1998, Section 23).

Table 3 Percentage of Working Hours, Average Working Hours/Day and Average Income

Working hours	Percent
Working hours (%)	
8 Hours/day	20.0
9 Hours/day	2.0
10 Hours/day	5.3
11 Hours/day	70.0
12 Hours/day	2.0
13 Hours/day	0.7
Total	100.0 (150)
Average working hours/day	
Mean =	10.34
S. D. =	1.25
n =	150
Average income	Income/day	Income/month
Mean	99.95	4,609.80
S. D.	13.61	1,523.69
n	94	49

Therefore, normal working hours determine the rate of pay which employers are required to pay their workers. If they wish their workers to work extra hours, they must make overtime pay at the rate of one and a half to two times of the normal pay. In the case of the factory under this study, working hours are divided into two shifts each lasting 12 hours. The first eight hours would be treated as normal working hours, whereas the rest would be regarded as overtime working hours which would usually last for three hours, since one hour would be needed for shifting workers and personal safety of women workers when they have to go home late after work must be taken into account. Thus, most women workers in this factory have to work on average eleven hours a day.

3) Fringe Benefits

Fringe benefits are various forms of benefits which employers give to workers apart from their pay. According to information obtained from the interview with personnel staff in several factories in the Lum Phun Industrial Estate, most factories pay their workers minimum wages as required by law to avoid competition among the Japanese factories in the recruitment of workers. However, due to labour shortage, some factories must find measures to attract work applicants by offering fringe benefits on top of cash pay. As a result, various factories compete through this way. It is found that most fringe benefits which workers receive are in the forms of annual bonus, monthly hard-work pay, working clothes, free medical care which includes annual medical check-up, annual holiday leave, recreation and so on.

Table 4　Percentage of Fringe Benefits of Women Workers

Fringe benefits	Percent
Bonus	99.3
Special rewards	36.9
Reward for no absenteeism	91.9
Uniform	100.0
Transportation	88.7
Free lunch (only rice)	87.3
Yearly vacation	98.0
Yearly party	99.3
Sport day	93.0
Travelling	24.3
Free yearly health check up	94.7
Free health care	100.0
Free expense for bearing a child	81.5

4) Job Promotion

Job promotion opportunities can be regarded as a way of progress in one's career and something highly desired by every worker. However, as working functions in most production industries which are labour-intensive are normally arranged in a horizontal rather than a vertical manner, most work positions are therefore that of the same level. Job promotion through work reshuffle hardly happens. Most women workers would start working in a production unit and, after working for a period and have acquired some skill, would be promoted to a position of unit leader. Further promotion is rare. Thus, it can be said that career advancement for women workers is difficult because of the single-pattern nature of the production process. The working which can be acquired is also rather limited. As a result, the experience which they have gained does not lead to the level of skill as they have expected. Neither can they utilize the skills which they have acquired in this factory in their working in other types of factories.

Table 5 Percentage of Promotion of Women Workers

Promotion	Percent	
First duty		
Operator	81.3	
Sub-leader	7.3	
Q. C.	4.0	
Storekeeper	0.7	
Office staff	6.7	
Total	100.0	(150)
Present duty		
Operator	74.7	
Sub-leader	12.0	
Q. C.	4.7	
Storekeeper	1.3	
Office staff	7.3	
Total	100.0	(150)

5) Work Absence and Resignation

Most enterprises which employ a large number of workers have to encounter unavoidable problems relating to workers' coming to work late, absence from work and resignation. These have negative impact on management planning and the capacity to achieve the set production targets. Thus, several factories must find various measures to discourage such behaviours. These include giving special rewards to workers who are never absent from work or late for work. These rewards are normally called hard-work pay. Apart from hard-work pay, special rewards are also given to workers who exceed their work targets. These instances demonstrate the special benefits which factories confer on workers who work hard and efficiently. The important purpose is to encourage workers to work according to their work schedule in order to achieve the maximum production. The result is most workers' arrival to work on time with some being absent from work.

However, when asked about the prospect of leaving their job, more than half of the workers' interviewed indicate their intention to seek new employment in the hope of getting a better-paid job. The kinds of work desired are trading, working for governmental organizations and public enterprises. This reflects the fact that most women workers who receive minimum

Table 6 Percentage of Absenteeism and Reasons of Women Workers

Absenteeism/Reason	Percent
Absententeeism	
Never	20.7
Seldom	71.3
Often	4.0
Very often	4.0
Total	100.0 (150)
Reason for absent	
Domestic job	16.7
Health problem	83.3
Total	100.0 (6)

Table 7 Percentage of Women Workers' Expected Occupation

Expected occupation	Percent
Other factory job	2.9
State employee	25.0
Teacher	1.9
Accounting	4.8
Dress maker shop	15.4
Merchant	37.5
Company job	1.0
Waged worker	1.0
Agriculture	2.9
Working in department store	1.9
Restaurant	1.0
Bank	1.0
Public Relation	4.9
Total	100.0 (104)

wages to sustain their basic living need to search for work with higher earnings. They are also motivated by the wish to get away from their monotonous work with practically no prospect of advancement in their career. This lack of motivation to stay in their employment means that the rate of workers' leaving their job will tend to rise in the future.

6) Workers' Health Problems

Health problems among workers have been a very much discussed issue at all times since the industrial revolution till the present day. This is because industrial working requires accuracy and precision, as well as the speed in order to keep up with the working schedule. As a result, workers normally suffer from stress. Working in a shifting system also makes it necessary for workers to adapt their eating and sleeping time, thus often causing sickness namely headaches and fevers, eye diseases, stomach and digestive system ailments and so on. These illnesses have been found in other countries as ones which are related to work (Tsurumi, 1990). The fact that workers have to work under tense situation all the time leads to mental stress and other physical disorders such as headache, stomach and body pain. For those who suffer from stomach ailment, this is often a result of stress from work and the need to change their eating time due to their having to work in a shifting system. The most obvious illness related to work are eye diseases which are a direct consequence from work. All these symptoms are signs which remind both the workers and the factories of the need to pay more attention to their health in order to prevent them from developing into more serious ailments.

Table 8 Percentage of Women Workers' Health Problem

Health problem	Percent	
Health prolem		
Yes	25.3	
No	74.7	
Total	100.0	(150)
Type of illness		
Fever	38.9	
Stomachic	16.7	
Back ache/arm ache	2.8	
Allergy	2.8	
Bronchitis	2.8	
Problem with eyes	22.2	
Carcinoma	2.8	
Heart desease	8.3	
Hepatitis	2.8	
Total	100.0	(31)

5. Conclusion and Discussion

The findings from this study have shown that the electronic industry has created employment opportunities for women workers in Lum Phun, Chiang Mai, Lam Pang, and other neighbouring as well as more distant provinces. However, these industries are modern enterprises which have sophisticated production process and require working staff with a certain level of education. As a result, there is a migration of labour from Chiang Mai, Lam Pang and other provinces nearby as well as further away because local labourers still generally have little education. It cannot be easily concluded, therefore, that the electronic industry has generated employment for people in Lum Phun where the industrial estate is located.

The type of work that most women workers are engaged in is operator staff in a production line. They are usually in the position of daily workers who are paid minimum daily wages. At the time that this study was being conducted, the minimum wage in Lum Phun as required by law was 94 baht a day (whereas the present rate of minimum wage in 1999 is 130 baht). In addition, they are given fringe benefits such as annual bonuses, monthly hard-work pay, free medical expenses including annual medical check-up, annual holiday leave, recreational activities and so on. However, these fringe benefits are more part of the employers' policy to attract employees, rather than a legal obligation. Thus employers may change or give up these fringe benefits any time and there is no guarantee that workers will receive them on a permanent basis.

Therefore, the remuneration which workers receive both in the forms of wages and fringe benefits is an issue requiring careful consideration. It should be questioned whether it is appropriate and fair to pay only minimum wages to workers, most of whom having completed secondary or vocational education. This is especially so as the rate of minimum wages as required by law is one which is set to guarantee basic pay for unskilled labourers with little education using mainly physical labour in their employment. The fact that these factories use the legally required minimum wage rates as a standard for paying their workers is something which should be reviewed by the government and especially by the Board of Investment (BOI) to see whether such practice is appropriate for the present social conditions. The issue becomes even more important if we consider the fact that these factories have been given promotion privileges such as tax exemption and other trading privileges, whereas the workers who have invested in their own education to a certain level are not compensated for their qualifications.

As far as career advancement or job promotion is concerned, most women barely have an opportunity to get promoted because they are normally engaged in production units where work is arranged in a horizontal rather than a vertical manner. Thus, work positions are generally at the same level, making it hard to reshuffle positions or get promotion. These circumstances plus the fact that most workers are paid only minimum wages make them contemplate looking for other better paid and more secure employment, such as being employees in the civil service or public enterprises. Some consider trading or other independent work. Frequent cases of workers' leaving their job will inevitably have negative impact on the factory management as a certain degree of time and resources would normally have been invested in a worker prior to his or her resignation. In order to keep workers to stay in their employment, the factories should review their policies concerning wage rates and fringe benefits to make these correspond with social reality. Above all, they should be able to assure their workers that the latter's present employment, though monotonous and boring, does offer them some security and income at a satisfactory level.

It should be noted that most of the frequent illnesses which workers are suffering from, such as eye diseases, stomach and digestive system disorder are ailments which have been found abroad as ones related to work. Therefore, despite the fact that such illness is still not a serious problem at present, studies should be conducted to search for ways which would help to prevent the problems from developing into a serious scale, and to promote better quality of life for workers. In this way, workers would be enabled to have some sense of security in their work which should contribute to greater efficiency in their work.

The major findings of this study indicate that it is still unclear whether industrial investment in the electronic industry by Japanese corporations in Thailand has made positive contribution to the Thai labour as expected. This is mainly due to the negative aspects relating to labour wages and adverse health impact on workers. These problems require further study and investigation in order to find ways for resolving them.

Bibliography

Aschara Sunthornkrut, BOI and Promotion of the Electronic and Electrical Appliances Industries, *Investment Promotion Journal*, Year 10, No. 9 (September 1999), pp. 46-52.

Bromley, Ray. *Working in the Streets : Survival Strategy, Necessity, or Unavoidable Evil ?*. Oxford University Press, 1988.

Chatree Sripaiphan, Direction for Technological Development in the Electronic Industry, *Electronic Semi-Conductors Journal*, No. 56 (June-July 1983), p. 153.

Garnsey, Elizabeth and Paukert, *Industrial Change and Women's Employment : Trends in the New International Division of Labour*. International Institute for Labour Studies, Geneva, 1978.

International Labour Office Geneva, *Social and Labour Practices of Multinational Enterprises in the Food and Drink Industry*. 1989.

Karl, Marilee, *Women and Multinationals*. Imprimerie Marc Picarat, Petitlancy, Geneva, 1983.

Matsumoto, Sheila, "Women in Factories." In Lebra Joyce et al., *Women in Changing Japan*. Stanford : Stanford University Press, 1988.

Parker, S. R. et al., *The Sociology of Industry*. Office of Population Censuses and Surveys, London, 1975.

Prayoon Shiowatana and Waranya Panchareon, *The Status of Electronics Industry in Thailand*. Chula Unisearch. Chulalongkorn University, 1987.

Tsurumi, E. Patricia, *Factory Girls*. New Jersy : Princeton University Press, 1990.

Udokang, Patricia, *Women in Industry*. Canada : The North-South Institute, 1985.

United Nations Industrial Development Organization (UNIDO), *Women in Redeployment of Manufacturing Industry to Developing Countries*, 1980.

第9章 タイにおけるわが国家電メーカーの展開と生産分業構造

Summary

The purpose of this paper is to present the expanding into Thailand and international division of labor in Japanese household electric appliance makers, and to examine the "Stratification of Monozukuri" between Japan and Thailand.

Japanese household electric appliance makers have already expanded actively overseas production, particularly into ASEAN countries from the latter half of 1980s, owing to the strong yen trend. It goes without saying that Japanese household electric appliance makers have their own specific strategies in which Asia, especially ASEAN have positioned as main production base in the world market.

Thailand is not an exception. Rather there have been much investment from Japan to Thailand in comparison with other ASEAN countries. And the share of Japan has been high in the household electric appliances market of Thailand. Therefore the connection between Thailand and Japan is deep, and Japanese makers are great role in Thailand.

However, such a rapid overseas expansion has affected the system of local production in Thailand as well as of domestic production in Japan. And the currency/economic crisis in 1997 has also effected. It would seem that expanding overseas, or globalization i. e. new construction or reinforcement of factories, is expected to increase in the future, but few. Accordingly, there will occur many problems on the system of local and/or domestic production. This trend can be ascribed to the maker's policy to rearrange their factories in Japan and Thailand, in order to improve production efficiency and contribute to Thailand.

1. はじめに

本稿では，家電産業を対象として，わが国家電メーカーのタイ進出やそれがもたらす生産分業構造の変化など，わが国とタイとの「モノづくり」における"重層的構造"について検討していきたい．

1980年代半ば以降，わが国家電メーカーが円高などの変化に対応するためASEAN諸国に進出していったことは周知の通りだが，とりわけタイとの関わりが深く重要であることは，以下の動向からも明らかである．まず，投資に関して，タイに対する日本からの投資が他国に比較して非常に多く，その中でもタイ投資委員会（BOI）によれば，1991～97年における業種ごとの投資累積については，家電を含んだ電気・電子製品が422件と件数ベースでトップであり[1]，日系家電メーカーが国内におけるモノづくりに大きく関与し影響を与えていることがあげられる．また，製品の輸出入に関していえば，日本の総輸入に占めるタイからの輸入製品（タイにおける品目別対日輸出主要製品）が，特に白モノ家電分野[2]で高く，エアコンはタイからの輸入製品中第1位（全体の23.0％を占める），電気冷凍・冷蔵庫は同第2位（同23.5％）であり[3]，これは家電製品の日本への輸入および逆輸入において，タイが生産拠点として重要な位置にあることを示している．その上，こうしたことがタイ国内のみならず，日本国内の家電産業，つまりメーカーの生産体制や生産分業構造などを変革させるひとつの要因となったことも事実である．

したがって，97年にタイから始まった通貨・経済危機はタイおよび日本の家電産業に大きな影響を与えた．また，それはタイにおけるそれまでのモノづくりが抱える課題や脆弱性をあらためて浮き彫りにしただけでなく，その対応いかんでタイおよび日本の家電産業のそれ以後の行方が決まるくらいの契機であったと思われる．

そこで，以上のようにタイにおける家電産業の重要性をふまえつつ，まずわが国の家電産業に関して，その特徴や国内での動向と海外進出のこれまでの展

開を,タイへの進出状況とその後の展開,タイとわが国との生産分業構造の実態や課題,またタイにおける通貨・経済危機以後の動向や影響,そしてそれへの対応などについての考察をグローバルな視点から行っていきたい.

2．わが国の家電産業とタイ進出

(1) わが国家電産業の発展と現状

日本の電機産業は,わが国のモノづくりにおいて大きな位置を占めている.機械工業における生産金額別構成比率を見ても,2000年で45.3％を占め[4],その影響は同業種だけでなく他業種にも及んでいる.また,日本の電機産業は内部構造を高度化させるとともに,自立的な成長を維持してきたが,一方でたえず日本の産業の成長をリードし,国際化や技術革新の分野において主導的な役割を果たしてきた.

その中でも,特にわが国家電産業は,自動車産業と並び戦後日本の経済成長の原動力のひとつとして耐久消費財生産を行ってきた.この成長の要因は,「技術の進歩と生産性の向上,市場の拡大に加え,中核となる主力製品が出現・普及し,成熟というプロダクトサイクルを描きつつ,つぎつぎに交替して需要をつくり出し」[5]ていったことがあげられる.また,わが国の家電メーカーは多種多様な製品を生産し,それぞれの製品には複数のメーカーの提供するきわめて多くの機種・モデルが存在してきた上,企業間には非常に激しい競争が存在する.その一方で,わが国の家電市場における日本のメーカーの強さは著しく,外国企業との間での競争があまり見られてこなかった.それは,人々の生活環境や日本社会の文化的条件に適合させた製品の産出につとめてきたこと,常に新しい製品の開発と市場の開拓を大胆に進めていったことによる.加えて,わが国の家電メーカーは,企業間の競合の中で,これまで多くの技術革新とその製品への応用を行いながら,家事労働の省力化や生活の快適さを追求し変化することによって新しいライフスタイルを築いてきたとともに,逆にそのライフスタイルがまた新たな製品や製品機能のニーズを開拓していったとい

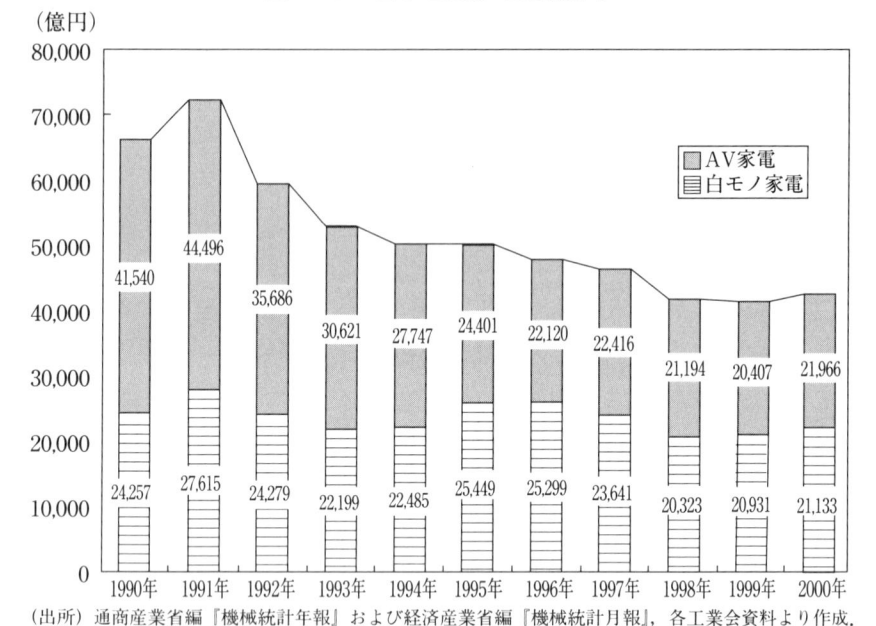

図1 わが国家電産業の生産額推移

(億円)

年	白モノ家電	AV家電
1990年	24,257	41,540
1991年	27,615	44,496
1992年	24,279	35,686
1993年	22,199	30,621
1994年	22,485	27,747
1995年	25,449	24,401
1996年	25,299	22,120
1997年	23,641	22,416
1998年	20,323	21,194
1999年	20,931	20,407
2000年	21,133	21,966

(出所) 通商産業省編『機械統計年報』および経済産業省編『機械統計月報』, 各工業会資料より作成.

う経緯もある[6]．

　ところが，ここ数年のわが国家電産業の国内生産（白モノ家電とAV家電の生産金額の合計）は1991年の7兆2,000億円をピークに年々減少し続け，99年には4兆円強となった．2000年には前年より若干の増加が見られるものの，依然低い水準である．この推移の背景には，白モノ家電について買い換え需要などによる堅調さや95年に初めてAV家電の国内生産を上回ったことでの好調さが見られたにもかかわらず，AV家電について海外生産の増大による国内生産の大幅な減少があげられる（図1参照）．

　また，輸出入について，図2からも明らかなように，急激な円高を背景とした輸出環境の悪化や海外生産の展開により，輸出は91年をピークとしての大幅な減少の一方で，逆輸入も含めた輸入の若干増大が見られる．とりわけAV家電はその傾向が顕著である．

図2　わが国家電産業の輸出入額推移

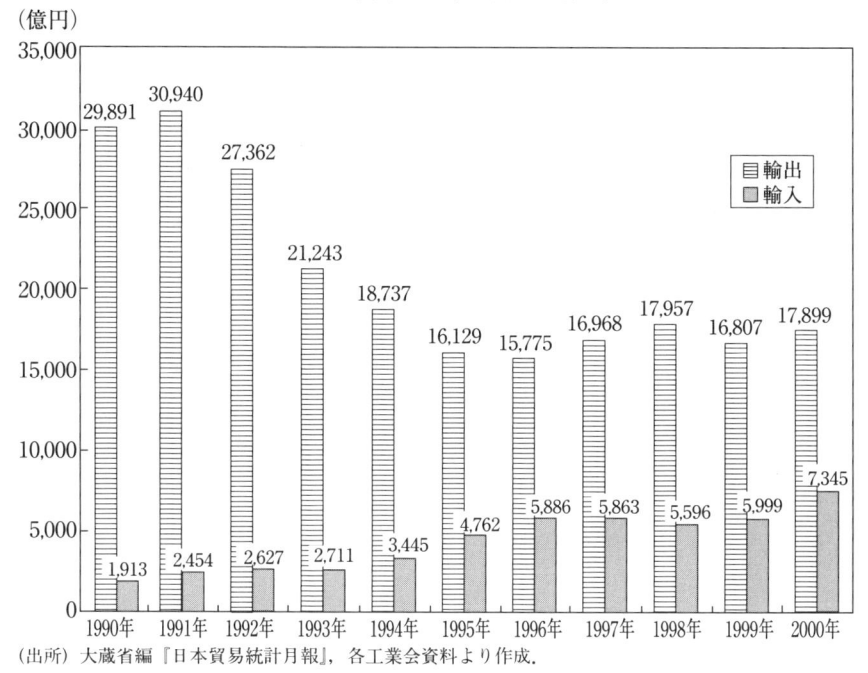

(億円)

年	輸出	輸入
1990年	29,891	1,913
1991年	30,940	2,454
1992年	27,362	2,627
1993年	21,243	2,711
1994年	18,737	3,445
1995年	16,129	4,762
1996年	15,775	5,886
1997年	16,968	5,863
1998年	17,957	5,596
1999年	16,807	5,999
2000年	17,899	7,345

(出所)　大蔵省編『日本貿易統計月報』，各工業会資料より作成．

さらに，わが国家電メーカーの国内での現況は，本格的グローバル化のもとで，国内市場における既存商品の成熟化傾向や大型ヒット商品の不在，企業業績の問題，価格問題など様々な課題が山積している．しかも，家電産業の周辺環境においても経済的要因，社会的要因，産業構造的要因が加わり，メーカーは，さらなるコスト削減を目指して，組織，事業，製品，生産体制，販売体制などあらゆる面からの厳しい対応を行っている．

(2)　わが国家電産業の海外展開とタイへの進出

わが国家電メーカーの海外展開は，おおむね早い時期から行われてきた．しかし1980年代後半以降の急激な円高は，それまでの現地および周辺諸国向けや貿易摩擦解消のための海外生産から，日本国内での生産コスト削減のための相

図3　主要家電製品の海外展開動向

主要製品 \ 家電産業に関わる経済動向	1960年代	70年代	80年代	90年代～
	第一次消費家電ブーム／大衆消費時代 ／金融引き締め／第二次家電ブーム／いざなぎ景気／ニクソンショック／変動相場制へ移行	第一次石油危機／中近東の需要拡大／第二次石油危機	第三次円高／バブル期	不況期／価格低下傾向／夏物製品売行好調

【AV家電】

音響機器	完成品輸出 ─── アジア地域を中心に現地向け生産拠点を置く ─── アジアNIESでの本格的現地生産化 ─── 世界への輸出拠点として ─── 中国への進出 ─── 開発拠点の展開 ─── インドネシア・ベトナムへ進出
映像機器	カラーテレビ・米国との貿易摩擦により現地生産展開 ─── ASEAN等へシフト
	VTR・欧州(EC)市場開拓のための現地生産展開

【白モノ家電】

扇風機
国内初販売 1916年
- アジア地域への完成品輸出 ─── アジア・中南米地域へ生産拠点を置く ─── 完成品輸入 ─── R&D ─── 成熟型製品現地化
- 65年・60% ─── 国内進品率 ─── 82年・95.3%

電気掃除機
国内初販売 1931年
- アジア地域へ完成品輸出 ─── 欧州地域へ生産拠点を置く ─── アジア地域へ生産拠点 ─── 海外資材調達の拡大へ ─── 現地生産現地市場型製品
- 国内普及率 ─── 69年・60% ─── 2000年・98.2%

電気冷蔵庫
国内初販売 1930年
- アジア地域へ完成品輸出 ─── アジア・中南米・アフリカへ生産拠点を置く ─── 小型・中型の完成品逆輸入（棲み分け化） ─── 海外資材調達の拡大へ ─── 大型製品は国内制生産アジア地域生産本格化
- 国内普及率 ─── 66年・60% ─── 2000年・98.0%

電気洗濯機
国内初販売 1930年
- アジア地域へ完成品輸出 ─── アジア・中南米地域へ生産拠点を置く ─── 二槽式製品の完成品逆輸入（棲み分け化） ─── 海外資材調達の拡大へ ─── 高機能製品は国内生産アジア地域生産本格化
- 64年・60% ─── 国内普及率 ─── 2000年・99.3%

エアコン
国内初販売 1952年
- アジア・中南米地域へ生産拠点を置く ─── 輸出拡大 ─── 欧州地域への生産拠点増大／主要完成部品（コンプレッサー等）の現地調達化 ─── 輸出金額の拡大／アジア地域生産本格化／中国進出
- 国内普及率 ─── 89年・60% ─── 2000年・86.2%

電子レンジ
国内初販売 1965年
- アジア地域へ生産拠点を置く ─── 欧米への輸出拡大 ─── 貿易摩擦回避のため欧米地域へ生産拠点を置く ─── 主要完成部品（マグネトロン等）の現地調達化／アジア地域生産本格化
- 国内普及率 ─── 89年・60% ─── 2000年・94.0%

(注)　白モノ家電のなかの各製品の国内普及率は，内務省編『消費動向調査』により，60%に到達した年次と2000年3月時点の数字を掲載している．ただし扇風機に関しては，82年までの数値しか掲載されていない．
(出所)　各種資料やヒアリング調査により作成．

表1　わが国電機メーカーのタイ進出の特徴

	民生用電機分野	産業用電機分野	電子部品等分野
全体的な特徴	相対的にアジアの中では白物家電，AV家電ではカラーテレビの生産拠点が多い．	電話機はファクシミリなどの製品組み立てやコンピュータ関連機器の生産拠点が多い．	かなり多くの生産拠点が存在．電機や自動車などのセットメーカーへの供給，あるいは全世界に向けての供給体制を構築．
1960年代	輸入代替（タイへの輸出代替）型投資で，タイ国内向けの製品の生産が中心．また，製品の複合生産が多い．	—	進出した家電製品にかかわる部品等の生産．
1970年代		—	—
1980年代	円高以降，日本国内のコスト削減などにより，第3国向け輸出の生産拠点が中心．	日本あるいは第3国への輸出を目的とした進出が中心．コンピュータ本体の生産増加につれて，関連機器などの生産も増加．	日本あるいは第3国への輸出を目的とした進出が中心．タイ国内需要向け製品（電機および自動車）用としての生産も開始．
1990年代前半	さらなる円高により，日本との製品の棲み分けや工程の分担など実施．日本への逆輸入も増加．タイ国内需要向け生産も本格的に開始．		
1990年代後半	通貨危機，金融危機，経済危機による影響		

(出所) 各種資料により作成．

対的に安価な現地労働力や資材を求めてのアジアを主体とした展開へと変化させた．その後一段落したところで現地および周辺諸国の市場開拓に対応する形での展開となってきている．

　ただし家電製品は，多種多様であるため，海外展開に関しても製品ごとに違いがある（図3参照）．概してAV家電の場合，日本国内における生産は減少しているものの，世界需要に占める日系家電メーカーの生産割合は，たとえばVTRやCDプレーヤが80％以上を占めており，かなり高い位置にあり，それでいてワールドワイドな性格を持っているため，映像機器・音声機器両分野で，ドラスティックな海外展開が行われてきたということ，したがって海外生産比率も白モノ家電よりも相対的に高い．また生産拠点のみならず開発拠点の展開も相対的に早いということがいえる．

表2 タイにおける日系企業の設立時期別法人数

	電 機 計	民生用電機	産業用電機	電子部品・デバイス
～1969年	4	3	—	2
1970年～74年	2	1	—	1
1975年～79年	2	1	1	—
1980年～84年	5	1	—	4
1985年～89年	44	10	8	30
1990年～94年	16	3	1	12
1995年～99年	20	6	1	15
合 計	93	25	11	64

(出所) (社) 日本電子機械工業会『'99海外法人リスト』.

　一方で，白モノ家電の場合，電子レンジやエアコンは，AV家電と同様に国際間移動の活発な製品，つまり海外展開の容易な製品である．それ以外は，基本的にグローバルな製品ではなく，また日本が世界の供給地でもなかった．これは，白モノ家電がそれぞれに国別・地域別の文化や慣習を背景とした現地市場密着型製品であり，それにもかかわって仕様その他で，統一が困難だからでもある．またこのような製品は，設備規模や設備投資が大きい上，製品自体の移動にも，たとえば電気冷蔵庫や電気洗濯機は輸送コストがかかる性質をもっており，現地市場を対象とした設備投資以外の進出には，メーカー側も躊躇する傾向があった．しかし90年代から国内生産コスト削減のための海外展開がアジア地域で活発化し，それが新たなる現地市場対応型へと変化しつつある．ただし，その時点での海外展開はあくまで生産工程のみであったが，90年代終わり頃からは開発部門の展開も見られている．

　さて，タイにおけるわが国家電産業の進出の特徴は，表1にまとめている．電機の他の分野も含めて，また表2や表3も合わせて見ていくと，わが国の家電（民生用電機）部門は，他の分野よりも相対的に早い時期（60年代頃）からタイに進出している．初期の進出はまずタイにおける輸入代替が中心で，その際の製品構成は複合型であった．それが80年代の円高対応の進出と輸出拠点としての役割を担うようになり，さらに日本との製品の棲み分けや工程の分担などが実施され，やがてタイ国内の需要に対する生産も開始するようになった．一

表3 タイにおける日系企業の生産品目別法人数

分類	品目	法人数
民生用電機	テレビ	9
	ラジカセ	1
	ステレオ	1
	カーオーディオ	4
	電子レンジ	2
	扇風機	5
	冷蔵庫	8
	洗濯機	5
	エアコン・コンプレッサ	6
	その他白物	15
産業用電機	電話機	2
	携帯電話	1
	ファクシミリ	2
	その他通信機器	1
	外部記憶装置	2
	印刷装置	2
	その他の電算機用装置	1
	その他の電子応用装置	1
	電子計測器	2
	複写機	1
	その他の事務用機械	2
電子部品・デバイス	抵抗器	4
	コンデンサ	5
	変成器（含むコイル）	7
	音響部品	1
	磁気ヘッド	2
	小型モータ	5
	コネクタ	1
	スイッチ	1
	小型機構部品	2
	複合部品（含むユニット）	9
	磁気記録媒体	3
	プリント配線板	5
	その他の電子部品	24
	半導体素子	6
	集積回路	4
	ブラウン管	2
	その他の電子デバイス	3

(出所) 表2に同じ．

方で，他の分野として，電子部品等は先に進出した家電分野の製品に必要な部品の製造あるいは，輸出のための拠点が60年代に設立された．しかし，産業用電機分野も合わせて見ると，本格的な進出は80年代後半〜90年代にかけてである．それらはいずれも，日本あるいは第3国への輸出を目的とした進出から，やがてはタイの国内需要にも応じるようになっていった．

なお，アジアにおける国別・生産品目別法人数では，電機産業全体で一番多い国は中国，その次はマレーシアで，タイは3番目である[7]．ただし，中国は別として，ASEAN諸国における生産品目では，白モノ家電がタイ，AV家電がマレーシアといった棲み分けも見られる．また，90年代に入ると，ASEAN諸国における工場の新設は緩やかになり，既存工場での生産拡大や生産性向上のための改善活動などが盛んになってきた．さらに，これらのASEAN諸国では，めまぐるしい経済環境の変化や現地労働者の賃金高騰，世界家電市場における欧米系メーカーの存在や韓国系メーカーの追い上げなどわが国家電メーカーの競争力に関する懸念材料が多くなってきている．

(3) わが国家電産業の生産分業構造

ここでは，わが国における家電産業の生産分業構造の特徴とその変化について見ていきたい．家電製品を生産するには，製品によって違いもあるが，一般的に数百から数千点の部品が必要であるといわれている．このような家電製品を生産するための生産分業体制は，家電メーカーを頂点とした多数の部品メーカーや加工メーカーなどからなる，いわゆるピラミッド型となっている．

家電メーカーは，完成品を生産するための最終組立を行うとともに，ほとんどのメーカー内部で基幹部品を製造（内製）している．たとえば，ルームエアコンのコンプレッサーやカラーテレビのブラウン管，VTRのシリンダーなどは，ほとんどがメーカー内やメーカーのグループ内で製造されている．

こうした家電メーカーには，数十から数百社の部品メーカーや加工部品メーカーがつらなっており，これらの企業は部品の種類によって3つの形態に分けられる[8]．まず，第1に，特定の製品や機種に限定されない汎用部品を製造する「市販部品メーカー」で，それらを生産するメーカーのほとんどが大手あるいは中堅企業である．また，こうした企業にも，傘下に二次メーカーが存在し，ここでもまた独自のピラミッド体制を築いている．

第2に，家電メーカーから指示された仕様や図面などによって，金属やプラスチックなどの素材を加工し，特定製品や機種に合わせた部品を製造する「加

工部品メーカー」で，このような企業には，中小・零細企業が多く見られる．

　第3は，完成品に組み込む複合部品（ユニット）の組立を行う「部品組立メーカー」で，これらの企業も中小・零細企業が多く見られる．なお，このような組立は，場合によっては独立した企業としてではなく，先の加工部品メーカーが行うこともある．

　さて，製品によっても違いはあるが，汎用部品が多く使われているものほど，いわゆる「系列取引」の度合いも低くなる．それは，汎用部品の性格上，市販部品メーカーのほとんどが多くの家電メーカーと取引を行っているからであり，逆に，加工部品が多く使われている製品ほど，特定の企業との結びつきが強くなり，「系列取引」の度合いが高くなっている．

　しかし，家電業界を取り巻く環境の様々な変化は，こうした下請分業構造に大きなインパクトを与えてきた．時系列的にいえば，1970年代後半から始まったICの発展に基づくME（マイクロエレクトロニクス）化，80年代後半から増加した生産拠点の海外展開，90年代からの家電メーカーの国際分業体制構築の本格化，90年代後半からのデジタル化やネットワーク化などのIT化の進展などがそうである．

　以上のことをふまえ，また家電産業における厳しい競争や製品ニーズの多品種少量化傾向のもとで，家電メーカーは徹底したコスト削減を図ってきている．現在の下請体制にかかわる具体的な対応策としては，「部品点数の大幅な削減」，「部品のユニット化」，「部品の共通化」，「部品調達オープン化」，「部品の内製化」などによる「部品発注の見直し」があげられ，そして，それは情報ネットワーク化と結びつきながら，とりわけ加工部品メーカーを中心に下請分業体制を再編している．

　製品やメーカーごとの戦略の違いもあるが，家電メーカーは，従来の発注では数多くの下請企業に発注してきたものを，特定の数社に絞って集中的に発注したり（「集中発注」），これまで個々の下請企業に工程ごとの発注をしていたものを，複数工程を組み合わせた複合部品（ユニット）として特定の下請企業に発注（「ユニット発注」）したり，あるいは従来の取引関係にとらわれないオー

プン市場での部品調達を行ったりと，様々な形態をとってきている．

さらに情報ネットワーク化がそれらを助長しており，EDI (Electronic Data Interchange：電子データ交換) の活用などがその例である．とはいうものの，EDI は標準化されなければ，その本当の価値を発揮することはできない．完成品メーカーと部品メーカーや部品加工メーカーとの間で共通のシステムが確立され，受発注，販売仕入，金融（請求・支払状況），見積，物流（材料支給，検収）のそれぞれの分野で EDI 取引されていくことは，従来の下請分業構造を変化させ，取引関係をオープン化し，多数の企業が参加できるような方向に進むことである．

しかし，家電業界の現状は，受発注情報と検収情報をオンラインで流す程度にとどまっており，資材調達事務を全面的にネットワークにのせるまでには至っていない．また，現段階では，インターネットのような分散処理型ネットワークの利用は少なく，発注企業のコンピュータを中心とする集中処理型ネットワークが主流となっている．したがって，発注企業を中心とした「クローズド・ネットワーク」が主流ではあるが，いずれは企業を超えた取り組みが実現され，企業間の取引情報交換のネットワーク化が推進されていくことになろう．

そして，ますますグローバルなオープン化が進み，下請企業の集約化や下請企業の選別強化も見られる．そのため，優秀な下請企業は従来からの継続的な取引関係を保ち続け，それまで以上により強固な関係になっている一方で，独自の受注先多元化，自立化や脱下請化，あるいは逆に下請企業側からの親企業への提案など，新たな発展戦略が必要とされている．

3．家電産業のタイとわが国における生産分業構造の実態と課題

(1) タイにおける家電産業

タイの経済発展における家電産業を始めとした電機産業の役割は大きい．その基礎を形成したのは外資であり，その中でも特に日系企業はこれまで大きな

表4 タイにおける電機機器の生産状況

(千台)

製　品		'97実績	'98予測	'99予測
映像	カラーテレビ	6,178	6,548	6,850
	テレビビデオ一体型	1,120	1,340	1,440
	ビデオ	3,988	4,467	4,047
	ビデオカメラ	—	—	—
オーディオ	ステレオ	660	710	650
	ラジカセ	—	—	—
	ヘッドホンステレオ	800	640	0
	ラジオ	—	—	—
	カーステレオ	4,010	4,570	5,310
電話	コードレスホン	312	612	612
	コード付きテレホン	4,960	4,460	4,560
	携帯電話	—	—	—
	本体 完成品	—	—	—
	半完成品	—	—	—
パソコン周辺端末	キーボード	15,600	14,400	15,000
	FDD	17,800	19,800	19,800
	HDD	13,500	20,200	26,500
	CD-ROM	—	—	—
	プリンタ	3,250	4,450	5,850
	カラーモニタ	5,670	8,800	8,260
事務機	WP/ETW	—	—	—
	ファクシミリ	2,270	2,500	2,690
	複写機	400	650	670
	電卓	—	—	—
家電	電子レンジ	2,600	2,600	2,750
	エアコン	2,790	2,940	3,375
	冷蔵庫	2,120	2,380	2,790

(出所) バンコク日本人商工会議所『タイ国経済概況 (1998／99年版)』(1999年).

寄与をしてきた．たとえば，タイの家電市場における日系企業のシェアは，テレビで56％，VTRで92％を占めている[9]．一方，現地の家電メーカーの市場シェア動向は，テレビ市場でダイスター（総合電気メーカー）が5％，エアコン市場でサイジョウ・デンキが9％，ユニ・エアが5～6％であるという[10]（なお，タイにおけるここ数年の電気機器の生産状況については表4，需要については表5，輸出については表6をそれぞれ参照のこと）．

表5 タイにおける家電製品の国内需要

(千台)

	カラーTV	冷蔵庫	エアコン	電子レンジ	扇風機
1994年度	1,058	973	320	61	2,743
1995年度	1,116	1,129	368	68	3,002
1996年度	1,225	1,174	415	87	2,757
1997年度	1,061	1,006	439	84	2,550
1998年度予測	800	800	330	70	2,000

(出所) 表4に同じ.

さて,タイにおける家電産業の発展形態については,まず,1960年代から70年代にかけて,日系を含めた外国資本が各国の輸出代替として進出したこと,それが80年代には日本の円高に対応した日系メーカーが新たに進出したり,既存工場の拡張などで,日本への逆輸入としての位置づけであったこと,以上のような外資導入によって,急激な近代化や産業化がもたらされ,所得水準・生活水準の向上によりさらなる電化ブームを迎え,現地の家電市場は拡大中であるということがいえる.このようにタイでは日系を含め,外資主導型のモノづくり構造が出来上がっている.

こうした外資導入によって,97年の通貨・経済危機以前は,家電産業も生産・販売・輸出それぞれがコンスタントな成長を見せていた.しかし,97年以降は,タイ国内事業に関しては,需要の落ち込みと原材料輸入依存による資材高騰などによって事業内容も悪化した.一方で,輸出および輸出主導型企業に関しては,本来の輸出代替の役割が大いに発揮されるとともに,為替変動によるメリットが享受された.ただし,需要に関しては,96年初め頃から,韓国メーカーの本格的参入と製品の供給過剰に加え,95年後半からの経済成長の低迷が重なり,AV家電の市場価格の下落が始まっていた.そしてそれは,96年中頃からは白モノ家電にも波及した.しかし,通貨・経済危機以降は,輸入製品や部品のコスト上昇と97年8月からのVAT税率の上昇改定(7→10％)によって市場価格の値上がりが生じ,逆にまた厳しい状況をもたらすことになった.

表6　タイにおける家電製品の輸出動向

①台数

(千台)

	カラーTV	冷蔵庫	エアコン	電子レンジ	扇風機
1989年度	526	176	51	1,060	108
1990年度	1,588	121	55	1,092	791
1991年度	2,886	308	222	1,482	1,804
1992年度	5,663	437	359	1,739	3,027
1993年度	4,643	545	478	1,700	2,640
1994年度	5,614	721	919	2,160	5,365
1995年度	5,659	1,102	1,221	2,210	3,811
1996年度	5,861	840	1,363	2,757	3,620
1997年度	6,664	821	1,502	2,565	3,408
1998年度(1-4)	2,265	279	607	922	1,303
1998年度(1-7)	4,224	544	983	1,808	−

(出所) 表4に同じ．

②金額

(百万バーツ)

	カラーTV	冷蔵庫	エアコン	電子レンジ	扇風機
1989年度	1,838	1,010	330	2,601	7,460
1990年度	6,473	1,271	1,475	2,394	14,039
1991年度	11,866	1,782	1,627	3,137	20,262
1992年度	16,994	2,674	2,534	3,692	27,691
1993年度	18,208	3,317	3,205	3,379	30,149
1994年度	22,150	3,903	6,142	4,027	2,530
1995年度	23,548	5,510	7,776	4,359	2,225
1996年度	25,955	5,069	9,026	5,065	2,172
1997年度	32,452	5,819	11,106	5,436	2,437
1998年度(1-4)	13,636	2,389	6,290	2,512	1,291
1998年度(1-7)	22,970	4,398	9,533	4,387	−

(出所) 表4に同じ．

通貨・経済危機以後の家電製品の輸出に関しては，前述のように，バーツ安は非常に有利であった．しかし，輸出型企業にとっても①借入金の評価損の増加による損益悪化，②部材の高騰による製造原価上昇とそのための利益の圧縮，③各国の通貨下落による売価低減対応の必要性，④各国の景気低迷による家電製品の販売不振などの点から，不利益も被っていた[11]．

なお，タイにおける産業用電機に関しての特徴は，大量で賃金の労働を利用し，消費国に向けた輸出拠点として位置づけられている．97年以降は，さらにこの傾向が強まり，輸出が多い企業ほど好調な業績をあげていた．一方で，国内市場は外国企業を中心とする小規模なものであり，その機器の供給は大半を輸入に依存している．したがって，97年以降は国内の機器販売の競争力は低下し，投資も抑制されていた．

また，タイの電子部品についていえば，電子部品メーカーは本来輸出が主体であるが，タイ国内のセットメーカーへの部品調達も行い，国内市場への拡販活動にも力を入れていた．しかし，97年以降は国内における調整や海外からの原材料輸入にコスト上昇の対応など厳しい状況が続いていた．

2000年になって，企業の努力や政府の対応などで厳しい状況もかなり緩和されてきてはいる．しかし，こうした回復傾向のもとでも，タイの電機産業は，通貨・経済危機を契機とした転換を迎えるとともに，新たなる短期的・中長期的な改革が必要とされている．

(2) 外資誘導政策とBOIの役割

タイにおける外資政策の変遷については，以下の通りである[12]．

①1950年代：政府主導による工業化の時期（＝外資導入萌芽期）

タイ経済の工業化への契機は，54年10月に政府が制定した「産業奨励法」である．同時にBOI（Board of Investment：投資委員会）が設立された．この時期の目的は，貿易赤字の拡大によって増加した輸入を減らすため代替型産業の育成が急務になったこと，また国内における華僑によって蓄積された商業資本の産業資本への転換を促すことにあったが，

目立った外資の進出は見られなかった．
②1960年代：民間主導による工業化の始まり（＝外資導入成長期）

先の外資導入政策が成果をあげなかったため，政府は60年前後から民間主導型の工業化，外資の積極的導入へと政策を転換した．「産業奨励法」の2度の改正，60年10月には「産業投資奨励法」の制定とその改定などが行われた．
③1970年代前半：選別的外資導入（＝外資導入制限期）

69年以降の貿易収支の悪化，特に対日貿易不均衡による大量の外貨進出に反発するナショナリズム（日貨排斥運動）の高揚は，それまでの外資導入に制限を加えることになった．政府は，72年に「投資奨励法」(骨子は輸出産業の重点奨励，企業立地の地方分散，BOIの権限強化），「外国企業規制法」，「外国人職業規制法」を次々に制定し，外資に対して選別政策をとるようになった．
④1970年代後半～80年代前半：BOIの権限による外資誘致（＝外資導入再出発期）

70年代後半にはいると国内経済が不況に陥り，政府は再び外資誘致を重点項目に掲げ，77年に「投資奨励法」を施行した．改正の主点は，BOIの権限強化による外資誘致の促進（BOI議長を首相兼任，投資サービスセンターの設立，課徴金の設定）であった．

80年代には，第5次経済社会開発計画（81～86年）が打ち出され，その中で輸出競争力の育成，雇用機会の増大，中小企業投資促進，立地の地方分散，エネルギー自給率向上，基礎産業育成，科学技術力の向上を開発方針とした．一方，外資政策の面では，輸入規制の緩和，輸出・地方投資・省エネ型企業への恩典強化，産業調整委員会の設置などの措置が講じられている．
⑤1980年代後半：外資急増／量的拡大から質的拡充へ（＝外資導入再拡大期）

85年以降の急速な為替レートの変動は，労賃の高い日本やアジア

NIES諸国から，安価で豊富な労働市場を持つASEAN諸国への生産拠点の移転が行われた．そのため，86～89年の3年間でBOIに申請された投資立件は，件数で5倍，金額で9倍と急増し，うち外資は件数で6割，金額で7割を占めた．外資の多くは輸出指向型で，タイの産業・貿易構造に大きな変化をもたらした．第6次経済社会開発計画（86～91年）では輸出促進，民営化推進とともに量的拡大から質的拡充への転換が唱えられた．外資政策では，89年に「投資奨励にかかる優遇措置認可基準（87年制定）」の改定，第3ゾーンの税制上の優遇措置強化，地方への一層の投資誘致を図った．

⑥1990年代：多面的展開（＝外資導入成熟期）

97年の通貨・経済危機以前は，自由化・民営化・地方分散の合言葉のもとで，投資の質的な拡充，環境との調和，さらに近隣諸国への投資支援などBOIにとっては多面的な政策が求められる時代であった．この時期，タイ経済は好調であったものの，地域間所得格差の拡大，インフラ・人材などのボトルネックの発生，投資・貯蓄ギャップの拡大，環境問題などの社会経済問題を顕在化させた．そのための第7次経済社会開発計画も打ち出された．

97年の通貨・経済危機以降は，IMF指導下のもとでも経済構造調整，輸出不振，景気低迷，外資流出といった事態に投資政策は新たな対応を迫られた．また，こうした緊急の対応とともに，中長期的な，競争力の向上のための労働力の質的改善，産業の構造調整としての高付加価値産業へのシフトなどの課題への対策も考えられた時期であった．

ところで，タイの外資政策におけるBOIの役割は重要である．上記のようにBOIの活動は30年以上に遡るが，77年の「投資奨励法」によって権限が強化されたタイ国内の投資を振興するための産業投資奨励の政策立案，その事業の審査，恩典の付与などの事業を実施している政府機関である．通常は，BOIの委員長は首相，副委員長は工業大臣で，その他，経済閣僚，民間委員等で構成されている．

BOIの奨励する案件としては，タイの産業の技術力を高めるもの，タイ国内の原材料を利用するもの，基本的なサポーティングインダストリー，外貨を取得するもの，バンコク以外の地方の経済発展に資するもの，インフラの発展に資するもの，天然資源を保存し，かつ環境問題を減少させるものであり，業種としては，①農業および農製品（27業種），②鉱物，金属，セラミックス（27業種），③軽工業（32業種），④金属製品，機械および運輸機器（35業種），⑤電子，電気工業（11業種），⑥化学工業，パルプ，プラスチック（22業種），⑦サービスおよび公共施設（44業種）が対象となっている（カッコ内は99年3月時点での業種数）[13]．

BOIのメリットは，タイあるいは外資系の企業の別なく，タイ国内（特に地方）の産業促進のため，①法人税の減税，②設備投資用の機械類の輸入関税の減税，③外資51％以上でも法人名義による土地所有の許可，④容易な労働許可書取得，に対するメリットを新事業に与えていることである．なお，地域別には3つのゾーンに分かれており，地方に行くほど，地方産業育成のため特典は多くなっている[14]．

これまで，BOIは新規投資および拡大投資に関する様々な施策を打ち出してきた．対象業種も軽工業から機械工業を中心に，そして90年代後半からはソフト産業（サービス，情報，ソフトウェア，公共施設）にかかわる投資の拡大を目指した．しかし，ソフト産業の拡大は，通貨・経済危機によって頓挫してしまったが，その後は経済回復に向けての外資規制の緩和策，輸出競争力の強化，特権の拡大やそのための対象業種の範囲拡大などがとられてきた．

こうした施策を背景に，外資導入も年々活発になっている．表7は，BOIに申請された97年以降の外資プロジェクトの状況を示している．全体的に見て，件数ベースでの年々の増加，またその中でも相対的に日本のプロジェクト数の多さと台湾のプロジェクトの急激な増大が目立っている．

99年以降も，BOIでは内需の落ち込みで生産能力が過剰になっている鉄鋼・建材，石油化学，繊維，紙パルプ，セラミックスの5つの産業を対象に，債務リストラ，企業合併，工場の統廃合を税制面などで支援する措置[15]，2000

表7　BOI に申請された外資プロジェクト

(百万バーツ)

	1997年		1998年		1999年	
	件数	投資額	件数	投資額	件数	投資額
総　数	496	267,739	527	224,961	743	169,114
欧　州	104	85,276	131	106,635	128	52,159
日　本	167	76,383	293	45,572	251	55,584
米　国	65	53,167	60	19,393	59	39,323
台　湾	57	27,104	81	9,005	129	14,351

(出所) BOI ホームページ (http://www.boi.go.th/japanese/boi/statistics_fi.html) などにより作成.

年には，新しい投資誘致政策の導入を積極的に明らかにしてきた．後者に関しては，たとえば，人口が密集し土地代も高いバンコク近郊にはサービス産業を，自動車産業が集積しつつある東部臨海部には関連の支援産業が集まるように民間企業を，それぞれ誘導し，バンコク周辺に偏っていた投資を地方に分散させる従来の政策から転換する．これは，通貨危機の反省をふまえて国際競争力のある産業群を育成する狙いである．特定の産業群が特定の地域に集積するよう誘導する新政策では，税制面での優遇措置に加え，「大企業と中小企業，素材と完成品分野の連携を強めるような支援策を検討する」[16]といわれている．

　その他に，通貨危機後の経済回復に重点を置いた新しい投資促進策も導入することを明確にしてきた．期間は2000年4月から5年間で，外資に対する出資や輸出規制を原則廃止，タイの産業競争力への寄与度などを投資認可にあたって重視する．また，進出企業の人材育成などへの貢献度に応じて優遇措置に差を設け，戦略的な観点から産業集積を進める．また，新政策では製造業分野での出資規制を撤廃する．従来，国内市場向けに製造する合弁会社は原則としてタイ側が過半数を保有していなければ優遇措置が得られず，100％外資企業の場合は売り上げの80％を輸出する必要があった．BOI は過剰設備を抱える産業への新規投資認可は認めず，物流など産業全般に効果のある投資や，重点育成業種である電機，農業関連産業への投資を優遇する．その上，立地先を基準

とした優遇策も見直す．これまではバンコクからの距離に応じて3つの地域に分類し，地方ほど税制上の優遇措置を厚くしていたが，新政策では各州の1人当たりの所得水準も考慮した分類に改める．さらに，進出企業の初期投資を軽減するため，製造装置などの輸入関税を全地域で免除する．国際品質規格を期限以内に取得できなかった場合などは法人税の免除を取り消すなど実績に応じた優遇措置にする[17]．

こうした中，BOI においては，「恩典だけでは投資を呼べない時代となってきている．時代に応じて BOI の役割も今や変化せざるを得ないような状況だ」という認識を持つようになった[18]．したがって，BOI ではそれにとって代わるのがサービスや支援的な手段の提供であり，政府の規制緩和もそのひとつであると確信している．また，BOI の役目も進出企業の問題解決の手助けが中心となっていき，川上産業と川下産業，大企業と中小企業をリンクする触媒のような役目も果たしていかなければならないと考えている．

(3) 通貨・経済危機直後の家電メーカーの対応とその後

1997年の通貨・経済危機以降，現地での日系を中心とした家電産業は，完全な操業停止や大量解雇を行った自動車など他の産業分野ほど厳しくはなかった．とはいうものの，家電産業にとって，家電製品の需要減少による影響は大きかった．特に白モノ家電製品は，繰り返しになるが，現地密着型製品として現地需要分やアジア域内需要分が現地生産で行われていること，また一部が日本への輸出（逆輸入）向けであったため，域内需要低迷が現地法人の収益を悪化させることになった．一方，AV 家電製品は，日米欧への輸出拠点としての位置づけにあるため，通貨の切り下げは輸出競争力の向上に寄与してきた．

しかし，現地では，製品によって部材料の大部分を日本などからの輸入に依存しているため，日系家電メーカーでは製品の値上げを余儀なくされ，これが現地購買意欲を一層低下させるといった悪循環を招いていた．

当初，家電メーカーは，通貨引き下げが，輸出にプラスだという見方や現地の消費熱を冷やすことへの懸念に対し，値上げには慎重だった．そのため，最

初は日本などからの輸入品に限っての値上げにとどまっていた．しかし，為替の一層の下落や輸入インフレの広がりにより，製品の値上げは，現地生産品にまで及んできた．また，こうしたタイから始まった値上げも他のASEAN諸国へと拡大した．

　タイを始めとしたASEAN諸国の具体的な動きについて，まず松下電器産業は97年9月にタイでDVDプレーヤーやVTRなど輸入製品に限って値上げした．松下電器産業の東南アジア最大の生産拠点はマレーシアであり，タイ工場の部品調達率は低いため部品の輸入コストが上昇して収益に影響の出始めた現地生産品も対象となっていた．同年10月にはフィリピンにまで拡大した．その後を追うような形で，家電専門メーカーとしてのソニーやシャープ，総合電機3社も同じような動きを見せた（表8参照）．

　その後，98年に入ってからのシャープと松下電器産業のそれぞれの再値上げについて，若干の追加をすると，シャープの場合，インドネシアの子会社（シャープ・ヤソンタ・インドネシア）では，カラーTV，冷蔵庫，洗濯機を生産しており，そのうち9割が現地販売である．昨年10月から12月にかけて，5回にわたって計20%の値上げを実施した後，98年の初めから80から100%さらに引き上げた．他方，松下電器産業は，98年に入りタイ，インドネシア，フィリピンでそれぞれ再値上げした．特に，インドネシアでは1月中旬にエアコン，ミニコンポなど輸入品で80%，カラーTV，冷蔵庫などの現地生産品で50%の大幅値上げを行っていた．

　しかし，ネガティブな動向の中にも，一部では欧米などへの輸出を増加させ始めたことによってこの落ち込みをカバーした．つまり，現地工場を欧米や日本への輸出拠点として新たに活用する動きが始まっていたのである．

　さて，97年4月から盤谷日本人商工会議所によって行われているタイ進出日系企業を対象とした調査[19]によれば，半年前と比べた「経営状況」は危機直後から比べれば，全体的に回復してきているという結果になっている．また，99年の結果では，「やや良くなった」と答えた企業が全体の26.7%，「かなり良くなった」という企業も7.4%で，これら経営状況が良くなっている企業の合計

表8 現地における日系家電メーカーの製品値上げの一例（1997年当時）

国名	値上げ時期	メーカー名	対象品	値上げ幅(%)
タイ	9月1日	松下電器産業	AV・情報機器	5～10
		ソニー	AV機器など	5～20
		シャープ	家電全般	5～10
	9月中	三洋電機	家電全般	10前後
	10月1日	松下電器産業	家電全般	5～16
		日立製作所	家電全般	5～10
		東芝	TV・VTR・冷蔵庫・エアコンなど	5～15
		三菱電機	TV・VTR・冷蔵庫・エアコンなど	10
インドネシア	8月中旬	松下電器産業	家電全般	3～5
	9月1日	松下電器産業	家電全般	7～10
		日立製作所	家電全般	7～15
		シャープ	家電全般	10
	9月中	ソニー	AV機器など	10～15
	10月1日	東芝	TV・VTR・冷蔵庫・エアコンなど	6～10
		三菱電機	TV・VTR・冷蔵庫・エアコンなど	10
フィリピン	9月中	ソニー	AV機器など	10前後
	10月1日	松下電器産業	家電全般	4
		シャープ	家電全般	5
マレーシア	10月1日	日立製作所	家電全般	5～10

(出所)『日本経済新聞』(1997年10月3日付).

は34.1％であった．これは，「かなり悪くなった」「やや悪くなった」企業の合計の28.6％を上回っている．ただ，「変わらない」と答えた企業が37.4％と一番多かった．また，2回の調査結果の比較では，「悪い状況」が減少する一方で，「良い状況」の企業が増加している（図4参照）．これによって，業種や経営規模に応じて違いもあるが，全般的に回復傾向にあることがわかる．

そうした回復は日系家電メーカーも例外ではなく，98年終わり頃から高額の消費財や素材などの需要増が見込めるようになったため，各社はアジア向け輸出や生産の拡大が業績好転の足がかりになると期待し，成長が鈍化した中国も視野に入れながらアジアでの事業拡大に動き始めていた．また一部の家電メーカーでは，大規模投資と技術移転に踏み切ったり．価格の高いハイテク家電が好調に売れれば，アジア各国の消費回復に弾みがつくとともに，家電各社の収益拡大につながる見込みであると考えたりしていた．

図4　日系企業各社の経営状況

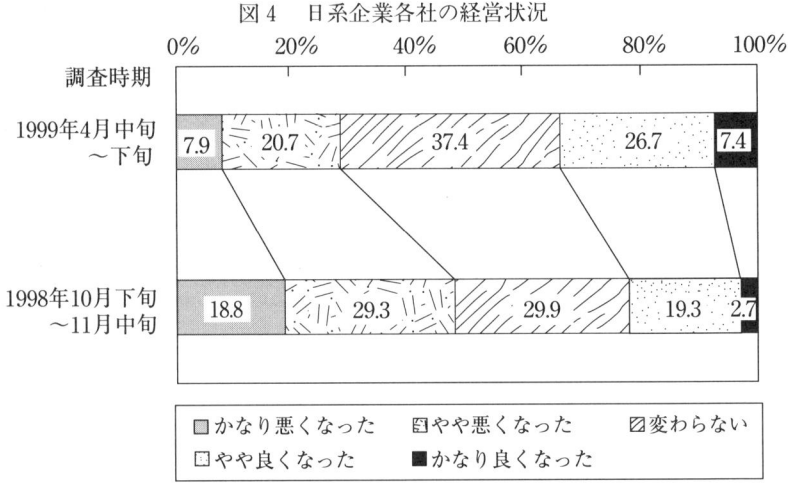

調査時期	かなり悪くなった	やや悪くなった	変わらない	やや良くなった	かなり良くなった
1999年4月中旬〜下旬	7.9	20.7	37.4	26.7	7.4
1998年10月下旬〜11月中旬	18.8	29.3	29.9	19.3	2.7

(出所)　盤谷日本人商工会議所『所報』および同所資料より作成.

(4)　タイにおける日系家電メーカーの生産分業構造

　ここでは，家電メーカーによって違いはあるものの，特にタイに多く進出している白モノ家電を事例として，タイと日本のグローバルな生産分業構造について検討していきたい．ただ，その際，タイへの進出形態は，他のASEAN諸国にも当てはまることが多いため，場合によっては"タイなどのASEAN諸国"という観点から取り上げていく．

　再度繰り返すが，白モノ家電は，文化や環境の違いから，消費国における生産が基本であり，また時期が立てばその国々の需要者が要望する製品へと変化していくという性格を持っている．そうしたことから，ある意味，それらを製造する場合は，その国で一貫生産体制を持つことが理想とされる．しかし，進出当初からそのような形態を持つのではなく，徐々に生産体制が整備されていくというのが一般的である．

　家電製品の日本と現地との分業関係についていえることは，まず製品間分業については，おおむね高付加価値製品を日本で生産し，単機能あるいは低付加価値製品をアジア地域で生産するといったそれぞれの棲み分けが行われており，工程間分業に関しては，生産工程が中心である．

タイなどのASEAN諸国への簡単な進出形態は図5に示している．まず家電メーカーが国内のみで生産するという第1段階のあと，第2段階へと展開していく．その際，アセアン地域進出の初段階では，周辺地域のサポーティングインダストリーの不整備から当工場内の内製化あるいは当企業グループ内での内部調達，日本からの輸入部品などによりまかなうことになる．

　その後，家電セットメーカーに追随した日系の協力関連下請企業や部品メーカーの一部進出，現地政府の方針によるローカル企業の育成が行われてくる．しかし，特殊な部品（主として，マイコンユニットなどの電子部品）などを中心に，それに関わる日系の協力企業が進出していない場合は，日本から輸入される．そして第3段階では，家電セットメーカーがASEAN地域以外の重要な対象地域として考えている中国に進出し，3地域合わせてのグローバルな生産体制づくりを行うことになる．ただしメーカーによっては，中国には進出せずASEAN地域内で完結する生産体制を整えようとしている場合もある．

　また，生産システムでいえば，タイに進出した家電メーカーの中には，日本とあまり変わらない生産システムを導入しているところもある．この傾向は特に1980年代後半以降進出したメーカーに顕著である．前述のようにサポーティングインダストリーの未整備などにより，むしろ自動化や内製化は，日本より高い場合もある．生産分業システムも，外部購入の場合，その購入先の違いはあるにせよ，日本と比較してそれほど大きな相違は見られないといえよう．

　たとえばタイの東芝について見てみよう[20]．タイへの最初の進出は，69年のTTEI（タイ国内の家電製品の生産工場）とTTC（販売会社）にさかのぼる．89年にエアコンと電気冷蔵庫の製造拠点として，TOSHIBA CONSUMER PRODUCTS (THAILAND) CO., LTD.（以下TPT）がバンカディー工業団地内に設立された．この工業団地内には，他にTDDT，TST，3C（順にホームテクノ，東京芝浦製作所，蛍光燈・ランプ）などの関連企業も設立されていた．

　タイでのエアコン生産の展開は，3段階に分けられる．第1段階は，日本国内のエアコン市場が87年～89年にかけて好調であったため，生産能力の不足分カバーのための新工場の設立を国内外で検討した結果タイが選択されたという

図5　日系家電の進出形態

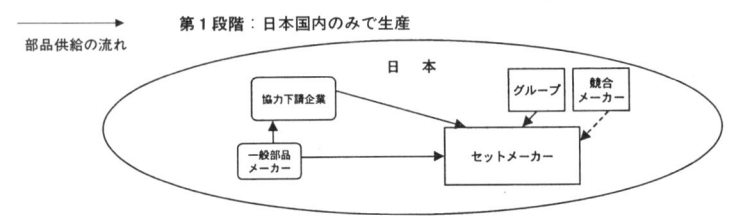

部品供給の流れ →

第1段階：日本国内のみで生産

日本：協力下請企業、一般部品メーカー、セットメーカー、グループ、競合メーカー

第2段階：セットメーカー・一部協力企業の海外進出（ただし国内生産はそのまま）

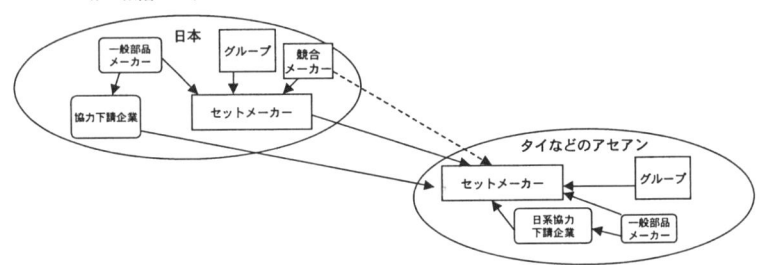

日本：一般部品メーカー、グループ、競合メーカー、協力下請企業、セットメーカー

タイなどのアセアン：セットメーカー、グループ、日系協力下請企業、一般部品メーカー

第3段階：セットメーカー，グループ（コンプレッサー），一部協力企業が中国へ進出（日本国内の生産はそのまま，アセアンでの生産も現地国内で完結の方向へ）

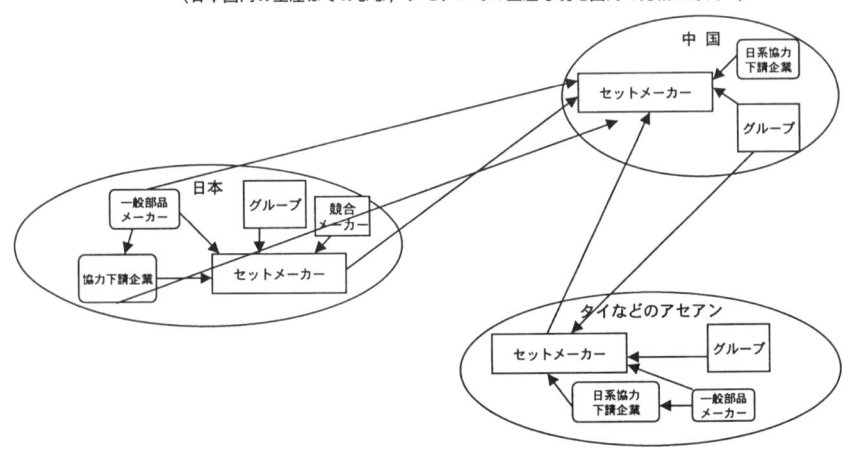

中国：セットメーカー、日系協力下請企業、グループ

日本：一般部品メーカー、グループ、競合メーカー、協力下請企業、セットメーカー

タイなどのアセアン：セットメーカー、グループ、日系協力下請企業、一般部品メーカー

(出所) ヒアリング調査や各種資料より作成．

時期である．当初は，日本以外の市場向けとしての輸出用ウインド型が中心であった．そして第2段階では，セパレート型の増産体制が敷かれた時期であり，さらに第3段階では，応用開発，販売，サービス，サービスパーツの供給や品質保証といった事業活動の機能が拡大していった時期で，事業としての確立時期でもあった．

エアコンに関する国際分業の当時の考え方は，日本国内の需要分を富士工場で，その他世界への供給分をTPTで生産する二極体制をとっていた．したがって，TPTは輸出生産拠点として位置づけられキーコンポーネントであるコンプレッサーは，富士工場，台湾，中国の3極体制で生産されていた．

また，TPTのエアコンの製造工程は，日本とほとんど同じかそれ以上で，最先端の製造技術や装置を完備されていたので自動化率も高かった．内製化率についても相対的には高かったが，ウインド型からセパレート型へと移行するにつれて，減少したという状況も見られた．

さらに，90年代にはいってから，部材の現地調達率はかなり高くなってきていた．タイ国内では約3割であったが，マレーシア，シンガポール，台湾などの第3諸国からの調達を合わせれば6割で，TPTではこの比率が将来的にさらに高められることになっていった．

次に生産工程の分業について，さらに詳しくルームエアコンからその状況を見ていきたい．まず，ルームエアコンの場合，その部品数は室内機と室外機を合わせて約25点とされている．しかし，この部品数はユニット単位であって，さらに分解すれば，実際には企業の算定方法にもよるが，少なくて数百点，熱交換器のアルミフィンの全枚数や電子部品ひとつひとつまで数えると数千点に達する．

こうした製品は，家電セットメーカーを頂点に協力企業層と一般部品メーカーの連関の上に生産されている．ルームエアコンの場合，テレビやVTRなどのAV家電と比較すると，電子・電気系部品よりもコンプレッサー，熱交換器，プラスチック成形部品などの加工部品がほとんどである．また，そういった部品の多くを協力下請企業に依存している．しかし，このような部品は単価

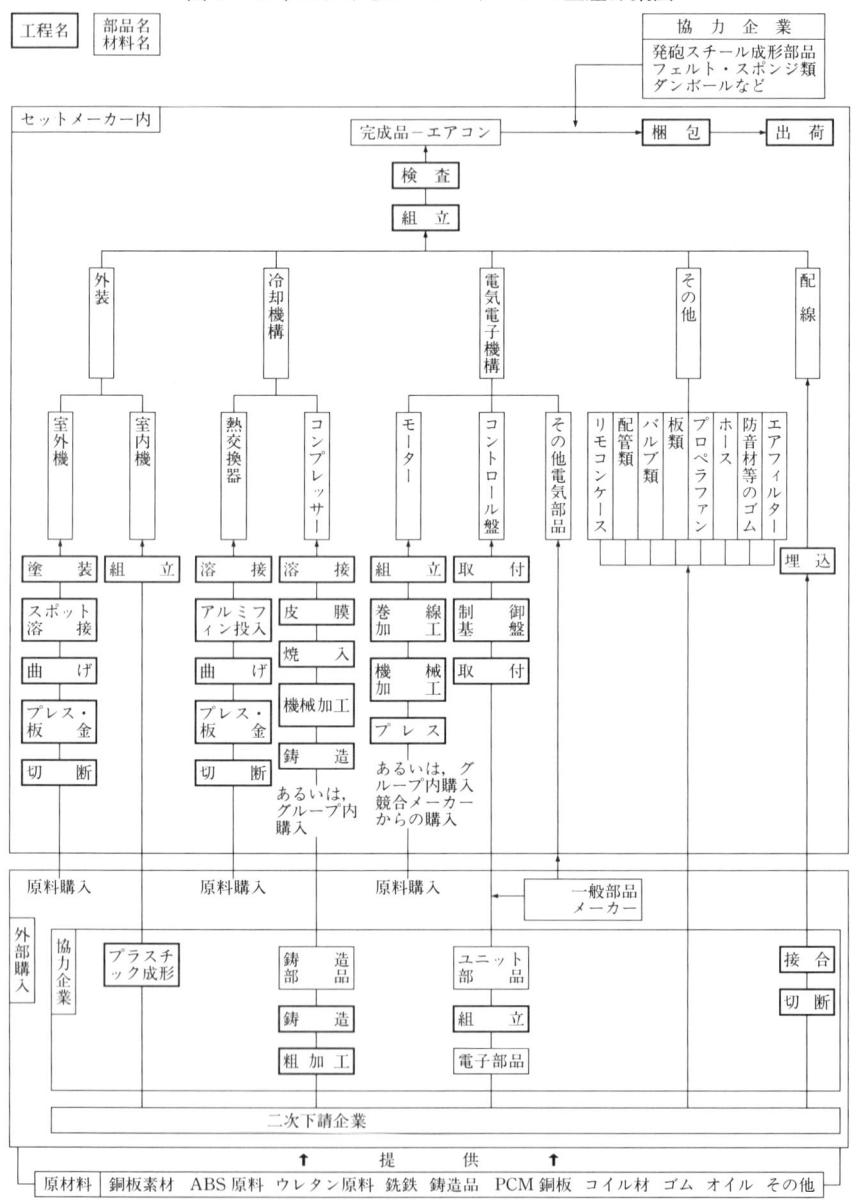

図6 日本におけるルームエアコンの生産分業図

(出所) ヒアリング調査などにより作成.

的には安いものが多い．コンプレッサーや熱交換器は，ルームエアコンの原価構成のほとんどを占めるが，ユニットとして組み立てるのはセットメーカーであり，協力企業の関与部分はその一部の部品あるいは工程に過ぎない．また，セットメーカーから協力企業へ発注される仕事は，セットメーカー内部で生産しきれない分で，しかもメインの機種ではなく多品種少量型（古いタイプで生産台数の少ない機種），形状やデザインが複雑で製造しにくいものが多いという．

このことから，生産分業構造に影響を与える諸要因は，海外展開の影響，製品戦略としての技術革新，資材の変化，家電セットメーカーのコスト削減のための生産体制の見直し（内製強化），部品の共通化，コスト削減による発注価格の見直し，あるいは発注の集中化や選別，また両者ともかかわる部品点数の減少や部品のユニット化，部品の海外調達の推進などがあげられる．

さて，図6は，ルームエアコンの日本における生産分業の現況を示したものである．企業によって違いもあるが，おおむね以下のようなことがいえるであろう．セットメーカー内で製造しているものは，基幹部品であるコンプレッサーおよび熱交換器である．コンプレッサーの場合，セットメーカーによっては，工場内で内製化しているメーカー，グループ内から調達しているメーカー，まったくの外部調達を行っているメーカーに分けられる．ただし，内製化されているとしても，全てがセットメーカー内で製造されているとは限らない．たとえば，主力機種のコンプレッサーは，最終組立およびケースのプレスは内部で行われるが，それに組み込まれる部品および部品加工は外注している場合もある．また熱交換器は，アルミやフィン材などの購入を除けば，フィンを重ね，その中に銅パイプを挿入する工程から内部で行われている．

一方，協力企業が関与している部品は，コントロール盤に組み込まれる部品の組立，室内機の前面パネルなどのプラスチック成形，その他の加工部品などである．これらはすべて受注部品である．また，それほど多くはないが，電気・電子部品は一般部品メーカーから購入する．

また図7は，タイ（他のASEAN諸国にもあてはまる場合もある）における生産分業図である．まず，基幹部品である熱交換器は，原則としてセットメーカ

図7　タイにおけるルームエアコンの生産分業図

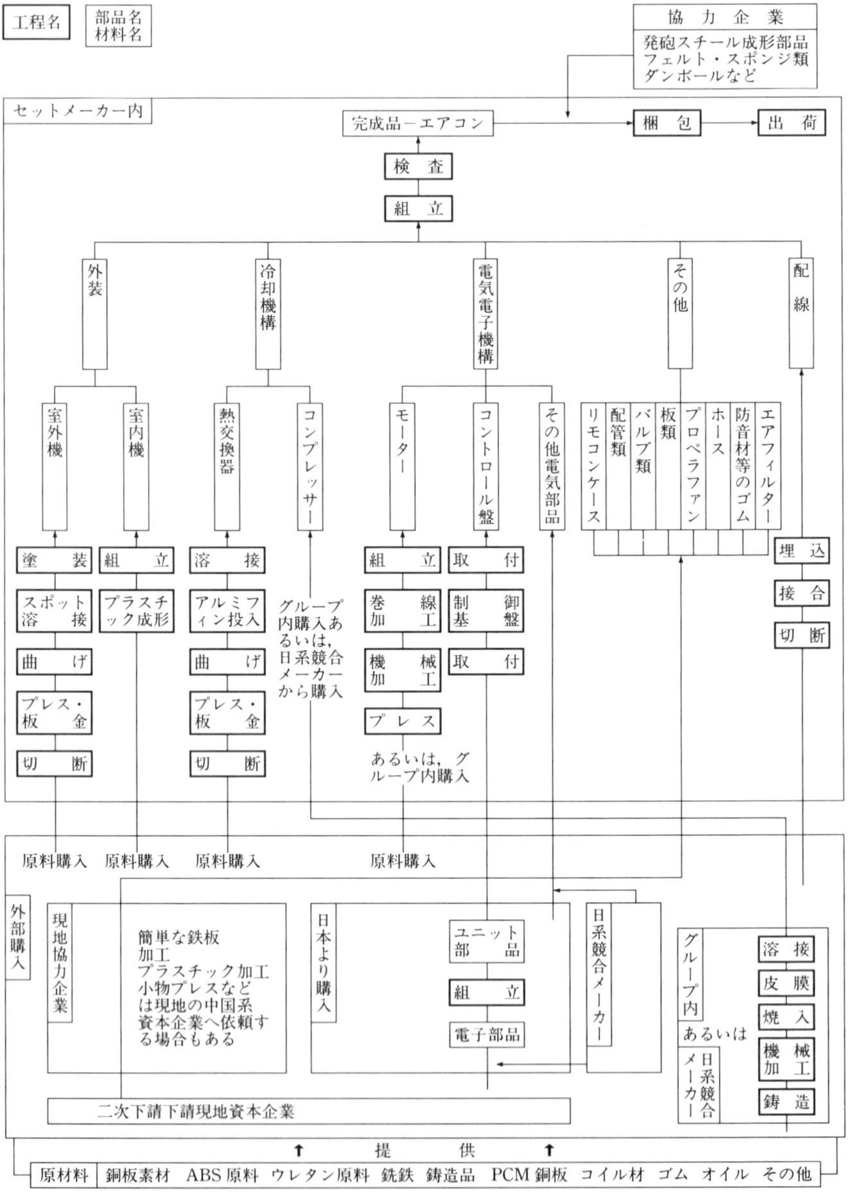

(出所) ヒアリング調査などにより作成.

ー内部で製造されている．一方，コンプレッサーは，現地に進出したグループ内より購入している．あるいはメーカーによっては，他の日系競合メーカーより購入している場合もある．コントロール盤は，最終組立とエアコンへの取り付けは現地で行われているが，それ以前の工程および部品に関しては，日本より輸入している．その他の部品については，ほとんどが外注されており，現地に進出した日系の協力企業から調達している．ただし，簡単な鉄板加工やプラスチック成形など，現地資本の部品メーカーに依頼したり，あるいは現地に進出した日系協力企業の下請として，現地資本の部品メーカーが使われていたりする場合もある．

こうした中でも，セットメーカーで内製されている部品や工程もコストと効率や多品種製品の生産対応などから，逆にそれらを外部調達へと切り替え，一部では内製化率も低下する傾向も見られてきた．ただしその場合は，一定の生産量に達しなければ実施されないのである．

ここで，グローバルな生産分業構造の形成によって親企業と下請企業との関係も変化しつつある．たとえば，あるセットメーカーへのヒアリング調査によれば，主力エアコンを構成する部品点数が2年間で，460点から300点近くにまで減少したことがあるという．その大きな要因は，個々の部品の集積度をあげることでのコンパクト化，部品の一体成形を行うことでのユニット化によってである．これにともなって，このセットメーカーの取引協力企業数は減少した．また同セットメーカーは，国際調達や，いわゆる開発購買の推進で独自の部品調達方針を採用してきたとともに，資材関連取引先に対する方針として，"安いところからいいものを調達"していくことを徹底させてきた．その一環として，下請企業などに対しては，少数精鋭化や国内外を通じての自立化を要請し，力がついた段階で系列にこだわらない「オープン化」も実施してきた．

逆に下請企業側から見れば，少数精鋭化によって振るい落とされる企業もある一方で，セットメーカーより従来型機種のユニット部品化が要請され，"生き残り発展した企業"もある．後者の企業事例として，ある企業は，かつて親企業から部品供給を受けながらの加工業務を担当していたが，同じ親企業から

要請された部品のユニット化に応じて次第に当社独自の調達へと切り替わっていった．それによって，これまでは部品の管理のみでよかった業務が，調達・仕分などの業務も付加されるようになり，そのことがかえって当社の自立化を促し，生産に対する力も，より強化されるようになったのである．

しかし，全体的に，親企業との関係は厳しくなってきている．親企業にしてみれば，現在の取引関係を解消することで，さらなるコスト削減を図り，新たな観点から他の企業へ仕事を要請することもできる．一方で，親企業に対して逆に提案をしてくれる企業を求めていることも事実である．親企業の要請に応じられない，あるいはついてこられない協力企業に対しては，これまでの関係をたち切っている場合もある．大企業といえども安泰ではないこの時期は，下請企業にとっても自立化を目指した生き残り戦略を考えるひとつの契機となっている．

ルームエアコンを事例として，タイにおける生産分業図を描いたが，実は，このような生産分業構造は日系家電メーカーの進出時のものとあまり変わっていない．通貨・経済危機のもとでも製品として市場に出されるまでのモノづくりにおいて，本来ならば部材の現地調達率を引き上げたり，あるいはもっとメーカ内で内製化したりと様々な手段があるものの，現地進出企業内あるいはグループ内などで完結できるような対応策しかとれていない．つまり，その理由は，それに対応できるだけのタイの現地資本によるモノづくりがほとんど育っていないからである．換言すれば，タイのモノづくりに対する様々な課題が根本的にいまだ克服されていないということである．

(5) 生産分業構造に顕在化する諸課題

グローバルな生産分業には，進出した側，進出を受け入れた側，それぞれに，また両者相互にかかわって，様々な課題が存在する．

そもそも日系企業のタイへの進出の動機や利点は，相対的な低賃金，豊富な労働力，豊富な一次資源，部分的ではあるがインフラの充実などがあった．また，タイ周辺地域への進出の足がかりとなる可能性もあった[21]．

その一方で課題として，通貨・経済危機以前には，まずタイ側（ローカルメーカーなども含めて）の生産や分業に関する賃金の上昇と労働力不足があげられていた．ただし労働力不足とはいっても，人数自体の問題というよりは，人材あるいは労働力の質に対する欠如であった．また，現地の労働者たちの志向や意識にもかかわってくるが，ジョブ・ホッピングの増大も問題であった．賃金のより高い分野への移動は，同業種，その中でも欧米系企業への移動，あるいは日系企業間での移動さえ見られた．これは，人に帰属している技術を浮遊させるため，なかなか現地企業そして現地のその国に根づいていかなかった上，同一企業内での定着が低いために，その企業特有の仕事や技術を労働者に覚えこませていくことが困難であった．それが，危機後は，そういった問題も徐々に緩和され，逆に以下のような点がより顕在化していった．簡単に羅列すると，

- 素材産業を含むサポーティングインダストリーなどの調達環境の未整備
- CS（customer satisfaction）への理解の乏しさ
- 品質と均一な大量生産化の問題
- 納期の問題
- 学習能力の問題（同じ間違いが繰り返されることが多いことなど）
- 政策の不明確さ
- 労働者の基礎的な教育不足や気質への未対応，などがあげられる．

一方で，日本側（日系企業）の課題としては，

- タイ（進出国）の発展をより見据えた戦略
- 現地人やローカル部材などを使いこなす際の意識面での改革
- 現地に適合する人材育成や人事制度
- 労働生産性の向上，などがあげられる．

日系企業の経営上の問題点として，表9の結果報告が参考になる．これは，98年の秋に実施されたものであるが，全体的には当然のことながら「為替変動」が最も多い．次に「他社との競争激化」（前回の98年春期調査では4位），それから「原材料価格の上昇」（同2位），あとは順に「代金回収困難」，「高金

表9 日系企業のタイにおける経営上の問題点

	製造業									非製造業						総合計
	食料品	繊維	化学	鉄鋼・非鉄	一般機械	鉄鋼・電気機械	輸送用機械	精密機械	その他	合計	商社	小売	金融・証券・保険	建設・土木	運輸・通信	その他	合計	
為替変動	8	14	16	14	8	35	23	4	15	137	20	4	2	9	8	6	49	186
他社との競争激化	1	2	7	10	1	20	10	1	6	58	15	2	2	11	9	7	46	104
原材料価格の上昇	7	3	7	6	2	10	11	0	7	53	2	1	0	3	0	0	6	59
代金回収困難	1	0	4	2	1	4	2	0	2	16	14	2	4	9	2	4	35	51
高金利	1	2	5	3	1	2	5	0	4	23	5	2	0	5	6	2	20	43
人材不足	2	2	2	1	1	4	5	0	4	21	3	3	2	4	3	5	20	41
資金調達難	1	2	5	3	2	6	3	1	2	25	3	1	2	3	1	1	11	36
VAT等の税金	1	3	1	3	1	7	5	1	1	23	2	0	2	5	2	0	11	34
品質管理	0	2	2	4	2	5	6	2	6	29	1	0	0	0	0	0	1	30
国内での部品調達難	1	0	2	2	2	8	4	0	5	24	0	1	0	1	0	0	2	26
経済政策の一貫性欠如	3	0	1	1	3	2	5	0	2	17	2	1	1	3	0	1	8	25
輸入税に関する問題	0	0	1	4	1	3	4	1	2	16	3	1	0	0	0	1	5	21
雇用の過剰	0	0	0	2	1	4	4	0	2	13	3	0	0	2	2	1	8	21
出資比率規制	0	0	0	1	1	0	1	0	0	2	8	0	3	3	3	1	18	20
政治，社会の不安定	0	0	0	1	2	3	2	0	0	8	1	1	2	0	0	4	8	16
賃金上昇	1	2	2	1	0	0	2	0	1	9	1	0	1	0	1	2	5	14
パートナーに関する問題	0	1	0	1	0	1	4	0	0	7	5	0	1	0	0	0	6	13
通関手続き	0	0	0	0	0	3	1	1	1	7	1	0	0	0	0	1	1	8
賃金以外の労働条件	0	0	0	0	0	1	3	0	0	4	0	0	1	0	2	0	3	7
環境問題	0	2	0	0	0	2	0	0	0	4	0	0	0	0	0	0	0	4
従業員のジョブホッピング	0	0	1	0	0	1	0	0	1	3	0	0	1	3	0	0	1	4
ワーキングパーミット，ビザ発給	0	0	0	0	0	0	0	0	0	0	0	2	0	0	0	1	4	4
輸送問題	0	0	2	0	1	0	0	0	0	3	0	0	0	0	0	0	0	3
労働争議	0	0	0	0	0	1	0	0	0	1	0	0	0	0	0	1	1	2
土地・テナント料高	0	0	0	0	0	0	0	0	0	0	0	0	0	1	0	0	1	1
用地取得難	0	0	0	0	0	0	0	0	0	0	0	0	0	0	0	0	0	0
その他	0	1	1	2	1	1	1	0	4	11	2	0	0	1	0	2	5	16
合計	27	36	59	62	31	123	100	11	65	514	93	19	24	60	40	39	275	789

(出所) 盤谷日本人商工会議所『所報』(1988年12月).

利」,「人材不足」,「資金調達難」となっている．また，この調査において，経営上の問題点として特に回答のあったものは，タイ国内の景気の低迷・先行き不透明，日本を含む輸出市場の低迷・悪化懸念などの景気・経済情勢に関する問題の指摘が多かったとのことである．さらに，労務関係では，現地スタッフ教育の改善の必要など社員教育に関する問題の指摘もあり，同時にコスト削減のための日本人スタッフの削減などに関する問題も指摘されている．

4．通貨・経済危機後の動向から見たタイにおけるモノづくりの今後の展開

(1) 通貨・経済危機の背景とその影響

タイから始まった通貨・経済危機は，またたくまにその周辺諸国や韓国に波及し，東アジア全体で生産の低下，失業，物価高をもたらす不況に陥った．

この通貨・経済危機は，1997年7月2日に，タイ中央銀行が完全な変動相場制を発表しバーツ切り下げを行ったことに始まる．この日を境に，アジアの通貨危機はドミノ現象のように，香港をはじめ，インドネシア，韓国などに伝わり，またそれは金融不安から経済不安にまで拡大した．こうした現象は，これまで高度成長を続けてきた「奇跡の東アジア」に対し，失業者の急増，政治的混乱など，さまざまな困難をもたらした．

タイを始めとした東南アジアには，85年のプラザ合意以降の円高基調の中で，主として日本の製造業，特に家電産業などの輸出主導の企業が，国際競争力維持のため，労働コストの安さを目的に進出した．一方で，東南アジアでも，外国企業の積極的な誘致により，輸出基地化あるいは輸出産業の育成が進められた．それにともなって，輸出が拡大を続け，現地の経済が活性化することによって，所得の拡大，内需の拡大，国内投資の活発化をもたらしてきた．そのための資金調達は当然必要だったが，いずれの国も国内の資本蓄積が当初はきわめて不十分な国々であり，必要な資金を海外から調達せざるを得なかった．90年代に軌道に乗ってくると，株式市場を通じて先進諸国の資金が流入した．特に東南アジアの中でもASEAN諸国は外資の積極的な導入により急速

な工業化に成功した．韓国や台湾のような ANIES 諸国が国内投資を育てながら成長していったのと比べ，工業化のテンポが非常に速かったことも，周知の通りである．

ただし，このような輸出振興による工業化の一方で，各国の金融システムが十分に機能しなかったこと，過大な経常収支赤字が海外からの短期資金流入により補っていたこと，為替レート制度が適切でなかったこと，また「開発独裁型の政治システム」も持ち合わせている特徴などが，原因となり97年の通貨危機を招いてしまった．しかしながら，東南アジア経済は，たとえ97年に通貨危機が起きなくても早晩深刻な調整局面を迎えていたのではないかと思われる．

いずれにせよ，通貨危機に始まるこの経済危機は，東南アジア経済の抱える問題点をあらためて浮き彫りにしたともいえる．各国の事情は異なるが，外資への過度な依存や開発独裁型システムのもとでの特定産業・企業に対する保護や歪んだ規制体系など，経済の好調時には見えなかったこうした構造的な欠陥が，一連の危機を通じてはじめてはっきり見えてきたことは事実である．

こうした一連の危機は，当初，経常収支改善のための需要削減策や資本流出抑制のための高金利政策による消費や投資などの需要と生産の減少，失業者の増大などをもたらした．また，現地の人々の生活にも深刻な影響を与えていた．

一方，当時日本の産業に与えた影響としては，第1に日本からの部品や製品の輸出の減少，第2に東アジアの国内需要減少による現地企業の販売減少（ただし通貨安による輸出増大による売り上げ増もある），第3に日本の輸入増と価格低下圧力が見られた．その際には，危機後の立ち直りには，危機に直面している東アジア諸国の自助努力が必要であると同時に，①関係の深い日本の景気浮上，②中国の通貨政策のゆくえ，③インドネシアなどに見られる政治不安や社会不安の解消，④IMFを通じて関与しているアメリカの立場などが，重要なポイントと指摘されていた．

(2) 通貨・経済危機への対応と回復過程

通貨・経済危機後におけるタイの場合，いち早く産業構造改善プログラムを

計画し，それを実行してきた．このプログラムには，通貨・経済危機への対応とともに，危機以前から顕在化していた1996年の輸出不振への対応，またタイの産業の構造的な脆弱性の克服も含まれていた．その時のタイの産業の構造的な脆弱性は，やがて産業の競争力低下をもたらし，タイよりも競争力の低い他のASEAN諸国や急速な勢いで成長していた中国に追いつき追い越されるのではないかという懸念をもたらしていた．

　タイの産業の脆弱性は，以下の9点であった．①特に中小企業を中心として，古い技術を使用し，機械が老朽化しているため，生産性ないし生産効率が低く，生産コストの上昇を招いていること，②経営者に経営，市場開拓，製品開発・デザイン，マーケティング情報に関する知識ないし技能が不足していること，③労働者の学歴が低く，未熟練労働者が全労働者の4分の3を占めていること，④裾野産業が未発達であるため，輸出品の多くは部品や原材料の輸入比率が高いこと，⑤タイの輸出製品の多くは，中低位の製品であり，委託生産で独自のブランドを持たないこと，⑥全工場の9割を占める中小企業の発展が遅れていること，⑦バンコク首都圏に工場が集中しているため，地方で雇用や所得が生み出されないこと，⑧工場の公害対策が遅れていること，⑨素材産業の発展の遅れと産業間リンケージが欠如していること，である[22]．

　そして，タイ政府は，産業構造の脆弱性の克服と通貨・経済危機への対応のために，98年6月に産業改造計画（1998年〜2002年）を発表した[23]．

　また，タイの産業構造の脆弱性にかかわって，タイ政府は，とりわけ中小企業およびサポーティングインダストリーの発達の遅れを認識しており，99年2月には，①金融支援策，②中小企業基本法の制定，③中小企業マスタープランの策定，④中小企業診断システムの構築といった包括的な中小企業育成策を策定した．

　サポーティングインダストリーの未整備は，これまで何度も繰り返しているように，日系企業や現地諸国におけるモノづくり戦略に大きな影響を与えてきていた．それまでの現地でのモノづくりを振り返ってみれば，ひとつの製品を生産する場合の分業構造において，国際分業が進展しながらも，なかなかサポ

ーティングインダストリーが育っていないということが指摘されていた．それには，こうしたモノの基礎となる日系メーカーが，タイなどの東南アジアへ進出しなかったこと，したがって日系家電メーカーの中には，最初から内製化させているところもあった．それは，人手による部分，すなわち技能への依存度が大きい技術でありかつモノづくりの主体的位置にある金型や鋳造などの技術移転が現場での長期間の経験が必要になるために時間がかかったからである．これまでこうした技術がなかった東南アジア諸国にとって，わずか数年の期間で技術のキャッチアップを果たすことは不可能であった．また，東南アジアでは，労働者がより有利な就労条件を求めて次々と就業先をかえるジョブホッピングが多いことでも有名である．その企業に，なかなか技術や技能が蓄積されなかった．

しかし，一連の危機を契機に，あらためてモノづくり技術の強化・育成が見直されてきていた．同時に，現地諸国は，ローエンドの労働集約型から，情報通信などの高付加価値のハイテク産業，情報技術立国へと本格的に移行させる認識があり，そのためには，こうした技術に加え，教育と人材育成も重要となっていたのである．また，部品から完成品まで一貫生産する「メイドインアジア」の体制を構築したいという欲求はますます強まり，東アジア諸国における製造業の継続的かつ自立化への願望は大きくなってきていた．

それに応じて，日本および日系企業の役割は重要であった．自らのためにも，東南アジアとの分業を保持しながら生産技術はもちろんのこと，研究開発にかかわる技術移転も急務であった．また，現地国内に部品産業，すなわちモノづくり技術を育成することが必要不可欠であるという意識のもと，その基礎となる技術に大きく関与している中小企業を軸とした国際分業体制づくりも必要と考えられていた．

したがって，こうした通貨・経済危機は，日系企業および現地のモノづくりの再構築を一層加速化させるために危機からの教訓を受け止めていくことで新たなる戦略が見えてくる契機であった．

以上から極論すれば，97年の危機は対応しだいで長期的にタイのさらなる経

済発展に寄与する可能性が大きいものであったといえる．そもそも都市インフラも金融制度も，あるいは人材育成も未整備のままで，10％以上の経済成長を続けていくのは不可能であり，いつかはそうした脆弱性が露呈したのかもしれない．いずれは構造調整を必要としていたし，ある意味それを一挙に行うチャンスが訪れたともいえる．

さて，通貨・経済危機後のタイ経済は，GDP（実質国内総生産）成長率が1998年のマイナス10.4％から，99年には4.2％，2000年には4.3％にまで，回復が見られている[24]．その他の指標に関しても，鉱工業生産指数が，98年まで95.9，99年で108.6（95年＝100）となり，製造業の生産回復も示している．この動きには，通貨・経済危機の真っ只中であった98年の落ち込みが非常に激しかったためその反動が表われていることも見逃せないが，生産水準の回復が予想以上の速さで進行していることの表われでもある．また，別の指標として，民間消費指数も98年で95.6，99年で97.0，2000年には99.8（95年＝100）と，大きな伸びではないが年々上昇している．

こうした景気の回復傾向は，金融機関が抱える不良債権問題の解決を後押ししている．タイの商業銀行の不良債権比率（3カ月延滞基準）は，99年5月の46％をピーク[25]に，同年11月末時点で41.8％，12月には38.2％，2000年の4月には37.6％[26]と減少したといわれている．さらに具体的に，タイ中央銀行の把握では，債務リストラ件数・金額のうち，金額では41％が交渉成立したが，一方で企業数の交渉成立割合は84％に達しているともいわれている．この動向はタイも含めたアジア経済全体にも見られ，公的資金の導入や外資系金融機関による買収の促進に加え，景気の好転から債務者との返済交渉が概して順調に進み始めている結果でもある．

以上のように，マクロ的な経済の回復基調は確実なものとなっている．しかし，かつてのような一連の危機などを再び経験しないためにも，しっかりとした経済基盤の確立および産業基盤の多面的な強化が必要とされていることも確かである．

またアジア全体では，ANIES（韓国，台湾，香港，シンガポール）と

ASEAN主要4カ国（タイ，マレーシア，インドネシア，フィリピン），および中国の計9カ国・地域の1999年～2003年のGDP伸び率は，年平均約5.5%と予測されている．そのうちANIESの年平均成長率は4.8%である一方，危機の後遺症が長引いてASEANは同4.4%にとどまり，中国は90年代よりも低下するものの同6.4%となっている．そして，長期的な2020年までの予測は，東アジアの9カ国・地域の成長率の年平均5.6%と見込まれているが，ただし，これは標準的な見通しである．たとえばタイの場合，悲観的な見込みで4.8%，楽観的な見込みで7.9%の高成長が可能であるといったように，かなりの開きも見られる[27]．

　いずれにせよ，こうした先行きを左右する要素として，同報告書は多くの課題をあげている．タイをはじめとしたアジア諸国について，まず短中期的には，金融システム改革と企業の債務処理の必要，長期的には保護主義を排しつつアジア域内での過当競争を防ぎ，環境破壊も抑制できるような「分業・協調体制」の樹立の検討，また今後の情報化とネットワーク化を軸とした産業構造の高度化に対応できる労働力確保と高等教育の強化の重要性を指摘している．

　次に，業種ごとの生産額増加率に基づいた分析によると，これからのアジアの成長を牽引する産業は電機を軸とするハイテク産業であり，特にASEANと中国での生産が一層増加すると見ている．現在でも東アジアは，電機産業の生産拠点であるが，国ごとに電機産業の業種構成および製品構成が違っている．今後の展望では，急速な技術革新を背景に，新しい製品やシステムが次々に登場し，生産も増えていくことで，組立工程の集中しているASEANや中国での生産額増加が期待されている．

　さらに，日本との関係について，ASEAN諸国との間で日本への製品輸入の割合が拡大し，域内の水平分業を中心として一層深まっていくだろうとの予想をしている．そのための前提条件には，日本が積極的に技術移転を進めて，アジア地域にサポーティングインダストリーを育成すること，またアジア地域最大の規模を有する日本市場の製品吸収力を高めていくことだとまとめている．

(3) タイおよび日本におけるわが国家電産業の今後

　1997年以降の通貨・経済危機は，タイにおけるモノづくりおよびわが国家電企業のタイにおけるモノづくりのあり方への見直しを迫った契機であったと前述した．一連の危機を契機とした新たな国際および生産分業構造の可能性に向けた共生的な戦略作成の必要性がここにきて本格的に出てきている．また同時に，タイのローカル産業およびサポーティングインダストリーの育成も重要であるとの認識も再度高まってきている．

　ここでは，それらへの対応として，まずタイの中では，製品レベルの違いを保ちながらの各国独自のモノづくりとして，当然のことながら現地に適した，あるいは現地の市場に適した製品づくり，現地での技術強化と育成の見直し，労働集約型から高付加価値化を目指したモノづくりが要請されている．また，部品から完成品までの一貫した生産などタイを始めとしたアジアにおける現地生産の体制強化，現地工場での生産拡大および生産性向上などの改善運動への努力，現地労働者の採用，経営スタッフへの登用と人材育成，部材の現地調達率の引き上げや内製化の展開，マーケティングなどの現地化などがあげられよう．

　一方で，わが国の家電産業が東アジアとの「協業と競合」を進めていく中で，日本国内においては，前述のように，ここ数年の日本国内での家電産業の生産は，ピークであった1991年の7兆2千億円台から年々減少し続けている．しかも，国内では既存製品の成熟化傾向にある中，メーカー間競合も，今まで以上に厳しいものになってきている．そのためには，各家電メーカーが日本国内においても，一層の高付加価値化を進めながら製品力の違いを出すことで買い替え・買い増し需要を喚起しながらも，生活者のニーズに応じた製品開発を目指すことが必要となってきている．たとえば，白モノ家電に関していえば，作業の効率化や便利さをより追求しながら，人への優しさに配慮した使いやすさや操作性の重視，高齢者や障害者などが健常者と同じように製品を使用できるバリアフリー化やユニバーサルデザインに基づいた開発，環境への優しさに配慮した省エネ化やリサイクル製品の開発，一方AV家電に関していえば，

デジタル化への適合，パソコンや通信機器との融合化，ネットワーク化，IT化など，新しいコンセプトのもとで製品開発が模索されている[28]．

　さらに，こうした環境の変化の影響は中小企業に重くのしかかってきている．大企業が量産機能のみならず，研究開発機能も含めてアジアへの進出を図る一方で，一連の危機を背景に，東南アジア諸国から安価な部品や資材の輸入が急速に増大してきた．これらの動きは当然，中小・零細企業に対する発注量の減少をもたらしている．納入金額，納期の問題など，関連取引企業からの注文は厳しくなるばかりである．また，中小企業自身にも，資金的・人的問題など操業環境が急速に悪化していることも事実である．しかし，グローバルな大競争時代の中で，新たなる展開のもと，これまでのモノづくりとそのもとでの分業構造が再編成される可能性も十分あるのではないかと思われる．

　家電産業のここ数年の調査では，家電メーカーの戦略や経済環境の変化により，生産分業構造も大きな変化をしていることが明確になった．家電産業の中でも特に家電メーカーと協力関係のある中小企業に限って，再度簡単に振り返ってみると，80年代から一貫してのME化の進展による部品点数の削減や製造工程の縮小，80年代後半からの東アジアを中心とするグローバリゼーションの展開による既存製品の国内生産の減少，そして，今回の東アジア経済危機による製品輸出量の削減と逆輸入品の増加などで，家電メーカーの内製化が高まるとともに，これまでの「系列間取引」の色彩が一段と薄くなり，また家電メーカーに対して付加価値を生み出すことが一層必要とされてきている．場合によっては，それまで取引のあった中小企業のふるいわけ（落とし）や他系列の中小企業との取り引きが行われ，それらの中小企業には，「一方的な」発注ではなく，逆に中小企業から生産技術のノウハウなどの提案を要請することも見受けられている．

　それに対して，逆に中小企業にとってみればかなり厳しい状況ではあるものの，ある意味で「系列間取引」からの脱却と他の家電メーカーへのアプローチの可能性，また提案できる生産技術のある中小企業であれば，家電メーカーの製品開発への参加と，開拓のチャンスを得るなど，戦略次第ではかなりの発展

が期待できる．また中小企業自身の家電分野のみならず新規事業への参画も多く見られる．厳しい環境の中，また時代の流れや生活者ニーズの把握がより必要とされている中で，数少ないビジネスチャンスをいかに自分たちのものにできるか，当然のことながらそれが中小企業発展の課題であり鍵である．

5．むすび
――タイおよび周辺諸国の動向を見据えた今後の展開――

今後のタイおよびわが国のモノづくりの展開は，それに関するタイ自身の方向性とともに，タイを始めとしたASEAN諸国の方向性とも大きくかかわってくる．

ASEAN自由貿易圏（ASEAN Free Trade Area＝AFTA）が創設されたのは，1992年にシンガポールで開催された第4回ASEAN首脳会議であった．AFTA創設の目的は，ASEAN域内の関税の引き下げ，非関税障壁の撤廃，投資の自由化などにより域内貿易と投資を促進していくことで，外国企業から見たASEANの魅力を高め，ASEANの競争力を強めることであった．先のASEAN首脳会議では，ASEAN加盟国がAFTAを93年から15年の期間をかけて達成する目標が掲げられた．しかし，94年にはその期間を短縮し，98年のハノイ会議では，さらに2002年に前倒しされることになった．

AFTAという単一経済圏の誕生によって，域内企業はより一層の競争力向上が求められることになる．各企業は，自国の市場だけでなく，AFTAをひとつの市場と見なした生産活動の再構築や合理化戦略の推進など，AFTA圏全体を念頭に置いた活動をすることが求められる．企業は自国にこだわることなく，AFTA内の最適生産地に資源を集中させた上で，ASEAN域内・域外の市場に商品供給するようになる[29]．

AFTA実現の具体的な手段は，①CEPT Scheme (Common Effective Preferential Tariff＝共通実効特恵関税)，②AICO Scheme (ASEAN Industrial Co-operation＝ASEAN産業協力)，③AIA (ASEAN Investment Area＝ASEAN投資圏) である．

まず，CEPTスキームは，関税率を段階的に下げていくシステムで，ASEAN各国は域内関税率を0～5％に引き下げることに合意している．また，非関税障壁の撤廃も進められている．若干の対象外製品はあるものの，ほとんどの工業製品や農産物が対象となっている．93年よりCEPT対象品目の平均税率が下げられて行くと同時に，税関や輸出入手続きの統一や簡素化が進められた．その結果，域内貿易は飛躍的に拡大している．

次に，AICOスキームは，95年12月のASAN首脳バンコク会議で合意され，96年11月に発行されたものである．域内関税の低率化を部分的に前倒しで実施するもので，AFTA実現は2002年を目標としている．貿易当事国からAICOスキームの認定を受けると，その企業の工業製品には2002年を待たずに即CEPT最終関税率が適用されることになる．これは，ASEANに基盤を置く企業の競争力と相互補完機能を向上させることを目的とし，域内で資源の共有や製品補完・協力を行っている．AICOのメリットは，①ASEAN域内の，ある国では付加価値の高い部品を生産，他の国では労働集約的な部品を生産するなど，その国の強みを生かした域内の分業生産が可能となること，②ASEAN域内での重複生産や小規模生産による非効率性を克服でき，量産効果が期待できること，③ASEAN域内での市場共有化のみならず，原材料，労働力，賃金，技術などの経営資源の共有化も可能となり，特に中小企業に対するメリットが大きいことである．

2000年10月の時点で，AICOの認可件数は64件となっている[30]．AICOの申請の傾向として，①自動車・部品メーカーが圧倒的多数を占めること，②AICO申請先国としてタイが全申請件数の約半数を占めていること，③アセンブリーメーカーが中心となっていること，④工程内分業から製品間分業に移行が始まっていることなどがあげられている[31]．

さらに，AIAは，域内投資を促進する目的で制定され，ASEAN域外からだけでなく，ASEAN域内間の投資も奨励するものである．この柱には，①ASEANのひとつの投資先としての共同プレゼンテーションの実施，②投資申請・手続きの迅速化，③投資の自由化，の3つがある．

99年のシンガポールで開催されたAFTA閣僚評議会では，加盟十カ国の関税引き下げ対象品目に適用する関税率を2018年にはゼロにすることで合意している．経済危機の一応の沈静化を受けて，自由化による域内貿易活性化を加速させ，関税問題にめどがついた後をにらんで，輸入手続きなど非関税障壁を取り除くために各国の制度を相互に監視し合う仕組みを導入することでも合意している．ASEANが関税撤廃時期を打ち出したのは，実はこれが初めてで，この日の会合では，主要6カ国（ブルネイ，インドネシア，マレーシア，フィリピン，シンガポール，タイ）については，関税をゼロにする目標時期を全体より3年早い2015年にすることでも合意した．また，主要6カ国は経過措置として対象品目の60％については2003年までに関税ゼロを目指すことになった．一方で，2018年までにゼロとするのは，ラオス，ミャンマー，カンボジア，ベトナムである[32]．ただし，2000年1月に自動車製品を関税引き下げ対象品目に繰り入れる予定だったマレーシアは，この協議で，経済危機による自動車産業への打撃によりこれを当面延期すると表明した．

　また，99年11月のマニラで開かれたASEAN合同閣僚会議では，経済回復に弾みをつけるため加盟国の結束強化を確認し，会議後の発表では「経済回復のため，加盟国はASEAN経済の統合を進める必要を再確認した」と強調した．特に貿易・投資の一層の自由化や社会的弱者の救済対策などで加盟国が協力し，兆しが見え始めた経済回復を後押しする考えである．また，貿易・投資面でのAFTAやAIAの実施促進を再確認しながら，なかでも世界的に重要になっている情報産業の強化に関し，議長国フィリピンのパルド貿易産業相は会議後「経済回復のためには人的資源の開発が必要」と述べ，ASEAN基金から成長産業である電子産業の人材育成資金として10万ドルの拠出を決めたのである[33]．

　一連のこうした流れは，一時は，通貨・経済危機の影響で，足並みの揃わなかった側面もあったが，経済の回復の兆しの中で，加盟国内の一部で出始めていた保護主義的な動きを排し，貿易自由化による活性化こそが経済発展の基礎となることを明確にさせている．今後は加盟国間の産業の分業体制が本格的に

進展することにつながり，ASEAN 各国の産業政策にも影響を与えていくことになる．また，どの産業に重点を置き比較優位を維持するか産業政策の重要性が再認識されてくる．したがって，この視点は，各国が日本や欧米などの外国資本の直接投資を呼び込む際の誘致促進策作りにも影響を与えるだけでなく，投資する側のモノづくり体制にも大きくかかわってくる．

ところで，AFTA/AICO への対応は，業種によってかなりの違いがある．また，同一業種においても企業の持つ戦略や特色によって様々な対応がなされている．強いて全体的な傾向をあげると，「AICO スキームの適応を受けるために ASEAN 域内の拠点体制を再編したり，新しく ASEAN 域内に拠点を設置すると考えている企業は少なく，多くの企業は『既存の拠点体制のまま AICO が活用できるのであれば活用する』という反応を示し」[34]，また「ASEAN 域内に複数の拠点を持ち，多くの部品を組み立てるアセンブリー産業にとっては，AICO は活用しがいのあるスキーム」[35]となっている．

たとえば，活発になってきている動きのひとつとして，デンソーの場合，同社は東南アジアの生産を再編するという戦略を打ち出した[36]．その第1弾として ASEAN 各国の生産品目を見直し，同時に現地調達比率を2002年をめどに，現在の約5割から7～8割に引き上げるとのことである．「この地域の自立化を進めて競争力を高め，為替フリー体質を強化する」という同社は，東南アジアでは5カ国に6工場，豪ア全域では9カ国に20の生産拠点を持っており，このうちタイ，インドネシアなど ASEAN の各現地法人は，各国の自動車メーカーに多くの製品を納めている．このため，スターターやオルタネーターなどの電装品をはじめ，冷暖房機器やラジエーターなど15～20品目の製品を生産している．その上で AICO スキームが利用できる範囲でのみ生産分業してきたが，AFTA 構想にいち早く対応した体制を整備している．

一方で，上記のような自動車部品産業あるいは自動車産業比べて，家電産業は AICO スキームへの申請および認可の件数が少ない．家電産業の場合，1単位（製品）当たりの利益が小さいこと，そのためには市場シェアの確保が最大目標となること，しかも市場シェア確保に必要な競争力向上のためには

ASEAN 域内の生産・販売体制の整備と効率的な経営が必要となってくることなどから，ほとんどの家電メーカーは AFTA のメリットを前倒しで享受できる AICO スキームについても，活用できる範囲で最大限に活用していこうとする傾向にある[37]．ただし，日系家電メーカーについては，現在のところ松下電器産業とソニーのみが AICO スキームの認可企業となっている[38]．

以上のように，タイを始めとした ASEAN 諸国の動向は慌しく動いている一方で，中国が急激な勢いで ASEAN 諸国を追いかけている．ASEAN 内部にしても，その環境にしても，いかに ASEAN 域内への投資を推進し，ASEAN 域内および ASEAN 各国がいかに高い競争力をつけることができるのかに，注目が集まっている．その際，まさに ASEAN 諸国の中心的位置にあるタイのゆくえがどうなるのか，今後を見守っていきたい．

1) ジェトロ・バンコク・センター編『タイ国経済統計集（1998／99年版）』盤谷日本商工会議所，1998年10月，25ページ．
2) 従来の家電製品は，冷蔵庫や洗濯機，ルームエアコン（通商産業省編『機械統計年報』などの「民生用電気機器」に，「冷凍機及び冷凍機応用製品」からルームエアコンに相当する部分を取り上げ家電部門に計上）などのいわゆる「白モノ家電」と，カラーテレビやオーディオ機器などの「AV 家電」（＝「民生用電子機器」）で構成されているが，最近では普及の著しいパーソナルコンピュータや携帯電話などが「情報家電」として含められるようになってきたり，既存の家電製品もデジタル化やネットワーク化を反映して「IT 家電」と呼ばれたりしてその範疇もより広くなってきている．
3) ジェトロ・バンコク・センター編，前掲書，17ページ．
4) 通商産業省編『機械統計年報』より計算．
5) 吉川弘之監修『メイド・イン・ジャパン』ダイヤモンド社，1994年，80ページ．
6) 戦後のモノづくりの変化などについては，渡辺博子『回復に向かうタイ経済の現状と日系家電企業のモノづくり戦略』財団法人全国下請企業振興協会／国際取引情報センター，2000年3月にまとめている．また，家電産業については，若林直樹『家電産業成長の軌跡』電波新聞社，1992年などを参照．
7) （社）日本電子機械工業会『'99海外法人リスト』1999年10月．
8) 齋藤健・富士総合研究所『日本産業の大転換－空洞化・価格破壊に適応する

流通・メーカーの戦略─』東洋経済新報社，1996年，79〜87ページ参照．
9) 「新世紀に向かうアジア主力産業」(『ジェトロセンサー』8月号，2000年8月)，12ページ．
10) 同上．また，これによれば技術や品質とも外資系の企業の製品優位性の中にあって，現地の地場企業も，通貨・経済危機後の「基本性能を満たしていれば安いほうがよい」という消費者心理をつかんだことで，販売拡大も見られ，ローテク製品での競争力上昇に健闘してきているという．
11) バンコク日本人商工会議所『タイ国経済概況（1998／99年版）』盤谷日本商工会議所，1999年6月．
12) 上掲書を整理し一部付加．
13) BOI 資料．
14) 同上．
15) *Bangkok Post, 3 August, 1999.*
16) BOI 資料．
17) 『日本経済新聞』1999年11月6日付．
18) 同上．
19) 「日系企業の雇用の現状に関する調査」(盤谷日本人商工会議所『所報』1998年12月)．
20) 中小公庫レポートNo.97-3『家電産業におけるわが国とアセアンの新たな分業生産体制の構築』1997年6月を参照．ただし，東芝は1998年11月にアメリカのキヤリア社とエアマン事業で提携し，99年4月に合併して東芝キヤリアを設立した．これによって東芝のタイ工場も東芝キヤリア社タイとなった．
21) 日系家電メーカーの産業集積地域として主要なタイ，マレーシア，シンガポールに関して，簡単にまとめると以下の通り．

付表　現地における家電産業の概況

	概　　況	優　位　点	課　題
タイ	・1960年〜70年代は，外資の国内市場向け輸入代替生産が主体 ・80年代後半から日系メーカーによる円高対応の生産移管と輸出代替 ・日系メーカーの第3国輸出から日本への逆輸入シェアの拡大 ・一方で所得水準の上昇により国内市場の拡大 ・国内市場での日系メーカーの圧倒的な強さと欧米系メーカーの健闘 ・白モノ家電を中心とした日本からの全面的移管 ・白モノ家電からAV家電，情報家電にいたるまで，タイ家電市場へ一斉流入	・豊富な労働力 ・周辺のインドネシア地域への進出の足場 ・国内販売市場の拡大 ・対日感情のよさ	・豊富とはいうものの，賃金上昇や人材不足 ・インフラの不整備 ・徐々に投資上の優位性が少なくなっているにもかかわらず，外資導入のインセンティブが少ない ・サポーティングダストリーを育成する体制になっていない ・人材育成，技術教育が十分ではない

マレーシア	・1960年代後半から70年代初めにかけて、輸入代替として外国資本が進出 ・80年代後半、日系メーカーにより第3国向け輸出拠点としての量産型工場が設置される ・工場の立地はマレー半島部の工場団地に集中 ・TVやエアコンなどの家電製品は、90年代以降円高対応のため日本へ逆輸入 ・91年以降、マレーシアへの投資は落ち着いていたが、93年以降の円高により日本からの生産移管が再活発化 ・家電市場における日系メーカーの圧倒的な強さ	・相対的に、政治の安定、健全な行政、健全な経済や財政運営、ある程度良好な治安 ・豊富な一次資源 ・訓練しやすい（柔順さ等）労働力 ・部品産業の集積 ・近隣諸国に比べ良好なインフラ ・親日的国民感情（ルックイースト政策） ・日本での系列関係を超えたオープンスタンス、オープンドアといった性質の保持	・労働力供給の制約（人手不足と賃金上昇） ・そのためのインドネシア、中国、ベトナム等との製品の品質面での棲み分けへ ・サポーティングインダストリーが弱体である（素材産業および周辺産業の育成が必要）
シンガポール	・1990年以降の国内生産では電気産業の頭打ち、一方で電子産業の顕著な拡大 ・80年代後半の急激な円高に対応して日系メーカーの生産シフト（AV中心） ・90年代以降、労働コストの上昇により、ローエンドや普及品の生産はタイ、マレーシアの周辺諸国へ移管 ・テレビ市場の場合、欧州系のフィリップス社、トムソン社、日系の東芝が上位3位で、日系メーカーの圧倒的優位性は見られない ・音響機器は日系メーカーが強いが、マレーシアへの移行が進行中 ・組立中心の生産拠点というよりも、ASEAN域内の総括的拠点の役割が強く、地域統括拠点としての役割、国際調達事務所（IPO）の設置、R&D機能の強化がみられる	・近隣諸国と比べて、ローカルな部品産業の発達、優秀なエンジニア、技術者の蓄積度の高さ ・インフラの充実（工業団地、港湾、空港、通信等） ・安定安価の電力供給 ・外資に対する税制面での優遇策 ・簡単で敏速な通関手続きにより流通が至便	・労働力不足による外国人労働者の早期受け入れや生産拠点の一層の自動化、省力化の必要性 ・国土の狭さ ・水不足の懸念

(出所) ヒアリング調査や各種資料より作成.

22) 日本経済研究センター『2020年アジアの産業競争力』1999年.
23) 産業構造改革計画（1998年～2002年）の8つの事業計画とは，①生産性の向上と納期短縮による競争力向上を目的とする生産コストの削減と生産工程の合理化，②技術力の向上と特定産業における生産技術および機械の更新，③製品開発，デザイン，市場開拓の能力の奨励，④将来に向けた技術集約的な戦略産業への外国投資の誘致，⑤特定産業における労働者の熟練度の向上，⑥中小工業部門の育成と強化，⑦労働集約型産業ないし公害排出の小さい工場の地方ないし農村地域への移転，⑧公害排出産業の特定区域への移転および公害低減技術の奨励である（三菱総合研究所アジア市場研究部編著『全予測アジア2000』ダイヤモンド社，1999年).
24) タイ中央銀行資料（ウェブ上）による．その他のタイ経済の指標についても同様．

25) 『日本経済新聞』2000年1月12日付.
26) 『日本経済新聞』2000年4月7日付.
27) 日本経済研究センター，前掲書.
28) 家電メーカーの新たな展開などについては，財団法人機械振興協会経済研究所『生活密着型機器開発と「人に優しいモノづくり」』1997年，同『在宅型情報システムの現状と今後の普及課題』1998年，同『生活密着型機器の製販統合に関する調査研究』1999年，同『生活密着が機器のアフターセールスに関する調査研究』，渡辺博子「シリーズ　人に優しい家電製品－わが国家電メーカーの新たなる展開－」①～⑤（日本工業出版『住まいと電化』，1997年12月～1998年7月），渡辺博子「生活者視点によるわが国家電メーカーの新たな展開」（『産業学会研究年報』第15号，2000年3月）などにまとめている.
29) 『第一勧銀総合研究所　調査リポート／AFTA（ASEAN自由貿易圏）展望～進むASEANの貿易・投資の自由化』(http://www.dkb.co.jp/houjin/report/chosa/199905-3/index.html).
30) 「AICO認可プロジェクトリスト（2000年10月5日現在）」(http://www.asean.or.jp/hp_in/index.htm).
31) 三菱総合研究所アジア市場研究部編著，前掲書，32～40ページ.
32) 『日本経済新聞』1999年9月30日付.
33) 『日本経済新聞』1999年11月27日付.
34) 箭内彰子「ASEANにおける域内貿易自由化－日本企業のAFTA/AICOへの対応－」（富士総合研究所『研究レポート』1998年3月），36ページ.
35) 前掲書，36ページ.
36) 『日刊工業新聞』2000年1月28日付.
37) 箭内「ASEANにおける域内貿易自由化－日本企業のAFTA/AICOへの対応－」，45～48ページ.
38) 三菱電機もAICOの認可企業であるが，対象品目が自動車の電装部品のため，ここでははずしている.

参考文献

今田高俊・園田茂人編『アジアからの視線－日系企業で働く1万人から見た「日本」』東京大学出版会，1995年

浦田秀次郎・木下俊彦編著『21世紀のアジア経済－危機から復活へ－』東洋経済新報社，1999年

（財）静岡総合研究機構『静岡発アジア経済危機の教訓－世界・市場経済化の未来は？－』（静岡アジア・太平洋学術フォーラム選書），静岡新聞社，1999年

さくら総合研究所環太平洋研究センター『アジアの経済発展と中小企業－再生の

担い手になりうるか－』日本評論社，1999年
進藤榮一編『アジア経済危機を読み解く－雁は飛んでいるか－』日本経済評論社，1999年
鈴木茂・大西広・井内尚樹『中小企業とアジア』昭和堂，1999年
滝井光夫・福島光丘編著『アジア通貨危機－東アジアの動向と展望－』日本貿易振興会，1998年
野村総合研究所東京国際研究クラブ編『アジア諸国の産業発展戦略－アジアの持続的発展を促す新産業政策－』野村総合研究所，1996年
富士総合研究所産業調査部編著『「モノづくり」革命』東洋経済新報社，1998年
(財) 中小企業総合研究機構研究部編『アジア中小企業の現状に関する調査研究 (タイ編)』第66号，1999年3月
居城克治「アジアの経済発展と中小企業－緊急課題となるサポーティング・インダストリー育成－」(吉田敬一・永山利和・森本隆男編著『産業構造転換期と中小企業－空洞化時代への対応－』〈叢書現代経営学⑤〉ミネルヴァ書房，1999年)
大西勝明「国際分業の進展と電子工業－東アジアへの日系企業の進出－」(丸山惠也・佐護譽・小林英夫編著『アジア経済圏と国際分業の進展』〈叢書現代経営学⑰〉ミネルヴァ書房，1999年)
末廣昭「タイ　経済危機の内情」(『世界』1997年12月号)
末廣昭「タイの経済危機と金融・産業の自由化」(『経済研究』第50巻，第2号，1999年4月)
向山英彦・川手潔・大八木智子「新世紀に向かうアジア経済と日系企業のアジア戦略」(『環太平洋ビジネス情報RIM』第4巻，第47号，1999年)
竹内順子・大八木智子・森美奈子「特集：アジアの産業集積」(『環太平洋ビジネス情報RIM』第4巻，第51号，2000年)
「特集／アジア諸国の企業再編とグローバル化への対応」(『アジ研ワールド・トレンド』第60号，2000年9月)
「新たな競争時代を迎えるアジア－日本企業の新戦略は－」(『ジェトロセンサー』2000年12月号)

第10章　タイ自動車産業の歴史的変遷と日系メーカー
―― 通貨危機後の自動車大再編時代を迎えて ――

Summary

In this chapter, I explain the history of automobile industry and present circumstances after economic crisis in Thailand. Concerning with the former, historical changes of automobile industry and industrial policy by government as well as the impact of crisis on the industry in Thailand are surveyed.

Next I point out three important changes of business environments in Thailand. It is needless to say that economic crisis is the first change. The second one is tendency of free trade, and the third is development of global strategies by automobile assemblers. And by these changes, global reorganization of automobile industry is in progress rapidly and drastically.

Under these conditions, strategic alliances by western automobile companies are increasing and behavior of Japanese ones is divided into three patterns in cooperation with western companies, i. e. companies which are having alliance with capital participation, only technical alliance and no alliance.

1. はじめに

　通貨危機後の ASEAN の自動車市場は, 21世紀に向けてまさに激動の渦の中にある. その理由は, 通貨危機, 貿易自由化, グローバル戦略の展開という3点に整理することができるが, 同時に, これら3つはタイの自動車産業をとりまく経営環境の変化をもたらした要因でもある.
　まず, 1997年の通貨危機によって大きな打撃を受けたタイの自動車市場にあ

って，その中心的な地位を歴史的に占めてきた日系メーカーがいかなる戦略上の変更を余儀なくされたのか．そして，通貨危機からの回復という新たなる経営環境の変化は，タイにおいて事業展開をはかる自動車メーカー各社にいかなる戦略の見直しを要求しつつあるのであろうか．これが，本章の第1のポイントである．

次に，2001年に前倒しされたASEAN自由貿易地域（AFTA：ASEAN Free Trade Area）の実現を目前にひかえ，タイ政府はいかなる自動車産業政策をとろうとしているのか．いっぽう，こうした政策を踏まえ，日系メーカーはどのようにして貿易の自由化へと対応しようとしているのか．この第2のポイントに関して，本章ではBBC（ASEAN Brand to Brand Complementation）スキームからAICO（ASEAN Industrial Cooperation）スキームへの歴史的変遷を中心に検討する．

最後に，戦略的提携[1]の急展開に象徴される自動車業界の大再編時代の到来である．欧米メーカー主導の戦略的提携の進展は，日系メーカーのアジア戦略を中心としたグローバル戦略にいかなる影響を及ぼしつつあるのか．言い換えるならば，日系メーカーとの戦略的提携を軸としたアジア戦略の積極的展開を目論む欧米メーカーに対し，日系メーカーはいかなる戦略上の転換を迫られているのか．これが，自動車大再編時代を迎えたタイ自動車産業をめぐる第3のポイントである．

以上まとめるならば，通貨危機からの回復基調と自由貿易化の潮流を背景に，アジア戦略重視の方針を打ち出す欧米メーカーと，戦略的提携関係のあり方をめぐって少なくとも3つのパターンの対応が見られる日系メーカー，その最もホットな戦いが繰り広げられようとしているのがタイを中心とするASEAN市場である．そこで本章では，タイにおける自動車産業の歴史的変遷を日系メーカーに主眼を置いて振り返りつつ，大再編時代を迎えた日系自動車メーカーのタイ市場における動向を，先述した3つのポイントに焦点を当てて検討していきたい．

2．タイ自動車産業の生成・発展と変貌

(1) タイ自動車産業および自動車産業政策の歴史的変遷

　タイの自動車産業政策を歴史的に振り返るとき，全体的傾向として保護育成政策から自由化政策へという大きな流れが確認される．こうしたタイにおける自動車産業政策の歴史的変遷について，表1を参考にしながら見ていくことにしよう．まずは，外国メーカーにとにかくタイに進出してもらおうと，輸入代替のための組立事業からスタートし，その後，セミノックダウンからコンプリートノックダウンへの移行が政策誘導によって行われていく．次に，ある程度生産基盤がそろった段階で，タイ政府は国産化に向けた政策，すなわち，部品等をタイ国内の地場のメーカーに作らせるような政策を推進していくことになる．具体的には，まず1962年の段階で産業等奨励法が改正され，それにともなって実質的な保護育成政策が始まる．そして，67年にCBUと言われる完成車の関税率を60％に引き上げる．

　その一方で，コンプリートノックダウンの関税率を引き下げることによって，完成車をタイに輸入しにくい，日本側からすると輸出しにくくする政策をとった．言い換えるならば，日系企業に作って持ち込ませるのではなく，現地で組み立てさせるための政策誘導を行ったのである．それ以降，75年の25％国産化により，いわゆる国産化が始まり，次の大きな転機は78年に国産化の本格的な推進という形で訪れる．完成車の輸入を禁止する一方で，日系企業を中心とした組立工場の設立を禁止するという策に出た．そして，1980年の乗用車国産化計画により，一層の国産化の方針を前面に出す．83年には新自動車工業育成方針を発表することによって，具体的な数値として乗用車54％，ピックアップ62％という国産化の具体的な数字を明確にした．

　1985年のプラザ合意以降，いわゆる円高の状況の中で，産業の空洞化が叫ばれた日本の現地生産という大きな動きが見られ，日系企業のアジア進出も例外ではなかった．この段階でタイへの自動車メーカーの進出も本格化し，80年代

後半からのタイ経済の成長も追い風となり，80年代後半以降急激に自動車の生産および販売台数が伸びていくことになる（図1および図2参照）．

この段階をもって，保護育成政策から自由化政策への移行というとらえ方が

表1 タイにおける自動車産業政策の歴史的変遷

時　期	政　策　動　向
1962年	・自動車組立事業促進制度実施（CKD輸入関税を5年間50％減免，法人税5年間免除など）
1967年	・完成車輸入関税を60％に引き上げ ・CKD輸入関税率引き下げ（乗用車30％，ピックアップ20％，トラック10％に）
1975年	・25％国産化政策実施
1978年	・乗用車CBU輸入禁止，関税率見直し ・乗用車組立工場設立禁止
1980年	・乗用車国産化計画始動（'83年50％が目標）
1982年	・乗用車国産化率45％で凍結
1983年	・新自動車工業育成方針発表（国産化率目標：'87年乗用車54％，'88年ピックアップ62％） ・モデル数規制導入（ボディータイプ・エンジン1種類，変速機2種類に制限）
1985年	・排気量2.3ℓ超の乗用車CBUのみ輸入解禁（輸入関税300％）
1986年	・小型商用車に国産エンジン搭載を義務付け
1989年	・エンジン国産化率20％義務付け施行
1991年	・排気量2.3ℓ以下乗用車CBU輸入解禁 ・輸入関税率引き下げ　乗用車CBU：排気量2.3ℓ超　300％→100％，2.3ℓ以下　180％→60％ 　　　　　　　　　　　乗用車CKD：112％→20％ 　　　　　　　　　　　ピックアップトラックCKD：30％→20％
1992年	・完成車輸入関税システム全面改正・税率引き下げ 　　　　乗用車：2.4ℓ以下60％→42％，2.4ℓ超100％→68.5％（排気量区分も変更） ・付加価値税（VAT）導入，ビジネス税廃止
1993年	・乗用車組立への新規参入解禁 ・タクシー制度変更（車齢2年未満の車両と営業用運転免許でタクシー事業運営が可能になる）
1994年	・完成車輸出への税制優遇制度施行
1996年	・'98年7月に乗用車国産化率要求撤廃する方針を発表
1997年1月 4月 5月 8月 10月	・1.6ℓ以下の乗用車に対する価格統制を廃止 ・定員10人以下で価格100万バーツ以下の自動車に対する販売・リース税廃止 ・二輪車に3％の物品税を課税（～'98年末） ・VAT税率を7％から10％へ引き上げ ・完成車輸入関税率を排気量にかかわらず一律80％に引き上げ ・乗用車，ピックアップ，オフロード車の物品税率を5％引き下げ
1998年7月 8月	・同月より実施予定であった乗用車の54％国産化率要求撤廃を延期 ・自動車ローン規制を緩和　ローン支払い期間上限：48ヵ月→72ヵ月 　　　　　　　　　　　　販売価格に占める頭金の割合：25～30％→10～20％
1999年1月	・2ストローク二輪車の生産中止，二輪車の物品税率を5％に引き上げ予定
2000年1月	・すべての自動車の部品国産化率要求が撤廃される予定

（注）タイ投資委員会"Auto Industries Thailand"，各種報道よりFOURIN作成．
（出所）『1999アジア自動車産業』66ページ．

第10章 タイ自動車産業の歴史的変遷と日系メーカー 341

図1 タイにおける自動車生産台数の推移（1961年－1998年）

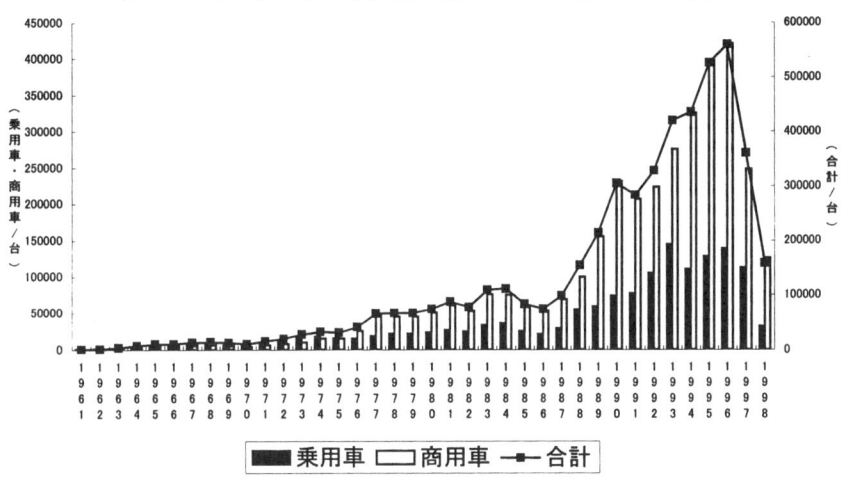

(出所) Federation of Thai Industries, *THAILAND AUTOMOTIVE INDUSTRIES DIRECTORY 1997*, p. 126, Federation of Thai Industries, "AUTOMOTIVE INDUSTRY CLUB PRODUCTION RECORD FOR JANUARY-DECEMBER 1996, 1997, 1998" より作成．

図2 タイにおける自動車販売台数の推移（1961－1998年）

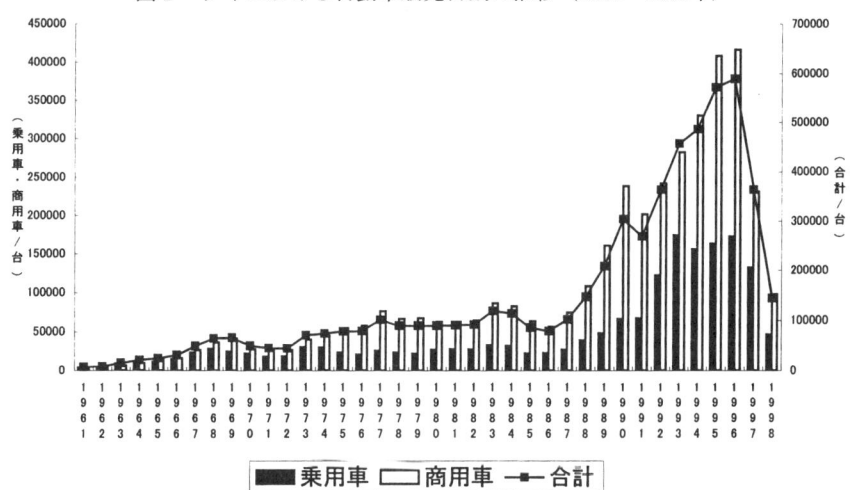

(出所) Federation of Thai Industries, *THAILAND AUTOMOTIVE INDUSTRIES DIRECTORY 1997*, p. 127, Federation of Thai Industries, "WHOLE SALES RECORD FOR JANUARY-DECEMBER 1996-98" より作成．

できるが，政府側の大きな動きとして，例えば1991年段階で2.3リットル以下の完成車の輸入を解禁し，輸入関税を引き下げる．具体的には，それまで300％だった2.3リットル超完成車を100％へ，2.3リットル以下については180％から60％へ，コンプリートノックダウンについても112％から20％へ，ピックアップトラックについては30％から20％へとそれぞれ引き下げた．税率の変更によっての結果，完成車の輸入がしやすくなるとともに，相対的に商用車と乗用車との価格差が縮まったため，乗用車の割合が1991年以降伸びて商用車との差が縮まり（図１および図２参照），乗用車と商用車の競争激化という動きも見られた．こうした流れの中，翌年92年には完成車の税率を一層引き下げ，2.4リットル以下の乗用車が42％，2.4リットル超については68.5％，ピックアップも60％へと下げていく．この年に付加価値税が導入されたのを受け，翌93年には，乗用車組立の新規参入を停止していたのを解禁する．また，93年にはタクシー制度が変更になり，商用車の販売台数増加へと貢献することになるが，同年の新規参入解禁を踏まえ，翌94年には完成車輸出への税制優遇制度を実施し，20％の税率を10分の１の２％へと大幅に引き下げる．完成車の輸出基地化を目指した優遇政策をとるため，98年７月には国産化率を撤廃するという方針を96年段階でタイ政府は発表するにいたるが，97年の経済危機により同方針は延期となった．

(2) 通貨危機のもたらしたもの

通貨危機をめぐるタイ政府の対応としては，1997年８月に付加価値税を７％から10％へと引き上げ（1999年４月10％から７％に引き下げ），10月には完成車の輸入関税率を一律80％に引き上げた．そして，乗用車，商用車を問わず，それぞれの物品税を５％引き上げることで，それまで物品税はゼロだった１トンピックアップの税率が５％になるという大きな変化が生じる．

外資比率は過半を超えてはいけないというBOI（タイ投資委員会）の規制があったが，1998年12月にそれをなくした．また，99年２月にコンプリートノックダウンの輸入関税を20％から再び33％に引き上げた．要するに，これは限り

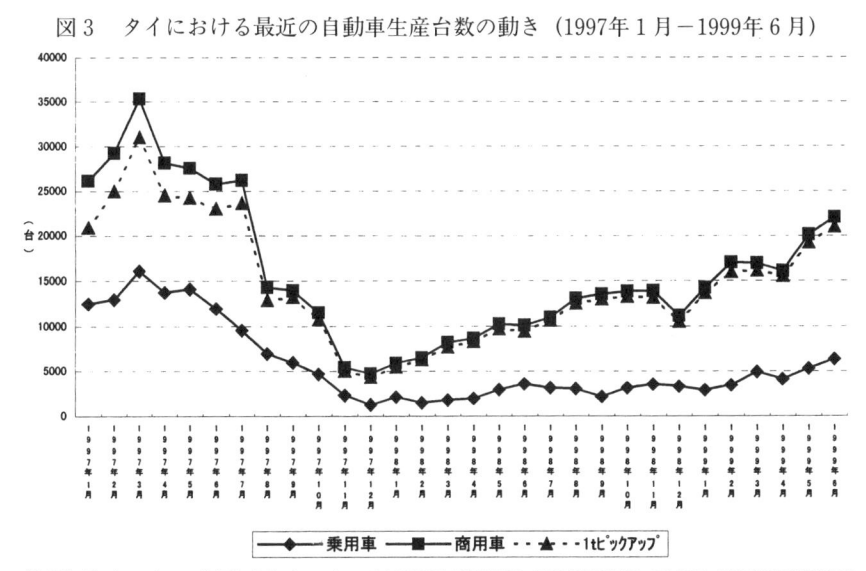

第10章　タイ自動車産業の歴史的変遷と日系メーカー　343

図3　タイにおける最近の自動車生産台数の動き（1997年1月－1999年6月）

(出所) Federation of Thai Industries, "AUTOMOTIVE INDUSTRY CLUB PRODUCTION RECORD FOR JANUARY-DECEMBER 1997, 1998", "AUTOMOTIVE INDUSTRY CLUB PRODUCTION RECORD FOR JANUARY-JUNE" 1999 より作成．

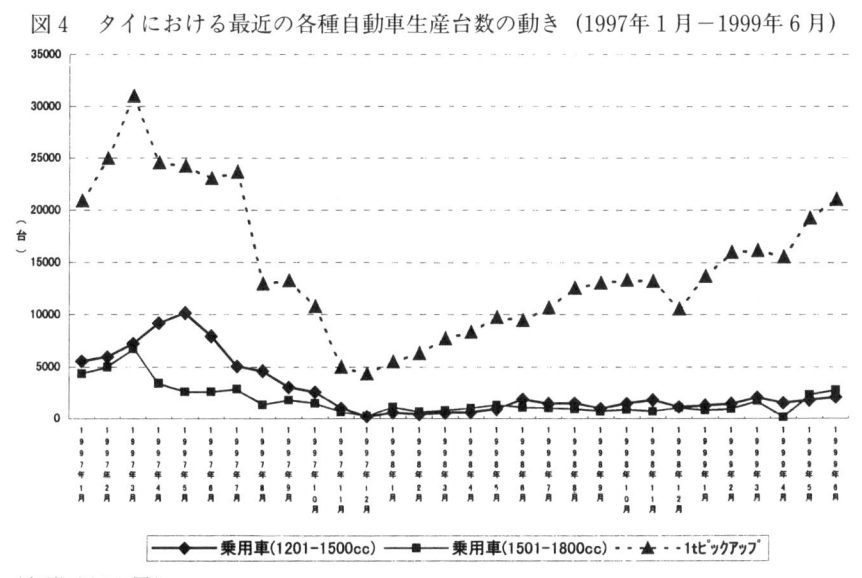

図4　タイにおける最近の各種自動車生産台数の動き（1997年1月－1999年6月）

(出所) 図3に同じ．

図5 タイにおける最近の自動車販売台数の動き (1997年1月-1999年6月)

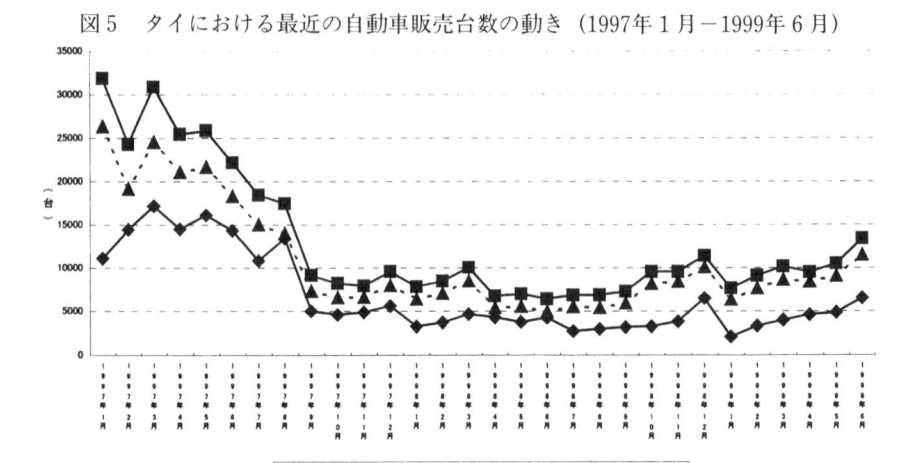

(出所) Federation of Thai Industries, "WHOLE SALES RECORD FOR JANUARY-DECEMBER 1997, 1998", "WHOLE SALES RECORD FOR JANUARY-DECEMBER 1999, COLLECTED BY TOYOTA MOTOR CO., LTD". より作成.

図6 タイからの最近の自動車輸出の動き (1997年1月-1999年6月)

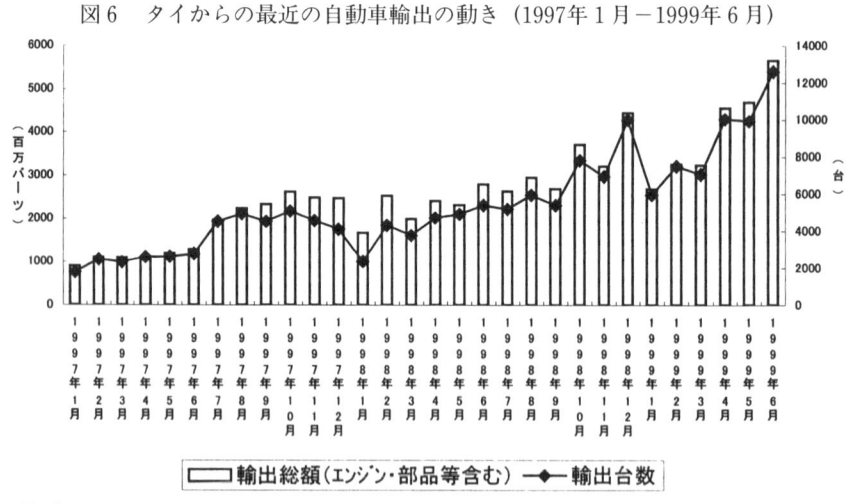

(出所) Automotive Industry Club, Federation of Thai Industries, "CAR MANUFACTURERS EXPORT RECORD FOR JANUARY-DECEMBER 1997, 1998", "CAR MANUFACTURERS EXPORT RECORD FOR JANUARY-JUNE 1999"より作成.

なくゼロに近づけていこうとする自由化の流れとはある種逆行する動きではあるが，当時のタイ政府の置かれた立場を象徴してもいる．

そこで，図3～図5に1997年以降の生産および按配台数の推移を見ていくことにしよう．すると，97年7月を境に大きな落ち込みを示すとともに，98年に入っての回復基調が99年により顕著になっている．バンコクポストによると[2]，99年の販売台数は，98年に比して乗用車が44.4％増，ピックアップが60.2％増，自動車全体で51.5％増という回復基調を持続している．

そうした中，乗用車と商用車との間に回復の仕方をめぐって差のある点が注目される．また，図5に見られる乗用車と商用車との間の販売台数の差と図3および図4で見られる生産の差を比較すると，明らかに生産台数の差の方が大きいことがわかる．これは何を意味しているであろうか．それは，タイ国内の需要が回復したというよりも，もっぱら1トンピックアップを中心とした商用車が海外の輸出へとシフトしていくというような状況の中で回復していることを（図6参照），言い換えるならば，1999年上半期の段階における回復基調とは，いまだ国民レベルでの経済力が回復した結果ではなく，商用車の輸出面での増加によってもたらされた回復であって，輸出主導によって日系自動車メーカーは通貨危機からの回復をスタートさせたということに他ならない．

3．タイ自動車市場をとりまく経営環境の変化

(1) BBCスキームからAICOスキームへ

年表に示したように，1980年代以降のASEANは域内経済協力という大きな流れの中にあった．とりわけ，産業協力をめぐって試行錯誤を繰り返してきたが，1980年代以降の域内経済協力は，BBCスキームからAICOスキームへの移行を軸として展開されたと言ってよかろう．そして，その中心となる産業は自動車産業であった．同一産業内における相互補完体制の構築を目指し81年にスタートしたAICであったが，70年代後半からの各国の国産車生産の動きを背景に失敗に終わった（表2参照）．

表2　ASEANの貿易自由化

1977年	76年の「ASEAN協調に関する宣言」を受け，域内経済協力が本格的にスタート．貿易自由化策として，第10回ASEAN外相会議においてASEAN特恵関税とりきめ (PTA: ASEAN Preferential Trading Arrangements) 協定が採択．また産業協力策として，第5回ASEAN経済閣僚会議においてASEAN産業プロジェクト (AIP: ASEAN Industrial Projects) が発案 (80年基本協定締結).
1981年	ASEAN産業補完プロジェクト (AIC: ASEAN Industrial Complementation Project) 基本協定が締結.
1983年	ASEAN産業合弁事業計画 (AIJV: ASEAN Industrial Joint Venture) が立案.
1988年	自動車産業の同一ブランド内補完 (BBC: ASEAN Brand to Brand Complementation) スキームが導入.
1993年	ASEAN自由貿易地域 (AFTA: ASEAN Free Trade Area) 形成に向けての具体的プロセスをCEPT (ASEAN Free Trade Area Common Effective Preferential Tariff) 協定に規定.
1996年	ASEAN産業協力 (AICO: ASEAN Industrial Cooperation) スキームが導入され，BBCスキームはAICOに統合.

(出所) 箭内彰子「ASEANにおける域内貿易自由化」(富士総合研究所『研究レポート』1998年) 1-19ページより作成.

　AICの失敗を受けて目的を同じくして88年に導入されたのが，同じメーカーにおける自動車部品の相互供給のみを対象とするBBCスキームであった．82年に三菱自工が提唱したことに端を発することからもわかるように，日系を中心とした完成車メーカーだけが，50%を差し引いた特恵関税率とASEAN域内輸入部品の国産化率への参入という恩典適用の申請ができるユニークなスキームであった．競争力強化のためのコスト削減が至上命題だった外資系メーカーにとって，域内相互拠点間の部品供給補完はスケールメリット実現に向けて不可欠であり，ASEAN各国の高関税政策や国産化規制は分業体制構築の障害となっていた．

　しかし，日系自動車メーカー主導のBBCスキームも事実上頓挫してしまった．こうした相次ぐ域内経済協力失敗の理由として，ASEAN各国の発展段階，経済構造，および主要輸出品目が類似し協調よりも競合関係にあったこ

と，80年代までの各国市場が未成熟であったこと，資金面での負担が大きかったこと，長年の保護政策のもとで国際競争力のある地場企業が育成されず保護政策を簡単に放棄できないことなどが考えられる[3]．

　1993年のAFTA形成に向けての段階的域内関税引き下げを受け，AFTAの限定的な前倒し実施となるAICOスキームがBBCを吸収する形で96年スタートした．AICOは，ASEAN内に立地する現地資本比率30％以上の企業が，原材料，部品および完成品（一次産品を除く）を他のASEAN諸国から輸入する際に，0～5％の特恵関税が適用されるというスキームであり，関税率や認可条件の違いとともに，対象範囲を自動車に限定していないのがBBCとの大きな違いである．また，恩典適用の申請・認可の裁量権がASEAN各国に委ねられている点で，各国に裁量権はなく自動的に適用されるAFTAとも内容を異にする[4]．

　以上のように，ASEAN自動車産業をめぐる域内経済協力スキームはBBCからAICOへと移行したわけだが，先に指摘した問題点は基本的には変わっていないように思われる．とりわけ，比較優位な産業を育成し，相互補完的な分業体制を実現するための構造調整には痛みがともなうため，各国の政治的判断が必要となるわけだが，自国産業保護政策から脱却できないでいる現状が懸念される．また，ローカル企業が国際競争力をつけていない以上，ASEANの牽引役はやはり外資企業とならざるを得ず，外資依存体質からの脱却を目指したAFTAが再び依存しなければならないという自己矛盾を抱えていることも，AFTAの有効性が疑問視される要因の1つであろう[5]．

(2) ASEAN市場の回復基調

　通貨危機に翻弄されたアジア経済が，1999年以降顕著な回復基調にある．そこで，日系自動車メーカーをとりまく経営環境として重要な意味を有する，国内販売マーケットとしてにわかに魅力が回復してきたASEAN市場の状況について次に検討していきたい．1997年の通貨危機によって深刻な景気後退に陥ったASEAN経済であったが，99年に入り予想を上回るスピードで急回復し

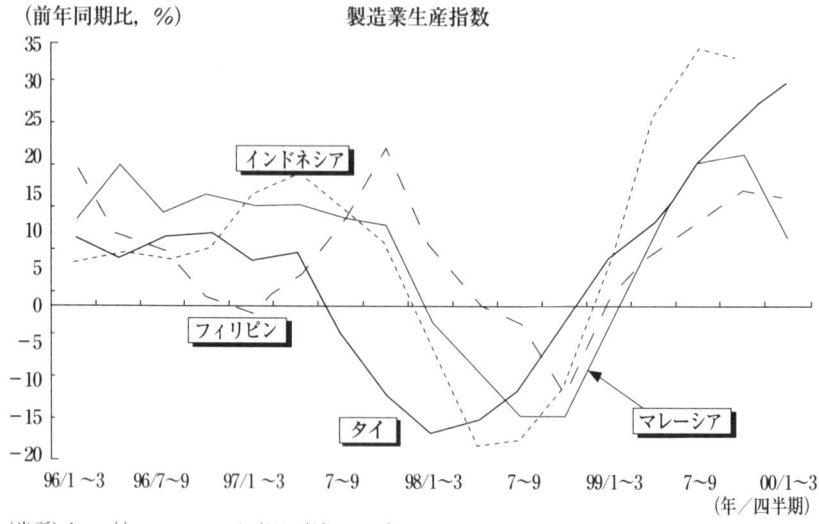

図7　ASEAN 各国の製造業生産指数の推移

(前年同期比，%)　　　　　製造業生産指数

[グラフ：インドネシア、フィリピン、タイ、マレーシアの製造業生産指数の推移（96/1～3 から 00/1～3）]

(年／四半期)

(出所) http://www.epa.go.jp/2000/f/kaigai/0714kaigai22.gif

つつある[6]．図7は ASEAN 各国の製造業生産指数の推移を示したものであるが，99年における回復基調が明らかであり，2000年に入り鈍化傾向にあるものの，通貨危機以前の伸び率に回復したことは事実である．急回復の要因としては，財政金融政策の転換，電気・電子機器を中心とした輸出の増加，在庫調整の終了，個人消費の増加などが考えられているが[7]，電気・電子と並ぶ自動車の輸出の増加と個人消費の回復がとりわけ重要な意味を有する．

そこで，ASEAN 諸国における自動車市場の回復状況を見るため，2000年1－8月期の ASEAN4 カ国の自動車販売台数は前年同期の389,797台から631,819台へと62％の伸びを記録している．国別には，インドネシアが40,385台から184,258台へ356％増の急回復，タイが36％増の165,254台，マレーシアが25％増の225,293台，最も小さい市場であるフィリピンでも21％増の57,014台と2000年に入り一層顕著な回復基調を示していることがわかる．また，同期のメーカー別販売シェアはトヨタ20％，プロトン16％，三菱自工14％，プロドゥア11％，いすゞ9％，日産5％，本田5％，その他20％となっており，2000

年2月にシェア逆転したトヨタとプロトンの差はさらに広がり，三菱自工とマレーシア第2の国民車メーカーのプロドゥアがシェアを伸ばしている[8]．

　事実，タイの自動車市場も一層の回復基調にある．タイ自動車市場の現況を2000年1－9月期の自動車販売台数に見てみると[9]，回復基調にあった前年の1999年同期と比べても，乗用車が35.01％増，ピックアップが32.02％増，バス・トラックが40.71％増，そして全体で30.38％の増加を記録しており，タイ自動車市場の回復基調は一層顕著なものとなっていることがわかる．上位5社のメーカー別自動車販売を見ても，トヨタ6.5％増，いすゞ26.52％増，三菱自工63.82％増，本田49.33％増，日産28.09％増となっている．

4．戦略的提携のグローバル展開とアジア戦略

(1) 欧米メーカー主導の戦略的提携とASEAN

　まずは，1998年のダイムラークライスラー誕生以降活発化した，欧米自動車メーカー主導の戦略的提携によって世界の自動車業界がどのように再編されるにいたったのかを図8に確認しておこう．図8は日本・アメリカ・ヨーロッパの主要自動車メーカーの提携関係について，資本参加をともなう資本提携と生産・販売・技術などの業務提携とに戦略的提携を分けて表示したもので，％は出資割合を示している．

　欧米メーカーからの提携関係で見ると，GMがいすゞ，富士重工，スズキとの間で資本提携にある一方[10]，本田，トヨタとも業務提携を結んでいる．また，ルノーは日産および日産ディーゼルと，フォードはマツダと資本提携関係にあり[11]，ダイムラークライスラーは三菱自工と資本提携を結ぶにいたった[12]．欧米メーカー間の関係について見てみると，GMがフィアットと，フォードがボルボ乗用車部門およびジャガーと本提携を結んでおり，両社の世界各国におけるネットワークの広さがうかがわれる．

　いっぽうで，日本メーカーの視点から提携関係を見てみると，トヨタがダイハツおよび日野と資本提携を結ぶとともに，GM以外にもフォルクスワーゲン

とも業務提携関係にあることがわかるが，ここで注目すべきは三菱自工である．ダイムラークライスラーからの34％出資に加えて，ボルボのトラック部門と5％の相互出資という資本提携関係にあるほか，フィアットやプジョーとも業務提携を結んでおり，欧米メーカー4社との間に戦略提携関係にあるという実に多彩なネットワーク関係を展開しているからである．また，2001年7月設立予定のトラック・バス部門の新会社にボルボが19.9％の資本出資を行うことを締結し，トラック・バス事業に関する両者の提携関係をより一層強化する方針を打ち出した[13]．

次に，世界の主要自動車メーカーにとってアジアはいかなる意味を有しつつあるのかについて考えてみよう．表3は日本自動車メーカーの海外生産台数の推移を地域別にまとめたものだが，全体的な傾向として（1995－99年平均シェア），乗用車は北米（52.9％），トラック・バスはアジア（53.2％）が半分以上のシェアを占めており，乗用車はアジア（23.8％），欧州（15.4％）が続き，トラック・バスは北米（30.3％），欧州（9.4％）が続いている．

ここでアジアに注目してみると，1トンピックアップに代表されるトラック部門のみならず，アジアカーの売れ行きが順調だった乗用車部門双方が1997年にかけてシェアを増大させている．しかし，通貨危機の打撃を受けて98年には大きく落ち込み，トラック・バスは13.8％減であった．そして，99年に入っての回復基調はここにもあらわれており，両部門とも再び増加に転じている．2000年上半期のアジアでの生産は前年同期比で12.1％の伸びを示しており，両部門あわせたアジアのシェアは26.7％と北米の49.1％に続き，日系メーカーにとっては，北米市場と並んでアジア市場が戦略上いかに重要な地位を占めているかがうかがわれる．

いっぽう，欧米五大自動車メーカーの地域別売上高構成（1999年）を見てみると，ダイムラークライスラーが米国52.1％，欧州33.3％と米国・欧州双方に強みを発揮しているものの，GMはNAFTA80.8％，欧州15.8％，フォードは米国69.2％，欧州20.4％と米国の割合が高く，フォルクスワーゲンは欧州80.8％，北米11.2％，ルノーは欧州83.2％，米国11.9％と欧州の割合が高いと

いう当然の結果となっている[14]．

ここで注目したいのは，5社に共通してアジアの売上高がきわめて少ないという点である．

図8　日本・米国・欧州の主要自動車メーカーの戦略的提携関係（2000年9月14日現在）

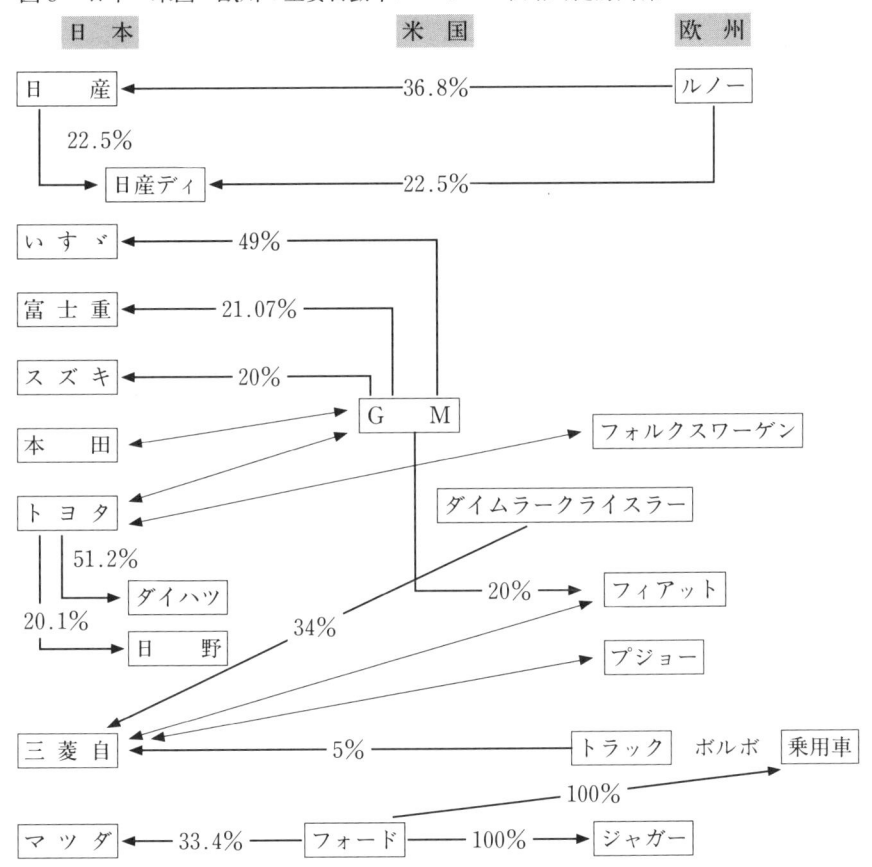

```
日　本                    米　国                欧　州

日　産 ←――――――― 36.8% ―――――――― ルノー
  │ 22.5%                                        │
  ↓                                              │
  日産ディ ←―――――― 22.5% ―――――――――――┘

いすゞ ←―――― 49% ――――┐
                          │
富士重 ←―――― 21.07% ――┤
                          │
スズキ ←―――― 20% ―――┤
                          │
本　田 ←――――――――― G M ―――――――→ フォルクスワーゲン
                          │
トヨタ ←―――――――――┤        ダイムラークライスラー
  │ 51.2%                 │              │
  ↓                       │              ├―― 20% ――→ フィアット
  ダイハツ                │              │
  20.1%                   │ 34%          ├―――――――→ プジョー
  ↓
  日　野

三菱自 ←―――― 5% ―――――――― トラック　ボルボ　乗用車
                                                    │
                                          100%      │
マツダ ←―― 33.4% ―― フォード ―― 100% ―→ ジャガー
                                          ―――――――┘
```

(注) ―――→ 資本提携（％は出資比率），←―→ 業務（生産・販売・技術）提携
　　　GMからスズキへの出資は現在10.03％であり，20％は2000年9月14日発表（2001年初頭実施予定）の数値である．また，三菱自工のトラック・バス部門の新会社（2001年7月設立予定）にボルボが19.9％の資本出資を行うことを締結し，トラック・バス事業に関する両者の提携関係をより一層強化する方針を打ち出した．
(出所)『朝日新聞』2000年3月28日付，フォーイン『海外自動車調査月報』No.179，2000年7月，8ページ，日刊自動車新聞社『自動車産業ハンドブック2000年版』94-97ページ，および各社のインターネット情報より作成．

表3　日本自動車メーカーの地域別海外生産台数の推移

	1995年 乗用車	トラック・バス	1996年 乗用車	トラック・バス	1997年 乗用車	トラック・バス	1998年 乗用車	トラック・バス	1999年 乗用車	トラック・バス
北　米	2,256,179	484,351	2,258,301	482,423	2,276,913	458,077	2,292,959	519,713	2,260,037	807,182
	57.2	24.9	53.2	25.7	50.7	24.9	52.7	34.8	50.1	40.0
欧　州	504,643	179,667	606,226	177,509	677,798	172,573	746,003	163,478	768,976	163,344
	12.8	9.3	14.3	9.4	15.1	9.4	17.2	11.0	17.0	8.1
アジア	885,713	1,137,958	1,041,601	1,072,869	1,175,316	1,061,760	910,112	653,988	1,096,844	901,805
	22.4	58.6	24.5	57.1	26.2	57.6	20.9	43.8	24.3	44.7
中南米	82,874	27,786	108,707	31,324	133,568	57,028	168,719	67,361	183,636	54,842
	2.1	1.4	2.6	1.7	3.0	3.1	3.9	4.5	4.1	2.7
その他	216,961	112,000	228,097	115,000	225,265	93,060	231,690	87,500	202,005	92,000
	5.5	5.8	5.4	6.1	5.0	5.1	5.3	5.9	4.5	4.6

(注)　各項目の上段が生産台数（台），下段が世界に占める地域別シェア（％）である．
(出所)　社団法人日本自動車工業会『2000日本の自動車工業』2000年，27ページより作成．

　この点をASEANについてより詳しく検討するため，ASEAN各国における販売シェアを表4に見ていくことにする．図8で見た戦略的提携関係を踏まえ，欧米メーカーを中心に5つのグループに分けてまとめたのが表4である．国別にシェアを見ると，タイはトヨタ，いすゞ，日産が，インドネシアはトヨタ，三菱自工，スズキ，いすゞ，ダイハツが，そしてフィリピンはトヨタ，三菱自工，日産，いすゞと日系メーカーが多く占め，マレーシアだけは掲げられていない1983年設立の国民車メーカーのプロトン（三菱自工8.03％，三菱商事8.03％出資）が約6割のシェアを占めるため（三菱自工は販売を担当しない），93年設立の第2国民車プロドゥア（持株会社POSBを介しダイハツ20％出資）の生産車を販売するダイハツだけが大きな割合を占めている．その結果，GMがマレーシアで1.9％，フォードがタイで3.5％，マレーシアで1.1％，ダイムラークライスラーがインドネシアで3.1％をそれぞれ示しているにとどまり，欧米メーカーのASEANにおける自動車生産は1999年段階では緒についたばかりと言える．だからこそ，欧米メーカーにとって日系メーカーとの戦略的提携は，ASEANをはじめとしたアジア市場における生産力を強化していく上で重要な意味を有しているのである．
　欧米自動車メーカーの日系メーカーとの戦略的提携関係を考えることは，そ

表4 ASEAN各国における自動車メーカーの販売シェア（1999年，％）

グループ	自動車メーカー	タイ	マレーシア	インドネシア	フィリピン
GMグループ	General Motors	0.1		1.9	0.7
	いすゞ	23.9	0.7	10.3	7.7
	富士重工業	0	0		0
	スズキ自動車	0.5	0.6	12.2	0.8
	全体	24.5	1.3	24.4	9.2
Fordグループ	Ford Motor	3.5	1.1	0.2	3.5
	マツダ	1.8	0.3	0.7	2.5
	Volvo	0.4	0.2	0.1	0.2
	全体	5.7	1.6	1.0	6.2
Daimler Chryslerグループ	Daimler Chrysler	0.9	0.4	3.1	0.4
	三菱自動車	7.9	1.0	26.6	21.1
	全体	8.8	1.4	29.7	21.5
トヨタグループ	トヨタ自動車	34.2	4.8	28.4	29.0
	ダイハツ工業		29.5	10.2	0.1
	日野自動車	1.0	0.1	1.1	0.3
	全体	35.2	34.4	39.7	29.4
Renaultグループ	日産自動車	9.9	3.4	0.3	9.8
	日産ディーゼル	0.1	0.2	0.7	0.3
	全体	10.0	3.6	1.0	10.1
本田技研工業		11.3	1.6	1.3	17.5
BMW		0.8	0.4	0.6	0

（出所）フォーイン『海外自動車調査月報』No. 177, 2000年5月, 25ページより作成.

のまま欧米メーカーのアジア戦略を考えることにつながる．すでに見たように，欧米メーカーのアジア展開はスタートしたばかりであり，ASEANを販売市場・輸出用生産拠点のいずれに位置づけるにせよ，タイの1トンピックアップトラックに象徴される商用車部門の充実は不可欠である．いっぽう，東欧・中国・南米といった21世紀の成長が見込まれる新興市場を開拓するための世界戦略車として，小型車の重要性が一層増しつつある．「世界の四分の三の人がまだ車の恩恵を享受していない」[15]という奥田碩会長の発言通り，トヨタはヴィッツを世界戦略車としてまずは日本と欧州に投入し，日本では国民的大

衆車カローラの販売台数を上回る勢いである．こうした小型車戦略は，通貨危機前にASEAN市場に投入されたトヨタのソルーナや本田のシティといったアジアカーの低価格路線の延長線上にあり，回復著しいASEAN市場においても歓迎されるはずである．

(2) 戦略的提携の今日的位相

　戦略的提携へのモチベーションは，市場の拡大，生産拠点の共有化・拡充，技術の共同開発という3つのレベルに大きく分けることができるが[16]，生産拠点の共有化と技術の共同開発が，アジア戦略のみならずグローバル戦略全体の競争優位獲得のためのポイントと言ってよかろう．グローバル戦略のトゥールとなる共同開発車のねらいは，従来の機能部分のコストを可能な限り削減しつつ，環境対策など次世代技術を搭載することで他社との差別化をはかることであり，それゆえにプラットフォームの共通化や部品の共同調達をめぐるサプライチェーンマネジメントが重要性をおびてくる[17]．前述したGMと富士重工の共同調達以外にも，三菱自工がダイムラークライスラーと，マツダがフォードと，日産がルノーと提携関係を利用した部品・資材の大量・集中発注によるコストメリットの追求に動き出しているが，ここには共同調達によるコスト削減と簡単には片づけられない今1つの業界再編，すなわちサプライヤーレベルの再編が影を落としている．

　数年前からの欧米メーカーによる有力サプライヤーへの部品の集中発注戦略の展開は，欧米部品メーカーの巨大化を推し進め，サプライチェーンマネジメントの主導権がむしろ巨大サプライヤーの手に握られる状況をもたらした．規模で逆に劣るアッセンブリーメーカー，とりわけ日系メーカーは，最新技術の取得やコスト交渉力における主導権を維持するため，従来の系列にとらわれない提携相手との共同部品調達に動き出しているわけである．典型的な事例として，日産とルノーが2002年以降に発売するマーチ，クリオに搭載するエアコンを，日産系列のカルソニックカンセイからではなく，ボッシュオートモーティブシステムとヴァレオに発注を決定した．欧米メーカーとの共同調達のうねり

は，系列に守られてきた日系部品メーカーへの国際的再編への圧力として大きくのしかかっている[18]．

では，ASEANの現状はどうかというと，地域に固有の部品供給システムと開発システムの重要性が認識しなおされ，インターネットを活用した世界調達は事実上機能していないようである．タイ国外からの調達を縦横に利用しようと目論んだフォードが，結局マツダのローカルサプライヤーを活用した事例や，トヨタと三菱自工がローカルサプライヤーとの緊密な関係こそ競争力を左右するとの考えから再編に乗り出しつつある事例は，日系メーカーが築いてきたローカルネットワークが欧米メーカーにとってもまずは重要となり，その意味でも戦略的提携関係をフルに活用するものと思われる．こうした中，ASEANにおける部品共同調達の今後を占う上で注目されるのはGMであろう．ローカルサプライヤーとの調達ネットワークをもたない後発GMが，日系メーカーを中心とする提携関係を利用しつつ現地ネットワークをいかに構築していくのか，コスト高を覚悟で欧米からの部品調達をどれだけ組み入れていくのか，今後のGMの動向が注目される．

GMとともに今後の動向を注目したいのが，欧米メーカーとの資本提携関係になく独自路線をゆくトヨタである（図8参照）．2000年8月トヨタ・モーター・タイランドは，2003年までに自動車部品の現地調達率を100％にする方針を決め，「タイ・フォー・エクセレント・プロジェクト」計画を開始した．80％の株式を取得して経営権を握った87年設立のサイアム・トヨタ・マニュファクチャリングにおいて，トラック用ディーゼルエンジンに加え，96年からアジア戦略カー・ソルーナなどの乗用車エンジンの生産も開始しているが，2003年までに全車種への供給体制を整える計画はその一環である．64年の進出以来，デンソーなど系列会社とともにタイの裾野産業育成をリードしてきたトヨタだが，新日鉄やNKKが冷延鋼板の生産を開始，また，「東洋のデトロイト」と呼ばれるイースタン・シーボード工業団地では，GM・フォードの本格進出により部品産業集積が加速されるなど，現調率100％達成に向けた環境も整いつつある[19]．系列の枠を超えた部品調達ネットワークが一層形成されつつある

ASEANにおいても世界共同調達の波は押し寄せるのか，こうした観点からもアジア戦略をめぐる欧米主導の戦略的提携は目を離せまい．

5．通貨危機後の日系自動車メーカー

(1) 通貨危機をめぐる日系自動車メーカーの動向

　最近のメーカー別のマーケットシェアを2000年1－9月期の自動車販売台数に見てみると，乗用車がトヨタ35.46％，本田29.26％，日産13.48％，三菱自工5.13％，BMW3.02％が，ピックアップがいすゞ36.98％，トヨタ21.80％，三菱自工16.82％，フォード10.86％，日産9.49％が上位5社を占めている[20]．そこで，タイにおける日系自動車メーカー別の動向を歴史的に概観するために，図9～図11のメーカー別販売台数の推移を検討していこう．まず，商用車，乗用車を問わず，両方合わせた自動車販売台数全体ということでいうと（図9参照），トヨタ，いすゞが上位を占める形で，通貨危機の1997年以降の落ち込みが激しい一方で，99年の回復基調がここにもはっきりとあらわれている．

　次に，具体的に乗用車，商用車別で見てみると，図10が示しているように，タイの自動車メーカーの乗用車はトヨタとホンダが上位2社であり，図11にあるように，1トンピックアップを中心とした商用車は，トヨタといすゞが圧倒的な上位2社という割合になっている．そして，97,98年の落ち込みと99年の回復という傾向が種類別にも確認できるとともに，乗用車・商用車ともに上位2社の回復幅が大きいことが指摘できよう．

　こうしたメーカー間に回復基調の違いをもたらした主要因として，通貨危機によるバーツ安という経営環境面での制約条件を逆手に取り，輸出増へのビジネスチャンスととらえたトヨタに代表される戦略転換の柔軟性の違いが指摘できよう．通貨危機を機に，当初は操業維持のための緊急避難措置であった域外輸出が，今や日系自動車メーカーの主力事業となるにいたった．タイ政府が90年代初めに標榜した21世紀には「東洋のデトロイト」へという，自動車生産基

第10章　タイ自動車産業の歴史的変遷と日系メーカー　357

図9　タイにおけるメーカー別自動車販売台数の推移

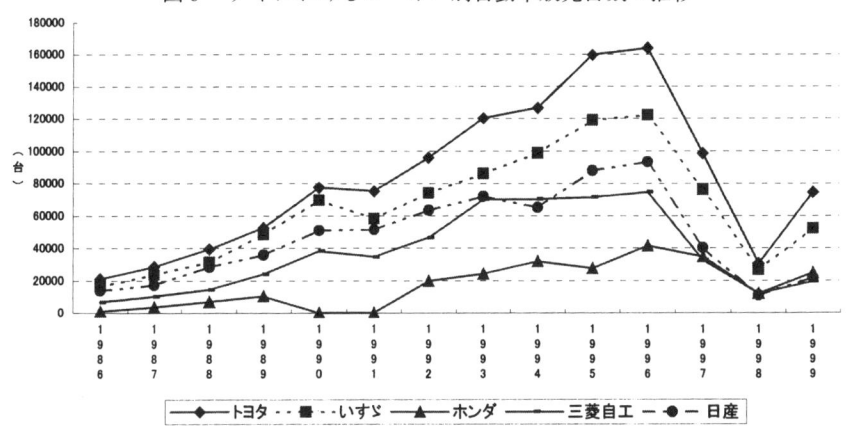

(出所) Federation of Thai Industries, *THAILAND AUTOMOTIVE INDUSTRIES DIRECTORY 1997*, p. 128, 中小企業金融公庫調査部「ASEAN における自動車産業の動向とわが国中小部品メーカーへの影響について」83, 84ページ, http://www.bangkokpost.net/yere/98yere09.html, http://www.bangkokpost.net/motoring140100/140100_motor02.html より作成.

図10　タイにおけるメーカー別乗用車販売台数の推移

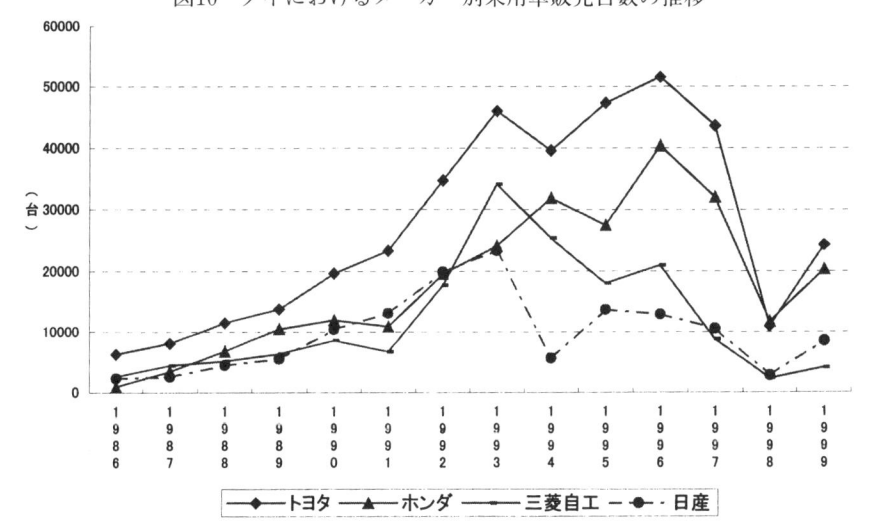

(出所) 図9に同じ.

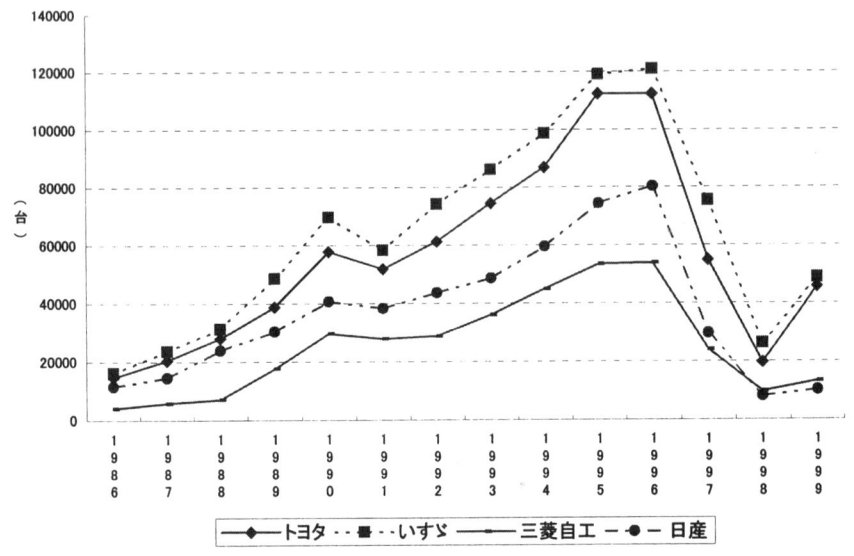

図11 タイにおけるメーカー別商用車販売台数の推移

(出所) 図9に同じ.

地化の夢が再び現実味を帯びつつある.

そこで，バーツ安を背景とした自動車製品の輸出増加傾向を，図12と表5に確認しておこう．1998年中期以降顕著となった輸出増加傾向は（図6参照），完成車の輸出によって推進されていったことが図11から明らかであり，同図に示されている1996年以降の輸出に占める完成車の割合は，67％，79％，83.2％，85％と増加し，エンジンの13％，10％，4.6％，5％という減少傾向とは対照的である．

こうした完成車中心の輸出増加傾向を考える上で，輸出志向戦略をめぐる2つのパターンが存在したことに注目したい．1つが，通貨危機以前から完成車を中心とした輸出戦略をとっていた三菱自動車のパターンであり[21]，今1つが，トヨタやいすゞに代表されるタイ国内市場向け販売から輸出市場向け販売へと戦略をスライドさせた企業パターンである．1999年上半期のメーカー別自動車製品輸出を示した表5から，完成車輸出の半分は三菱自動車が占め，エンジン輸出の過半をトヨタといすゞが占めていることから，従来から完成車輸出

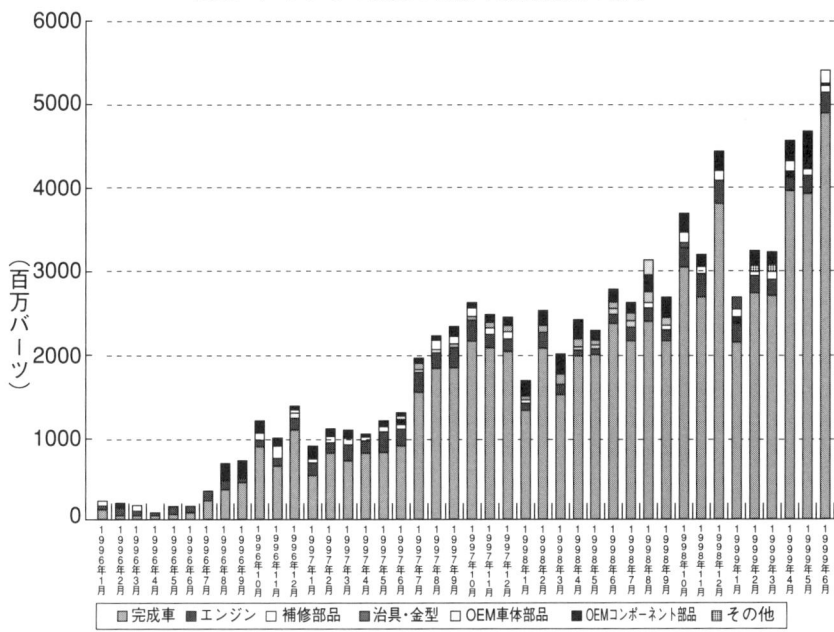

第10章　タイ自動車産業の歴史的変遷と日系メーカー　359

図12　タイからの最近の自動車製品輸出の動き

□完成車　■エンジン　□補修部品　■治具・金型　□OEM車体部品　■OEMコンポーネント部品　▥その他

(出所) Automotive Industry Club, Federation of Thai Industries, "CAR MANUFACTURERS EXPORT RECORD FOR JANUARY-DECEMBER 1996, 1997, 1998", "CAR MANUFACTURERS EXPORT RECORD FOR JANUARY-JUNE 1999"より作成.

表5　タイにおけるメーカー別自動車製品輸出（1999年1－6月）

(百万バーツ)

	合計	完成車	エンジン	補修部品	治具・金型	OEM車体部品	OEMコンポーネント部品	その他
ホンダ	2,694	1,830	－	77	19	532	236	－
いすゞ	826	15	529	－	－	117	157	7
三菱	10,750	10,199	0.3	181	－	－	370	－
日産	500	353	－	73	－	1	73	－
トヨタ	2,874	1,760	573	24	93	37	384	3
輸出全体	24,069	20,432	1,155	423	112	688	1,248	10

(出所) Automotive Industry Club The Federation of Thai Industries, CAR MANUFACTURERS EXPORT RECORD FOR JANUARY-JUNE 1999 (BY MAKER).

戦略を採用していた三菱の輸出面での優位性とともに，図10・11に示された完成車輸出増加の傾向が，トヨタ・いすゞなどによる輸出志向への戦略スライドによって推進されたことが，図9のピックアップ販売台数の増加と合わせて考えられる．事実，1999年1－9月期のメーカー別完成車輸出台数を前年同期と比べてみると，47.6％と圧倒的なシェアを占める三菱自工が8.7％の伸びにとどまっているのに対し，シェア10％のトヨタと0.3％のいすゞがそれぞれ806.2％増，1159.1％増となっており[22]，通貨危機による経営環境の変化への対応策をめぐる，先の2つの企業パターンが明確に示されている．輸出志向の戦略を従来からとっていたがゆえに通貨危機の影響が相対的に少なくてすんだ三菱のパターンもさることながら，ここでは戦略スライドに成功しつつある第2の企業パターンが，制約条件の克服という観点からも注目されよう．

(2) 戦略的提携関係をめぐる3つのパターン

通貨危機以降の日系自動車メーカーの行動様式を検討する上で，今1つ避けては通れないのが，世界規模での自動車メーカーの大再編の動きであり，とりわけ注目すべきは，欧米メーカーによる対アジア戦略重視の方向性が，こうした世界的業界再編の動きとも大きく関連しているという点であった．日系メーカーの今後の動向を考えるためには，欧米メーカー主導の戦略提携関係をめぐる今日的位相に触れないわけにはいかないのである．

そこで，戦略的提携関係を図示した図8にあらためて目を転じてみると，日系メーカーには大きく分けて3つのパターンが存在することがわかる．すなわち，日産，マツダ，三菱自工，いすゞ・富士重工・スズキといった欧米メーカーとの資本提携を軸に戦略的提携を展開しているパターン，ダイハツ・日野という日系メーカーとは資本提携を結びつつも，欧米メーカーとは業務提携関係にとどまっているトヨタのパターン，そして資本提携をまったく結ばず，GMとの業務提携関係が存在するだけの本田のパターン，以上3つである．中でも注目されるのが，欧米との資本提携関係にない独自路線を歩みつつあるトヨタと本田の動向であろう．

表6は，最近の技術関連の提携・調達動向を整理したものであるが，資本提携関係にない企業との間で技術提携・共同開発・部品調達などが行われていることが示されている．その傾向は独自路線を行くトヨタと本田に最も顕著にあらわれているものの，欧米メーカーと業務提携を結ぶトヨタとそうでない本田との違いが同表にも示されている．すなわち，GMとのエンジンの相互供給を除きもっぱら部品調達を行っている本田に対して，トヨタは業務提携関係にあるフォルクスワーゲンやGMとの技術提携・共同開発のみならず，提携関係にないフォードやダイムラークライスラーとも共同試験や技術導入を行っていることがわかる．表6に示された動きの大部分が，次世代向けの環境・安全対策を目指したものである中，21世紀の環境対策車の市場においてデファクトスタンダードを掌握しようと目論むトヨタの積極的な姿勢が示されており，欧米メーカー主導でない独自の道を行く両社の間にも，自社開発の次世代カーをめぐる方針の違いを垣間見ることができよう．1999年10月に発表されたGMとのハイブリッドカーのシステム一本化の動きは，21世紀に向けた環境対策面に焦点をしぼった戦略的提携に対するトヨタの方針を象徴的に物語るものと言えよう．

そして，こうした提携関係をめぐるグローバル戦略の違いは，タイを中心とするアジア戦略が自己完結するものではないことを示してもいる．たしかに，AFTAのもとでの大幅な関税引き下げや中国のWTO加盟という経営環境の変化は，自動車メーカーのアジア戦略に少なからぬ影響を及ぼすに違いない．

表6　日系自動車メーカーの戦略技術関連の提携・調達動向

スズキ

提携先	発表	形態	主な狙い	内容
日産 日本電池	'99.1	部品調達	ダイレクト式 メタノール燃料電池	・日産，スズキら5社と東大ら10大学で開発チームを結成． ・2000年度に単セルを開発，2003年度に試作車に搭載予定．
いすゞ	'99.10	部品調達	小型ディーゼル エンジン	・いすゞから小型乗用車1.0～1.3ℓディーゼルエンジンの調達を検討中．
愛知機械工業	'98.10	部品調達	軽自動車CVT	・日産系部品メーカー愛知機械工業から軽自動車用CVTを調達．愛知機械工業のCVTは乾式・複合方式タイプを採用して構造がコンパクト．
Peugeot	'98.11	部品調達	ディーゼルエンジン	・Peugeotから欧州輸出仕様のBaleco（Cultusセダン／ワゴン）用1.9ℓ4気筒ディーゼルエンジンを調達．'99年1月から搭載され，全部で1万基調達予定．

いすゞ

提携先	発表	形態	主な狙い	内容
GM	'99.10	共同開発	アジア戦略車	・戦略車「160プロジェクト」を組み，基幹部品共通化を進める．
	'98.7	共同開発	ピックアップトラック	・2000年モデルにシャシーの共通化を最大限に推進．
	'98.12	開発受託	中・大型商用車開発	・GMグループの中・大型商用車開発をいすゞに一本化する．
日野	'99.10	技術提携	商用車コスト削減	・トラック部品の共通化で提携交渉中と発表．大型変速機や燃料フィルターなどの共通化を予定．共同購買も視野に．
デンソー	'99.9	部品調達	燃料噴射ポンプ	・ポーランド拠点の小型DE用燃料噴射ポンプをデンソーのハンガリー拠点から調達．
GM Holden's	'98.6	部品調達	エンジン	・英国の新型フロンテラ（ミュー／ウィザード）のガソリンエンジンを豪州から調達．

本田

提携先	発表	形態	主な狙い	内容
GM	'99.12	エンジン相互供給	パワートレイン獲得	・本田とGM・いすゞはエンジンの相互供給について基本合意．本田がGMにULEV対応エンジンを，いすゞが欧州本田にディーゼルエンジンを供給する他，将来の提携も検討．
Ballard	'99.2	購入	燃料電池	・Ballardと燃料電池と関連設備・サービスの供給契約に調印．金額は390万カナダドル．
いすゞ	'99.11	部品調達	ディーゼルエンジン	・2001年，いすゞのポーランド工場からディーゼルエンジンを調達，英国製AccordとCivicに搭載．いすゞ製DE調達開始に伴いRoverからのDEを打ち切る．
パナソニックEVエナジー	'98.12	部品調達	ハイブリッドカー蓄電池	・ハイブリッドカー用ニッケル蓄電池を調達して自社のハイブリッドカーに搭載．当初は月間1,000個程度の見込み．
Faurecia	'98.11	部品調達	マフラー	・PSA系内装品メーカーFaureciaからマフラーを調達して2002年から英国第2工場（年産能力10万台）で生産開始予定のLogoベース車に搭載．
マツダ	'99.4	部品調達	ディファレンシャルギア	・マツダからディファレンシャルギアを調達してS2000に搭載．
ユニシアジェックス	'99.4	部品調達	プロペラシャフト	・日産系のユニシアジェックスからプロペラシャフトを調達してS2000に搭載．

マツダ

提携先	発表	形態	主な狙い	内容
Ford	'99.10	部品調達	V6エンジン	・Fordと共同開発する新型RV車にFord製V6エンジンの搭載を決定． ・これに伴い今後は大型ガソリンエンジンについて，Fordから調達する方針．
		共同開発	共同開発	・2社共同で1.5～2.0ℓの4気筒エンジンの共同開発に着手，2001年以降に投入する次期Familia, Capellaに搭載．今後は小型エンジンを共通化する．
Peugeot	'99.12	部品調達	ディーゼルエンジン	・2000年以降投入の次期Familia, Demioの欧州向けモデル用1.5ℓDEを調達．
ジャトコ	'99.1	部品調達	CVT	・2000年初に全面改良するDemioに日産系のジャトコのCVTを搭載する計画．

三菱自工

提携先	発表	形態	主な狙い	内容
現代自	'99.4	部品調達	GDIエンジン	・2001年全面改良するDebonairに搭載するGDIエンジン（排気量4,500cc）を現代自から調達する予定.
Renault	'98.6	部品調達	直噴ディーゼルエンジン	・イタリアで生産されるPajero Pinin用の直噴DE（排気量1,900cc）をRenaultから調達. 既にRenaultからNedCarのCarisma用DEを調達している. 三菱自は2,000cc以下の直噴DEを外部から調達する方針.

トヨタ

提携先	発表	形態	主な狙い	内容
VW	'99.9	技術提携	廃車処理	・VWと欧州で使用済み自動車の回収・処理システムを構築.
VW	'99.6	共同開発	中古部品処理	・VWと中古部品のリサイクル処理システムの構築に着手.
GM	'99.4	共同開発	燃料電池車	・GMと燃料電池車を含む次世代環境技術車輌の共同開発で合意.
GM	'99.10	技術提携	ハイブリッド車	・ハイブリッド車について2社のシステムを一本化する.
Ford	'99.8	共同試験	燃料電池車の実走行試験	・Daimler Chrysler, Fordと共同で米カリフォルニア州で2000年春から公道試験を行い, 実用化に向けてのデータを蓄積する.
Daimler Chrysler	'99.4	技術導入	ブレーキ技術	・Daimler Chryslerからブレーキアシスト技術を導入, 海外で販売されるトヨタ車に限り特許を受ける.

ダイハツ

提携先	発表	形態	主な狙い	内容
トヨタ	'98.9	共同開発	小型エンジン技術強化	・2社はNBC用1,000ccエンジンを共同開発. 樹脂部品の多用, シリンダーブロックの薄肉化で原価低減を図った.
トヨタ	'98.10	技術評価委託	技術評価	・電子制御を活用した操縦安定性の制御機構を含む先進システムの評価をトヨタに委託.
愛知機械 スズキ	'98.10	共同開発	CVT技術	・3社共同で樹脂ベルト式CVTを開発. 新規格軽自動車に搭載. 愛知機械から樹脂ベルトを調達.
アイシンAW	'99.10	共同開発	ハイブリッドシステム	・2社は共同で軽自動車用ハイブリッドシステムを開発した. 特徴はモーターの配置方式とインバーター・ECUの一体化.

日産

提携先	発表	形態	主な狙い	内容
Ballard Power Systems	'99.2	技術提携	燃料電池技術の獲得	・99年2月, Ballard社から燃料電池と関連設備約350万ドルを購入し, 日産が開発する燃料電池車に搭載する予定. ・なお, Ballard社とは'91年から技術提携している.
スズキ 日本電池 住友金属 三菱ガス化学	'99.2	共同開発	ダイレクトメタノール型燃料電池（DMFC）技術	・NEDO（新エネルギー・産業技術開発機構）の委託を受けて日産, スズキ, 日本電池, 住友金属工業, 三菱ガス化学5社と東北大, 信州大, 早稲田大, 東京大らの研究者からなる開発チームを編成. ダイレクトメタノール型燃料電池の開発に取り組む. 2003年の実用化と実車搭載をめざす.

(出所) フォーイン『海外自動車調査月報』No.175, 2000年3月, 10-12ページ.

しかし，潜在的市場の広がりにせよ，域内生産分業体制の進展にせよ，欧米メーカー主導のワールドワイドなグローバル戦略の中にあっては，あくまでもアジア戦略は重要な拠点の1つにすぎないし，アジア域外への輸出拠点としての位置づけなどを考えると，その業界大再編の渦中にある日系自動車メーカーの海外事業展開もアジアだけを切り離して語れるものではあるまい．ネットワークはアジアで閉じているとはおよそ言えない，それが通貨危機後の新たなるグローバル戦略展開の現実である．

6．むすび——大再編時代を迎えた自動車メーカー——

トヨタ・モーター・タイランドの村松吉明社長は，「ここで負けたら世界で負ける」と語った[23]．タイにおけるトヨタの販売シェアが1999年の34%から2000年1-7月期28.8%へと落ち込むという[24]，トヨタ絶対優位の状況に黄色信号が点滅したのを受けての発言だが，その背景には大再編時代を迎えた世界自動車メーカーの競争の激化が，現地生産の本格化という形でタイにおいても展開されつつあるという今日的位相が横たわっていた．

トヨタの張富士夫社長が「合併や買収ではなく，アライアンスの時代」[25]と語るように，今日の業界大再編の時代とは欧米自動車メーカー主導の戦略的提携の時代でもあることは，日本・アメリカ・ヨーロッパの主要自動車メーカーの提携関係を図示した図8を見れば一目瞭然であろう．1998年のダイムラークライスラーの誕生を機に，世界の自動車メーカー間で資本提携や業務提携などの戦略的提携が活発化し，とりわけ99年以降は，ルノー・日産，ダイムラークライスラー・三菱自工間の資本提携に代表されるように，世界規模の戦略的提携の動きが日本・韓国をも取り込む形で展開されている．2000年のルノーの三星買収，ダイムラークライスラーの現代との10%資本参加を含む戦略的提携の合意といった一連の動向は，自動車業界の大再編がアジアを主たる舞台として展開されることを予感させる．そして，トヨタと本田はそれぞれこうした連合には組せず，独自路線で対抗する構えである．世界の主要自動車メーカーの戦

略提携にもとづく陣営はほぼ整い，97年の通貨危機からの回復基調を迎えたアジアを主戦場に熾烈な生き残り競争が繰り広げられようとしている．

　通貨危機によって雲散霧消するかに見えた「東洋のデトロイト」構想が再び現実味をおびてきたタイに象徴されるASEAN経済の順調な回復基調．2002年にも実現する見通しのASEAN自由貿易地域（AFTA）における域内関税の大幅引き下げと，早ければ年内にもWTO加盟によって実現する中国の自由貿易体制への移行．こうした2つの大きな経営環境面での変化を前提に，欧米メーカーによる現地生産への本格化の動きが，昨今のアジアを舞台とした戦略的提携の展開とコインの裏表の関係にあることは言うまでもない．

　こうした企業レベルのダイナミックスに対し，日本・ASEAN双方の政府レベルの対応は一歩も二歩も遅れをとっているというのが実情であろう．タイ政府の対応を例にとってみても，比較優位な産業を育成し，相互補完的な分業体制を実現するための構造調整には痛みがともなうにもかかわらず，自国産業保護政策から脱却できないでいる現状が懸念される．また，ローカル企業が国際競争力をつけていない以上，ASEANの牽引役はやはり外資企業とならざるをえず，外資依存体質からの脱却を目指したAFTAが再び外資に依存しなければならないという自己矛盾を抱えていることも事実である．タイ自動車産業を支える裾野産業を底上げした主たる担い手とは，他でもないトヨタを中心とした日系メーカーだったのである[26]．欧米主導の激動の戦略的提携が暗示するインプリケーションを考えるとき，アジア通貨基金や円の国際化といった「閉じたアジア」の発想は自動車メーカーのダイナミズムの前に無力感を禁じえないのではあるまいか．

　では，企業ベースの国の枠を超えた戦略的提携の進展と，アジアに対する日本政府の「国を単位とする」産業構造事業調整支援，中小企業支援政策との関係をどう理解したらよいのであろうか．今日，次々に進む欧米メーカー主導の国際的な提携のうねりの中にあって，通産省の国単位の国際産業協力・調整の目論見が大きく揺さぶられているが，こうした従来型の政策は意義を失ってしまったのであろうか．そもそもアジア諸国での産業構造調整や中小企業支援と

は，市場の購買力を回復させ，ローカルサプライヤーの技術水準を底上げすることによって，日系メーカーがアジア展開を行う上での経営環境をよりよいものとすることに本来の目的はあったはずである．事実，日系企業支援を直接の目的としつつも，結果としてアジア各国の政府レベルのニーズにも合致した政策でもあった．では，こうした姿勢は国際戦略提携という現実の企業レベルのダイナミックスとは矛盾するものなのか．むしろ，2つの意味で共存しうるのではないかと考える．

　1つは，欧米メーカーの戦略的提携へのインセンティブが部品調達ネットワークをも含めた日系メーカーの経営資源の活用にある以上，ローカルサプライヤー支援はアジア戦略という企業レベルのダイナミズムにも受け入れられるはずである．今1つは，一国の枠を超えた企業ビヘイビアは，AFTA実現に向けて動き出したASEAN統一市場構想と基本的にはベクトルを同じくしているということである．ただし，ASEAN全体の中で個々の支援がいかなる位置づけとなるのかを常に意識しなければならないという点では，従来までの一国ベースの支援という発想を払拭しうる柔軟な姿勢が経済産業省にも求められよう．と同時に，外資依存と保護政策という矛盾した姿勢を維持してきたASEAN諸国の個々の政府に対し，AFTA実現に向けて痛みを分かち合う覚悟を促す必要があるし，あくまでも自己完結型ではない「開かれたアジア」を前提としたASEAN統一市場形成であることを認識させる支援でなければなるまい．こうした柔軟かつ現実的な対応を，国際戦略提携を軸に一歩先んじている自動車メーカーに通産省はじめ日本政府が突きつけられている，これがタイを中心としたASEAN自動車市場をめぐる今日的位相であろう．

1)　戦略的提携は資本提携と生産・販売・技術などの業務提携とに分けられるが，資本提携のほとんどが業務提携をともなった戦略的提携であるのに対して，資本参加をともなわない業務提携だけの戦略的提携も存在するが，詳しくは図8を参照されたい．
　　なお，自動車メーカーの戦略的提携を扱った先行研究としては，森美奈子「戦略的提携を進める完成車メーカーのアジア展開」（さくら総合研究所『環太

平洋ビジネス情報 RIM』1998年, vol. 4, 43号), および同「欧米自動車メーカーのアジア展開と戦略的提携」(『環太平洋ビジネス情報 RIM』2000年, vol. 1, 48号) があり, 後者の論文において森は, GM とフォードを中心とする欧米メーカーのアジア展開を, 戦略提携との関連において考察しており, アジアの部品産業や日系メーカーへの影響についても自動車産業政策の課題とともに論じている. 環境や安全に対応した次世代技術の開発を主たる目的とする戦略的提携の進展は, アジア市場でのシェア拡大をねらう欧米メーカーのアジア戦略の中心であり, 日系メーカーをも含めた現地の市場特性に対応した効率的生産体制の構築が求められると結論づけている.

2) http://www.bangkokpost.net/motoring140100/140100_motor02.html
3) 箭内彰子「ASEAN における域内貿易自由化」(富士総合研究所『研究レポート』1998年) 8ページ. なお, BBC および AICO スキームに関しては, 箭内論文とともに, 中小企業金融公庫調査部『ASEAN における自動車産業の動向とわが国中小部品メーカーへの影響について』1998年, 24-28ページに詳しい.
4) http://www.boi.go.th/japan/aico.htm
5) 箭内, 前掲論文, 17ページ.
6) 実質 GDP 成長率に見る回復基調については, 第1章所収の図1を参照されたい.
7) 経済企画庁調査局『アジア経済2000』2000年, 2-13ページ.
8) http://www.bangkokpost.net/motoring/201000_motor04.html
9) http://www.bangkokpost.net/motoring/201000_motor02.html
10) マツダの再建を軌道に乗せ, 潤沢な資金力を背景にアジア戦略の強化を進めているフォードに対し危機感を募らせる GM は, いすゞ, スズキ, 富士重工の3つの日系メーカーとの資本提携を軸にグローバル戦略を展開しつつある.「アジアの自動車デザインなどのトレンドをつくっている日本メーカーとの協力は欠かせない」と明言するジョン・スミス GM 会長は, 日本を含むアジア市場におけるシェアを現在の4-5%から10%に早急に引き上げることを社の目標として掲げる (『日本経済新聞』1999年12月2日付).

まず商用車のパートナーは, GM の事実上の商業車部門と目されているいすゞであり, 1971年以来足掛け30年におよぶ提携関係を維持し, ドイツオペル社へのディーゼルエンジン供給, 商用車の共同開発, 北米 GM におけるピックアップトラックや中型トラックの生産委託など, その時代その時代の変化に対応してグローバルに提携は拡大していった. そして, 両社の戦略的提携関係は, 98年12月の37.5%から49%への出資比率の引き上げによってより強固なものとなり, GM グループの中・大型商業車開発をいすゞに一本化するという今まで以上にいすゞの役割を強化する合意内容となっている.

GMの軽自動車，リッターカークラスの小型車部門のパートナーはスズキである．1981年8月以来の提携関係により，スズキのGM向け小型車の開発・供給，南米コロンビアなどのGM工場でのスズキ車のノックダウン生産・販売，86年カナダに合弁会社カミオートモーティブ社設立，98年5月合意の小型車の共同開発と着実に成果をあげてきたが，98年9月全世界規模で提携関係を一段と強化すべく，GMはスズキの出資比率を3.3％から約10％に引き上げた（2000年7月以降10.3％）．スズキをグループ内の軽自動車，リッターカークラスなどの小型車担当と明確に位置づけたこの戦略的提携は，GMの商品ラインのうち，小型車分野の車両・パワートレインのデザインおよび開発をスズキが担当し，それ以上の車両はGMの資源を活用するとともに，共同で研究・調査を行うというものである．

　そして，2000年9月にはGMの出資比率を20％に倍増させるという戦略的提携が発表された（2001年初頭の予定）．これは，GMが必要とするアジア市場と小型車技術によって存在感をスズキが示し，巨人GMを利用して生き残りを図ったものであり，この結果，トヨタグループ3社と本田を除く日系メーカー7社すべてに，欧米メーカー資本が20％以上出資されるにいたったわけで，欧米メーカー主導の戦略的提携路線がより鮮明なものとなった．なお，増資分は1999年発表したアジア市場向け戦略車として共同開発されたシボレーYGM-1をベースとした商品ラインアップの拡充，他の新たな共同開発プロジェクトおよび生産・販売に関する新規事業の資金として活用される．また，今回の戦略的提携には，初の役員受け入れとなるGMスミス会長のスズキの取締役就任（2001年6月）が盛り込まれるとともに，GMのアジア戦略上重要な意味を有するYGM-1の生産がスズキの静岡県湖西工場において2001年9月より開始されることも決定した（『朝日新聞』2000年9月15日付）．

　アジア市場でのシェア10％達成がGMのグローバル戦略の目標だが，その鍵を握るのが世界的に最も成長著しい小型車・中型車部門での国際競争力向上であり，その重要なパートナーにGMが選んだのが富士重工だった．日産の保有株の譲渡分も含め21.07％の戦略的提携を結ぶことで，富士重工の4WDや小型車用無段変速機の技術開発分野での優位性を活用し，GMグループ内での同分野の中心的存在に富士重工を位置づけた．具体的には，富士重工からの4WD技術の供与とGMからの環境関連の次世代技術の供与を柱とした相互補完・効率的研究開発，商品競争力・ラインアップの相互強化，販売協力，相互の生産設備を活用した生産体制の向上・効率化，部品調達コストの低減，先進的情報システムの共有化などである．

　富士重工関連でまず動き出したのが部品調達コストであり，富士重工の外注部品・資材百数十品目のうち40％をGMと同一の取引先に切り替え，2005年に

は調達コストを現在の20％削減を目指すことが報じられた（『日本経済新聞』2000年8月16日付）．大再編時代を迎えた世界の自動車業界にあって，最も重要な競争ポイントの1つにサプライチェーンマネジメント能力が求められているだけに，1次サプライヤーとの関係も含め今後注目される動向である．とりわけ，長年GMの1次サプライヤーとして成長してきたデルファイ社の1999年2月の独立は，サプライチェーンマネジメントの求心力がアッセンブリーメーカーからサプライヤーに移ることを予感させる出来事であっただけに，富士重工との共同調達によるコストメリットの追求は，今後のGMのグローバル戦略を考える上でも重要と言えよう．

　GMのアジア戦略をASEANに絞ってみた場合，通貨危機後の最大の動きはGMタイランド工場の稼動であろう．アジア太平洋向け輸出基地として1996年11月に礎石されたものの，通貨危機の影響で保留になっていた．そして，2000年5月にようやく生産を開始し，7人乗り多目的車ザフィーラを年産4万台規模で稼動しているが，この生産能力を年産6万台へと50％アップし，90％を2年後には世界各地の市場向けに輸出する計画を2000年8月表明した．その際，欧州ではオペルやヴォックスホール，オセアニアではホールデンといった具合に，ザフィーラのブランド名を輸出地域別に使い分ける方針である．

11）　ASEANにおいて一歩リードしているのが，1996年にマツダへの出資比率を増加させ，いち早く同社との戦略的な資本提携関係に踏み切ったフォードである．2000年8月，生産開始25カ月にしてピックアップの10万台生産を達成したマツダとの合弁会社オートアライアンス・タイランド社（AAT）は，フォードのレインジャーとマツダのファイターのピックアップを主に生産しており，その69％以上を100あまりの国々へと輸出した．1999年の両車種のタイ国内販売台数と輸出台数を見てみると，レインジャーが6,505台と15,556台で輸出が70.5％を占め，ファイターも2,883台と15,032台で83.9％を輸出が占めた．AATがフォードとマツダの輸出用生産拠点であることがわかる．

　2000年に入ってもフォードのアジア展開は好調で，タイの1－7月のピックアップ販売台数は前年1年分を上回る8,380台で4位にランクされ，前年同期比144％増である（http://www.bangkokpost.net/motoring/180800_motor02.html）．輸出台数も7月ですでに14,536台に達し，景気回復による国内需要の増加により輸出割合は63.4％にとどまっているものの，三菱自工に次ぐ2番目の輸出メーカーにAATはランクされ，フォードのアジア戦略は，商用車部門に関する限りマツダとの資本提携を活かす形で順調に進展している．いまだ販売規模の小さい乗用車部門についても，1999年のボルボカー買収もあいまって，今後の展開が注目されるところである．

12）　ダイムラークライスラーの戦略的提携を考える上で，同社の商品ラインアッ

プのアンバランスは大きな意味を有する．高級車，大型トラック・バス，旧クライスラーから合流したミニバンという商品構成はあまりにいびつであり，小型車部門と商用車（ミニトラック）部門の欠如を補うための戦略的資本提携の展開はダイムラークライスラーにとって必要不可欠であった．そこでダイムラークライスラーがとった戦略とは，小型車部門を三菱自工，商用車部門を現代との資本提携によって強化するというものであった．同時に，ダイムラークライスラーのグローバル戦略の今1つの弱点である，日本とアジア地域への本格的進出をも意味し，同社のアジア戦略のパートナーとして三菱自工と現代を選択した理由はここにもあったわけである．

　まず三菱自工との資本提携についてだが，小型車の開発技術，アジア各地での生産・販売拠点を有し，直接噴射ガソリンエンジン（GDI）や無段変速機など既存のエンジンに対する環境対策で評価の高い同社は，代表取締役のイスを放棄してでも組したい魅力あるパートナーであった．トヨタが小型車ヴィッツを世界戦略車として展開し，GMがスズキとアジア向けの小型車の共同開発をしたことは，フォード・マツダ連合のアジア市場での順調な伸びとともにこの上ない脅威であった．とりわけ，いすゞ，富士重工，スズキ，フィアットとの多角的な提携戦略を展開し，バランスのとれた商品ラインアップを可能にしつつあるGMの存在は，ダイムラークライスラー経営陣に大いなるインセンティブを与えたに違いない．ダイムラークライスラーのシュレンプ会長が，「アジア全域でプレゼンスを高める上で理想的なパートナーである．この合意はダイムラークライスラーのアジア戦略にとってのマイルストーンとなる」と語り，いっぽう三菱自工の河添社長（当時）が，「ダイムラークライスラーと組む事で得られるスケール・メリットは，我々の事業の将来の可能性を広げてくれる．さらにアジア以外，主に欧州と北米での事業拡大を進めることが可能となる」と語った．ダイムラークライスラーが34％の資本参加をする両社の戦略的提携を，2000年7月の合意内容に以下見てみよう．

　今回の提携の柱となる協業プロジェクトは，三菱自工の小型車技術をフルに活かした小型車の共同開発であり，ダイムラークライスラーの小型車ブランドのスマートを充実させ，アジアや南米，東欧に本格参入するというものである．その共同開発小型車には，三菱自工の環境対策に優れたGDIエンジンを採用し，欧州向けモデルには共通プラットフォームを両者のブランドに展開する．生産拠点としては，三菱自工のオランダでの出資先であるネッドカーを活用し，2004年から年25万台の共同生産を予定している．それにともなって，現在三菱グループとボルボが50％ずつ所有しているネッドカーのボルボ所有分をダイムラークライスラーが買い取り，出資比率50％ずつの合弁会社とすることになっている．

以上の小型車共同開発以外にも，三菱自工の意思決定へのダイムラークライスラーの参加をめぐる重要な合意がなされ，戦略提携・アジア提携担当（非常勤），海外事業担当（常勤），商品計画・マーケティング担当（常勤）として3名の取締役をダイムラークライスラーから派遣することで合意がなされていたが，今回のリコール問題による状況の変化にともない，三菱自工の経営体制強化に向けたダイムラークライスラーとの提携強化策として，海外事業担当上級執行役員の園田孝が河添に代わって新社長・CEOに11月就任し，3人の取締役以外に新たに乗用車部門を統括するCOOとしてロルフ・エクロートが就任し，取締役は11人となる．

　結局，ダイムラークライスラーの出資比率34％に変更はなかったものの，値下がりした株価を考慮して1株あたりの購入価格を450円から10％減の405円に変更した．また，10年間は三菱自工の取締役会の承認がないと34％を超えるダイムラークライスラーの株取得はないとしていたのを3年間へと短縮し，近い将来の出資比率増加の可能性を暗示した．別の見方をするならば，3年以内に三菱自工の経営体制の抜本改革を遂行しなければ，ダイムラークライスラーの意思決定への影響力はいよいよ強力なものになるとも理解できよう．事実，ダイムラークライスラー側のプレスリリースには，「3年後の買い増しには何ら制限はない」とあり，有利子負債の多い三菱自工を連結子会社としてではなく実質支配できる，40％を超えない出資比率引き上げへの強い意欲がうかがわれる．なお，リコール問題に対応すべく，品質分野でのノウハウを三菱自工に提供できる経験豊かな幹部を取締役以外に派遣することになった．

　ダイムラークライスラーが主導権をより鮮明にした今回の提携強化で注目されるべきは，三菱自工がトラック部門で提携関係にあるボルボ（トラック）への影響である．ダイムラークライスラーとボルボは大型商用車の分野で激しい競合関係にあり，乗用車と商用車の部門は違うものの，戦略提携関係をめぐって外資2社とねじれ現象にある三菱自工にとって，今回のダイムラークライスラーとの提携強化は，先行していたボルボとの関係維持に微妙な影響を及ぼすことは必至であろう．［付記］こうした指摘通り，三菱自工はボルボとの提携解消に向けた交渉に入ったとの報道がなされた（『朝日新聞』2001年3月8日付）．

　三菱自工はボルボと5％ずつの相互株式所有の上で，1999年12月にトラック・バス事業における開発・生産・販売の広範囲な協力を行う戦略的業務提携を結んだ．三菱自工には商品・技術開発費用の軽減，欧州での販売拡大，南米でのトラック事業展開の可能，いっぽうボルボには，長期的に潜在的な成長が見込まれるアジアのトラック・バス市場での地位の強化というそれぞれのメリットがあった．この業務提携の目玉は，三菱自工がトラック・バス部門の新会社を設立し，ボルボが19.9％の資本参加をするというものであり，1年後の設

立に向けて鋭意努力する旨の提携基本契約を2000年7月に締結した．

　ダイムラークライスラーのグローバル戦略に残された課題は，主としてアジア市場を念頭に置いた小型商用車部門の戦略的提携関係の樹立であった．そこで，ダイムラークライスラーが白羽の矢を立てたのが韓国の現代であり，2000年6月に同社との戦略的提携を結び，現代への10％資本参加，50％ずつ出資の商用車用合弁会社の設立とともに，ワールドクラスの高品質小型車の開発・生産を先に現代へと技術供与している三菱自工も含め3社が協力して行うことにした．また，グローバルなサプライチェーンマネジメントの展開も同じく盛り込まれている．

13)　http://www.mitsubishi-motors.co.jp/NEWS/etc0004/n000728a.html
14)　フォーイン『海外自動車調査月報』No.179，2000年7月，11ページ．
15)　『朝日新聞』2000年3月28日付．
16)　詳細については，森「欧米自動車メーカーのアジア展開と戦略的提携」を参照されたい．
17)　かつてない規模とスピードで再編が進行しつつある自動車・部品産業において，独自の競争力と外部力を正確に評価し，バランスよく経営戦略に役立てるサプライチェーンマネジメント能力が新たに求められている．大再編時代を迎えての競争ポイントの変化を整理するならば，従来までの①持続的品質・コスト改善，②環境・安全・快適分野における戦略技術の獲得，③世界生産の多様化への対応能力から，①サプライチェーンマネジメント能力，②モジュール／システム開発・統合能力，③共有化によるスケールメリットの追求と多様なアプリケーション対応を支える技術力，④革新的技術開発を維持できる収益力へと変化しつつある（フォーイン『海外自動車調査月報』No.172，1999年12月，1ページ）．

　こうした競争力の変化にともない，サプライチェーンマネジメントの中心的役割を担うことを期待されるのが1次部品サプライヤーであろう．そこで，大再編時代が1次部品サプライヤーに求める競争力ポイントを整理してみるならば，システムケーパビリティー／システムインテグレーション，モジュールケーパビリティー，世界生産対応力と世界ロジスティック構築力，スケールメリットの追求，自動車メーカー・2次サプライヤーとの共同開発能力，革新的技術開発能力などが重要となる．詳しくは，フォーイン，上掲書，7ページを参照されたい．

18)　『日本経済新聞』2000年8月16日付．
19)　『日本経済新聞』2000年8月18日付．
20)　http://www.bangkokpost.net/motoring/201000_motor02.html
21)　下記の参考表に示されているように，三菱自工がタイのみならずマレーシア

やインドネシアにおいても高い稼働率にあったことも，輸出型企業の優位性を物語っている．

参考表　ASEANにおける自動車メーカーグループ別稼働率（1999年，％）

グループ	自動車メーカー	タイ	マレーシア	インドシア	フィリピン
GMグループ	General Motors			9.8	
	いすゞ	33.7	15.3	16.6	20.7
	富士重工業		5.1		
	スズキ自動車		3.7	17.8	20.0
	全体	33.7	10.4	16.3	20.6
Fordグループ	Ford Motor	42.6	13.6	6.5	10.4
	マツダ	42.6	n.a.	13.9	16.1
	Volvo	16.7	9.2		16.1
	全体	41.5	12.2	9.6	12.7
Daimler Chryslerグループ	Daimler Chrysler	35.0	26.8	20.2	2.7
	三菱自動車	48.7	75.9	58.3	24.6
	全体	48.3	75.2	50.7	24.3
トヨタグループ	トヨタ自動車	35.3	28.1	42.5	30.8
	ダイハツ工業		73.0	10.0	0
	日野自動車	5.0	1.1	8.5	2.5
	全体	32.9	52.3	26.4	29.8
Renaultグループ	日産自動車	17.5	36.5	0.7	15.1
	日産ディーゼル	1.8	12.2	1.4	13.7
	全体	16.9	33.3	0.9	15.1
本田技研工業		31.7	15.9	4.8	41.7
BMW		31.7	6.2	8.3	36.3
全自動車メーカー		34.3	52.5	23.1	23.3

（出所）フォーイン『海外自動車調査月報』No.177，2000年5月，21ページより作成．

22) http://www.bangkokpost.com/99year-end/12motoring.htm
23) 『日本経済新聞』2000年8月18日付．
24) http://www.bangkokpost.net/motoring/010900_motor03.html
25) 『朝日新聞』2000年3月28日付．
26) タイ自動車産業を支える部品メーカーなどの裾野産業が，日系メーカーによって育成・底上げされたことを物語る事例として，トヨタの部品供給額の4分

の3が日系企業であり，純ローカルはわずか2％にすぎないことを以下の参考表は示している．別の見方をするならば，進出初期から裾野産業をも含めてタイへと進出したことが，タイ自動車産業がASEAN各国の中でも中核を担うまでに発展した理由でもあったと言える．

参考表　タイ国トヨタの仕入先概要（1997年度：部品のみ）

		会社数(％)	取引額％	主な製品品目
日系企業		53 (46)	75	電装品，シート，内装品，ガラス，バッテリー，ランプ，ハーネス，タイヤ，エンジン等
現地企業	日系技援有	17 (22)	12	エキパイ，ラジエタ，鋳物，プレス品等
	純ローカル	25 (22)	2	シート，ドアトソム，プレス品，小物樹脂部品
欧米系		4 (3)	3	タイヤ
BBC		16 (14)	8	ミッション，ステアリング部品，ドアプレス部品，エンジンコンピュータ等
合計		11 (100)	100	

(出所) タイ国トヨタ自動車内部資料．

終　章　タイ土着経済・社会の今日的位相

Summary
　Concluding chapter consists of two parts. The first part is development process of Japanese companies such as automobile and electric industry in Thailand and problems since economic crisis in 1997 through local research in Bangkok. The second one is possibilities of local society in Thailand today.
　Especially connecting with the latter, one of the most important points is what lesson was given to Thailand by economic crisis. The true problem since 1997 is whether the leading sector in Thailand should be only industry or not. That is, the importance of well-balanced national economy between industry and agriculture is recognized more and more from now on.

1．東南アジアの経済発展に対する日系多国籍企業の役割
　　　——タイ現地調査を踏まえて——

(1)　東南アジアにおける直接投資の急増と域内相互促進的関係の形成
　東南アジア向け直接投資急増の具体的中身は，第3国輸出向けの生産拠点の確立をめざした事業展開であり，電気・電子産業を中心とした日系メーカーをはじめとする多国籍企業によって担われていた．
　こうした状況への現地国側の対応として，1970-80年代は，特定産業に対する外資優遇の輸出促進政策（輸出加工区の設置による資本財輸入関税回避，低賃金労働力の利用）を除き，国内産業保護のための輸入代替工業化政策をまずはとった．しかし，90年代に入り，経済成長の過程で産業自由化政策に転換していった．そうした中で，地場系企業の事業多角化の動きと並んで外資系企業の

投資競争が激化し，ほとんどの日系，欧米系多国籍企業，韓国・台湾などの主要企業が東南アジアにおいて活動拠点を設置するにいたったのである．

序章でも述べたように，ASEAN 加盟国にとって BBC スキーム，AICO スキームなど域内部品相互補完協定の実施が大きな意味を持ちつつある．電気・電子産業の場合には，輸出入国間の利害対立などで実施までにいましばらく時間がかかるものの（第9章参照），中国での生産拡大の影響などで生産拠点の集約化が進行しつつある．しかし，域外からの高関税輸入にも価格競争力があるなどの理由で，国際分業戦略の変化にあまり影響を与えていないのが現状である．いっぽう，自動車産業の場合には，ホンダ・三菱のほか，トヨタ，いすゞ，ボルボなどの組立メーカーやデンソーなど部品メーカーの間でも，域内部品相互補完が次第に拡大する傾向にある．ただし，こうした国際分業関係の展開が，単に ASEAN 域内に完結するものではなく，日本・中国を含め域外にも拡大する傾向にある点を見逃してはなるまい．

では，こうした投資競争の激化に対して日系企業はいかなる対応をとっているのであろうか？　自動車メーカーを事例として考えるならば，次のような3点に集約されよう（第10章参照）．まず第1に，現地調達率引き上げによるコスト削減であり，これは裾野産業の育成という意味合いも含んでいる．第2に，かつての日本のモデルの焼直しであった旧モデルに代えて，使用部品の見直しや BBC スキームの積極的利用，デザイン・仕様などの見直しによって，アジア戦略車を導入したという動き．そして第3に，共通部品の相互調達・共同生産・部品輸入の国別特化，組立メーカー・部品メーカー間関係の再編成などにより，組織革新とネットワークの再構築を実現し，規模の経済を追及しようとする対応である[1]．

(2) アジア経済危機の発生と日系企業の対応
 1) 経済危機の発生要因と経済再建
アジア経済危機の発生原因およびそれへの対応については序章において述べたが，今一度そのポイントについて整理しておこう．まず，経済危機の発生要

因については，大きく以下の3点にまとめることができよう[2]．
　①アジア各国の経常収支赤字の持続的拡大と金融自由化のもとで大量の国際短期資金が流入した結果，過剰の流動性が発生したにもかかわらず，その動きを一国単位で管理できなかったこと
　　→投機的な資本の動きの規制，国際金融協力による域内通貨の安定化，円の国際化などの対応
　②アジア的な政治制度，金融機構，企業経営システムなどの仕組みの問題
　　→金融制度改革，欧米的基準にもとづくコーポレートガバナンス，経営監視機構の確立
　③アジア諸国にみられる実体経済の脆弱性（低労働生産性，産業構造の脆弱性，裾野産業の未発達など）
　　→産業構造の改善，中小企業の育成支援

　2）経済危機への日系企業の短期的・直接的対応と長期的・戦略的対応
　では，経済危機に対して，日系企業はいかなる対応をとったのであろうか．短期的・直接的対応と長期的・戦略的対応に分けて整理することにしよう[3]．まず，短期的なものとして，次のような4点の対応が見られた[4]．
　①親会社からの出資もしくは親会社保証による邦銀借り入れなどを通しての現地金融機関の貸し渋りへの対応，現地合弁企業の救済，合弁企業持ち分の過半数取得による経営支配権の獲得
　②生産拠点の統合・再編，稼動率低下，労働時間の削減，給与カット，期間労働者のレイオフ，余剰労働者の教育訓練実施などの合理化の実施
　③現地国内販売の減少・ASEAN域内での輸出不振の打開策として，オーストラリア，中東，中南米，ヨーロッパなど域外諸国への輸出拡大
　④為替リスク・ヘッジの実施，輸入原料・部品等の現地調達率引き上げ，内製化などの為替リスクへの対応
　続いて，経済危機後の日系企業の長期的・戦略的対応に関しては，次の2つの点に大きく分けられよう．

① 東南アジア地域の市場成長,域内貿易の自由化,投資規制の漸次的解除の傾向の3要因により,戦略的焦点が国レベルから地域レベルへと重点を移行させた.生産面では,地域基準で規模の経済・範囲の経済を実現しうるような生産・調達・開発ネットワークの再構築を行い,いっぽう販売面では,コア製品についての地域ブランドの導入・強化,地域本社の機能のロジスティクス,金融支援から調達・販売の地域的機能への拡大などに着手した.さらにグローバルネットワークへの製品・機能の統合により complex integration strategy(複合的統合戦略[5])を展開した.

② 日系企業の場合,エレクトロニクス企業を除き,日本国内・中国を別市場とみなし,ASEAN 地域プラス台湾のレベルを超えた地域拡大を取り上げるケースは少なく,日本・中国・東南アジアを1つの統一地域とみなし活動することの多い欧米系企業の場合とは対照的である.また,欧米企業のアジアにおける活動は,日系企業に比べてよりグローバルな市場に統合されているが,日系企業にとっては主要な国際市場としている場合が多い.その他,日系企業の長期販売戦略志向的行動(欧米企業の短期利益志向とは対照的),欧米系企業のとりわけ通貨危機後のM&A利用による市場参入に対し,子会社の自律性を制限する集権的なアプローチ(国内活動との相互作用を通じてのコスト優位の源泉構築の追求)の強調,地域レベル・グローバルレベルのブランド確立の重要度の増大などがあげられる.その中で,日系企業はこれまで獲得してきた生産・販売システムのノウハウと,長期的に確立してきた経営慣行の維持やサプライヤー・販売業者の関係の維持を重視している.なお,危機後の対応を通じて,多国籍企業の地位が地場企業に比べて強化されつつある点も注目されよう[6].

(3) 課題と問題点

最後に,日系企業を中心とした多国籍企業をめぐる課題と問題点について述べておきたい.アジア経済危機後,証券投資や国際的な銀行貸付の動きとは対

照的に，対外直接投資の流れは比較的堅調で，金融部門や不動産部門を除き，製造業部門を中心に安定的な活動を通じて受入国の雇用維持に貢献すると同時に，生産性向上やコスト削減，現地サプライヤーや販売業者を効率増大のプロセスに統合する努力など，短期的ベースでは受入国の経済的安定に寄与したと言えよう．

しかし，経済危機にともなう消費市場の低迷の中で，多国籍企業の現地子会社化は地場系企業の犠牲の上でシェア増大がはかられたし，いわゆるグリーンフィールド投資に代わってM&Aや既存合弁企業への資本注入へと移行するケースが増大するにともない，多国籍企業のプレゼンスが増大するようになると，それが排他的な生産ネットワークの構築によって地場系企業との取引を排除することにつながらないかどうかが懸念される．これが第1の点である．

第2の課題として，直接投資が技術移転を通じて途上国の技術水準の向上，産業発展に寄与しうるか否かについては，現地側の吸収能力にも問題があるが，コミュニケーション技術も含め技術移転の方式のあり方の検討が要求される．また，ISO9000シリーズや14000シリーズの導入・普及などによる欧米型のグローバルスタンダードの確立，欧米企業との競争激化の中で，日本独自の現場中心主義の優位性が失われることになるのかどうかも問題である．

第3に，経営の現地化，具体的には，現地企業への長期雇用保証の従業員採用，輸出比率の引き上げ，社会貢献活動などに加えて，現地経営の自立化といった，日本人管理者による直接統制から現地人の登用，分権化への移行に問題はないのか．

そして第4に，GATT—WTOによる先進工業国中心の国際経済秩序の枠組みが追求され，その中でローカルコンテンツの廃止や地方投資促進のため輸出比率を条件とする差別化投資奨励措置の禁止など，途上国の産業育成政策と背反する多国間の投資枠組みが具体化している．また，GATT—WTOの自由貿易システムの基本原則は，多国間環境協力（MEA）とも対立する側面をもつが，これらの問題の調整は先進国側の利害に合わせるような方向で進められてよいのかどうか．以上が，現地調査を通して実感した通貨危機後の課題と

問題点である．

2．通貨危機後のタイ土着経済・社会

　タイ経済・社会の今日的位相を語る上で，避けては通ることのできない重要な問題が2つある．1つが，通貨危機を機に開始された構造改革をめぐる問題であり，今1つが，プミポン・タイ国王自らが提唱した「ほどほど経済」についてである．

　まず，構造改革については，序章において述べたように，近年のタイ経済の回復基調を支えた重要な側面として，その意義は評価されてしかるべきであるが，ここで問題としたいのは，構造改革の負の側面である．すなわち，一連の構造改革によって制定・改正された法規は，外国人投資家の利益を重視し，外国の法規を模倣したものであり，タイ経済の現実に即していないのではとの批判が指摘されつつある．具体的には，改正された外国人事業法や破産法が，債権者である外国人の保護を優先させたものであり，零細な国内企業を清算に追い込んでいるのではないか[7]，との批判である．

　むしろ，ここで問題とされるべきは，その根底に横たわる，外資依存型の工業化路線を払拭できない，というタイ経済の現状なのかもしれない．なぜなら，この問題は，AFTAという貿易自由化の潮流へとタイ政府がいかに対応していくのか，という直近の問題にも大きな影を落としているからである．タイのローカル企業が国際競争力をつけていない現状においては，ASEANの牽引役はあいかわらず外資企業とならざるをえず，外資依存体質からの脱却を目指したAFTAが再び外資へと依存しなければならない，という自己矛盾を抱えていることに象徴されている．

　この外資依存からの脱却という問題とコインの裏表の関係にあるのが，第2の「ほどほど経済」という考え方である．2000年12月のプミポン国王の演説において，タイ人としての自覚と団結，自立した経済社会体制を確立することの重要性が強調されたが，この「充足経済」ないしは「ほどほど経済」（セータ

キット・ポピアーン)をスローガンとした国家経済社会開発庁による第9次5ヵ年計画がスタートする2001年こそ，21世紀の新しいタイの出発の年になるであろう．国王が国民に提唱した農業主体の自給自足経済，分配をより重視する「ほどほど経済」論については[8]，タイ側研究者の論文においても自給自足経済の必要性という形で強調されているように，通貨危機を高度成長の終焉とネガティブにとらえるのではなく，タイ本来の経済・社会のありようを根本的に問い直すチャンスとポジティブに理解されている点が注目されよう．

最後に，雇用，輸出，所得分配，技術形成などの現状からして，「キャッチアップ型工業化」の存続はタイをはじめとしたアジア諸国において不可避であろうと思われるが[9]，それには留意しなければならない点がある．すなわち，「キャッチアップ型工業化」が重視し，目標としてきた「国家の経済発展」から，「国民の社会発展」への視座の転換こそが必要不可欠であるという点である．末廣が，「1960年代以降アジア諸国に定着した『開発主義』と，それを国民レベルで支えてきた『成長イデオロギー』をどう克服するか，それこそが問われている」[10]との重大な指摘をする前提には，冷戦構造崩壊後の今日においてイデオロギー的根拠を失いつつも，今なお国民経済レベルの「成長イデオロギー」は存続し，いわば「危機管理なき開発主義」が国民にとっての重要なインセンティブたりえている，というアジア諸国の工業化をめぐる現実が横たわっているからに他ならない[11]．「成長イデオロギーの国民的共有」を，真の国民レベルにおけるタイ経済・社会の発展を実現させる核とするためにも，国家の経済発展路線を支えてきた企業や市場をモニタリングする，「閉鎖経済型政府」に代わる「開放経済型政府」の新たなる機能が望まれよう[12]．そうした方向へと大きく踏み出すためのスタートラインに，先述した「セータキット・ポピアーン」なるスローガンがなりうるかどうか，21世紀の幕開けはタイ経済にとっても重要な試金石の年となるに違いない．

1) J. Humphrey & others (ed.), *Global Strategies and Local Realities-The Auto Industry in Emerging Markets,* Macmillan Press Ltd., 2000, pp. 207-233. 以上に

ついて，浦田秀次郎らは，貿易・投資の地域依存パターンの変化，日系多国籍企業中心の国際的生産システムの形成により，自己完結的なものではなく市場主導ではあるが，一定の自己充足的な地域経済圏が出現，この貿易・投資の相互促進的関係の今後の継続を政策的に評価する見解をしめしているが（浦田秀次郎・瓜生不二夫・米川進「東アジアにおける貿易と投資の相互依存パターンの変化」，青木昌彦・寺西重郎編著『転換期の東アジアと日本企業』東洋経済新報社，2000年所収），世界的な産業の再編・提携の進行の中で，また途上国経済発展の立場からみて，モデル化がやや単純すぎるのではあるまいか．

2) The World Bank, *East Asia : The Road to Recovery*, 1998. 柳原透（監訳）『東アジア再生への途』（東洋経済新報社，2000年），日本労働研究機構『アジア経済危機と各国の労働・雇用問題－模索する改革の方向－』2000年）末廣昭「日本の新たなアジア関与－知的政策支援は可能か－」，末廣昭・山影進編『アジア政治経済論－アジアの中の日本をめざして－』NTT出版，2001年所収．その他を参照．

　なお，危機後のアジア諸国の制度改革と経済再建については，序章でも言及したように，タイを事例にとると以下の4つの柱から成り立っている（東茂昭「タイの制度改革と経済再建」，末廣・山影編，上掲書所収，末廣昭，東茂樹編『タイの経済政策－制度・組織・アクター－』アジア経済研究所，2000年，金子由芳「タイ通貨危機後の金融・企業改革の課題」西口清勝・西沢信善編著『東アジア経済と日本』ミネルヴァ書房，2000年所収などを参照．）

①金融システム改革（金融機関の統合・再編，不良債権処理）→産業金融の再構築が課題

②企業債務の再構築（破産法改正など）→債務再構築に限定され，事業再構築に及ばない

③産業構造改善と中小企業育成（官民共同で産業振興の実施機関サターバン設立）→日本政府の支援

④社会再構築プログラム（教育・環境・雇用に重点をおいた公共投資の実施）IMF・世界銀行による市場メカニズムを通しての経済発展支援（特定産業の育成政策の有効性を否定，構造調整を強調）策の妥当性

3) 日系企業の短期的・直接的対応と長期的・戦略的対応，および課題と問題点に関する記述は，主に2度にわたるタイ現地調査，とりわけ日系企業へのヒアリングに依拠している．

4) これら対応策のうち，過剰能力の捌け口を検索する自動車関連産業の場合には，輸出増大はASEANベースのアジア戦略車の活用に顕著なように，長期的な戦略的課題となったし，また，現地調達率の引き上げや内製化も同じく長期的課題となっている．詳しくは，第10章を参照されたい．

終　章　タイ土着経済・社会の今日的位相　383

5) UNCTAD, *World Investment Report 1999,* United Nations.
6) J. Legewie & H. Meyer-Ohle (ed.), *Corporate Strategies for Southeast Asia After the Crisis,* Palgrave, 2000., pp. 231-250.
7) さくら総合研究所『さくらアジア・マンスリー』Vol. 01，No. 11，2001年，5ページ．
8) 末廣昭『キャッチアップ型工業化論－アジア経済の軌跡と展望－』名古屋大学出版会，2000年，104ページ．
9) 詳細については，末廣，上掲書，306-308ページを参照されたい．
10) 末廣，上掲書，312ページ．
11) アジア経済研究の最大の問題関心は，1970年代以降持続的な成長と工業化を達成することができたのはなぜかという点にあるが，その際ポイントとなるのが，後発性のメリットを現実化させたものとは何であったのかという点である．ここで注目されるべきは，政府の果たした積極的な役割とともに，いかなる主体的条件が有効に機能したのかという点である．すなわち，アジア諸国において「工業化の社会的能力」が発揮できた条件として，政府，企業，生産現場の各レベルでの革新が発生したことにまずは注目すべきであり，政府や経済テクノクラート，経営組織の発達旺盛な企業家精神，技術形成といった工業化を推進するための主体的条件である個々の「工業化の社会的能力」がいかに形成されていったのかを，こうした人的側面を育成した諸制度とともに包括的かつ実証的に検討する必要がある．その上で，個々の主体的条件が，文字通りの「工業化の社会的能力」へと結集していった革新のプロセスを解明することが重要な意味を持つ（末廣，上掲書，60-67ページ参照）．

　　「工業化の社会的能力」とともに，アジアにおいて後発性のメリットが発揮された条件として，経済成長を国家と国民がともに第一義の目標に設定し，成長の果実を共有しようとした「成長イデオロギーの国民的共有」と開発主義の存在を指摘しておきたい．開発主義は，①工業化における国家の優越性・主体性と工業化を鼓舞するイデオロギーの結合と，②政治危機を克服するための国家による上からの経済社会管理を特徴とするが（末廣昭「発展途上国の開発主義」，東京大学社会科学研究所編『20世紀システム4　開発主義』1998年所収第1章，13-15ページ），開発主義を社会主義と区別する重要な指標である「成長第一主義」のイデオロギーの国民的共有は，開発主義と経済パフォーマンスの因果連関においても重要な意味を有している．そして，20世紀システムと途上国の開発主義との相互連関を考える上で，成長イデオロギーの形成と波及（脱植民地化・経済自立化から成長・開発路線へとシフトしていく経緯）を問うことは不可欠の課題となろう．
12) 末廣，前掲書，309ページ．

執筆者紹介 （執筆順）

久保 文克（くぼ ふみかつ）	研究員 中央大学商学部教授
鹿児島治利（かごしまはるとし）	研究員 中央大学商学部教授
緒方 俊雄（おがた としお）	研究員 中央大学経済学部教授
吉沢 四郎（よしざわ しろう）	元研究員 中央大学名誉教授
馬場 政孝（ばば まさたか）	研究員 中央大学商学部教授
桐山 昇（きりやま のぼる）	研究員 中央大学商学部教授
Kosum Saichan（コズム・サイチャン）	チェンマイ大学社会科学部助教授
Seksin Srivatananuklkit（セクシン・シーワッタナーヌクーラチット）	チェンマイ大学社会科学部助教授
Benja Jirapatpimol（ベンジャ・ジラパッタラーピモン）	チェンマイ大学社会科学部専任講師
渡辺 博子（わたなべ ひろこ）	元客員研究員 (財)機械振興協会経済研究所研究員
鮎沢 成男（あゆさわ しげお）	研究員 中央大学商学部教授

タイ土着経済・社会の今日的位相　　研究叢書 21

2001年8月1日　初版第1刷印刷
2001年8月10日　初版第1刷発行

編著者　久保　文克
発行者　中央大学出版部
代表者　辰川　弘敬

発行所　192-0393 東京都八王子市東中野742-1
電話 0426(74)2351　FAX 0426(74)2354
http://www2.chuo-u.ac.jp/up/
中央大学出版部

Ⓒ2001 〈検印廃止〉　　　　　　　　　　　　藤原印刷・渋谷文泉閣
ISBN4-8057-3220-2